KB194325

# 여가 Leisure Welfare Theory
# 복지론

오서진 지음

도서출판 위

# 머리글

현대 사회에서 여가는 단순한 휴식의 개념을 넘어, 삶의 질을 향상시키고 개인의 신체적·정신적 건강을 증진하는 중요한 요소로 자리 잡고 있다. 특히, 모든 계층과 연령대의 사람들이 차별 없이 여가를 누릴 수 있도록 보장하는 **'여가복지'**는 복지 사회의 핵심과제 중 하나로 떠오르고 있다.

대한민국 최초로 집필된 **여가와 복지를 융합한 여가복지론(餘暇福祉論)**은 사회 구성원 모두가 균등한 여가 기회를 가질 수 있도록 정책적·제도적 방안을 모색하는 학문으로 이를 통해 개인의 행복과 삶의 만족도를 높이고, 나아가 **사회복지적 통합과 공동체 발전을 도모**하는 것이 목표다. 본 논의를 통해 여가 복지의 개념과 중요성을 탐구하고, 실천적 방안을 모색함으로써 보다 나은 삶을 영위할 수 있는 방안을 고민해보고자 한다.

필자는 여가와 복지에 대하여 개인별, 세대별 맞춤형 여가복지 분야에 활발한 연구 활동을 펼치고 있는 학자이자, 전문가이다. 또한, 2012년 **(사)대한민국가족지킴이를 설립한 창립자**로서 다양한 여가복지증진과 건강한 가족 문화 확산을 위해 헌신해 왔으며, 국민여가활동 관련 분야의 유공자를 발굴하고 포상하는 시상식을 주관하여왔다. 필자는 여가복지의 중요성을 강조하며 이를 통해 세대 간 갈등 완화와 사회및 가정의 행복증진을 도모하고 있다. 필자는 관광학 박사를 '여가(餘暇)'로 세부 전공하여, 신노년 세대와 청소년·청년세대 간 여가친화 교류를 촉진하고 가족간 갈등을 줄이기 위한 노력을 기울이면서, 건강한 가족문화를 확산하고 여가복지 증진을 위한 다양한 활동을 주도하고 있다.

필자는 국민여가운동본부 이사장과 한국여가복지경영학회에서 발행하는 학술지 '여가복지경영연구'의 발행인으로서, 여가인식교육의 중요성을 강조하고 있으며, 다양한 여가복지 분야의 학술 연구에 기여하고 있다. 또한, '국민정신건강이 사회와 가정행복에 미치는 영향-세대갈등 완화와 여가활성화의 소통을 중심으로'라는 주제로 학술포럼 등 지속적으로 학술 연구를 진행하여, 여가활동이 국민 정신건강과 가정의 행복에 미치는 긍정적인 영향을 강조하였다. 이처럼 필자는 여가복지를 통해 개인의 삶의 질 향상뿐만 아니라 사회 전체의 조화와 발전을 추구하고 있다. 초고령화 사회에서 소외계층 어르신들을 포함한 모든 이들이 참여할 수 있는 보편적 **즐거운 여가 복지 체계**로의 전환을 강조하며, 대통령령 국민여가활성화 기본법에 따른 여가전문가 양성 교육과 여가복지 활성화를 계도하고 있다. 이러한 활동을 통해 필자는 여가복지의 중요성을 사회에 알리고, 국민들의 삶의 질 향상에 기여하고자 노력하고 있다. 앞으로 여가복지가 개인의 행복을 넘어, 공동체와 사회 전체의 균형 있는 성장에 기여하는 날이 오기를 기대하며 이 책을 세상에 내놓게 되었다.

끝으로 이책이 출간되까지 격려와 도움을 주신 모든분들께 감사의 인사를 드립니다

2025년 6월 여의도 사무실에서
저자 오서진

# 추천사

여가와 복지의 만남은 단지 삶을 풍요롭게 하는 선택의 문제가 아니라, 앞으로 우리가 맞이할 미래 사회의 지속가능성을 위한 필수 과제입니다.

특히 초고령사회에 접어든 현재, 지속가능한 복지환경 조성에 대한 실질적인 해법이 필요한 시점에 『여가복지론』이 출간된 것은 매우 시의적절하며 의미있는 일입니다.

이 책은 여가와 복지의 접점을 학문적으로 정립하고, 생애주기별 맞춤형 여가복지 방안, 정책, 법제, 웰니스, 상담에 이르기까지 폭넓게 다루며, 실천 가능성 높은 통합적 대안을 제시하고 있습니다.

특히 여가가 개인의 행복을 넘어 세대 간 화합과 공동체 회복에 이바지할 수 있음을 강조하는 이 책의 관점은, 우리 사회가 지향해야 할 가치와도 맞닿아 있습니다.

저자 오서진 박사님은 오랜 시간 여가복지 연구와 실천을 병행하며, 학계와 현장을 아우르는 전문성과 진정성을 쌓아오신 분입니다. 여가복지 관련 다양한 단체와 정책 자문, 국민통합위원회 지역위원 등으로서의 활동은 물론, 사단법인 대한민국가족지킴이와 국민여가운동본부 이사장으로서 국민 여가문화와 건강한 가족문화 확산을 위한 노력이 오늘의 이 책으로 결실을 맺게 되었습니다.

강원특별자치도는 2025년 '강원 방문의 해'를 맞아, 여가와 복지가 조화를 이루는 매력적인 지역으로 도약하고자 다양한 문화·관광·복지 인프라 확충에 박차를 가하고 있습니다.

청정 자연과 함께하는 웰니스 관광, 전 세대를 아우르는 여가 프로그램, 삶의 질을 높이는 복지정책은 우리 도가 나아가고자 하는 비전이기도 합니다.

이러한 흐름 속에서 출간된 『여가복지론』은 여가와 복지를 융합하여 실천 가능한 해법을 제시함으로써 지방정부와 복지현장의 소중한 나침반이 될 것입니다.

이 책이 많은 이들에게 울림을 주고, 여가복지에 대한 인식이 더욱 확산되어 대한민국이 진정한 복지사회로 나아가는데 기여하길 진심으로 바랍니다.

강원특별자치도지사 김 진 태

# 추천사

　삶의 질 향상과 주민 행복을 위한 '여가 복지'의 중요성이 날로 커지는 시대입니다. 특히 저희 음성군은 자연과 사람이 어우러지는 다양한 여가 활동을 통한 복지 향상으로 군민들의 몸과 마음을 치유하고, 공동체 의식을 다지는 데 힘써왔습니다.

　음성군은 지역 전통 행사인 '설성문화제'와 정신문화 축제인 '품바 축제' 그리고 명품 작물을 선보이는 '명작페스티벌'을 통해 주민과 관광객 모두에게 함께 참여하는 여가를 제공합니다.

　또한, 맑은 공기와 아름다운 자연환경을 기반으로 삼형제 저수지 둘레길, 봉학골 지방정원, 국가생태탐방로 등 곳곳에 수준 높은 여가 인프라를 구축하고 있습니다.

　이 책 『여가복지론』은 여가를 단순한 여유를 넘어, 삶의 필수 요소이자 학문적 토대 위에 실천적 방안으로 다루고 있으며 음성군이 그간 추진해 온 다양한 여가 복지 사례들은 책의 내용과 절묘하게 어우러져 독자에게 큰 울림을 줍니다.

　특히, 저자인 오서진 박사는 음성군 출향민으로 재경 음성군 활동을 통하여 고향 음성군 발전을 위해 많은 지지와 열정을 다하고 있는 분입니다.

　오서진 박사의 열정과 노력이 녹아있는 『여가복지론』 출간을 진심으로 축하드리며, 이 도서가 지역사회는 물론, 전국의 여가 복지 정책과 실천에 귀중한 이정표가 되기를 희망합니다.

**음성군수 조 병 옥**

# 추천사

우리나라는 2024년 12월, 초고령화 사회로 진입되면서, 노년층의 삶의 질과 복지가 중요한 화두로 떠오르고 있습니다. 행복한 삶의 질을 결정하는 여가와 건강, 윤택한 생활, 안락한 환경들이 어우러져 행복을 누릴 수 있는 상태를 진정한 복지라고 할수 있습니다. 또한, 삶의 질은 공간에서 시작됩니다. 공간은 인간의 일상과 감정을 담고, 여가와 휴식은 그 공간 위에서 비로소 실현됩니다. 저는 도시개발과 공간 창조의 일을 하며 오랫동안 이 가치를 몸으로 느껴왔습니다.

『여가복지론』은 여가를 단지 소비의 대상이 아닌, 인간다운 삶을 위한 복지로 새롭게 조명합니다. 특히 이 책은 여가가 고립된 개인의 취미나 여유가 아니라, 사회 전체의 건강성과 회복력을 위한 공공 자산임을 강조합니다.
공간을 짓는 사람으로서, 여가복지의 비전은 저에게도 깊은 영감을 줍니다.

지속가능한 도시, 포용적인 사회를 꿈꾸는 우리 모두에게 이 책은 방향을 제시해 주므로, 여가와 복지를 연결 짓는 이 소중한 논의가, 더 많은 사람들의 삶 속으로 확산되기를 진심으로 바랍니다.

여가복지의 가장 기본적인 요소로 여가를 즐기고 체험 할수 있는 공간으로, 젊은 세대와 시니어 세대가 함께 공존할 수 있고, 다양한 여가활동과 복지를 누릴 수 있는 편의시설, 프로그램을 갖춘 미래형 주거공간의 공급이 필요합니다. 이런 중요한 여가공간과 여가시설의 필요성을 안내하는 교재를 집필한 오서진 박사를 응원하며 출간을 축하드립니다.

MDM그룹 회장 **문 주 현**

# 추천사

    현대 사회에서 여가는 단순한 휴식 이상의 의미를 지닙니다. 삶의 질을 결정짓는 중요한 요소이자, 개인과 공동체의 건강한 성장을 위한 핵심적인 기반입니다. 『여가복지론』은 여가의 개념을 넘어서, 그것이 복지와 어떻게 접목되고 실현될 수 있는지를 체계적이고 깊이 있게 다룬 귀중한 저서입니다. 특히, 이 책은 여가복지(餘暇福祉)의 이론적 기초부터  정책적 접근, 실제 현장 사례까지 폭넓게 아우르며 여가복지 실천가와 학문 후속 세대 모두에게 큰 통찰을 부여할 것입니다.

    세종대학교 미래교육원에서도 초고령사회를 맞이하여 개인의 삶을 질 향상을 위해서 중요한 것은 '건강과 취미(여가)'이므로, 내 삶을 영위하는 '나 자신'을 위해 다양한 건강과 취미(여가) 프로그램이 개설되어 있습니다. 특히, 적극적이고 당당하게 삶을 살아가고자 하는 중장년과 노년을 위해 구성된 다양한 과정의 흥미로운 프로그램은 여러분의 인생에 새로운 활력소가 될 것입니다. Active한 시니어들을 위해, 수강자들이 프로그램을 스스로 설계하여 수강할 수 있는 선택형 패키지 강좌구성과 트렌드에 맞게 실용적이고 삶의 질을 향상시킬 수 있도록 효율적인 강좌로 구성되어 있습니다.

    아울러 세종인으로서 대한민국 최초로 여가와 복지를 융합한 도서 『여가복지론』을 출간하는 오서진 동문님이 자랑스러우며,
    출간을 축하합니다.

**세종대학교 총장 엄 종 화**

# 추천사

오늘날 현대 사회는 삶의 질 향상과 행복 추구를 중요한 가치로 삼고 있습니다.

특히 여가는 단순한 휴식의 개념을 넘어, 개인의 성장과 사회적 통합을 이끄는 중요한 복지 영역으로 자리매김하고 있습니다. 이러한 시대적 흐름 속에서 『여가복지론』은 여가와 복지의 융합을 체계적으로 탐구하고, 이론과 실제를 겸하는 학문입니다.

이 책은 여가복지의 기본 개념부터 정책적 접근, 다양한 실천 사례에 이르기까지 폭넓은 내용을 다루며, 학문적 성찰과 실천적 지침을 함께 담아냈습니다. 특히 사회복지, 여가학, 관광학, 자연치유 등 다양한 전공 분야의 학생들과 실무자들이 여가복지를 보다 깊이 이해하고, 현장에서 적용할 수 있도록 돕는 소중한 지침서가 될 것입니다.

우리나라의 초고령화 사회에서 평생교육을 통한 교육발전으로 지식나눔을 고령자를 위한 여가와 복지가 융합된 교육이 활성화 되어야 합니다. 『여가복지론』은 그러한 교육 이념과도 부합하는 훌륭한 저작으로, 학문적 연구뿐 아니라 실천적 가치 확산에도 크게 기여할 것이라 확신합니다.

『여가복지론』의 발간을 진심으로 축하드리며, 이 책이 많은 이들의 여가 복지 향상과 삶의 질 증진에 소중한 밑거름이 되기를 기대합니다.

**류 수 노 박사**
**(한국방송통신대학교 총장 역임, 한성대학교 석좌교수, 대한노인회 서울 연합회 평생교육원장)**

# 추천사

초고령화 사회로 접어든 오늘날, 여가복지는 단순한 개인의 만족을 넘어 사회 전체의 지속 가능성과도 깊이 연결되어 있으며, 여가는 단순한 여가활동의 차원을 넘어, 인간의 삶의 질을 결정짓는 핵심 요소로 자리 매김하고 있습니다.

『여가복지론』은 이러한 시대적 요구에 부응하여 여가의 개념을 복지의 관점에서 새롭게 조명하고, 이론적 기반과 실천적 접근을 균형 있게 다루고 있는 귀중한 교재입니다. 관광학의 시각에서 여가복지를 통합적으로 이해하고자 하는 이들에게 깊은 통찰을 제공하며, 향후 관련 정책과 프로그램 개발에도 실질적인 기여를 할 수 있으리라 확신합니다.

이 책은 여가와 복지의 접점을 깊이 있게 탐구하며, 이론적 토대는 물론, 국내외 다양한 사례를 통해 실천적 통찰까지 제공하여 사회복지학 및 관광학을 전공하는 학생들에게 소중한 지침서가 될 것입니다.

이 책을 통해 여가복지가 단지 '휴식의 권리'가 아니라, 인간 존엄을 위한 '삶의 철학'임을 확인할 수 있었습니다. 여가를 통한 회복과 연결, 그리고 치유의 힘을 탐구하고자 하는 분들에게 적극 추천합니다
강릉원주대학교 일반대학원에서 관광학 박사학위 취득후 여가 복지 전문 학자로 거듭나고 있는 오서진 박사의 무궁한 발전을 기원합니다.

**강릉원주대학교 사회과학대학 학장  김 월 호**

# 추천사

급변하는 사회 속에서 국민의 삶의 질 향상은 공공정책의 중요한 목표
가 되고 있습니다. 특히 고령화, 저출산, 도시화 등 다양한 사회적 변화
는 복지정책의 새로운 접근을 요구하고 있으며, 그 중심에 '여가복지'라
는 개념이 주목받고 있습니다.

『여가복지론』은 이러한 시대적 요구에 부응하며, 여가복지를 단지 문화적 소비의 개념이
아닌 공공정책의 한 축으로 끌어올리는 귀중한 시도를 보여줍니다. 학문적 이론과 실천적
적용, 그리고 인간 중심의 통찰이 균형 있게 어우러진 이 책은 행정가와 정책입안자, 그리고
복지 실천가 모두에게 유용한 나침반이 될 것입니다. 특히 이 책은 여가가 단순한 여유의 개
념을 넘어, 사회 통합과 포용적 성장의 수단으로 기능할 수 있음을 명확히 보여줍니다.

공공행정의 실천적 관점에서도 이 책은 매우 중요한 시사점을 제공합니다. 여가복지는 개
인의 행복뿐 아니라 공동체의 지속 가능성을 높이는 중요한 공공가치입니다. 그러므로 『여
가복지론』은 여가복지를 정책화하려는 모든 행정가와 연구자, 실천가에게 귀중한 나침반이
될 것입니다.

제가 서울대학교 행정대학원 원장 재임기에 국가정책과정 93기를 수료하신 오서진 원우
님의 『여가복지론』 출간을 축하드립니다

서울대학교 행정대학원 교수 정 광 호

# 추천사

우리 사회는 점점 더 빠르게 고령화되고 있으며, 국민의 삶의 질 향상을 위하여 보건과 복지, 여가를 아우르는 통합적 접근 없이는 불가능한 과제가 되었습니다. 『여가복지론』은 이러한 시대적 요구에 응답하는, 매우 시의적절하고도 의미 있는 도서입니다.

여가복지는 단순한 휴식의 개념을 넘어, 심리적 안정, 사회적 연대, 그리고 전인적 건강을 위한 중요한 학문입니다. 본서는 사람중심적 가치의 실현을 위한 훌륭한 지침서가 될 것이며, 여가복지를 공부하고 실천하려는 많은 이들에게 든든한 길잡이가 되어줄 것입니다.

본서는 모두가 균등한 여가권과 복지를 누릴 수 있도록 정책적 제도적 방안을 여가와 사회복지를 융합하여 집필한 명서라고 생각합니다. 따라서 본서에 서술한 바와 같이 개인뿐만 아니라 우리나라 국민 모두가 바람직한 여가와 합리적인 여가복지 내용대로 이루어진다면 국민들의 삶의 질이 향상되어 국가발전에도 도움이 될 것으로 기대됩니다. 언제 어디서 읽어도 후회가 없는 여가복지론 출간을 축하드립니다.

동남보건대학교 이사장, (사)대한민국가족지킴이 총재  송 동 섭

# Contents

# 제2부 여가 정책 및 법제

# Contents

# 제4부 여가의 다양성

# 여가
## 복지론

Leisure
Welfare
Theory

# chapter 01

# 여가란

# 제1절

# 여가의 개념과 학문영역

## 1. 여가의 개념

　'여가(餘暇)[1]'라는 용어는 영어 '레저(leisure)'의 우리식 표현이며, 두 용어가 같은 의미지만, 일반적으로 여유로움의 여가와 레저는 스포츠나, 레저 산업 등의 합법적으로 사용되는 형상화적인 용어로 구분되어 있다. 여가(餘暇)란, 일상적인 업무나 의무에서 벗어나 자유롭게 즐길 수 있는 시간을 말한다. 즉, 업무나 의무가 없는 시간 동안 자신이 원하는 활동을 할 수 있는 시간을 의미하고, 업무, 의무, 학습 등과는 구별되는 시간으로 사람들이 원하는 활동이나 휴식을 취하는 시간을 가리키며, 개인적인 취미나 스포츠, 문화생활, 운동, 휴식, 국내외 관광, 여행, 사회활동 등 다양한 방식으로 활동하며 즐길 수 있는 활동을 여가라고 한다.즉 여가는 노동과 의무로부터 구속이 없는 '자유재량시간'내에서, 개인의 '자발적 의사'로 개인의 '편안함과 즐거움'을 위해서 행해지는 비노동적 활동으로 정의 될 수 있다.

　여가 활동을 통해 스트레스를 해소하거나, 자신의 능력을 계발하고 새로운 경험을 쌓을 수 있으며, 이는 업무나 학습과는 달리 자유로운 선택에 의해 이루어지는 활동이며, 삶의 질을 향상시키고 전반적인 웰빙에 기여할 수 있다. 또한, 여가적 취미나 문화생활을 통해 새로운 지식을 습득하고 자기개발에도 도움이되며, 여가를 통해 새로운 사람들과의 인적 관계를 형성하고, 사회적으로 활발한 삶을 살아갈 수 있다.

　여가를 제대로 활용하면, 일상 생활에서의 스트레스를 푸는 것은 물론이고, 건강과 행복을 증진시키는 데에도 큰 도움이 되며, 여가를 활용하여 새로운 지식과 경험을 쌓는 것은 개인의 성장과 발전에도 많은 도움이 된다. 따라서 여가는 우리 삶에서 매우 중요한 역할을 하며, 시간과 자원을 제대로 활용하는 것이 중요하며, 여가는 각 개인이 자신의 취향과 관심에

---

1) 출처: 2022여가백서

따라 선택하는 것이기 때문에 다양성이 크다. 또한, 여가의 개념은 개인의 시대적, 문화적, 경제적 상황에 따라 달라질 수 있다. 여가라는 의미를 1800년대 후반부터 사용하여 1930년대 이후 일반화되었다. [2]예를 들어, 19세기에는 야외활동이 대표적인 여가 활동이었지만, 현재는 인터넷, 게임, SNS 등의 디지털 미디어가 인기를 끌면서 디지털 미디어를 활용한 여가 활동이 증가하고 있다.

우리나라는 [3]2015년 제정된 「국민여가활성화기본법」에서 여가 개념을 '자유 시간 동안 행하는 강제되지 아니한 활동'으로 정의하고, 그 활동 범위에 문화예술, 콘텐츠, 관광, 체육 및 생활체육을 포함하였다.

## 2. 여가의 정의

여가는 주로 업무, 의무, 학습과는 구별되는 시간으로, 개인이 즐거움이나 휴식을 찾는 활동이나 여가 활동을 가리키는 개념으로 여가는 각 개인이 선택하고 원하는 대로 시간을 보내는 것을 의미하며, 일상적인 삶에서의 스트레스 해소, 자아실현, 즐거움을 찾는 데 사용되고 있다. 여가는 다양한 형태를 가지며, 문화 활동, 스포츠, 예술, 취미, 독서, 여행, 게임 등이 여가 활동의 예시이다.

이는 각 개인의 취향과 관심에 따라 크게 다를 수 있다. 여가는 시간의 품질을 향상시키고 일상생활의 모노톤한 루틴에서 벗어나 기쁨과 만족을 찾는 데 도움을 줄 수 있다.

여가의 중요성은 신체적, 정신적, 사회적 측면에서 나타나며, 적절한 여가 활동을 통해 건강을 유지하고 스트레스를 완화할 수 있다. 또한 창의성과 취미를 통한 자아 발견이 이루어질 수 있다. 사회적으로는 다른 사람들과의 소통과 공동체 참여를 통해 새로운 인맥을 형성하고 소셜 네트워크를 확장할 수 있다.

즉, 여가는 일상 생활에서 업무와 의무에서 벗어나 즐거움과 휴식을 찾는 활동으로, 각 개

---

2) 공동체 여가 및 레크레이션

3) 국민여가활성화기본법」 제3조 1항은 여가활동유형으로 「문화예술진흥법」 제2조제1항제1호에 따른 문화예술, 「문화산업진흥기본법」 제2조에 따른 콘텐츠, 문화콘텐츠, 디지털콘텐츠, 디지털문화콘텐츠, 멀티미디어콘텐츠, 공공문화콘텐츠, 에듀테인먼트, 「관광기본법」 제13조에 따른 국민관광, 「국민체육진흥법」 제2조제1호 및 제3호에 따른 체육, 생활체육으로 규정하였다.

인의 취향과 성향에 따라 다양한 형태를 띠고 있으며, 소극적 자유로는 속박(일, 일상적 삶의 구속)으로부터 벗어나는 자유시간이며, 적극적 자유에서는 남는 시간의 여유가 아니라 적극적으로 자유감을 얻기 위하여 추구하는 자기 결정으로 선택한 시간의 자유를 의미하기도 한다.

## 1) 객관적 접근

### (1) 시간으로서의 여가

시간 자체가 여가가 될 수도 있다. 여가활동을 할 시간을 가지기 어려운 경우, 일상생활 속에서 불규칙적인 시간 조각들을 활용하여 여가를 즐길 수 있다. 예를 들어, 출퇴근 시간이나 점심 시간, 일상적인 집안일을 처리하는 동안에도 읽을 책이나 들을 음악을 선택하여 여가를 즐길 수 있다. 이러한 여가활동은 일상생활의 스트레스를 줄이고, 긍정적인 마인드와 재충전 효과를 가져올 수 있으며, 집에서 할 수 있는 여가활동으로는 요가, 명상, 그림 그리기, 퍼즐 맞추기, 요리 등이 있다. 이러한 활동들은 집안에서 쉽게 접근 가능하며, 스트레스를 해소하고 새로운 기술을 습득하며, 창의적인 아이디어를 얻을 수 있다.

### (2) 활동으로서의 여가

활동으로서의 여가는 우리가 즐기는 다양한 스포츠, 레저, 예술, 수공예 등의 체험적인 활동을 말한다. 이러한 여가활동을 통해 우리는 다양한 취미를 가지게 되며, 스트레스 해소와 자기 계발 등의 목적을 달성할 수 있다.

① 스포츠 여가활동: 우리가 건강을 유지하고 체력을 향상시키는 데에 큰 역할을 한다. 특히, 적극적으로 운동을 하면 우리 몸과 마음에 큰 영향을 미치며, 스트레스 해소와 자신감을 높여주는 효과가 있다. 또한, 레저 여가활동으로는 등산, 캠핑, 낚시, 스쿠버 다이빙 등이 있으며, 이를 통해 자연과 소통하고 친구나 가족과 함께 행복한 시간을 보낼 수 있다.

② 예술 여가활동: 우리의 감성과 예술적 재능을 발휘하는데 큰 역할을 한다. 음악, 미술, 연극, 무용 등의 예술 활동을 통해 창의성과 감성을 개발하며, 예술의 세계에서 힐링하는 효과를 느낄 수 있다.

③ 수공예 여가활동: 손으로 만드는 작업을 통해 창의성과 집중력을 향상시키며, 느린 속도로 진행되는 작업을 통해 스트레스를 해소하는 효과를 느낄 수 있으며, 대표적인 수공예 활동으로는 꽃꽂이, 바느질, 목공예, 도예, 자수 등이 있다.

이러한 다양한 여가활동을 통해 우리는 삶의 질을 높일 수 있다. 또한, 취미생활을 통해 새로운 사람들과의 만남을 얻거나, 기존의 인간관계를 더욱 좋게 유지할 수 있으며, 이를 통해 우리는 행복한 삶을 살아갈 수 있을것이다.

**(3) 객관적 접근법의 한계**

현실에 적용하기가 쉽기 때문에 실용적이라는 장점을 가지고 있으며, 여가를 단순히 자유시간이나 그 시간에 하는 활동이라고만 정의하기에 부족한 점이 많고 이로 인한 한계를 지니게 되기도 한다.

## 2) 주관적 접근

**(1) 마음의 상태로서의 여가**

마음상태로서의 여가는 우리가 일상적인 생활에서 느끼는 스트레스와 감정의 부담에서 벗어나 마음을 편안하게 하기 위한 활동들을 말하며, 이는 심리적으로 여유를 찾고, 긍정적인 에너지를 충전하기 위한 방법으로써 중요한 역할을 한다.

이러한 마음 상태로서의 여가활동은 사람마다 선호하는 것이 다양하며, 일상 속에서 쉽게 할 수 있는 것들부터 고급스러운 활동들까지 다양하다. 예를 들면, 읽기, 명상, 요가, 예술 창작, 여행, 산책, 등산, 그림 그리기, 음악 감상, 가족과 함께 보내는 시간 등이 있다.

마음 상태로서의 여가활동은 우리의 마음과 신체 모두에 좋은 영향을 미친다. 스트레스 해소, 긍정적인 마음 상태 유지, 창의력 개발, 자기 계발, 자기 만족감 증진 등 다양한 효과를 누릴 수 있다. 따라서 일상 속에서 시간을 내어 마음상태로서의 여가활동을 즐기는 것은 우리의 삶에 큰 도움이 되고 있다.

## (2) 존재의 상태로서의 여가

무엇인가를 하거나, 일정한 활동을 하는 것이 아니라, 순수하게 존재하는 것 자체가 여가라는 개념이며, 이는 일상 생활에서 일어나는 모든 것들을 포함하고, 주변 환경과 자연, 사람들과 함께하는 시간을 즐기는 것을 의미하기도 한다. 존재 상태로서의 여가는 단순히 아무것도 하지 않는 시간이 아니라, 현재의 순간을 즐기고, 존재하는 것 자체가 의미 있는 시간이라는 것이다. 이는 매우 개인적인 경험에 기반한 것으로, 개인의 취향과 삶의 방식에 따라 다양한 형태로 나타난다.

"존재 상태로서의 여가"는 인간이나 다른 생명체가 생존과는 별개로 어떻게 자유롭게 존재하고 활동하는지를 나타내는 개념으로, 업무나 의무에서 벗어나 자유롭게 즐김이나 창조적인 활동을 포함한다. 이는 신체적, 정신적, 사회적인 측면에서 모두 다양한 형태로 나타날 수 있다.

① 신체적 여가: 운동, 스포츠, 걷기 등의 신체적 활동을 통해 건강을 챙기고 스트레스를 푸는 것.
② 정신적 여가: 독서, 예술활동, 명상 등을 통해 마음의 평화와 안정을 찾는 것.
③ 사회적 여가: 가족, 친구, 커뮤니티와의 소통을 통해 사회적 관계를 형성하고 유지하면서 즐겁게 시간을 보내는 것.
④ 창조적 여가: 음악, 미술, 글쓰기 등의 창조적인 활동을 통해 자기 표현의 기회를 가지는 것

존재 상태로서의 여가는 단순히 시간을 보내는 것을 넘어, 본인의 가치, 기쁨, 의미를 찾아내고 이를 향상시키는 과정이기도 한다. 이는 개인의 삶의 질을 향상시키고 전반적인 웰빙을 촉진하는 데 도움이 되기도 한다.

## 3) 종합적 의미

객관적 정의에 해당하는 여가시간이나 활동은 계량적이며 객관적인 측정과 관찰이 가능하며, 주관적 관점은 계량화 하기는 어려우나 여가의 본질에 가장 가까운 정의라는 장점이 있다.

## 3. 여가의 학문영역

### 1) 여가의 기초 학문영역

　여가는 다양한 학문 분야에서 연구되고 있다. 여가의 학문적 연구는 인간의 여가활동이 개인과 사회에 미치는 영향, 여가의 의미와 가치, 여가의 다양성 등을 다루고 있으며, 대체적으로 우리나라의 여가 연구는 체육학, 레크리에이션 분야, 스포츠 사회학, 관광학, 산림자원학, 사회복지학, 평생교육학등 다양한 분야에서 여가학의 연구가 이루어지고 있다. 그러나 여가 학문의 연구가 여가학으로 자리 잡기 위해서는 여가학 영역의 정립이 필요하다. 따라서 분야별 여가학의 영역은 학자들의 학문적인 배경과 관심에 따라서 다르게 나뉘어 질 수 있다. 우리나라의 초고령 사회의 맞대응하는 인구 문제에 있어 [4]여가복지에 관한 연구자의 관심영역에 사회복지학, 심리학에서도 여가는 매우 중요한 분야라고 인식이 높아지고 있는 추세이다.

(1) 철학 (Philosophy)

　여가의 본질, 목적, 인간 삶에서의 의미를 탐구하며 고대 철학자 아리스토텔레스도 "관조적 삶은 최고의 여가"라고 하였다.

　철학에서의 여가는 단순한 쉼이 아닌 자기 성찰과 자아실현의 시간이다.

(2) 사회학 (Sociology)

　여가와 사회 간의 상호작용, 문화적 차이, 사회적 통합, 여가와 계층 간 격차 (여가의 불평등), 여가와 사회적 자본, 여가제도와 상업화, 공동체 속 여가활동, 여가 문화와 트렌드 변화 등 사회학적 측면에서의 여가학문이다.

(3) 여가심리학 (Leisure Psychology)

　여가가 개인의 심리적 측면에 미치는 영향을 다루는 분야로서, 스트레스 관리, 행복감, 여가의 동기 및 만족도,자율성과 행복감, 몰입(Flow) 경험, 자아개발 등을 연구하는 학문다.

(4) 역사학 (History)

　시대별 여가 개념과 문화의 변화 과정을 탐색하며 고대 그리스의 철학적 여가 → 중세의

---

4) 오서진 (관광학 박사)

종교 중심 여가 → 근대 이후 산업화 속 여가의 상품화가 발전된 과정에서 여가의 진화는 노동관의 변화와 함께 나타나고 있다.

(5) 관광학 (Tourism Studies)

관광학은 여가와 밀접한 관련이 있는 학문 분야 중 하나다. 여가와 관광은 서로 연계되어 있으며, 많은 사람들이 여가시간에 여행과 관광을 선택하게 된다. 관광학은 다양한 여가와의 연관성을 통해 관광산업 및 정책에 대한 통찰을 제공하고, 사람들이 보다 풍부하고 의미 있는 여가를 즐길 수 있도록 도움을 주고 있다.

(6) 여가학 (Leisure Studies)

여가학은 여가와 관련된 다양한 주제를 다루는 학문 분야이며, 여가의 정의, 여가의 측정, 여가의 영향 등을 연구하여 여가의 이해를 높이는 데 중점을 둔다.

## 2) 여가의 다양한 학문 영역

(1) 문화 인류학 (Cultural Anthropology)

각 나라와 지역별 문화와 전통에 따라 달라지는 여가 형태를 연구하는 분야로 여가를 특정 문화 속 전통, 관습, 상징체계로 해석하며, 여가의 민속적·집단적 의미, 전통 사회의 놀이와 여가 의례,여가를 통한 정체성·소속감 형성, 전통놀이, 민속 여가문화, 다양한 문화권의 여가 방식등을 비교한다.

(2) 여가 경제학 (Leisure Economics)

여가와 노동의 균형 (Work-Life Balance), 여가 산업 및 관광 경제, 시간의 경제적 가치, 여가와 노동의 기회비용, 여가 재화와 서비스의 소비 행태, 여가 산업의 성장과 구조등 여가 시간을 자원(시간, 돈)으로 보고 선택·소비·효용 측면에서 분석하고, 여가를 노동 시간과 대비하여 생산성, 소비, 경제적 선택의 변수로 분석하여 연구하는 학문 이다.

(3) 정치학 / 정책학 (Political Science / Policy Studies)

여가의 복지화, 여가권(여가의 권리), 여가 접근성 보장 정책, 여가시간 확보를 위한 제도(예: 주 4일제)등 여가 정책 설계 등을 연구하는 학문이다.

(4) 레크레이션 및 레저 서비스 (Recreation and Leisure Services)

관광 개발과 여가 기획, 레저스포츠 및 체험형 여가, 여가공간(리조트, 공원, 체험장 등)의 설계와 운영, 그리고 레크레이션과 레저 서비스의 제공과 이를 통한 사회적 향상, 건강증진, 문화 이해 등을 연구한다.

## (5) 보건학 / 의학 (Public Health / Medicine)

여가활동이 건강( Health)에 미치는 영향을 연구하는 학문 분야로, 신체적, 정신적 건강에 미치는 여가의 긍정적인 영향을 탐구한다.

여가활동이 신체적·정신적 건강 증진 수단으로 운동을 통한 만성질환 예방과 정신건강 회복에 여가활동이 중요하다.

또한, 한국의 고급 또는 저렴한 의료 서비스 이용과 신체 미용 개선 (성형, 치과, 건강검진 등), 재활, 자연요법 등, 힐링·치유 프로그램이 진료 목적뿐만 아니라 회복·치유·휴양을 포함한 의료관광이 증가되고 있다.

## (6) 여가 인식 교육 (Leisure Awareness Education)

여가인식교육은 여가의 가치, 기능, 활용 방법 등에 대한 이해를 높이고, 여가를 적극적으로 계획하고 실천할 수 있도록 돕는 교육적 활동으로, 여가를 통한 학습, 창의성 개발, 자기계발 등을 다루는 학문 분야이다.

① 여가인식 교육의 필요성

여가에 대한 부정적 인식 개선의 "여가는 일하지 않고 놀러다닌다"는 인식에서 "여가는 재충전이며 생산적인 활동이다"로 인식이 개선되어야 하며, 여가는 심신 건강 증진 및 스트레스 해소, 우울증 예방, 정서적 안정에 기여함을 알리는 교육이 필요하고, 건강한 여가활동을 위하여 일과 학업, 가족, 사회생활 속에서 자기 삶의 균형 찾을수 있도록 교육하여야 하고, 여가배제(소외) 대상도 해소할수 있도록 복지적 측면에서 대안을 제공하여야 한다.

② 교육 내용 구성

여가를 단순한 '소비'가 아닌 삶의 질을 높이는 '투자'로 자기 주도적 여가실천 능력 향상을 하게 하고 건강한 공동체 형성과 사회적연대가 가능한 교육으로, 여가의 개념 (여가의 정의, 역사, 기초이론, 여가와 노동의 차이), 여가의 기능 (심리적, 신체적, 사회적, 문화적 기능), 여가 태도 형성 (여가에 대한 긍정적 가치관, 자율성, 책임감), 여가 계획 (여가 시간 분석, 여가 목표 설정, 구체적 실천 계획 수립), 여가 자원 탐색 (지역사회 여가시설, 프로그램, 자연환경 활용법), 다양한 여가 체험 실습 등이 있다.

## (7) 여가와 예술 ( Leisure and Arts)

여가 활동 속에서 예술을 어떻게 경험하고 활용할 수 있는지를 탐구하는 학문으로 단순한 취미 활동을 넘어, 예술적 경험을 통해 개인의 창의력과 감성을 증진하고, 사회적·문화적 가치를 창출하는 것이 핵심이다.

## (8) 여가와 복지 ( Leisure and Welfare)

여가와 복지 간에는 밀접한 관계가 있다. 여가는 개인과 사회의 복지에 직접적인 영향을 미칠 수 있는 요소 중 하나로 간주되며, 여가 활동을 통한 휴식, 취미, 문화 체험 등은 개인의 신체적, 정신적, 사회적 복지에 긍정적인 영향을 미칠 수 있으며, 여가와 복지는 매우 밀접하다.

① 스트레스 감소와 정신적 건강: 여가 활동은 일상의 스트레스를 감소시키고 정신적 휴식을 제공할 수 있다. 문화 활동, 취미, 운동 등은 심리적 안녕감을 증진시키고 정신적 건강에 긍정적인 영향을 미칠 수 있다.

② 신체적 건강과 활동: 여가 시간에 운동이나 활동적인 활동을 즐기는 것은 신체적 건강을 지원한다. 운동은 만성 질병 예방, 체력 향상, 면역력 강화 등 다양한 신체적 이점을 제공할 수 있다.

③ 자아개발과 학습: 여가를 통한 자아개발과 학습은 개인의 능력 향상과 직업적 성장에 기여할 수 있다. 새로운 취미나 기술을 배우는 것은 자아실현을 도모하고 더 나은 미래를 위한 능력을 키우는데 도움이 된다.

④ 사회적 상호작용과 소속감: 여가 활동은 다양한 사람들과의 만남과 소통을 촉진할 수 있다. 동호회, 문화 행사, 스포츠 팀 등 여가를 통한 사회적 상호작용은 사회적 소속감을 증진시키고 사회적 복지에 기여 할 수 있다.

⑤ 재충전과 업무 성과: 여가 시간을 통해 충분한 휴식을 취하고 에너지를 충전하는 것은 업무나 학업에서의 성과에 긍정적인 영향을 미칠 수 있다. 적절한 여가는 업무에 대한 동기부여를 유지하고 창의성을 증진시킬 수 있다.

⑥ 지역사회 및 경제에 기여: 여가 활동은 지역사회에 활기를 불어넣고 지역 경제에 기여할 수 있다. 문화 행사나 관광은 지역 산업을 지원하고 지역사회를 활성화시킬 수 있다.

⑦ 종합적으로, 여가는 복지의 중요한 구성 요소 중 하나로 간주된다. 적절하게 계획된 여가

활동은 개인과 사회의 복지를 향상시키고 삶의 질을 높일 수 있다.

## 3) 여가와 관광학의 상관관계

여가와 관광은 서로 긴밀하게 연관된 개념이며, 상호작용하며 발전하는 경향이 있다. 아래는 여가와 관광간의 주요 상관관계의 형태의 몇가지 설명한 측면이다

(1) 여가와 관광

서로 상호작용하면서 사람들의 삶에 큰 영향을 미치는 두 가지 주요 활동으로, 여가는 개인이나 집단이 업무나 의무에서 벗어나 즐기고 휴식을 취하는 활동을 의미하며, 관광은 새로운 장소나 문화를 탐험하며 즐기는 여가의 한 형태다. 다음은 여가와 관광 간의 주요 관계를 설명하는 몇 가지 측면이다.

① 여가로서의 관광: 많은 사람들이 휴가나 휴일을 이용하여 새로운 장소를 방문하거나 문화적인 경험을 즐기며 여가시간을 활용한다. 관광은 여가의 중요한 부분으로 여겨지며, 이는 새로운 환경에서 휴식을 취하고 다양한 활동을 즐기며 일상에서 벗어나는 수단으로 작용한다.

② 여가 활동을 지원하는 관광시설과 서비스: 관광 산업은 여가와 관련된 다양한 서비스를 제공한다. 호텔, 리조트, 레저 시설, 문화 예술 장소 등은 여가 활동을 지원하고 풍부하게 만들어주는 역할을 하며, 이러한 시설과 서비스는 여가와 관광의 품질을 향상시키는 데 기여한다.

③ 여가를 통한 관광 선택: 여가 활동을 선택할 때 많은 사람들이 관광 목적지를 고려하게 되는데. 새로운 문화, 자연 경치, 역사적인 장소 등은 여가 활동의 중요한 부분으로 여겨지며, 사람들은 이를 통해 다양한 경험과 기억을 쌓을 수 있다.

④ 지속가능한 여가와 관광: 최근에는 지속가능한 여가와 관광이 강조되고 있다. 지속가능한 여가 활동과 관광은 자연환경을 보호하고 지역사회에 긍정적인 영향을 미치는 방향으로 진화하고 있다. 여가와 관광이 지속 가능한 방식으로 이루어져야만 대중은 지속적으로 여가를 즐길 수 있을 것이다.

⑤ 문화 교류와 소통: 여가를 통한 관광은 문화 교류와 소통을 촉진할 수 있다. 여행자들이

다양한 지역을 방문하면서 다른 문화와 사회에 대한 이해가 높아지며, 서로 다른 문화 간의 소통이 증가할 수 있다.

여가와 관광은 삶의 질을 향상시키고 새로운 경험과 기억을 제공하는 중요한 부분으로 인식되어 있으며, 이 두 가지 활동은 서로 보완되며, 사람들이 다양한 면에서 성장하고 즐기는 데에 기여한다.

## (2) 여가로서의 관광의 다양성

많은 사람들이 여가 시간을 활용하여 여행하고 관광을 즐긴다. 휴가나 휴일에 여행하는 것은 많은 사람들에게 특별한 여가 활동으로 여겨지고 있으며, 관광은 여가의 한 형태로, 새로운 장소와 경험을 찾는 것을 통해 즐거움과 만족을 얻는데 기여할 수 있다.

### ① 여가를 통한 관광 선택

여가 시간을 어떻게 활용할지는 각 개인의 취향과 선호도에 따라 다르다. 여가 활동으로서의 관광은 새로운 문화, 자연 경치, 역사적인 장소를 탐험하는 것으로 나타날 수 있다. 또한, 여가 활동을 선택할 때 관광 목적지의 다양성이나 새로운 경험을 찾는 욕구가 중요한 역할을 할 수 있다.

### ② 관광 산업과 여가 인프라

관광 산업이 발전하면서 여가 활동을 지원하는 다양한 시설과 서비스가 제공되고 있다. 호텔, 리조트, 레저 시설, 문화 예술 장소 등은 관광객들에게 여가를 풍부하게 만들어주는 역할을 한다.

### ③ 지속가능한 여가와 관광

여가와 관광이 지속가능한 방식으로 이루어져야만 환경과 지역사회에 긍정적인 영향을 미칠 수 있다. 지속가능한 여가 활동과 관광은 자연환경을 보호하고 지역사회의 발전에 도움을 줄 수 있다.

### ④ 문화 교류와 소통

관광은 문화 교류와 소통을 촉진할 수 있다. 관광객들이 다양한 지역을 방문하면서 지역 문화와 사회에 대한 이해가 높아지고, 서로 다른 문화 간의 소통이 증가할 수 있다.

⑤ 기타

여행과 휴양에서 여행은 여가의 중요한 부분으로 여겨지며, 관광학은 여행의 동기, 여행 행동, 여행 경험 등을 연구하여 여가 활동으로서의 여행이 어떻게 이루어지는지를 이해하고 있다.

휴양지의 선택, 여행 중의 활동, 여행 후의 만족도 등을 다루기도 하며, 관광학에서는 문화 관광 (여가시간에 문화적인 활동)의 특성과 효과를 연구하여 문화적인 여가 활동이 관광 목적지의 선택에 어떤 영향을 미치는지를 살펴보기도 한다. 게다가 여가와 관광으로 인한 경제적인 영향이 큰 이유는, 여행업, 호텔 업종, 문화시설, 레저 활동 등은 여가와 관광의 발전과 함께 성장하고 있기 때문이다. 또한, 여가의 다양성과 경험에서 여가와 관광은 다양한 형태와 경험을 통해 이루어진다. 관광학은 이러한 다양성을 이해하고, 여가와 관광이 다양한 인구층에 어떤 영향을 미치는지를 탐구한다.

이와 같이 여가와 관광은 서로 영향을 주고받으며, 함께 성장하는 경향이 있다. 이는 사람들이 다양한 경험을 즐기고 자아실현을 추구하며, 지역사회와 경제에도 긍정적인 영향을 미칠 수 있다.

## (3) 여가와 힐링

여가(Lesure)의 특징인 자발성, 즐거움 ,회복성 (정신적·신체적 재충전)과 몸과 마음을 치유하고 회복하는 과정의 힐링(Healing)을 통하여 현대인이 겪고 있는 감정의 스트레스 해소와 감정 정화를 하기위한 여가힐링프로그램 참여와 실천은 필요하다. 여가는 단순한 "시간 보내기"가 아닌, 힐링의 수단이 될 수 있고, 여유로운 소통과 인간관계발전에 큰 영향을 미칠수 있다. 힐링을 위한 여가활동은 스트레스를 완화하고, 자아를 찾고 정서적 안정을 회복하며, 건강한 삶을 가져다 줄수 있다.

# 제2절

# 여가권(餘暇權)과 사회적편익

## 1. 여가권(餘暇權)

여가권은 [5]개인이 자유롭게 여가 활동을 즐길 수 있는 권리를 의미하며, 일상적인 업무나 의무에 속한 활동들에서 벗어나 취미나 관심사에 따라 시간을 보내거나 쉬어가는 등의 여가 활동을 할 수 있는 권리다. 여가권은 개인의 삶의 질을 높이는 중요한 요소 중 하나로 여겨지며, 여가활동을 통해 스트레스를 줄이고 신체적, 정신적으로 휴식을 취하며, 자신의 관심사를 발전시키고 창의성을 키우는 등의 효과를 얻을 수 있다.

이 권리는 인간의 삶의 질을 향상시키고, 인간의 본질적 가치를 존중하는데, 중요한 역할을 하며, 여가권은 개인이 사회적, 문화적, 정신적으로 건강하고 풍요로운 삶을 누릴 수 있도록 보장해주는 것이 목표이다. 또한, 여가권은 국제인권법에 의해 인정되는 기본적인 인간권 중 하나로, 많은 국가들이 여가권을 보장하기 위해 여가활동을 할 수 있는 시설과 기반시설을 마련하고 있으며, 일부 국가들은 법적으로 여가권을 보장하고 있다.

우리나라는 국민여가활성화기본법[6]에 의하여 국민의 여가활동이 정책 대상에 포함되는 이유는 '여가가 국민의 권리이자 욕구이기 때문'이다. 즉, 국민들은 자신의 여가권리를 보호받아야 할 권리가 있으며 여가욕구를 충족시킬 수 있는 환경을 제공받아야 마땅하다. 인간의 권리로서 여가권리를 인정하기 시작한 것은 국제연합(United Nations, UN)의 세계인권선언(Universal Declaration of Human Rights, 1948)에서 주장된 '행복추구'의 언급이다. 세계인권선언 제24조에 따르면 '모든 사람들은 합리적인 노동시간과, 유급생리휴가를 포함하는 휴식과 여가권리를 가진다'. 이후, 국제연합(UN)은 여성차별금지조약(1979)과 어린이 권리조약(1989), 노인을 위한 원칙(1991)에서 어린이·여성·노인들의 여가권리를 선언하였다.

---

5) 2022 여가백서
6) 국민여가활성화기본법령 (공포일 2015.11.11 시행일 2015.11.19. 제정)

## 2. 여가활동의 편익

여가는 다양한 사회적 편익을 가져올 수 있다. 여가활동을 통해 개인과 사회 전반에 긍정적인 영향을 미치는 몇 가지 여가활동의 사회적 편익은 다음과 같다

### 1) 여가활동의 육체적 편익
(1) 여가를 통해 나타난 건강함은 육체적 또는 신체적 편익으로 대표적이다.
(2) 청소년기, 성장기의 어린이에게 규칙적인 신체활동은 골밀도, 골강도를 증가시킨다.

### 2) 스트레스와 여가활동의 심리적 편익

현대 사회에서 사람들은 다양한 이유로 스트레스를 경험한다. 직장에서의 업무 부담, 인간관계의 갈등, 시간에 쫓기는 일상 등은 우리의 심리적 안정을 위협하는 주요한 요인들이다. 이러한 스트레스는 단순한 기분의 문제가 아니라, 우리 몸과 마음에 실제적인 영향을 주는 생물학적 반응이다. 1936년, 한스 셀리에(Selye)는 스트레스를 '변화에 대한 요구에 의해 나타나는 신체의 비특이적 반응'으로 정의하며, 이를 인체의 자연스러운 생리 반응으로 설명하였다. 외부에서 가해지는 자극이나 상해에 대하여 몸이 자동적으로 보이는 반응이라는 것이다. 스트레스를 유발하는 원인은 다양하며, 우리는 이를 '스트레스원'이라고 부른다. 환경적 조건, 사회적 관계, 업무의 과중함, 예기치 못한 사건 등 외부 자극은 우리에게 지속적인 부담을 준다. 이러한 스트레스에 대응하기 위해 우리 몸은 '일반적응 증후군(General Adaptation Syndrome)'이라는 생리적 반응 단계를 거친다. 처음에는 경고 단계에서 신체가 긴장 상태에 들어가고, 이어 저항 단계에서는 스트레스에 적응하기 위해 에너지를 사용하며, 만약 스트레스가 지속되면 결국 탈진 상태에 이르게 된다.

이처럼 스트레스는 인간의 삶에서 피할 수 없는 요소이지만, 이를 완화하고 정신적 안정을 되찾기 위한 중요한 수단이 있다. 바로 '여가 활동'이다. 여가활동은 단순한 시간 때우기나 오락을 넘어, 심리적 건강을 유지하고 회복시키는 핵심적인 역할을 한다. 여가시간 동안 우리는 자신을 위해 시간을 쓰고, 즐거움을 느끼며, 삶의 균형을 되찾는다.

여가 활동이 스트레스를 완화하는 방식은 이론적으로도 설명된다. '[7]자원보존이론 (Resource Conservation Theory)'은 여가활동의 심리적 편익을 이해하는 데 유용한 틀을 제공한다. 이 이론을 제시한 홉폴(Hobfoll, 1989, 2001)은 인간이 자신에게 가치 있는 자원 을 보존하고 보호하려는 경향이 있다고 설명하였다. 여기서 말하는 자원은 단지 물질적인 것만이 아니라, 시간, 에너지, 사회적 지지, 인정, 보상, 심리적 안정감과 같은 다양한 요소를 포함한다. 스트레스로 인해 이러한 자원이 소모될 때, 여가 활동은 이를 보충하고 회복할 수 있으며, 단순한 휴식 이상의 의미를 가진다. 그것은 삶의 질을 지키기 위한 회복의 시간이 며, 나 자신을 돌보는 중요한 행위다. 스트레스로 지친 현대인에게 여가 활동은 정신적 건강 을 지키는 가장 자연스럽고 효과적인 방법 중 하나라 할 수 있다.

### 3) 여가활동의 사회적 편익

여가활동은 개인의 심리적 안정뿐만 아니라 사회 전반에도 긍정적인 영향을 미친다. 첫 째, 자유시간을 건전하게 활용하도록 도와줌으로써 반사회적 행동이나 일탈을 예방하는 데 기여한다. 의미 있는 여가활동은 개인이 에너지를 긍정적인 방향으로 발산하게 하여 사회적 문제를 줄이는 데 도움이 된다.

둘째, 여가활동은 살기 좋은 지역사회를 만드는 데 중요한 역할을 한다. 문화, 체육, 봉사 등 다양한 활동을 통해 주민들은 공동체 의식을 키우고 지역에 대한 애착을 느끼게 된다.

셋째, 여가활동은 세대 간, 집단 간의 관계를 개선하는 통로가 되기도 한다. 함께 시간을 보내고 협력하는 과정에서 서로를 이해하고 공감하는 기회가 많아지기 때문이다.

넷째, 이웃 간의 교류가 활발해지면서 지역사회 내 결속력도 강화된다. 이웃 간 신뢰와 소 통이 깊어지면 공동체는 더 안전하고 따뜻한 공간이 된다.

마지막으로, 여가 관련 산업과 활동은 지역 경제에도 활기를 불어넣는다. 지역 축제, 문화 행사, 스포츠 대회 등은 관광을 유도하고, 소상공인과 관련 업종의 경제 활동을 촉진시킨다.

결국, 여가활동은 단순한 여가 이상의 의미를 지닌다. 그것은 건강한 사회, 따뜻한 공동체,

---

7) 자원보존이론(Hobfoll, 1989, 2001)은 개인들이 자신에게 가치있는 것으로 생각되는 것들을 보호하고 보존하기 위해 노력한다는 가정을 하고 있다. 개인에게 가치있는 것들이란 개인적 특성들, 조건들, 시간 혹은 육체적 정신적 에너지, 상사의 지원, 보상, 인정과 같은 직무자원을 모두 포함한다.

활기찬 지역을 만들어가는 힘이 된다.

## 4) 여가활동의 개인의 편익

여가 활동은 삶의 질을 높이는 데 큰 역할을 한다. 정기적인 휴식과 즐거움은 스트레스를 줄이고, 긍정적인 감정을 증가시켜 심리적, 정서적, 신체적인 건강을 고루 향상시키며, 여가활동으로 사람들 사이의 사회적 연결을 강화시킨다. 동호회, 스포츠 팀, 클럽 활동 등을 통해 새로운 사람들과 관계를 맺고 사회적 네트워크를 확장할 수 있다.

더불어 여가시간은 예술 전시, 공연, 영화 감상 등을 통해 다양한 문화를 접하고, 새로운 관점과 아이디어를 받아들이며 사회의 다양성을 경험하며 문화 교류의 장이 되기도 한다.

여가 활동은 야외활동이나 운동은 신체적 건강을 향상시키고, 정신적 안정을 돕는다. 이는 만성 질환 예방과 면역력 강화로 건강과 웰빙을 증진하는데 도움이 된다.

또한, 여가 시간은 자기계발과 학습의 기회가 될 수 있다. 새로운 취미나 기술을 익히며 개인의 능력을 확장하고, 스스로에 대한 만족감도 높일 수 있다.

마지막으로, 여가활동은 사회 통합을 촉진하는 데 중요한 역할을 한다. 다양한 계층과 세대가 함께 어우러지는 활동은 서로를 이해하고 존중하는 문화를 형성하게 하며, 공동체 의식을 키우는 기반이 된다.

## 5) 휴식으로의 여가 편익

휴식은 편안하게 신체근육을 이완시키는 활동이나 가벼운 여가 활동과 연관된 경험을 의미(Sonnentag & Fritz, 2007)하며, 휴식은 더 이상 개인에게 부과되는 요구가 없고 신체적 혹은 정신적 노력이 요구되지 않을 때 발생한다(Shimazu, Sonnentag, Kubota, & Kawakami, 2012).

휴식은 일상 생활에서의 활동과 압박에서 벗어나며, 몸과 마음을 쉬게 하고 재충전하는 과정을 나타낸다. 충분한 휴식을 취하면 신체적, 정신적, 정서적으로 피로가 완화되고, 건강과 삶의 질이 향상될 수 있다. 휴식은 수면, 여가 활동, 여행, 맛집 투어, 음악 감상, 스포츠, 미술 등의 활동과 자연과의 교감으로 휴식을 취하는 자연체험 활동, 소셜미디어 교류, 명상과 요가등으로 정서적 안정을 찾고 스트레스를 줄이는 데 도움을 줄 수 있는 휴식 등이 있다. 휴식으로 얻는 편익의 중요한 것은 개인이 어떤 활동이 자신에게 휴식과 편안함을 제공하는지를 알아내고, 그에 맞게 휴식을 취하며, 일상 생활에서 꾸준히 휴식을 취함으로써 건강과 웰빙을 유지할 수 있게된다.

휴식 경험은 긴장된 활성화(activation) 상태가 최소화되고 긍정 정서상태가 되는 특징을 갖는데(박형인 등, 2011), 예를 들면, 가벼운 산책, TV 보기, 음악 감상과 같은 여가활동들이 휴식 경험으로 이어질 수 있다.

휴식으로서의 여가는 각 개인이 즐기는 활동과 관련이 있으며, 즐거움을 추구하며, 일상생활의 스트레스와 긴장을 해소하는 시간으로 간주되며. 휴식으로서의 여가는 다양한 형태로 나타날 수 있으며, 개인의 취향과 선호도에 따라 다양한 활동을 포함할 수 있다. 여가를 즐기는 것은 정신적, 정서적, 신체적 건강을 향상시키고 일상적인 삶에서의 균형을 유지하는 데 도움을 줄 수 있으므로 정서적, 신체적 건강관리에 매우 유익하다. 결국 휴식으로서의 여가는 일상 생활의 장소와 시간을 떠나 편안한 상태에서 여가를 즐길 수 있도록 하는 것이 중요하다. 이러한 여가의 사회적 편익은 개인 차원에서부터 사회 전체에 이르는 다양한 영향을 미칠 수 있다.

# 제3절

# 여가공간과 여가시설

## 1. 여가공간

여가생활을 영위하는 공간이나 장소의 개념으로 여가공간이라는 용어가 사용되고 있다. 여가공간은 "여가활동이 이루어지는 물리적 시설 및 공간의 총체로 생활의 구속에서 벗어나 편안하고 즐겁게 여가선용 및 휴식을 취할 수 있는 모든 공간"을 의미한다(김형국, 1997; 윤양수, 김의식, 2002). 우리 주변의 주택, 공원, 체육시설, 공터, 놀이터, 체육관, 교육시설 등이 모두 포함된다. 국민의 여가공간 이용 현안은 문화체육관광부에서 조사하는 "국민여가활동조사"를 통하여 나타난다.

여가공간에 대한 법률적 근거는 국민여가 활성화기본법 제12조 "여가시설과 공간의 확충) 국가와 지방자치단체는 국민들이 편리하고 자유롭게 이용할 수 있는 여가시설과 공간의 개선 및 확충을 위하여 필요한 시책을 강구하여야 한다."로 제정되어 있다. 우리나라는 2005년 도시공원법이 전면 개정되면서 시민의 여가, 휴식등을 위한 녹지공원과 도시공간 등 생활권 여가공간이 확산하였다.

현재 수도권에는 다양한 여가공간과 시설이 있으나, 수도권 면적과 인구를 고려할 때 자원중심형 여가공간은 아직도 부족한 편이다. 각 지자체별 산책로에 산책길, 자전거길, 체력단련 시설 등이 설치되었고 도시공원에 문화공연, 휴식, 원예활동, 강연, 워크샵등을 진행할 수 있도록 생활권 여가공간이 양적으로 증대되었고 다양한 프로그램이 개설되었다.

이처럼 자연·생태공간, 체육공간, 위락공간, 휴양공간, 전시·관람공간 유형의 여가공간이 있다. 인구밀도에 따라 수도권의 여가공간은 면적과 인구 비례상 여가공간은 매우 부족하며, 일부 대도시에 밀집되어 있는 경향이다. 이제는 국민 스포츠로 인식되는 등산 매니아들의 여가공간으로 수도권 근교의 등산로는 주말마다 북적대는 인산인해를 겪고 있으며 자원보존을 위해 자연보호에 더욱 더 관심을 갖고 이용해야 할 것이다.

다음은 2024년 12월말 우리사회가 초고령화로 진입한 우리나라에서 가장 필수적이고 중요한 고령층 주거의 여가공간과 시설의 사례다.

## 주거 및 복합공간의 여가시설 사례 1

'50+서울특별시 50플러스재단'의 연구보고서에 따르면, 자녀와 같은 집에 살거나, 멀리 떨어져 살기보다는 '자녀 세대와 인근에 거주'를 희망하는 50대 비율이 45.3%로 압도적으로 높게 나타났고, 주거환경과 주변에 형성된 여가공간 확충에 따른 평가가 높게 나타나고 있다.

다음은 주거공간, 사무공간, 복합시설, 시니어타운 시설등의 여가공간과 시설에 대한 사례다. 우리나라가 초고령 사회에 진입함에 따라, 노인들을 위한 특화 주택 등 '시니어' 사업에 진출하려는 건설사들이 늘고 있다. 건설 경기 침체가 장기화되면서도 시니어 사업의 고부가가치 가능성에 주목하고 있다. 우리나라는 2025년 초고령 사회에 진입하게되므로, 국민 5명 중 1명이 고령자다. 국내 실버산업 시장 규모는 2020년 72조원에서 2030년에는 168조원으로 133% 이상 확대될 것으로 예상된다. 또한 보건복지부에서 3년마다 시행하는 노인실태조사 결과, 서비스 제공 주택에 대한 거주 희망 수요도 2017년 0.2%에서 2020년 4.9%로 급증했다. 이처럼 급격한 고령화로 관련 수요가 급증하면서 건설업계도 시니어 주택 사업 확장에 속도를 내고 있다(출처: 서울파이낸스).

## 디벨로퍼 엠디엠(MDM)그룹 (회장 문주현) 여가공간 및 여가시설 사례 2

MDM그룹은 기능적인 도심설계로 경쟁력을 확보한다는 전략과 함께 특급 커뮤니티시설도 단지 내에 조성하며, 단지에는 식사와 파티, 레저, 문화 등 다양하고 편리한 여가기능을 위한 시설이 구축하고 있다. 단순한 주거공간과 사무공간을 뛰어넘어 "라운지에서는 조식부터 석식까지 '삼시세끼'를 이용 가능하고, 저녁에는 음료와 주류를 들고 파티를 즐기는 바(Bar)로도 활용되는 단지도 있으며, 25m 길이의 4개 레인과 유아풀을 갖춘 수영장 등 체육시설이 있다. 부모들의 독서와 아이돌봄이 가능한 북카페 및 보육시설도 갖춰 입주민들의 편의향상은 물론 호텔 못지않은 부대시설로 고급 주거공간의 만족을 느낄 것"이라고

MDM 그룹측에서 설명했다.

또한, 주거공간, 복합공간등에 엠디엠플러스와 SK텔레콤이 체결한 '스마트 홈&시티' 공동 사업 추진 업무협약에 따라 SK텔레콤의 IoT 신기술 '스마트홈', '스마트리빙', '스마트매니저' 기능이 접목되고 있으며 '스마트홈' 기능은 조명이나 가스, 난방 등 각 가구의 기기 및 가전제품에 대한 원격제어부터 방범(문열림 알림, 방문자 알림 등), 입차 알림, 엘리베이터 호출 등을 포괄해 제어가 가능하여 시공간을 뛰어넘는 여가공간이 형성되고 있다(출처: 대한인터넷 신문협회).

## 은퇴 후 주거공간 호텔식 실버 타운 '백운호수 푸르지오 숲속의 아침' 사례 3

국내최초로 기존 실버타운과 차별된 세대혼합형 실버타운 공급을 하며 주목받고 있다. 기존 실버타운은 노인들만을 위한 주거공간으로 젊음과 활력이 떨어지고, 고립될 수 밖에 없는 단점이 있는데, '백운호수 푸르지오 숲속의 아침'은 그런 실버타운의 선입견을 깨며 '세대 복합형 주거단지'를 구현해 내었다. 최고급 하이엔드 실버타운인 '스위트' 536세대와 하이엔드 주거용 오피스텔 842실로 구성되는 총 1378세대 대단지로써 대지면적 4만 246㎡, 연면적 30만 2800㎡, 지하 6층 ~ 지상 16층 규모로 조성된다. 단지가 위치한 백운밸리는 숲과 호수로 둘러싸여 수도권 최고의 자연환경을 가진 미니 신도시로 평가받는다. 백운호수는 약 3km의 데크둘레길 주변으로 호수조망 카페, 베이커리를 비롯한 다양한 맛집들이 자리잡고 있어 십수년간 수도권내 최고 관광명소로 사랑받아 왔으며, 호수 주변으로는 백운산, 캠핑을 즐길 수 있는 바라산 자연휴양림, 모락산 등 동서남북이 울창한 숲과 산이 둘러싸고 있다.

'백운호수 푸르지오 숲속의 아침 스위트'는 24시간 토탈 라이프케어 프로그램인 '클럽 포시즌' 을 운영한다. '클럽 포시즌'의 시설은 약 3500여평에 달하는 매머드급 규모로 5성급 호텔 마감수준으로 설계되었으며, 실내 수영장, 실외 썬큰 수영장, 골프연습장, 피트니스(약 280여평), 호텔식 사우나, 바디케어(호텔식 마사지샵) 등의 시설이 계획되어 있다.

특히 호텔식 실버타운에 걸맞는 서비스와 프로그램들도 계획되어 있다. 삼시세끼를 제공하는 레스토랑(한식 및 브런치)에 더불어 청소와 빨래를 책임지는 하우스키핑뿐 아니라 각종 예약 서비스가 가능한 컨시어지 서비스끼지 구현되어 있어, 직장에서 은퇴한 남편분 아니라 그 아내에게 까지 '일과 가사노동으로부터 완벽한 독립'을 시킬 수 있는 단지로 구현될 전망이다.

여기에 그치지 않고 입주민의 건강, 취미생활, 전문가 연계서비스(법률, 세무, 재무), 자기계발, 동호회활동까지 모두 책임진다. 아울러 '하나투어'와 연계한 입주민 전용 여행상품 제공, 주민공동시설내 수영장, 골프연습장, 취미실을 활용한 각종 프로그램 및 동호회들이 준비되어 있다(출처: MDM 그룹 홈페이지).

위 사례와 같이 고령자들이 생활의 질을 유지하며 거주할 수 있는 시설인 '시니어 레지던스' (고령자를 위한 주거 공간 및 다양한 형태의 주거 시설을 포함)가 확장되어야 한다. 초고령사회에서 2024년 10월 발표된 서울시 폐교를 실버타운으로 전환할 수 있는 정책 변화는 매우 중요한 의미를 지니며, 폐교를 활용한 실버타운 조성은 노인복지주택의 부족 문제를 해소하고, 도시 내 유휴 부지를 효과적으로 활용하는 방안이기도 하다.

## 2. 여가공간으로서의 폐교 활용 방안

저출생과 인구 감소로 인해 폐교가 증가하는 가운데, 이를 여가공간으로 재활용하는 사례가 늘어나고 있다. 폐교는 기존의 건물과 부지를 활용할 수 있어 비용 절감, 지역 활성화, 문화적 가치 보존 등의 장점이 있기 때문이다. 또한, 폐교를 여가공간으로 활용하면 공간을 효율적으로 재활용하면서 지역 경제와 문화 발전에 기여할 수 있고 단순한 시설 재활용을 넘어 지역 주민과 관광객이 함께하는 공간으로 발전할 수 있도록 기획하는 것이 중요하다

### 1) 폐교 활용 여가공간 유형

(1) 폐교를 활용하여 문화·예술 공간: 지역민과 관광객을 위한 문화예술 체험 공간으로 미술관, 갤러리, 공연장,공예 체험관 등으로 구성할수 있다.

(2) 체험형 관광지 전북 임실 사례

전북 임실치즈테마파크는 국내 관광분야에서 최고의 권위를 자랑하는 2023 한국관광의

별에 선정되는 영예를 안았으며, '치즈테마파크' (옛 학교 건물을 치즈 체험장으로 개조)처럼 농촌·생태 체험 프로그램으로 전통문화 체험, 목공·도예 공방 등을 운영하고 있다. 임실군은 2024년 폐교활용 복합문화공간 조성(59억), 웰니스 의료 융복합 클러스터(30억), 농촌유학 가족체류형 거주시설 조성(35억) 등 총 34개 사업에 국비 121억원과 도비 74억원을 확보 하는 성과를 올렸다

### (3) 캠핑·휴양 시설

폐교 운동장을 캠핑장, 글램핑장, 카라반 존으로 활용하여 자연 친화적인 힐링 공간으로 조성하여 여가공간으로 도시민들에게 휴식을 줄 수 있다.

### (4) 복합 커뮤니티 공간

지역 주민을 위한 공방, 도서관, 카페, 작은 영화관 운영을 하고 청년 창업 지원 공간, 공유 오피스로 활용하고, 북카페, 세미나실, 마을 카페 운영등이 있다.

### (5) 스포츠·레저 공간

실내체육관을 활용한 스포츠 센터, 실내 클라이밍장, 배드민턴장을 운영할수 있고, 운동 장 및 교실을 활용한 실내 야영장, MTB 코스를 조성할 수 있다. 폐교활용으로 수영장, 농구 장, 숙박시설로 개조가 가능하다.


## 2) 폐교 활용의 장점

(1) 공간 재활용 - 기존 건물 활용으로 건축 비용 절감

(2) 지역 경제 활성화 - 관광객 유입 및 지역 일자리 창출

(3) 커뮤니티 강화 - 주민들의 문화·여가생활 향상

(4) 환경적 이점 - 새로운 개발 없이 기존 공간을 재사용


## 3) 폐교활용 여가공간의 성공 사례

### (1) 경기학생스포츠센터 (구 기흥중학교)

경기도 용인시의 (구)기흥중학교는 2019년 2월 폐교후 경기학생스포츠센터로 탈바꿈하 였다. 이 센터는 학생, 학부모, 지역 주민 모두가 이용할 수 있는 융복합 체육 공간으로, 다양 한 스포츠 활동과 프로그램이 운영되고 있으며, 건립 비용은 총 269억 원으로, 경기도교육 청이 78억 원, 용인시가 191억 원을 부담하였다.

(2) 양궁학교 및 G-스포츠클럽 (구 부천 덕산초 대장분교)

경기도 부천시의 (구) 덕산초 대장분교는 현재 양궁학교와 G-스포츠클럽으로 활용되면서, 지역 주민들에게 새로운 여가활동의 체험장소로 변화되고 있다.

(3) 자연체험학습장 및 캠핑장

경기도교육청은 폐교를 자연체험학습장이나 캠핑장으로 전환하여 학생들과 지역 주민들이 자연을 체험하고 여가를 즐길 수 있는 공간으로 활용하고 있다. 이러한 시설은 교육적 가치와 함께 지역 사회의 문화·여가 공간으로서의 역할을 수행하고 있다.

(4) 충북 음성군의 여가공간으로 폐교 활용

음성군 능산초등학교 폐교의 캠핑장 전환은 폐교 건물을 리모델링하여 관리동, 카페, 화장실, 샤워장을 설치하여 '능산캠핑스쿨'로 재탄생하였고, 체험 활동과 캠핑을 즐길 수 있는 공간으로 활용되고 있다. 음성군은 폐교를 지역 사회에 유익한 여가공간으로 재활용하기 위해 다양한 노력을 기울이고 있으나 일부 폐교는 아직 활용 방안을 찾지 못하고 있어 지속적인 관심과 노력이 필요하다.

(5) 강원도 춘천의 2020년 문을연 색다른 카페 오월학교는 1982년 폐교된 지암 초등학교 가덕분교장을 리모델링하여 스테이, 카페, 목공방으로 활용되는 복합 문화 여가공간으로 탈바꿈 하였다.

(6) 전남의 폐교가 캠핑장, 문화 체험관, 지역 복지센터 등으로 활용되며 핫 플레이스로 뜨고 있다. 여수 굴전초등학교는 남해안의 수려한 해상 관광자원을 활용해 '굴전여가캠핑장'으로 탈바꿈, 캠핑족들로부터 가장 인기 있는 캠핑장이 되고 있으며, 청산중동분교장은 슬로푸드 체험관, 테마 복층형 숙박시설, 생태연못 등을 갖춘 다목적 복합시설로 리모델링돼 '청산도 느린섬 여행학교'로 재탄생 하여 여행객들의 여가쉼터가 되고 있다.

(7) 서울시내 폐교가 실버타운으로 재탄생할 수 있는 길이 열렸다. 지난 2024년 9월 서울시교육청이 폐교 재산 관리 및 활용에 관한 조례를 개정하면서 폐교를 노인복지주택, 즉 실버타운으로 활용할수 있는 가능성이 생겼다. 서울시의 급격한 고령화에 대응하고, 유휴자산을 효율적으로 활용할 수 있는 중요한 기회로써, 서울에 있는 폐교에 단순한 노인복지 공간의 수준을 넘어 실버타운 조성이 가능해진 것이다. 서울시의 시니어 레지던스 활성화 방안에서 고령자들을 위한 여가 공간, 여가시설이 갖춰진 주거공간의 탄생이 기대된다. 또한, 국토부 역시 '제3차 장기 주거종합계획'을 통해서 시니어 레지던스에 관한 내

용과 웰빙주거 환경조성을 위한 스마트 하우징 기술개발을 확대하겠다고 발표하였다.

## 3. 여가 시설

### 1) 여가시설이란?

우리나라 국민여가활성화기본법[8] 제3조 2항에서 "여가시설이란 실내와 야외 그리고 사이버공간 등에서 문화예술, 관광, 체육, 자기계발, 사교, 놀이, 휴양, 오락 등을 목적으로 국민들이 여가활동을 할 때 지속적으로 사용하는 시설과 공간을 말한다."라고 명시되어 있다.

또한, 여가시설은 개인 또는 집단이 자유로운 시간에 휴식, 기분전환, 자기계발 및 사회적 성취를 이루기 위해 인위적으로 개발되었다. 여가시설의 유형을 살펴보면, 공연장이나 영화관 등의 공연시설과 박물관, 미술관 등의 전시시설, 복지회관이나 시·군민회관 등의 지역문화복지시설과 문화원이나 국악원 같은 문화보급전수시설, 공공도서관과 공공체육시설, 도시공원 등이 있다[9].

여가시설은 이용자에 따라 용도가 분류되어, 어린이용, 청소년용, 성인용, 장애인용, 노인용 등으로 여기시설을 분류할 수 있다. 또한 실내여가시설과 실외 여가시설로 구분되어지며, 기능과 목적에 따라 단독적 기능을 사진 여가시설과 종합 위락시설이나 다목적(복합적)기능을 가진 여가시설로 분류할 수 있다(한국관광공사, 1985). 이들 시설은 관리, 운영주체에 따

---

8) 국민여가활성화기본법 제3조(정의) 이 법에서 사용하는 용어의 정의는 다음과 같다.
　1. "여가"란 자유 시간 동안 행하는 강제되지 아니한 활동을 말하며 다음 각 호의 활동을 포함한다.
　　가. 「문화예술진흥법」 제2조제1항제1호에 따른 문화예술
　　나. 「문화산업진흥 기본법」 제2조에 따른 콘텐츠, 문화콘텐츠, 디지털콘텐츠, 디지털문화콘텐츠, 멀티미디어콘텐츠, 공공문화콘텐츠, 에듀테인먼트
　　다. 「관광기본법」 제13조에 따른 국민관광
　　라. 「국민체육진흥법」 제2조제1호 및 제3호에 따른 체육, 생활체육
　2. "여가시설"이란 실내와 야외 그리고 사이버공간 등에서 문화예술, 관광, 체육, 자기계발, 사교, 놀이, 휴양, 오락 등을 목적으로 국민들이 여가활동을 할 때 지속적으로 사용하는 시설과 공간을 말한다.
　3. "여가교육"이란 여가활동, 여가시설 운용 및 관리, 여가프로그램 개발 및 보급, 여가사업 경영, 여가치유 등을 가능하게 하는 모든 형태의 교육을 말한다.
　4. "여가산업"이란 여가활동 상품 및 서비스의 개발, 제작, 전시, 제공 및 판매 등을 업으로 영위하는 것을 말한다.
　5. "여가전문인력"이란 여가교육, 여가 조사 및 연구, 여가시설 운용 및 관리, 여가프로그램 개발 및 보급, 여가산업 등에 종사하는 사람을 말한다.
9) 한국학중앙연구원 – 향토문화전자대전

라 공공여가시설, 학교여가시설, 직장여가시설, 사설 민간여가시설, 기타 등으로 분류된다.

우리나라는 시민을 위한 시설 중심적인 여가시설은 적정한 수준을 유지하고 있다. 여가정책의 기조로 활동주체는 개인이지만 여가활동을 보장하는 것은 공공부문이라는 인식을 가지고 있으며, 여가의 평등화, 자유화, 사회화라는 목표를 가지고 공공정책으로서 여가정책을 적극적으로 추진하여 국민들이 편하게 여가활동을 할 수 있도록 여가 여건에 대한 정비와 개선을 추진하고 있다.

공공부문에서는 여가 공간과 시설의 종합적인 정비를 추진하고, 민간자본을 활용한 종합휴양지역 정비와 레저랜드 등 다양한 여가시설을 정비하도록 하고 적극적인 지원을 하고 있으며, 반드시 환경문제를 배려하여 추진토록 하고 있다. 일본의 여가행태 변화와 여가공간 조성정책에 대한 시사점으로는, 여가활동은 경제상황에 많은 영향을 받으며, 여가활동의 패턴은 정적에서 동적으로 그리고 경제·사회적 특성에 따라 선호여가활동이 특징적으로 나타나며, 여가활동의 적극적 참여와 만족은 국민의 삶의 질 향상을 위한 기본 조건이며, 여가활동을 보장하는 기회를 제공하는 것은 공공의 역할이라는 점이다.

윤양수·김의식(2002)은 수도권의 여가공급 조성방안과 이용효율화를 위한 정책 방안과 이를 위한 제도적 개선방안을 제시하였다.

(1) 여가공간 개발의 중요성에 대한 인식제고와 기초자료의 정비다.

(2) 신규 여가공간 및 시설의 확대를 위한 공간 확보로서 개발가능지가 확보되어야 할 것이며, 기존 녹지공간의 여가공간화, 여가공간의 다목적 활용 및 시설의 다양화를 통하여 여가활동의 수용능력을 확충하여야 할 것이다.

(3) 개발방식의 개선으로서 광역차원의 'Hub and Spoke' 개발 추진과 여가공간간 연계성이 강화되어야 할 것이다.

(4) 여가공간 개발의 효율적 추진으로서 개발의 타당성 확보, 실현성 있는 개발계획 수립, 투자재원 조달의 안정화 및 투자 촉진, 관광지 평가체계의 확립과 리모델링과 같은 시설 개선에 대한 유연성의 부여다.

(5) 여가공간의 활성화와 참여자의 질적 수준 제고를 위한 다양한 시설도입과 프로그램의 개발로서, 관광 활성화를 위한 시설 도입과 프로그램 개발 등 소프트웨어 확충, 지역별·여가 공간별 특색 있는 관광상품 개발로 여가자원 활용의 질적 수준 제고, 그리고 소외

계층과 사회적 약자를 위한 여가 기회의 확대가 이루어져야 한다.

(6) 환경오염과 교통혼잡 등의 부정적인 영향은 최소화하고 지역경제와의 연계성을 강화하여 여가공간 개발이 단순한 여가선용 기회뿐만 아니라 지역경제발전에도 크게 이바지할 수 있도록 하여야 할 것이다.

이를 위한 관련 제도의 개선내용으로서는 수도권 개발규제의 완화로 여가공간 개발 용지의 확보, 관광지 지정요건의 강화와 사업성 검토 의무화 등 관광진흥법상의 관광지 지정·개발·관리제도의 개선, 여가공간 개발에 대한 금융 및 세제 지원과 개발여건에 맞지 않는 일률적인 투자 의무조항의 완화와, 다양한 숙박시설의 설치가 가능토록 관련제도를 개선하고 소외계층의 참여기회를 확대하기 위한 지원방안의 제도화 등이 포함되어야 될 것이다.

### 시니어 주택 활성화 발표

정부는 2024년 7월 23일 경제관계장관회의에서 '시니어 레지던스 활성화 방안'을 발표했다. 이번 대책은 지난 3월 21일 민생토론회 '건강하고 행복한 노후'의 후속 조치 일환으로 고령층 친화적인 주거공간과 가사·건강·여가 서비스를 결합한 시니어 레지던스 공급을 대폭 확대하기 위한 방안이다. 다양한 유형의 시니어 레지던스를 공급하기 위해 설립·운영 규제부터 부지·자금 등 공급단계의 전반에 걸친 규제를 완화하고 고령 수요자 맞춤형 지원을 확대하는 데 중점을 뒀다. 정부는 시니어 레지던스가 주택건설과 가사·건강·여가 서비스를 함께 유기적으로 결합한 다부처 사업임을 감안해 관계부처 전담반을 구축하고, 시니어 레지던스 활성화를 위한 특별법 제정을 추진할 방침이다. 이어 신속한 사업지원을 위한 원스톱 지원시스템을 구축·운영하는 한편, 현장 수요자 의견수렴 등을 통해 추가·보완대책을 지속적으로 마련해 나갈 예정이다(출처: 대한민국 정책브리핑(www.korea.kr).

### 실제 시니어 주택 여가 시설 사례

고창 시니어 타운은 시니어들의 건강과 여가 생활을 고려한 다양한 시설을 갖추고 있다. 대표적으로 게르마늄 온천과 골프장, 휴양 펜션, 산악지전거장등이 마련되어 있어, 입주자들이 다양한 활동을 즐기며 건강을 유지할 수 있다. 또한, 눈썰매장과 같은 겨울철 레저 시설도 준비되어 있어, 사계절 내내 다양한 취미 활동을 즐길 수 있다(출처: 고창 시니어 타운).

## 2) 여가 시설 및 공간의 필요성[10]

### (1) 유휴공간 현황 및 활용 필요성

유휴공간은 '쓸모없는 공간'이 사용하지 않는 공간으로 사회·경제적 여건 변화에 따른 공간 이용에 따른 수요 변화에 인해 생활권 내 다양한 유형의 공간이 발생한다. 아파트 숲과 자동차 중심의 도시가 되어 버리고, 물건이나 사람들의 이동이나 운송의 통로, 주차장 역할을 하는 것으로 당연시 여겨지며, 유휴공간, 공원들이 많아졌다. 특히, 고가하부 등 교통시설을 비롯한 다양한 도시계획시설은 도시의 기능을 유지하기 위한 공공시설로 설치 면적이 지속적으로 증가한다. 따라서 본래의 기능을 저해하지 않는 범위 내에서 복합적·입체적 조성이 가능하므로 주민들의 여가자원으로 활용할 수 있는 주요한 자원이다. 생활권 내 문화, 체육 등 복지 서비스를 제공하기 부족한 국내 현황을 감안하면 영국, 네덜란드 같이 유효공간을 집약적·복합적으로 활용할 필요가 있고, 민간에 의한 유연한 관리 운영을 통해 사회통합 및 주민 여가 공간 창출을 동시에 달성할 수 있도록 대안 모색과 정책적 지원이 필요하다.

### (2) 도시에서 소규모 공공 공간의 중요성

차 중심의 사회는 한정된 교통수단으로 인해 접근성이 용이하지 않을 경우 건강한 음식을 소비할 기회, 사회적 서비스를 공평하게 이용할 기회를 박탈 당할 수 있으며, 커뮤니티의 상호 작용을 방해한다. 또한, 사람들의 물리적 활동의 장소가 사회적 고립과 우울증 등을 야기하고, 교통체증, 안전문제, 공기 오염, 기후 변동 같은 문제를 동반한다. 공원, 거리, 마켓, 빌딩 사이에 공간을 둔 공공 공간은 역사상 문명의 시작부터 많은 문화와 세대를 걸쳐 영향력 있는 공공 영역의 상징으로서 사회적, 상업적, 정치적 중요성을 갖고 있었으며, 결국 공공

---

10) 문화예술지식정보시스템

공간에서의 시민들의 경험이 축척되어 그 도시를 구성하게 된다. 도시는 장소들의 합이며, 좋은 장소들이 모이면 좋은 도시를 만들 수 있다.

### 3) 공공 여가시설 확충 및 접근성 개선

여가복지는 모든 사람이 차별 없이 여가를 누릴 수 있도록 보장하는 중요한 사회적 과제입니다. 이를 실현하기 위해 다음과 같은 정책 대안을 제안할 수 있다.

(1) 교통편의

취약 계층(노인, 장애인, 저소득층)도 쉽게 이용할 수 있도록 공공 여가시설(공원, 체육관, 문화센터 등) 확대하고, 대중교통과 연계하여 여가시설 접근성을 높이는 정책 추진한다.

(2) 여가복지 바우처 도입 및 확대

경제적 취약 계층을 위한 여가 바우처(문화·스포츠·여행 지원) 확대하여 맞춤형 지원을 위해 개인의 필요에 따라 선택 가능한 여가 바우처 시스템 도입한다.

(3) 노동시간 단축 및 유연 근무제 확대

주 4.5일제 또는 선택적 근로시간제 도입을 통해 여가 시간 확보하여 기업이 여가 친화적 근무 환경을 조성하도록 인센티브 제공한다.

(4) 지역사회 기반 여가 프로그램 개발

지역 주민이 쉽게 참여할 수 있는 문화·예술·체육 프로그램 지원하여 세대 간 교류를 위한 공동 여가 프로그램이다. 예를들면, 노인-청소년 연계 프로그램 운영이다.

(5) 디지털 여가 복지 지원

비대면 여가 프로그램(온라인 문화 공연, VR 관광 등) 확대하여 디지털 소외 계층(노인, 저소득층)을 위한 디지털 기기·교육지원 한다.

# 여가 복지론
Leisure
Welfare
Theory

# chapter 02

# 여가와 삶

# 제1절

# 여가와 일상생활

우리나라는 산업화 이후 여가를 잃어버리게 되었다. 하지만, 근대 이전의 우리나라 여가 생활은 공동체 중심의 생활 속에서 여가를 즐기는 일상적 여가형태가 특징이며, 전통사회에서는 공동체를 중심으로 '노동'과 '여가' 문화가 혼재되어 있었다. 예전에는 국가행사, 종교행사, 마을단위 세시풍속 등 공동체 행사가 여가 기능을 대체하였으며 신분제 사회가 존재했음에도 임금과 신하, 양반과 천민이 함께 즐기는 우리나라 여가 전통은 세종대왕이 작곡한 [11]'여민락(與民樂)'으로 표현되고 있다.

일제 강점기와 이후 산업화를 거치면서 전통적인 여가 문화가 사라게 되며 이 자리에 경제 성장 중심의 '노동'이 대체하게 되었다.

서구의 여가개념은 노동에서 자유로운 시간을 의미하며, 우리나라도 근대를 거치면서 노동과 분리된 여가 문화 개념을 도입되었다. 산업사회 이후 기술의 발전과 인권강화에 의해 노동자의 자유시간이 증가하면서 여가 문화가 발전하게 되었다.

서구는 산업화 이후 긴 시간을 통해 여가 문화가 발전한 반면, 우리나라는 급속한 산업화와 경제 성장 속에 여가 문화는 오히려 퇴보하게 되었다. 직장 중심의 생활 개편으로 산업 및 노동 우선의 사회문화 급속팽창으로 전통적인 공동체 중심 여가 붕괴되었으며, 장기간 직장 및 업무 시간 이후 남는 짧은 여가시간은 단시간에 즐길 수 있는 술, 향락 중심의 소비성 여가 문화로 발달하게 되었다.

---

11) 여민락 (與民樂)은 "백성과 함께 즐기다" 라는 뜻으로 조선 전기 《용비어천가》를 한문으로 번역하고, 125장 중에서 첫4장과 종장만을 떼어서 가사를 중국계의 고취곡(鼓吹曲)에 붙인 노래 (두산백과)

# 1. 여가 사상과 활동

## 1) 여가사상

여가사상(餘暇思想)은 일과 삶의 균형, 즉 일하지 않는 시간을 어떻게 보내야 하는가에 대한 생각과 가치관을 탐구하는 사상이다. 여가는 단순히 일이 아닌 시간으로만 정의되지 않으며, 개인의 성장, 취미 활동, 휴식, 사회적 교류 등 자기실현의 중요한 수단으로 간주된다. 여가사상은 개인의 삶의 질을 높이고, 행복과 만족도를 증진시키는 데 중요한 역할을 한다.

## 2) 여가사상의 핵심 개념

### (1) 자기실현

여가 시간을 통해 개인이 자신의 잠재력을 발견하고, 취미나 관심사를 탐구하여 자기실현을 도모할 수 있다.

### (2) 휴식

일상의 스트레스와 압박에서 벗어나 심신의 건강을 회복하며, 재충전하는 기회를 제공한다.

### (3) 교육과 학습

여가 활동을 통해 새로운 지식을 습득하고, 기술을 배우며, 지적 호기심을 충족시킬 수 있다.

### (4) 사회적 교류

공동의 관심사나 활동을 공유함으로써 사회적 네트워크를 형성하고, 인간관계를 강화한다.

### (5) 문화적 참여

예술, 음악, 문학 등 다양한 문화 활동에 참여함으로써 개인의 문화적 소양을 넓히고, 삶의 질을 향상시킨다.

## 3) 여가사상의 중요성

여가사상은 여가를 단순한 여유 시간이 아닌, 삶의 질을 높이고 인간의 전인적 성장을 도모하는 핵심적 가치로 인식하는 생각이다. 현대 사회에서 여가는 정신적 안정, 신체 건강, 사회적 유대, 창의성 발현, 경제적 기여 등 다양한 측면에서 긍정적 영향을 미치며, 일과 삶의 균형을 실현하는 데 필수적인 요소로 자리 잡고 있다. 따라서 여가를 단순한 소모가 아닌 삶의 중요한 일부로 바라보는 태도, 즉 여가사상은 건강하고 풍요로운 사회를 만드는 데 중요한 기반이 된다.

## 4) 여가활동의 분류

여가사상을 바탕으로 한 다양한 활동들은 개인의 삶에 깊이와 의미를 추가하며, 일상에서의 스트레스를 줄이고 삶의 질을 향상시킬 수 있다. 여기에는 개인의 선호, 능력, 사회적 환경에 따라 선택할 수 있는 많은 옵션이 있다. 여가 활동은 크게 신체 활동, 창의적 활동, 지적 활동, 사회적 활동으로 분류할 수 있으며, 각각은 여가사상의 다양한 측면을 반영한다.

(1) 신체 활동

① 운동과 스포츠: 건강을 유지하고 스트레스를 줄이는 데 도움이 된다. 예를 들어, 조깅, 수영, 자전거 타기, 팀 스포츠 등이 있다.

② 야외 활동: 자연과의 교감을 통해 심리적 안정과 휴식을 제공한다. 하이킹, 캠핑, 낚시, 조류 관찰 등이 포함된다.

(2) 창의적 활동

① 예술과 공예: 개인의 창의력을 표현하고 발전시킬 수 있는 활동이다. 그림 그리기, 조각, 뜨개질, 목공예 등이 있다.

② 음악: 악기 연주, 노래하기, 작곡 등을 통해 감정을 표현하고 새로운 기술을 배울 수 있다.

③ 글쓰기: 시, 단편소설, 일기 쓰기 등을 통해 자기표현과 반성의 기회를 가질 수 있다.

(3) 지적 활동

① 독서: 다양한 주제와 장르의 책을 읽음으로써 지식을 넓히고, 사고를 확장할 수 있다.

② 언어 학습: 새로운 언어를 배우는 것은 뇌를 자극하고, 다른 문화를 이해하는 데 도움이 된다.

③ 강좌 및 워크숍 참여: 온라인 강좌, 커뮤니티 센터에서의 강좌나 워크숍 참여를 통해 새로운 기술이나 취미를 배울 수 있다.

(4) 사회적 활동

① 봉사 활동: 지역 사회에서의 봉사 활동은 사회적 유대감을 강화하고 개인의 만족감을 높일 수 있다.

② 클럽이나 모임 참여: 공통의 관심사를 가진 사람들과의 만남은 새로운 친구를 만들고 사

회적 기술을 개발하는 데 도움이 된다.

③ 여행: 새로운 장소를 방문하고 다양한 문화를 경험하는 것은 지식을 넓히고 인생을 풍요
롭게 한다.

이러한 활동들은 개인의 여가 시간을 의미 있고 만족스럽게 만들며, 여가사상이 추구하는
삶의 질 향상, 자기실현, 사회적 연결감을 실현할 수 있게 돕는다. 여가 활동을 선택할 때는
개인의 흥미와 열정을 고려하여 지속 가능하고 보람 있는 경험을 선택하는 것이 중요하다.

## 2. 여가의 심리적 행동

여가 활동은 개인의 심리적 건강과 행동에 깊은 영향을 미친다. 심리학적 관점에서 볼 때,
여가 활동은 스트레스 감소, 자아실현, 사회적 상호작용 증진과 같은 다양한 긍정적 효과를
제공한다. 이러한 활동들은 또한 개인의 정체성 형성, 창의력 증진, 그리고 일상 생활의 만
족도를 높이게 한다.

### 1) 스트레스 감소와 정서적 안정

(1) 회복 이론(Recovery Theory)

여가 활동은 일상 생활에서의 스트레스와 긴장으로부터의 회복을 촉진하며, 심리적 안정
상태로 돌아가는 데 도움을 준다. 자연 속에서 시간을 보내거나 좋아하는 취미에 몰두하는
것은 정서적 회복을 촉진한다.

(2) 휴식 경험(Flow Experience)

특정 활동에 완전히 몰입할 때, 사람들은 시간과 공간을 잊고 '플로우' 상태에 도달한다.
이 상태는 높은 수준의 만족감과 행복을 준다.

## 2) 자아 실현과 개인적 성장

### (1) 자기 결정 이론(Self-Determination Theory)

여가 활동은 자율성, 유능감, 관계성의 기본적인 심리적 욕구를 충족시킨다. 이는 자아 실현과 개인적 성장하게된다.

### (2) 자아 강화(Self-Enhancement)

새로운 기술을 배우거나 취미를 통해 성취감을 얻음으로써 자신감이 증가하고, 자아 이미지가 강화된다.

## 3) 사회적 상호작용과 관계 개선

### (1) 사회적 지지(Social Support)

클럽 활동이나 팀 스포츠와 같은 사회적 여가 활동은 타인 과의 긍정적인 관계를 구축하고, 사회적 네트워크를 확장한다.

### (2) 공동체 의식(Community Spirit)

공동의 목표나 활동을 공유함으로써 공동체 의식이 강화되고, 소속감이 증진된다.

## 4) 창의력과 인지 능력의 증진

### (1) 창의적 사고(Creative Thinking)

예술, 음악, 글쓰기와 같은 창의적인 활동은 사고의 유연성을 증진시키고, 문제 해결 능력을 향상시킨다.

### (2) 인지 기능(Cognitive Function)

도전적인 게임이나 퍼즐, 새로운 언어 학습과 같은 활동은 뇌를 자극하고 인지 능력을 유지하거나 향상시키는데 도움을 준다.

따라서, 여가 활동은 개인의 심리적 웰빙과 행동에 중요한 영향을 미치며, 다양한 긍정적 효과를 주며, 이러한 활동을 통해 스트레스 관리, 자아 실현, 사회적 상호작용 증진, 창의력 및 인지 능력의 증진 등이 가능해진다. 따라서 여가 시간의 의미 있는 활용은 개인의 삶의 질을 높이는 데 필수적으로 작용한다.

## 5) 회복 이론(Recovery Theory)

회복 이론(Recovery Theory)은 사람들이 일상 생활의 스트레스와 긴장에서 벗어나 심리적으로 회복하고 재충전하는 과정을 설명하는 이론이다. 이 이론은 특히 직장에서의 스트레스, 신체적 및 정신적 피로가 쌓인 상태에서 여가 활동이 어떻게 도움이 될 수 있는지를 중점적으로 다룹니다. 회복 이론은 여가 시간을 활용하여 스트레스 해소, 에너지 회복, 긍정적 정서 증진, 신체적 및 정신적 건강의 개선을 경험할 수 있다고 보고 있다.

(1) 회복 이론의 주요 요소

① 심리적 탈출(Psychological Detachment): 실제로 일과 관련된 생각이나 활동으로부터 멀어지는 것을 의미한다. 이는 마음을 다른 곳에 집중시켜 정신적으로 일로부터 '탈출'하는 것을 가능하게 한다.

② 완화(Relaxation): 신체적 및 정신적으로 편안해지는 상태로, 스트레스 반응의 감소와 긴장의 완화를 돕습니다. 완화는 신체의 회복 과정을 촉진하며, 스트레스 관련 질병의 위험을 줄일 수 있다.

③ 자기 통제력(Mastery): 새로운 기술을 배우거나 취미에서 성취를 경험하는 것은 자신감을 증가시키고, 자기 효능감을 높이다. 이는 일상 생활에서의 도전에 대해 더 잘 대처할 수 있는 능력을 개발하는 데 도움 된다.

④ 사회적 상호작용(Social Interaction): 가족, 친구, 동료와의 긍정적인 상호작용은 사회적 지지를 제공하고, 스트레스를 감소시키며, 전반적인 정서적 웰빙을 향상시킨다.

(2) 회복 이론의 적용

회복 이론은 여가 활동의 선택과 참여 방식에 유용한 지침을 제공한다. 예를 들어, 자연에서의 활동, 운동, 창의적인 취미, 사회적 모임 등은 모두 회복 과정을 촉진할 수 있는 여가 활동의 예이다. 이러한 활동들은 개인이 일상의 압박에서 벗어나 재충전하는 데 도움을 주며, 이를 통해 심리적, 정서적, 신체적 건강을 유지하고 향상시킬 수 있다.

회복 이론에 따르면, 효과적인 여가 활동은 개인이 직면한 스트레스의 유형과 강도에 맞춰 선택되어야 한다. 예를 들어, 매우 신체적으로 활동적인 직업을 가진 사람은 정신적으로 자극적인 여가 활동을 통해 더 큰 회복 효과를 경험할 수 있다. 반대로, 정신적으로 요구가 많은 직업을 가진 사람은 신체적인 활동이나 완화에 중점을 둔 여가 활동으로 더 큰 이익을 얻을 수 있다. 회복 이론은 개인이 자신의 필요와 상황에 가장 잘 맞는 여가 활동을 선택하도록 돕는데, 이는 스트레스 관리와 심리적 회복에 매우 유익하다.

## 3. 휴식 경험(Flow Experience)

휴식 경험(Flow Experience):은 더 일반적으로 알려진 '플로우 상태(Flow State)'는 심리학자 미하이 칙센트미하이(Mihaly Csikszentmihalyi)에 의해 개념화되었습니다. 플로우는 개인이 자신이 하는 활동에 완전히 몰입하고, 그 과정에서 외부 세계로부터의 인식이 사라지며, 완전한 즐거움과 만족감을 경험하는 심리적 상태를 말한다. 이 상태에서는 시간의 흐름이 빠르게 느껴지거나, 오히려 정지한 것처럼 느껴질 수 있다.

### 1) 플로우 상태의 특징

완전한 몰입과 집중: 활동에 대한 완전한 몰입으로 인해 주변 환경에 대한 인식이 줄어들고, 오로지 활동 자체에만 집중하게 된다.

(1) 시간 개념의 변화

플로우 상태에 있을 때는 시간이 빠르게 지나가는 것처럼 느껴지거나, 반대로 시간이 정지한 것 같은 느낌을 받을 수 있다.

(2) 행동과 의식의 통합

활동을 수행하는 동안 생각과 행동이 하나로 통합되어, 자연스러운 흐름을 경험한다.

(3) 자기 효능감의 증가

자신의 능력에 대한 확신과 함께 특정 활동을 수행하는 데 필요한 기술을 적절히 사용할 수 있다는 인식이 강화된다.

(4) 자아 소멸

자신의 존재에 대한 인식이 줄어들고, 활동자체와의 일체감을 느끼게 된다.

(5) 목적이 내재된 활동

활동이 자체적으로 보상을 제공하며, 외부적인 보상이 목표가 되지 않는다.

## 2) 플로우[12]를 경험할 수 있는 조건

### (1) 도전과 기술의 균형

- 활동이 개인의 기술 수준에 비해 너무 쉽지도, 너무 어렵지도 않아야 한다.
- 분명한 목표: 활동의 목표가 분명하고, 달성 가능해야 한다.

### (2) 즉각적인 피드백

활동을 수행하면서 즉각적인 피드백을 받을 수 있어야 한다. 이는 자신의 진행 상황을 파악하고 조정하는 데 도움을 준다.

## 3) 플로우의 중요성

플로우 경험은 개인의 삶의 질을 향상시키고, 창의력을 증진시키며, 직업적 만족도와 학습 효율을 높이는 데 중요한 역할을 한다. 또한, 스트레스 관리와 정서적 안정에도 긍정적인 영향을 미친다. 플로우 상태를 더 자주 경험하는 사람들은 일반적으로 더 높은 수준의 행복감과 만족감을 보고한다.

---

12) 플로우 란? 플로우(Flow)는 심리학에서 개인이 어떤 활동에 완전히 몰입하여, 주변 환경과 시간에 대한 인식이 희미해지고, 그 활동 자체에서 큰 만족과 즐거움을 느끼는 상태를 의미한다. 이 개념은 헝가리계 미국인 심리학자 미하이 칙센트미하이(Mihaly Csikszentmihalyi)에 의해 1970년대에 처음 소개되고 널리 알려졌다. 플로우 상태는 "최적의 경험(optimal experience)"이라고도 불리며, 개인의 능력과 도전 사이의 균형이 잘 맞을 때 가장 잘 발생한다.

**플로우의 주요 특징**
- 완전한 집중과 몰입: 활동에 대한 집중이 극대화되어 외부 세계의 방해가 차단된다.
- 시간 인식의 변화: 시간이 빠르게 지나가는 것처럼 느껴지거나, 반대로 시간이 정지한 듯한 느낌을 경험할 수 있다.
- 행동과 의식의 통합: 하는 일과 의식이 하나로 융합되어, 행동이 자연스럽고 노력 없이 이루어지는 것처럼 느껴진다.
- 목적 자체에서 오는 즐거움: 활동 자체가 보람 있고 만족스러워, 외부적인 보상이 없어도 그 자체로 가치가 있다.
- 자기 효능감의 증가: 자신이 활동을 잘 수행하고 있으며, 어려움을 극복할 수 있다는 느낌이 든다.
- 자아 소멸: 자신의 존재에 대한 인식이 사라지고, 활동에 완전히 몰입한다. 이 과정에서 자신의 문제나 걱정에서 벗어날 수 있다.

**플로우를 경험하는 조건**
플로우 상태를 경험하기 위해서는 몇 가지 조건이 충족되어야 한다:
- 도전과 기술의 균형: 활동이 개인의 기술 수준에 적합하게 도전적이어야 한다. 너무 쉽거나 너무 어렵다면 플로우 상태에 이르기 어렵다.
- 분명한 목표와 규칙: 활동이 분명한 목표와 규칙을 가지고 있어야 한다. 이는 집중을 유도하고 몰입을 촉진한다.
- 즉각적인 피드백: 활동을 통해 즉각적인 피드백을 받을 수 있어야 한다. 이는 자신의 진행 상황을 파악하고 조정하는 데 도움을 준다.

**플로우의 중요성**
플로우 경험은 개인의 삶의 질을 향상시키는 데 중요한 역할을 한다. 이는 창의력과 생산성을 증진시키며, 학습과 성장을 촉진한다. 또한, 플로우는 심리적 웰빙과 자기 효능감을 높이며, 스트레스와 불안을 줄이는 데 도움을 준다. 따라서 개인의 행복과 만족도를 높이는 데 기여하는 중요한 요소이다.

# 제2절

# 여가와 사회

## 1. 여가와 사회

여가와 사회의 관계는 상호 작용적이며 다면적이다. 여가 활동은 개인의 삶의 질을 향상시키고, 사회적 관계를 강화하며, 경제 발전에 기여할 수 있다. 여가가 사회에 미치는 영향은 사회 구조, 경제, 문화적 가치관 등 여러 요소와 밀접하게 연관되어 있다. 이 관계를 탐구하는 것은 여가의 사회적 역할과 중요성을 이해하게 된다 .

### 1) 여가의 사회적 기능

여가의 사회적기능은 첫째, 사회적 유대 강화이다. 공통의 관심사나 활동을 통해 사람들 사이의 상호작용이 증가하며, 이는 사회적 유대와 공동체 의식을 강화한다. 여가 활동은 다양한 배경을 가진 사람들을 하나로 모으는 힘이 있다. 둘째, 문화적 정체성의 표현과 전승이다. 여가 활동은 문화적 전통과 가치를 표현하고 전달하는 중요한 수단이며, 축제, 예술, 음악, 민속놀이 등은 각 사회의 문화적 정체성을 보존하고 세대 간에 전승하는 데 기여한다. 셋째, 경제 발전이다. 여가 산업은 관광, 스포츠, 엔터테인먼트 등을 포함하여 상당한 경제적 기여를 한다. 이는 일자리 창출, 지역 경제 활성화, 국가 경제의 성장에 중요한 역할을 한다. 넷째, 사회적 포용과 통합이다. 여가 활동은 다양한 사회적, 경제적, 문화적 배경을 가진 사람들을 포용하고 통합하는 플랫폼을 제공한다. 장애인, 이주민, 소수 집단 등 모든 사회 구성원이 참여할 수 있는 여가 프로그램은 사회적 통합을 촉진한다. 다섯째, 교육과 학습의 장이 된다. 비공식적인 환경에서의 여가 활동은 개인이 새로운 기술을 배우고, 지식을 확장하며, 창의적인 사고를 발전시킬 수 있다.

## 2) 사회적 변화와 여가

사회적, 경제적, 기술적 변화는 여가 활동의 성격과 사람들이 여가를 경험하는 방식에 영향을 미친다. 예를 들어, 디지털 기술의 발전은 가상 현실, 온라인 게임, 소셜 미디어 등 새로운 형태의 여가 활동을 만들어냈다. 이러한 변화는 여가의 접근성을 향상시키고, 다양성을 증가시키지만, 동시에 디지털 중독이나 사이버 괴롭힘과 같은 새로운 사회적 문제들을 야기할 수도 있다.

또한, 경제적 불평등은 여가 활동의 기회에도 영향을 미친다. 경제적으로 여유로운 사람들은 더 다양하고 풍부한 여가 활동을 경험할 수 있는 반면, 경제적으로 어려움을 겪는 사람들은 그러한 기회가 제한될 수 있다. 이러한 격차를 줄이기 위해 공공 정책과 커뮤니티 프로그램이 중요한 역할을 한다.

즉, 여가와 사회의 관계는 복잡하며, 여가 활동은 개인의 삶과 사회 전반에 긍정적인 영향을 미칠 수 있다. 사회적 연결감을 강화하고, 문화적 정체성을 유지하며, 경제적 발전을 지원하는 등 여가의 중요성은 매우 다양하다. 사회적 변화에 따라 여가의 형태와 역할도 변화하고 있으므로 지속적으로 이에 대한 이해와 정책적 지원이 필요하다.

# 2. 여가와 경제

여가와 경제는 여가 활동과 관련된 경제적 행위와 그 영향을 분석하는 분야이다. 여가 경제는 개인의 소비 선택, 여가 산업의 경제적 기여, 고용 창출, 그리고 국가 경제에 미치는 영향 등 여러 측면을 포함한다. 이 분야는 경제학적 관점에서 여가의 가치와 중요성을 이해하려는 노력의 일환으로, 여가 시간의 활용, 여가 산업의 발전, 관광 경제학 등을 연구한다.

## 1) 여가의 경제적 가치

여가의 경제적 가치는 첫째, 여가는 소비 지출을 증가시킨다. 개인과 가정은 여가 활동에 상당한 금액을 지출한다. 이러한 지출은 여행, 스포츠 이벤트, 문화 예술 활동, 외식, 여가용품 구매 등 다양한 형태로 나타난다. 둘째, 산업 발전에 기여한다. 여가 관련 산업, 예를 들어 관광, 스포츠, 오락, 문화 예술 등은 지역 및 국가 경제에 중요한 기여를 한다. 이들 산업은 고용을 창출하고, 외화를 벌어들이며, 관련 사업체의 성장을 촉진한다. 셋째, 고용 창출에 기여한다. 여가 산업은 다양한 직업과 직무를 생성한다. 관광 가이드, 스포츠 코치, 이벤트 기획자, 예술가, 레저 시설 운영자 등이 여기에 포함된다. 넷째, 경제 성장과 발전에 기여한다. 관광 및 여가 산업의 발전은 지역 경제의 성장을 촉진한다. 관광객 유치를 통해 지역 경제에 활력을 불어넣고, 지역의 문화와 자원을 세계에 알릴 수 있다.

## 2) 여가의 경제학적 접근

여가를 경제학적으로 접근하면 다음과 같다. 첫째, 시간의 가치로 볼 수 있다. 여가를 경제학적 관점에서 바라볼 때, 시간의 가치는 중요한 고려 사항이다. 개인은 한정된 시간을 어떻게 분배할지 선택해야 하며, 이는 경제학의 기본 원칙인 기회비용 개념과 밀접하게 연결된다. 둘째, 수요와 공급으로 볼 수 있다. 여가 산업에서의 서비스와 상품에 대한 수요와 공급은 시장 가격을 결정한다. 여가 활동에 대한 사람들의 선호와 구매력은 여가 산업의 성장과 변화를 촉진하는 주요 요인이다. 셋째, 지속 가능성이다. 경제 성장과 함께, 여가 산업의 지속 가능성에 대한 고려도 중요해지고 있다. 환경 보호, 지역 사회의 복지, 그리고 장기적인 경제 발전이 여가 산업 계획과 정책 결정에 포함되어야 한다.

여가의 경제는 단순히 경제적 이득을 넘어서 사회적, 문화적, 그리고 환경적 가치를 포괄하는 광범위한 영역을 다룹니다. 이는 인간의 삶의 질 향상과 국가 경제의 성장에 기여하는 중요한 분야로 인식되고 있다.

## 3. 여가를 통한 경제이익

여가를 통한 경제이익은 개인, 기업, 그리고 국가 경제에 다양한 형태로 나타난다. 여가 활동이 경제에 미치는 긍정적인 영향은 직접적인 경제 활동 촉진부터, 장기적인 사회 경제적 웰빙 향상에 이르기까지 다양하다. 이러한 경제이익을 몇 가지 주요 범주로 나누어 설명해 보면 다음과 같다.

## 1) 직접적인 경제 활동 촉진

여가 관련 산업의 성장: 관광, 스포츠, 문화 예술, 오락, 레크리에이션 등 여가 관련 산업은 직접적인 고용 창출과 소비 증대를 통해 경제 성장에 기여한다. 호텔, 레스토랑, 여행사, 스포츠 시설, 공연장 등은 여가 활동을 지원하며 이를 통해 발생하는 수익은 경제에 긍정적인 영향을 미친다. 국내외 관광 증진: 여가를 즐기기 위해 국내외로 여행하는 사람들은 숙박, 교통, 식음료, 쇼핑 등에 지출을 하게 되며, 이는 관광지의 경제 활동을 직접적으로 촉진한다.

### 2) 간접적인 경제적 영향

생산성 향상: 적절한 여가 활동은 개인의 신체적, 정신적 건강을 증진시키고 스트레스를 감소시킨다. 이는 장기적으로 근로자의 업무 만족도와 생산성을 향상시키며, 기업의 이익 증대와 경제 성장에 기여한다. 창의력과 혁신 촉진: 여가 시간을 통해 개인의 창의력과 혁신적 사고가 촉진된다. 이는 새로운 비즈니스 기회의 창출, 기술 발전, 그리고 산업 다양화로 이어질 수 있다.

### 3) 사회 경제적 웰빙의 증진

건강한 사회 구성원 양성: 여가 활동은 사회 구성원의 건강과 웰빙을 증진시키며, 이는 의료 비용 절감과 더욱 생산적인 노동력을 의미한다. 또한, 다양한 문화적, 스포츠적 여가 활동은 사회 구성원 간의 상호 작용을 증진시키고, 사회적 유대감을 강화한다. 이는 장기적으로 안정적이고 통합된 사회 구조를 형성하는 데 기여하며, 경제적 안정성을 뒷받침한다.

### 4) 지속 가능한 경제 발전

지속 가능한 관광 개발: 지속 가능한 여가 및 관광 활동은 환경 보호, 문화 유산 보존에 기여하면서 동시에 장기적인 경제 발전을 도모한다. 이는 관광 산업이 지역 사회와 환경에 미치는 부정적인 영향을 최소화하고, 경제적 이익을 지속 가능하게 만든다. 여가를 통한 경제 이익은 이와 같이 다양한 측면에서 나타나며, 개인의 삶의 질 향상과 함께 국가 경제의 지속 가능한 성장에 기여하게 된다.

## 4. 여가산업의 경제적 창출

여가산업은 경제적 가치를 창출하는 주요 분야 중 하나로, 여러 경로를 통해 경제에 기여한다. 이 산업은 여가와 관련된 상품과 서비스의 생산, 배분, 소비를 포함하며, 관광, 스포츠,

문화예술, 오락, 레크리에이션 등 다양한 분야를 아우릅니다. 여가산업이 경제적 가치를 창출하는 방식을 구체적으로 살펴보면 다음과 같다.

## 1) 직접적인 경제적 영향

고용 창출: 여가산업은 다양한 서비스 제공을 통해 직·간접적으로 많은 고용을 창출한다. 예를 들어, 호텔, 식당, 여행사, 스포츠 클럽, 문화예술 기관 등은 다양한 직업을 제공하며, 이는 지역사회의 고용 안정성을 높이는 데 기여한다. 수익 창출: 여가 활동과 관련된 상품과 서비스에 대한 지출은 직접적인 수익을 창출한다. 이는 여가산업에 종사하는 기업과 개인의 수입 증가로 이어진다.

## 2) 간접적인 경제적 영향

소비자 지출의 촉진: 여가 활동 참여를 위해 여행하는 소비자들은 숙박, 교통, 식사, 쇼핑 등에 지출을 하게 되며, 이는 관련 산업의 성장을 촉진한다. 공급망 효과: 여가산업은 식품, 건축, 광고, 디자인 등 다른 산업과도 밀접하게 연결되어 있으며, 이를 통해 경제 전반에 걸친 공급망 효과를 생성한다.

## 3) 유발 효과

투자 유치: 활발한 여가산업은 국내외 투자자들로부터의 투자를 유치할 수 있으며, 이는 새로운 사업 기회와 일자리 창출로 이어진다. 기술 혁신과 발전: 여가산업의 성장은 새로운 기술의 개발과 적용을 촉진한다. 예를 들어, 가상현실(VR), 증강현실(AR) 기술은 여가산업에서 중요한 역할을 하며, 이는 기술 혁신을 가속화한다.

## 4) 사회 경제적 영향

지역 경제의 활성화: 여가산업은 관광객 유치를 통해 지역 경제를 활성화시키고, 지역 사회의 발전을 촉진한다. 문화 교류와 이해 증진: 국제적인 여가 활동과 관광은 다양한 문화 간의 교류를 촉진하며, 이는 글로벌 이해와 협력을 증진시키는 긍정적인 사회 경제적 효과를 가져온다. 여가산업의 경제적 가치 창출은 단순히 수익과 고용에만 국한되지 않고, 경제적, 사회적, 문화적 영역에 걸쳐 다양한 긍정적인 영향을 미친다. 이를 통해 지속 가능한 발

전과 사회의 전반적인 웰빙 향상에 기여하는 역할을 수행한다.

## 5) 여가로서의 골프산업의 경제적 이익

골프산업은 전 세계적으로 수백만 명의 사람들을 끌어들이는 주요 여가 활동 중 하나로, 경제적 이익을 광범위하게 창출한다. 골프 산업의 경제적 영향은 골프장 운영에서 시작하여 골프 관련 장비와 의류의 제조 및 판매, 전문 대회와 이벤트의 개최, 관광 산업의 활성화에 이르기까지 다양한 부문에 걸쳐 있다.

(1) 골프장 운영과 유지

① 직접 고용 창출: 골프장 운영은 대규모의 창출하게 되는데 이에는 코스 관리 직원, 프로 샵 직원, 교습가, 식음료 서비스 직원 등이 포함된다.

② 부동산 가치 상승: 골프장이 위치한 지역의 부동산 가치가 상승하는 경향이 있으며, 이는 지역 경제에 긍정적인 영향을 미친다.

(2) 골프 관련 제품 및 서비스

① 장비 및 의류 판매: 골프 클럽, 볼, 의류, 액세서리 등 골프 관련 제품의 제조 및 판매는 큰 시장을 형성하며, 이는 많은 기업에게 중요한 수익원이다.

② 교습 서비스: 골프 교습과 관련된 서비스도 중요한 수익원이며, 이를 통해 프로 골퍼들과 교습가들에게 경제적 기회를 제공한다.

(3) 골프 관광 및 이벤트

① 골프 관광: 골프를 목적으로 하는 관광은 숙박, 식음료, 교통과 같은 다른 산업 부문에 걸쳐 경제적 이익을 창출한다. 골프장을 방문하기 위해 여행하는 사람들은 종종 골프 외의 다른 여가 활동에도 지출을 한다.

② 프로 대회 및 이벤트: 골프 대회와 이벤트는 관광객을 유치하고, 중계권 판매, 스폰서십, 광고 등을 통해 직접적인 수익을 창출한다. 또한, 이러한 이벤트는 개최 지역의 브랜드 가치를 높이고, 장기적인 관광 증진에 기여할 수 있다.

(4) 지역 경제에 대한 기여

① 지역 경제 활성화: 골프 산업은 지역 경제에 중요한 역할을 한다. 골프장과 관련된 활동은 지역 사업체의 수요를 증가시키고, 지역 고용을 촉진한다.

② 세금 수입 증가: 골프 산업에서 발생하는 다양한 경제 활동은 지방 및 국가 정부에 세금 수입을 증가시키는 효과가 있다.

골프산업은 단순히 스포츠를 넘어서 경제적 파급 효과가 큰 산업 분야이다. 이 산업이 창출하는 경제적 이익은 골프를 즐기는 개인 뿐만 아니라 관련 산업 종사자, 지역 사회, 국가 경제에까지 이르는 광범위한 영향을 미친다.

## 5. 여가와 스포츠 산업 경제

여가와 스포츠 산업은 전 세계적으로 경제에 상당한 영향을 미치는 중요한 부문이다. 이들 산업은 직접적인 경제 활동을 통해 수익을 창출하고, 간접적으로 지역사회와 국가 경제에 기여하는 다양한 방식으로 경제적 가치를 증가시킨다. 여가와 스포츠 산업의 경제적 영향을 분석할 때 고려해야 할 주요 요소는 다음과 같다.

### 1) 직접적인 경제 활동

스포츠 및 여가 관련 상품과 서비스의 생산과 판매로 이어지며 이는 스포츠 장비, 운동복, 여가 관련 상품, 여행 패키지, 티켓 판매 등을 포함한다. 고용 창출도 가능하다. 스포츠 팀, 여가 서비스 제공업체, 스포츠 시설 운영, 행사 기획 및 관리 등 다양한 분야에서 상당한 수의 일자리를 창출한다. 그리고 스포츠 및 여가 이벤트를 통해 대규모 스포츠 이벤트, 콘서트, 축제 등은 관광객을 유치하고, 지역 경제에 큰 수익을 가져다준다.

### 2) 간접적인 경제 활동

관광 촉진을 한다. 스포츠 이벤트와 여가 활동은 관광객을 유치하여 숙박, 식음료, 교통, 소매업 등 지역 경제에 간접적으로 기여한다. 인프라 개발에도 도움이 된다. 대규모 스포츠 이벤트는 종종 인프라 개발을 촉진시키며, 이는 장기적으로 지역사회에 혜택을 제공한다. 그리고 브랜드 가치와 국제 이미지 강화에 기여한다. 성공적인 스포츠 팀이나 대형 이벤트는 해당 지역이나 국가의 브랜드 가치를 향상시킬 수 있다.

### 3) 파생적 경제 활동

스포츠 마케팅 및 스폰서십이 가능해진다. 기업들이 스포츠 팀이나 이벤트를 스폰서하는 것은 브랜드 인지도를 높이고, 마케팅 목표를 달성하는 데 기여한다. 미디어 권리 판매를 할 수 있다. 스포츠 이벤트의 방송 권리는 큰 수익을 창출하며, 이는 스포츠 산업 전반에 걸쳐 재투자된다. 그리고 건강 증진 및 사회적 결속에 기여한다. 스포츠와 여가 활동은 건강 증진과 사회적 결속을 통해 장기적으로 사회 복지 비용을 절감하고, 생산성을 향상시킬 수 있다. 따라서 여가와 스포츠 산업은 단순히 개인의 여가 시간을 채우는 것을 넘어서서, 경제 성장, 지역사회 발전, 국가 이미지 제고 등 다양한 방면에서 중요한 역할을 한다. 이 산업들은 또한 지속 가능한 개발 목표를 지원하는 데 있어 중요한 부분을 차지하며, 경제적, 사회적, 문화적 혜택을 부여한다.

### 4) 여가로서의 e스포츠 시장 경제

e스포츠, 즉 전자 스포츠 시장은 최근 몇 년 동안 놀라운 속도로 성장하였고, 전 세계적으로 수억 명의 팬을 보유한 주요 여가 산업 중 하나로 자리 잡았다. e스포츠의 경제적 가치는 게임 개발, 대회 주최, 방송 권리, 광고, 스폰서십, 관련 상품 판매 등 다양한 영역에서 나타난다. 이러한 다면적 성장은 e스포츠가 단순한 여가 활동을 넘어서서 경제적으로 매우 중요한 산업으로 발전했음을 시사한다.

(1) e스포츠 시장의 주요 경제적 특징

① 대회 및 이벤트 주최

e스포츠 대회는 큰 상금과 함께 전 세계적으로 개최되며, 주요 대회들은 수천만 달러의 경제 효과를 창출할 수 있다. 대회 개최는 지역 경제에 직접적인 혜택을 주며, 숙박, 식음료, 교통 등 관련 산업에 긍정적인 영향을 미친다.

② 스폰서십 및 광고

대기업들은 e스포츠 팀, 선수, 대회에 투자하여 자사 브랜드의 인지도를 높이다. e스포츠의 젊은 시청자층은 기존 미디어가 도달하기 어려운 소비자층으로, 광고주에게 매력적인 타겟이다.

③ 방송 및 스트리밍 권리

e스포츠 이벤트의 온라인 스트리밍은 광범위한 시청자를 끌어들이며, 방송 및 스트리밍 권리 판매는 중요한 수익원이다. 유튜브(YouTube), 아프리카TV 등 다양한 플랫폼에서 활발하게 소비된다.

④ 게임 개발 및 판매

e스포츠 산업은 게임 개발사에게도 큰 수익을 안겨준다. 경쟁적인 멀티플레이어 게임은 e스포츠를 통해 인기를 얻으며, 이는 게임 판매 증가와 직접 연결된다.

⑤ 상품 판매 및 라이선싱

e스포츠 팀 및 선수를 지지하는 팬들은 팀 로고가 새겨진 의류, 액세서리, 기타 상품을 구매하여 지지를 표현한다. 이러한 상품 판매는 팀과 선수에게 추가 수익을 부여한다.


(2) 투자 및 시장 성장

투자자들은 e스포츠 산업의 빠른 성장을 주목하고 있으며, 이는 스타트업, 팀, 게임 개발사 등에 대한 투자 증가로 이어지고 있다. e스포츠에 대한 투자는 시장의 지속적인 성장을 촉진한다. e스포츠 시장의 경제적 이익은 매우 다양하며, 산업 전반에 걸쳐 긍정적인 영향을 미치고 있다. 전통적인 스포츠 산업과 마찬가지로, e스포츠는 중요한 경제 활동으로 자리매김하고 있으며, 앞으로도 그 영향력은 계속 커질 것으로 예상된다.


# 6. 외식산업과 경제

여가시간을 즐기기 위한 외식산업은 현대 사회에서 중요한 역할을 차지하며, 경제에 미치는 영향이 크다. 외식산업은 단순히 식사를 제공하는 것을 넘어서, 사람들이 여가를 즐기고 사회적인 경험을 공유하는 중심지로 자리 잡았다. 이러한 산업은 지역 경제에 직접적으로 기여함과 동시에 관광, 농업, 식품 제조, 고용 창출 등과 같은 다양한 분야에 간접적인 영향을 미친다.

우리나라는 「외식산업진흥법」제5조 제6항 및 같은 법 시행규칙 제1조의 2에 따라, 농림축산식품부에서 '외식산업혁신플러스대책' 제3차('22~'26) 외식산업 진흥 기본계획을 발표하여 시행 중에 있다. 이는 우리 국민의 소득 수준 향상과 1인·맞벌이 가구 증가 등에 따라 외식 수요가 점증하여, 외식이 국민의 식생활에서 절반 수준 차지(43.8%)하였고, 배달·포장

수요가 급증되고, RMR시장 확대 등 소비자 니즈변화에 맞는 정책수립 필요하여 시행하게 된 것이다.

K문화가 세계로 확산된 현대에 K푸드 시장 전략을 위한 외식산업의 진출을 위한 국가별 외식시장 동향, 소비자 선호 메뉴, 식문화, 식재료 수출통관정보 등 해외 진출에 필요한 정보 신규 제공(뉴스레터+보고서)하고 진출 국가를 다변화할 수 있도록 新시장 개척을 위한 다양한 진출유망 국가의 외식 트렌드, 식재료 통관정보 등 제공하는 대책이다.

다음은 외식 산업과 경제의 상호작용이다.

## 1) 고용 창출
외식산업은 대규모의 고용을 창출한다. 이는 주방 직원, 서버, 관리자, 청소부 등 다양한 직종에 걸쳐 있으며, 종종 청년층에게 첫 직장의 기회를 제공한다.

## 2) 지역 경제 활성화
지역 내에서 운영되는 식당, 카페, 바 등은 지역 경제에 직접적으로 기여한다. 이러한 업소들은 지역 농산물을 구매하고, 지역의 문화적 특성을 반영한 메뉴를 개발함으로써 지역 경제와 문화에 기여한다.

## 3) 관광 산업과의 연계
많은 관광객들이 특정 지역을 방문하는 주된 이유 중 하나는 그 지역의 음식을 체험하기 위함이다. 외식산업은 관광객에게 그 지역의 문화와 전통을 경험할 수 있는 기회를 제공하며, 이는 관광 산업과 직접적으로 연결된다.

## 4) 혁신과 창업 촉진
외식산업은 새로운 요리법, 식당 운영 방식, 고객 서비스 모델 등 혁신적인 아이디어가 시도되는 장이다. 이는 창업과 경제적 활동을 촉진하며, 경제에 활력을 불어넣는다.

## 5) 소비자 지출 증가

경제가 성장함에 따라 사람들의 소득 수준이 향상되고, 이는 외식에 대한 지출 증가로 이어진다. 외식산업은 소비자들이 여가 시간에 더 많은 돈을 지출하도록 유도하며, 이는 전반적인 경제 성장에 기여한다. 따라서, 외식산업은 여가를 즐기는 중요한 방식으로, 사람들이 일상에서 벗어나 새로운 경험을 하고 사회적인 상호작용을 하는 장소를 제공한다. 이 산업은 직접적인 경제 활동뿐만 아니라, 관광 산업 활성화, 지역 경제 및 문화 발전, 고용 창출 등 다양한 방식으로 경제에 긍정적인 영향을 미친다. 따라서 외식산업의 성장과 발전은 국가와 지역 경제에 있어 매우 중요한 요소이다.

〈표 1〉 제3차 계획 기본 방향

| 비전 | 글로벌 외식산업 선도 국가로 도약 |
|---|---|

| 목표 | • 혁신·글로벌화·상생·포용으로 외식산업을 미래 성장산업화<br>• 외식 분야 푸드테크 유니콘 기업: ('21) 0개 → ('26) 10<br>• 매출 1조원 이상 외식기업: ('21) 1개 → ('26) 5<br>• 외식기업 해외 매장 수 : ('21) 3,409개 → ('26) 5,000 |
|---|---|

| 중점 추<br>진과제 | [전략 1] 혁신으로<br>도약하는 외식산업 | • 푸드테크 R&D 및 상용화 등 혁신 생태계 조성<br>• 스마트 기술 및 데이터 경제 확산<br>• 규제 개선 및 기업·인재 육성 |
|---|---|---|
| | [전략 2] 세계가<br>찾는 K-외식 | • 해외진출 단계별 밀착 지원체계 구축<br>• K-외식 브랜드 글로벌화 촉진<br>• 서비스 경쟁력 강화 및 신시장 활성화 |
| | [전략 3]<br>농업·환경·사회화<br>상생하는 외식산업 | • 국산 식재료 이용 확대<br>• 농촌과 연계·협력 강화<br>• 외식업계 ESG 경영 확산 |
| | [전략 4] 포용으로<br>함께 성장하는<br>외식산업 | • 위기대응 및 경영 안정 지원<br>• 충분한 창업 준비와 재기 지원<br>• 근로환경 개선 및 안전사고 예방 |

# 제3절
# 건강한 여가의 기능

## 1. 가족의 여가

### 1)[13]건강가정기본법의 가족여가

   건강가정기본법이 제정된 이유는 건강한 가정생활의 영위와 가족의 유지 및 발전을 위한 국민의 권리 의무와 국가 및 지방자치단체 등의 책임을 명확히 하고, 가정문제의 적절한 해결방안을 강구하며 가족구성원의 복지증진에 이바지할 수 있는 지원을 강화함으로써 건강가정 구현에 기여하는 것을 목적으로 하고 있다. 또한, 현대사회에서 제기되는 다양한 가정문제의 적절한 해결방안을 강구하며, 가족원의 복지 증진에 이바지할 수 있는 지원정책을 시행함으로써 건강가정을 구현하고, 나아가 사회 통합에 기여하도록 하려는 것이다. 건강가정기본법 제28조(가정생활문화의 발전) ②항에 가족여가문화가 명시되어 가족간 여가활동이 얼마나 중요한지 나타나고 있다. 한국 사회에는 아직 불건전한 여가가 많은 편이다. 한국 사람들이 여가를 활용하는 가장 많은 방법이 TV 시청이나 음주 등이다. 특히 퇴근 후 저녁 시간에 가장 많이 즐기는 것이 TV 시청이고, 친구나 직장 동료, 가족과 어울리게 되면 가장 많이 찾는 것이 음주이다.

   가족이나 많은 사람과 함께 자기 계발과 휴식을 동시에 취할 수 있는 여가 문화가 잘 발달되어 있지 못한 편이다. 가족들이 모여 함께 어울릴 수 있는 건전한 오락, 자기 개발을 위한 여가활용 방법, 봉사와 정치 참여 등 사회 참여 방법 등이 개발되고 발전될 필요가 있는 것으로 보인다. 가족 여가 문화 프로그램은 아직 활성화 단계에 있지 않고 인식도 부족하며 예산도 미흡하다. 따라서 관련 기관들은 체계적인 분석과 계획을 통한 다양한 프로그램 개발에 더욱 노력을기울여야 하며, 가족 여가 문화 프로그램은 가족 여가 관련 시설의 확충, 사

---

13) 건강가정기본법은 2004년 2월 9일 제정(법률 제7166호)되어 2005년 1월 1일 시행되었다.

회적 인식의 개선, 정책적 지원과 더불어 진정한 활성화의 길을 모색할 수 있을 것이다(오서진, 2013, 건강가정복지론).

## 2) 청소년 여가 (Youth Leisure)

청소년 여가는 청소년들이 여가 시간을 어떻게 보내는지, 그리고 그들이 여가 활동을 통해 어떤 경험과 영향을 받는지에 관한 주제로써, 청소년기에는 신체적, 정서적, 사회적 발달이 활발히 이루어지는 시기이므로 여가는 매우 중요하다.청소년들은 여가 활동을 통해 스트레스를 해소하고, 자기 표현을 하며, 사회적 관계를 형성하고, 신체적, 정서적 건강을 유지하는 등 다양한 긍정적인 효과를 얻을 수 있다.

청소년 여가는 신체적, 정서적, 사회적 발달에 중요한 역할을 하며, 자기 개발과 창의적인 활동을 촉진하게 된다. 그러나 지나치게 디지털 기기나 비생산적인 활동에 의존할 경우 부정적인 영향을 미칠 수 있으므로, 건강하고 균형 잡힌 여가 활용이 필요하다. 이를 위해 학교, 가정, 지역 사회에서 청소년들이 적극적으로 참여할 수 있는 건전한 여가 활동을 제공하는 것이 중요하다.

(1) 청소년 여가의 특징

① 자유로운 시간 활용

청소년은 학교, 학원, 가사 등의 의무적인 활동 외에 비교적 자유롭게 여가 시간을 보낼 수 있으며, 이때 여가 활동은 자아 발견과 자기 실현의 중요한 기회가 된다.

② 디지털 기기의 영향

현대의 청소년은 스마트폰, 인터넷, 게임 등의 디지털 기기와 매체에 매우 익숙하다. 이로 인해 많은 청소년이 디지털 여가 활동(온라인 게임, SNS 등)을 즐기기도 한다. 온라인 게임, 소셜 미디어 활동 등은 청소년에게 중요한 여가 활동이지만, 과도하게 의존할 경우 심리적 문제를 일으킬 수 있어 균형이 중요하다.

③ 사회적 관계 형성

청소년은 여가를 통해 또래 친구들과 관계를 맺고 사회성을 기르는 시기다. 스포츠 활동, 문화 활동, 동아리 활동 등에서 친구들과 함께하는 시간이 중요한 여가 활동이다.

④ 취미 및 창의적 활동

청소년은 자신만의 취미를 통해 여가 시간을 보내고, 이 과정을 통해 창의력을 발휘하거나 새로운 재능을 발견하기도 한다. 예를 들어, 음악, 미술, 글쓰기, 연극 등의 예술적 활동은 여가를 통한 자기표현의 중요한 방법이다.

(2) 청소년 여가의 긍정적 기능

① 정서적 안정

여가는 청소년에게 정서적 해소와 스트레스 관리를 하게 되고, 일상적인 학교생활이나 학업에서 오는 스트레스를 풀 수 있는 시간이 되며, 우울증이나 불안을 예방하는 데 도움이 될 수 있다.

② 신체적 발달

스포츠 활동이나 야외 활동을 통해 청소년은 신체적 발달을 돕고, 건강을 유지할 수 있다. 특히 운동은 체력 증진뿐만 아니라, 심리적 안정과 스트레스 해소에도 긍정적인 영향을 미친다.

③ 사회적 기술 향상

청소년들은 여가를 통해 사회적 기술을 익히고, 친구들과의 관계를 강화하며, 협력, 소통, 공감 등을 배울 수 있다. 이는 성인기에도 중요한 대인 관계 능력을 기르는 데 도움이 된다.

④ 자기 개발과 창의성 발휘

취미나 예술 활동을 통해 청소년은 자신의 창의성을 발휘하고, 자기 표현을 할 수 있다. 이는 자아 정체성을 확립하고, 자존감을 높이는 데 기여한다.

(3) 청소년 여가의 부정적 영향

① 게임 중독 및 인터넷 의존

디지털 여가 활동의 과도한 의존은 게임 중독, 인터넷 중독 등의 문제를 일으킬 수 있다. 이는 청소년의 학업이나 사회적 관계에 부정적인 영향을 미칠 수 있으며, 건강에도 해로울 수 있다.

② 사회적 고립

디지털 기기에만 의존한 여가는 대인 관계에서 사회적 고립을 초래할 수 있다. 친구와의 만남이나 외부 활동을 줄이고, 가상 세계에 몰입하게 되면 실제 사회에서의 적응력이 떨어질 수 있다.

③ 비생산적인 여가 활동

일부 청소년은 여가 시간을 비생산적인 활동에 소비할 수 있다. 예를 들어, 잠자는 시간이나 유해한 활동에 시간을 낭비하는 경우, 이들이 여가 시간을 제대로 활용하지 못할 수 있다.

(4) 청소년 여가 활동의 종류

① 스포츠 및 운동

축구, 농구, 배드민턴, 수영 등 다양한 스포츠 활동은 청소년에게 신체적 건강과 사회적 상호작용을 하게한다. 자전거 타기, 등산, 캠핑 등의 야외 활동도 인기 있는 청소년 여가 활동이다.

② 문화적 활동

영화 감상, 음악 듣기, 뮤지컬 관람, 미술관 방문 등은 청소년들이 예술적이고 문화적인 활동을 통해 여가를 즐길 수 있는 방법이다.

③ 여가학습

청소년들은 자기 개발과 학습을 위해 여가 시간을 활용하기도 한다. 예를 들어, 언어 공부, 코딩 학습, 독서 등이 여가를 통해 이루어질 수 있는 활동이다.

④ 사회적 활동

청소년들은 동아리 활동, 자원봉사, 친구들과의 만남 등 사회적 상호작용을 통해 여가를 즐긴다. 이런 활동은 사회적 기술을 향상시키고, 공동체 의식을 키울 수 있다.

(5) 청소년 여가 활동을 위한 제안

① 균형 잡힌 여가 시간

청소년들이 디지털 기기와 현실 세계에서 균형 잡힌 여가 활동을 할 수 있도록 유도해야 한다. 디지털 여가와 오프라인 활동을 적절히 배분할 수 있도록 돕는 것이 중요하다.

② 건전한 여가 활동

청소년들이 건전한 여가 활동에 참여하도록 유도해야 하며, 학교나 지역 사회에서 다양한 프로그램을 제공하는 것이 도움이 될 수 있다. 예를 들어, 스포츠 클럽, 문화 클래스, 예술 활동 등이다.

③ 부모와의 소통

부모는 자녀가 여가 시간을 어떻게 보내고 있는지 관심을 가지고, 건전하고 의미 있는 활동을 장려하는 것이 중요하다. 부모와의 대화를 통해 자녀가 좋아하는 활동을 파악하고 지원하는 역할이 필요하다.

## 2. 자원봉사 여가활동

자원봉사와 여가활동은 모두 시간과 노력을 기부하여 자신의 능력을 발휘하고 사회에 기여하는 것을 목적으로 하는 활동이나, 두 활동은 목적과 방식에서 차이가 있다. 자원봉사는 주로 사회적 가치를 실현하고 사회적 문제를 해결하기 위해 진행되는 활동이다. 이러한 자원봉사는 정치, 경제, 사회적으로 약자인 이들을 지원하고 보호하는 데 초점을 두며, 복지시설, 문화 센터, 병원 등에서 이루어질 수 있다. 반면 여가활동은 개인적인 취미와 즐거움을 추구하기 위해 시간과 노력을 기부하는 활동으로, 이러한 여가활동은 체육, 문화, 예술, 여행 등의 활동을 포함할 수 있으며, 주로 개인적인 성취나 즐거움을 위해 이루어진다(김윤정, 박선주 (2018).

또한, 두 활동은 모두 사회적으로 유익한 활동이지만, 자원봉사는 주로 사회적 문제 해결에 초점을 두고 있고, 여가활동은 주로 개인적인 취미와 즐거움을 추구하는 데 중점을 두고 있다.

### 1) 자원봉사와 여가활동

자원봉사 활동은 사회적 기여를 넘어, 여가활동의 한 형태로 많은 사람들이 참여하고 있는 중요한 활동으로써, 여가활동으로의 자원봉사는 즐거움과 사회적 책임감을 동시에 충족시킬 수 있다. 여가시간을 사회적 봉사로 채우는 것은 개인의 심리적 만족을 높이고, 공동체와의 유대감을 강화하며, 정신적, 신체적 건강에도 긍정적인 영향을 미친다(김태영, 박영선 (2019). 특히,대한민국 사회정책적으로 중요한 이슈로 부상하고 있는 노인 복지와 관련하여, 노년기 여가 활동으로 가능한 평생교육, 취미오락 프로그램, 봉사활동 등이 삶의 만족도가 높은 것으로 나타났다 (장동윤, 오서진,2021).

(1) 자원봉사 활동의 특성
① 자율성

　자원봉사는 강제성이 없으며, 개인의 자율적인 선택에 의해서 이루어진다. 여가 시간에 자발적으로 참여하기 때문에, 자신이 원하고 즐기는 일을 하며 기여할 수 있다.

② 사회적 기여

　자원봉사는 주로 지역사회나 단체, 사회적 약자를 돕는 활동으로 봉사활동을 통해 봉사자는 사회적 책임감을 느끼며, 개인의 삶에 의미와 목적을 부여할 수 있다.

③ 자기실현

　자원봉사는 개인에게 자기 실현의 기회를 제공한다. 특히 봉사활동을 통해 자신이 세운 목표를 달성하며 자아 성취감을 얻을 수 있다.

④ 사회적 상호작용

　자원봉사는 다양한 사람들과의 상호작용을 촉진하며, 사회적 네트워크를 확장하는 기회를 제공한다. 친구를 사귀거나, 협력과 팀워크를 배우며, 사회적 관계를 넓힐 수 있다.

(2) 자원봉사와 여가활동의 긍정적인 효과
① 정서적 안정과 스트레스 해소

　자원봉사 활동은 정서적 안정에 큰 영향을 미친다. 다른 사람들을 돕는다는 만족감과 자신이 사회에 기여하고 있다는 느낌은 스트레스를 해소하고 긍정적인 감정을 유도하게한다.

② 사회적 유대감 형성

　자원봉사는 사람들 간의 관계를 강화하고, 공동체 의식을 형성하는 중요한 도구이며, 봉사활동을 통해 사람들과의 유대감을 느끼며, 그로 인해 사회적 연대감이 높아진다.

③ 건강한 여가 활용

　자원봉사는 신체적 활동을 포함한 봉사도 많기 때문에 신체적으로 활발하게 활동할 수 있으며, 환경 정화 봉사나 건설적인 활동 등은 신체적으로도 긍정적인 영향을 미칠 수 있다.

④ 자아 존중감 향상

　다른 사람을 돕는 봉사활동은 자신에 대한 존중감을 높여준다. 봉사자는 자신의 능력을 활용해 사회적 가치를 창출하는 데 기여하며, 이로 인해 자존감과 자기 효능감이 향상된다.

### (3) 사회적 책임 의식 강화

자원봉사 활동을 통해 봉사자는 자신의 사회적 책임을 다하고 있다는 느낌을 받을 수 있다. 이는 개인에게 사회적 책임감을 증진시키고, 공동체의 일원으로서 자신이 맡은 역할에 자긍심을 가지게 만든다.

① 청소년과 자원봉사

청소년에게 자원봉사 활동은 매우 중요한 여가활동으로 자리 잡을 수 있다. 청소년들은 자원봉사를 통해 사회적 경험을 쌓고, 리더십, 협력, 소통 능력을 배울 수 있다. 자원봉사는 또한 사회적 책임감을 느끼게 해주며, 미래의 성인으로서 역할 모델이 될 수 있다.

② 자원봉사

여가활동의 중요한 형태로, 사회적 기여와 개인의 만족을 동시에 추구할 수 있으며, 자원봉사를 통해 봉사자는 사회적 책임감을 느끼고, 정서적 안정과 자기실현을 이룰 수 있으며, 사회적 관계를 형성하는 등 많은 긍정적인 효과를 경험할 수 있다.

### (4) 자원봉사 여가 활동유형

① 환경 보호 활동

환경 정화 활동, 재활용 캠페인 참여, 자연 보호 활동 등은 자원봉사의 대표적인 형태로 여가 시간 동안 활발히 참여할 수 있는 활동이다.

② 사회적 약자 지원

어린이, 노인, 장애인 등 사회적 약자를 돕는 봉사활동은 매우 의미 있는 여가활동으로, 기부, 물품 전달, 방문 봉사 등을 포함할 수 있다.

③ 교육 봉사

멘토링, 교육 지원, 영어 강의 봉사 등은 지식이나 경험을 나누는 봉사활동으로, 봉사자에게도 큰 보람을 느끼게 하며, 여가시간을 유익하게 보낼 수 있다.

④ 문화 행사 지원

각종 문화 행사나 축제의 진행을 돕는 활동은 봉사자로서 참여할 수 있는 좋은 기회로, 봉사자는 다양한 문화적 경험을 체험할수 있다(정수진, 이정희,2017).

## 3. 건강한 여가 걷기여행

　걷기여행은 우리 국민 10명 중 3명이 참여하는 대중화된 여행 형태이다(한국관광공사, 2019). 국내 전국 걷기 여행길은 2023년 기준 약 538개(www.durunubi.kr)로 2017년 조사된 걷기여행길의 수 506개(한국관광공사, 2017) 대비 6% 이상 증가하는 등 걷기여행길의 수도 양적으로 많이 증가했다(문지영,이훈,2024).

　걷기여행(도보관광)은 기존의 관광형태의 분류(실버관광, 생태관광, 문화관광, 음식 관광, 의료관광, 실버관광, 스포츠 관광, 다크투어리즘 등)에서 아직도 독립적인 분야로 인정받지 못하고 있지만 시대적 트렌드, 방역학적 필요성과 환경의 급 변화에 따른 새로운 대안관광으로 빠르게 자리매김하는 현상이 나타나고 있으며,

　심리적 만족과 신체적 건강을 동시에 얻을 수 있는 다목적 관광활동의 일환으로 인식되고 있다(최종남, 2021). 또한, 걷기여행객이 소셜 미디어에 여행경험을 포스팅하는 주요 동기는 '아름다운 풍경 공유', '여행 정리', '걷기 여행길 정보 기록', '여행 일상기록 및 자아성찰', '정보 제공'으로 모두 5가지로 요약되었으며, 걷기여행객의 여행경험 공유행동에 대한 궁극적 가치는 '즐거움', '성취감', '행복감', '리프레쉬', '자기존중감', '타인으로부터의 인정'의 6가지로 나타났다(배소혜,김인신,2024). 걷기여행자가 추구하는 편익이 행복에 어떤 영향을 미치는지, 그리고 그 과정에서 관여도와 만족도가 어떤 역할을 하는지를 분석한 결과, 자기 발견 편익을 추구하는 걷기여행자는 반드시 걷기를 통한 명상, 자연 명상 혹은 걷기여행을 통한 자기 발견에 관한 책을 찾아 독서하는 등의 관여활동을 함으로써 행복에 도달할 수 있다. 또한 자연/건강을 추구하는 걷기여행자는 걷기 좋은 자연환경에 대한 정보, 바르게 걷는 법 등에 대한 정보 등을 계속 찾아보는 활동이 걷기여행의 만족도와 행복을 높이는 데 도움이 될수 있다(문지영,이훈,2024).

　걷기여행을 선호하는 경향은 여성보다 남성이 다소 많고 40~50대의 은퇴자로 주로 친구, 동료나 동호인과 같이 당일 여행을 하고 있다(최종남,2021). 한국관광공사가 발표한

'[14]2021 걷기여행 실태조사' 결과에 따르면, 생애 걷기여행 경험률은 56.4%로 전년(54.9%) 대비 1.5%p 증가하였고, 청년층의 걷기여행 참여율 또한, 증가했는데 20대 걷기여행 경험률은 34.7%로 2020년 대비 1.4%p, 30대 경험률은 40.0%로 2020년 대비 1.5%p 모두 증가했다. 걷기여행 참여 이유로는 "신체건강 증진(67.6%)", "자연과의 교감(52.3%)", "스트레스 해소(50.9%)" 등으로 응답했는데 중장년층은 "신체건강 증진"에 비중을 둔 반면 청년층은 "스트레스 해소"에 비중을 두는 경향을 보였다. 2021년 한 해 걷기여행자가 가장 많이 선택한 걷기여행길은 "제주올레(16.6%)", "해파랑길(8.3%)", "갈맷길(5.1%)" 순으로 나타났으며 걷기여행 목적지를 선택할 때는 "자연경관 매력성(91.5%)", "볼거리 다양성(88.8%)", "코스 관리상태(88.3%)", "길 안전성(88.1%)" 등의 요소를 중요하게 고려한다고 응답했다

## 1) 걷기여행(Walking Tour)

걷기여행은 걷기를 중심으로 한 여행 형태로, 자연과 도시를 걸으며 그 지역의 문화, 역사, 풍경 등을 직접 체험하는 여행이다. 주로 도보로 이동하며, 여행지의 깊은 곳까지 탐험할 수 있는 독특한 여행 방식이다. 걷기여행은 특히 자연을 좋아하고, 느리게 여행하며 여행지의 분위기를 오롯이 즐기고 싶은 사람들에게 적합한 여행 방식이다.

## 2) 걷기여행의 특징

자연과의 밀접한 접촉 걷기여행은 대개 자연경관이 아름다운 장소에서 진행된다. 산, 숲, 바다 등 자연을 가까이에서 느끼며 걷는 여행으로, 자연의 소리, 향기, 바람 등을 몸소 경험할 수 있다. 느리게 여행하기 걷기여행은 빠른 이동보다는 느린 속도로 주변을 탐험하는 것을 중요시하다. 이로 인해 여행자는 더 많은 시간 동안 여행지의 세세한 부분까지 관찰하고 경험할 수 있다.

건강과 웰빙 걷기는 신체에 부담이 적으면서도 유산소 운동으로서 건강에 좋다. 걷기여행을 통해 여행 중에도 건강을 유지할 수 있으며, 스트레스 해소에도 큰 도움을 준다. 문화와 역사 탐방 걷기여행은 지역의 역사적 장소나 문화유산을 탐방하는 데 유리하며, 여행지에

---

14) 걷기여행이란: 거주지(시.군.구)를 벗어나 다른지역의 걷기여행길을 따라 걸으면서 그지역의 자연/문화/역사를 감상하고 체험하는 활동.

대한 깊은 이해와 체험을 원한다면 걷기를 통해 더 가까이 다가갈 수 있다.

### 3) 걷기여행의 장점

자유로운 일정 걷기여행은 자유롭게 일정을 조정할 수 있어, 정해진 일정에 얽매이지 않고 자유롭게 탐험할 수 있다. 하루 동안 걸을 거리나 코스를 선택하고, 중간에 쉬면서 풍경을 즐기는 등 느긋하게 여행을 즐길 수 있다.

자연과의 융합 걷기여행은 자연을 가까이서 경험할 수 있기 때문에, 자연의 아름다움과 치유력을 더 잘 느낄 수 있다. 여행 중 자연에서의 힐링을 중요시하는 사람들에게 인기가 많다.

지역 경제와의 연결 걷기여행은 지역 주민과의 교류를 더욱 용이하게 해줍니다. 지역의 음식, 특산물, 문화 등을 직접 체험하면서 지역 경제에도 긍정적인 영향을 미칠 수 있다.

### 4) 걷기여행의 예시

세계 여러 나라에는 유명한 도보 여행로들이 있다. 대표적인 예로는 프랑스의 산티아고 길(Santiago de Compostela), 한국의 걷기 좋은 길인 제주 올레길과 한려해상국립공원의 해안 도보길 등이 있다. 이러한 길들은 걷기 여행을 위한 최적의 장소로 알려져 있다.

걷기 여행의 전문가인 최종남 박사는 산티아고 순례길부터 국제적 컨퍼런스까지 참여하며, 세계인이 사랑하며 찾는 제주 올레길, 생태와 자연을 만끽하는 지리산 둘레길, 아름다운 서해안 내포를 중심으로 여는 내포 숲길 등 세계 곳곳, 아시아 전 지역, 대한민국 방방곡곡에 걷기 여행길을 통하여 관광자원과 관광산업의 주요한 경제 요소가 된 것이라고 말하였다.

### 5) 도시 탐방 걷기

자연뿐만 아니라 도시의 역사적, 문화적 장소도 걷기여행으로 탐방할 수 있다. 예를 들어, 서울의 북촌한옥마을이나 경주 불국사와 석굴암 등을 걸으며 체험할 수 있다.

### 6) 특정 테마로 걷기

문화유산이나 자연탐방을 중심으로 한 걷기여행도 가능하다. 예를 들어, 전통적인 마을을 탐방하는 길, 고대 유적지 주변을 걷는 여행, 자연 보호 구역에서 걷는 여행 등 다양한 테마로 여정을 계획할 수 있다.

## 7) 걷기여행의 준비 사항

(1) 편안한 걷기용 신발 : 거리를 걸을 때 편안하고 지지력이 좋은 신발이 좋다.

(2) 배낭: 여권, 지도, 음료, 간단한 간식, 여분의 옷 등을 담을 수 있는 가벼운 배낭이 필요하다.

(3) 날씨에 맞는 옷: 날씨에 따라 방수 재킷이나 햇볕 차단제 등도 준비해야 한다.

(4) 여행지 지도: 미리 걷기 여행지의 지도나 코스를 조사하고, 예상되는 도보 거리나 소요 시간을 파악해 두는 것이 좋다.

   체력 준비 걷기여행은 일정 거리나 시간 동안 걷는 것이기 때문에 미리 체력을 준비하는 것이 좋으며, 짧은 거리를 걸어보며 체력을 조금씩 키워나가는 것이 도움이 된다. 여행지에 대한 정보 수집 여행을 떠나기 전에 걷기 여행지에 대한 정보를 충분히 조사하고, 주요 명소나 숙소, 음식점, 그리고 필요한 편의 시설이 있는지 미리 파악하는 것이 좋다.

   걷기여행은 단순히 이동하는 여행이 아니라, 자연과의 교감, 문화 탐방, 건강 증진 등 여러 면에서 긍정적인 영향을 미치는 여행 방식으로, 몸과 마음을 치유하며, 느리게 여행하는 사람들에게 큰 매력을 느끼게한다. 걷기여행을 통해 여행지를 더 깊이 경험하고, 일상에서 벗어나 자연과의 깊은 연관을 느끼는 좋은 기회가 될 것이다.

# 여가복지론
Leisure
Welfare
Theory

# chapter 03

# 여가 발달사

# 제1절
# 선사시대의 문화와 여가

선사시대(先史時代, prehistory)는 인류가 문자를 발명해 역사를 기록하기 이전의 시대로, 인류의 역사의 첫장인 구석기 시대부터 철기 시대까지를 뜻한다. 즉, 선사시대는 문자가 존재하지 않은 시기로 구석기 시대, 신석기 시대, 청동기 시대, 철기 시대로 구분하고 있다. 고고학적으로 보면 구석기시대의 문화적 특징은 수렵과 어로· 채집을 생업으로 하는 채집 경제 단계로서 타제 석기를 도구로 사용하였다.

선사 시대[15]의 시작 기준은 애매하다. 인간이 유인원 사이에서 따로 분류되기 시작한 때부터라고 할 수 있다. 기원전 300만 년 ~ 기원전 260만 년경부터 시작된다고 보기도 했지만 2002년 사헬란트로푸스 차덴시스가 발견되면서 인류와 유인원의 공통 조상의 연대가 더 올라갔다. 선사시대의 끝나는 기준은 문자의 발명인데, 전 세계적으로 문자 사용을 시작한 시기가 지역마다 다르므로 선사 시대의 종료 시점도 각자 다르다. 최초의 문자는 엄밀히 말해 기원전 5300년경에 제일 처음으로 등장했지만, 초기의 문자는 상징적이고 주술적인 용도로 쓰여 이를 통해 인간 생활을 파악하기 어렵다. 따라서 일반적으로 제일 이른 것은 기원전 3000년경 메소포타미아 문명에서 최초로 쐐기문자 계열의 기록이 출현한 것으로 본다. 반대로 가장 늦은 케이스로 오스트레일리아 원주민은 1788년 유럽인과 접촉하기 전까지 문자 기록이 존재하지 않았다. 비록 문자는 없었으나 언어는 호모 사피엔스 이후로 늘상 존재했으므로, 신화나 전설 등 몇몇은 선사시대로부터 구전된 것도 있다.』

선사시대의 인간의 생활환경은 사냥과 식량 수집으로 생활하였으며, 돌과 나무 등 자연의 자원을 이용해 생활용품을 만들어왔다. 선사시대의 그려진 동굴 벽화에서 나타난 그들의 삶은 선사시대의 생활은 '노동'과 '놀이'로 구분되어 있으며, 예술활동과 춤, 노래 등의 놀이문화를 즐겼던 것으로 나타난다. 인간 사회는 생존을 위해 사냥 등 "일"을 한 다음에 찾아오는

---

15) 출처:나무위키

쉼을 추구하며 여가를 누릴수 있는 "놀이"를 통하여 인간 생활에 활력과 생기를 얻었을 것이다. 구석기 시대[16]에서 신석기 시대로 넘어가면서, 고기잡이, 농경과 목축 등 식량 획득 방법이 다양해짐에 따라 인간은 점차 삶의 여유를 가지게 된다. 그리고, 여유를 가지게 된 인간은 '놀이'를 통해 자신을 정신적, 육체적으로 가꾸게 된다. 인간이 자유롭게 처분할 수 있는 여가가 늘어난다는 것은 그만큼 창조적이고 풍부한 인간으로 거듭날 기회를 더 갖는다는 뜻이다. 인류의 역사는 어찌보면 생존을 위해 필수적인 노동 시간을 단축하고 자유로운 여가 시간을 더 많이 확보하기 위한 노력의 역사였다고 할 수 있다. 선사시대의 여가 활동은 화석이나 고고학적 발견을 통해 연구되고 있다.

## 1. 선사시대의 여가활동

여가 활동은 지역과 시기에 따라 다양하게 변했을 것으로 추정되며, 몇 가지 공통된 패턴과 활동이 발견되어 왔다. 예를 들어 선사시대의 사람들은 모임과 축제를 통해 공동체 활동을 즐기기도 했음이 발굴되는 벽화를 통해 나타나고 있다. 이는 사회적 유대감을 형성하고 유지하는 데 도움이 되었을 것이다. 그러나, 위의 내용은 주관적인 추측에 기반한 것이며, 선사시대의 여가에 대한 정확한 정보는 제한적이다. 화석 및 고고학 연구가 계속되면서 미래에 더 많은 정보가 나오지 않을까 기대되며 선사시대의 여가활동을 다음과 같이 구분하여 살펴 볼 수 있다.

### 1) 사냥과 채집

생존을 위해 필수적이었지만 동시에 사냥과 채집은 선사시대의 사람들이 여가로 즐길 수 있는 활동이기도 했다.

---

16) 한국생활사박물관 : 선사생활관(p16~p17)

## 2) 농경과 가축양식

일부 지역에서는 농경과 가축양식이 발달하면서, 농사일과 가축을 키우는 것이 여가의 일부로 여겨질 수 있었다.

## 3) 공예와 미술

선사시대 문화에서 도구, 그릇, 장신구 등의 미술과 공예품이 발견되어 선사시대의 사람들은 다양한 소재로 공예품을 만들었음이 증명되었고, 종교적인 의미나 사회적인 상징을 담고 있을 수 있으며, 동시에 창의성을 발휘한 예술 활동으로도 간주되는 도구, 그릇, 그림 등의 미술적 여가 활동을 즐겨왔음을 보여준다

## 4) 음악과 춤

나라별로 차이가 있으나 몇몇 선사시대 문화에서 무용과 음악이 중요한 역할을 했을 도구나 몸으로 만든 리듬적인 소리, 춤, 노래는 선사시대의 소통과 사회적 연결을 촉진했을것으로 추정되고 있다. 이처럼 도구를 이용한 리듬적인 소리, 춤, 노래는 소통과 공동체 의식을 증진시키는데 기여했을 것이다.

우리나라의 선사시대인 구석기 문화[17]는 약 50만년 이전부터 시작되었다. 함경북도 웅기 굴포리, 공주 석장리, 황해도 상원 검은모루, 제천 제원 점말 동굴, 청원 두루봉 동굴, 연천 전곡리 등은 구석기 시대의 유적으로 밝혀졌다. 이 밖에도, 여러 지방에서 구석기 시대의 유적이 계속 발굴되고 있다. 이로 보아, 구석기 시대에 사람들이 전국 각지에 널리 퍼져 살고 있었음을 알 수 있다. 이 중에서도 공주 석장리의 유적은 전기 구석기에서 후기 구석기까지 계속된 유적으로, 여기에서는 웅기 굴포리의 유적과 함께 후기 구석기 시대의 유물이 많이 출토되었다.

---

17) 출처: 석장리 박물관

## 2. 구석기 시대 이후의 여가활동

구석기 시대 생활상으로 동굴 생활, 곰 사냥, 막집, 열매 채집, 풀뿌리 채집, 물고기 잡이, 벽화 그리기 등으로 나타나고 있다. 의복은 넓은 나뭇잎이나 풀을 엮어 몸을 보호하다가 사냥 기술의 발달로 짐승 가죽을 이용하여 옷을 만들어 입게 되었다. 또한, 음식은 중기 구석기 시대에는 맘모스, 코뿔이, 곰, 하이에나, 말, 멧돼지, 큰 꽃사슴 등의 큰 짐승들을 덫이나 함정을 이용하여 사냥하거나 사냥돌, 주먹도끼, 찍개 등의 도구로 무리 사냥을 하였다. 후기 구석기 시대에 오면서 연모의 발달과 함께 사냥 방법도 발전해서 창과 같은 도구를 사용하여 사슴, 고라니, 토끼, 오소리와 같이 순하고 약한 짐승들을 사냥하기도 하다. 또한 작살이나 낚시바늘을 이용 물고기 잡이도 하였으며, 나무열매나 풀뿌리도 채집하여 음식으로 이용하였다.

한편, 주거환경은 인류가 태어나서 처음에는 짐승들과 똑같은 생활을 하였을 것이다. 기후가 추워지면 동굴이나 바위그늘 같은 곳을 찾아 생활하다가 풍부한 먹거리를 찾아 이동하면서 들판이나 강가에 막집이나 움집을 짓고 머물며 살았음을 발굴을 통해 여러 유적에서 확인되었다.

선사시대 우리나라의 문화예술은 동굴의 천정이나 암벽등에 천연 물감으로 그림을 그리고 쪼으고 새기는 기법으로 말, 사슴, 맘모스 등 주로 사냥을 대상으로 하는 짐승들을 표현하였다. 이는 사냥꾼의 안전, 풍부한 사냥과 수확을 기원하는 바람과 소원의 표현일 것이다. 또한 짐승의 뼈나 사슴뿔에 조각을 하거나 그림을 새기는 예술 행위는 신앙의 깊은 뜻도 담겨 있을 것이다. 이때[18]부터 토기도 만들기 시작하였는데, 옹기, 만포진, 부산 동삼동 등지에서 출토된 원시 무늬 없는 토기[原始無文土器]와 동삼동에서 출토된 덧띠 무늬 토기[隆起文土器]는 현재까지 발견된 가장 오랜 토기로 알려져 있다. 이 무늬 없는 토기와 덧띠 무늬 토기의 뒤를 이어 나타난 것이 빗살 무늬 토기[櫛文土器]이다. 빗살 무늬 토기를 만들어 쓰던 사람들은 시베리아, 몽고 지역의 신석기 문화를 폭넓게 받아들이면서 각지에 문화를 발전시켰다.

---

18) 출처: 우리역사넷

청동기 문화와 농경 생활 : 빗살 무늬 토기를 사용하던 신석기 시대를 거쳐 청동기 문화를 이룩하였는데. 이때는 집의 구조는 신석기 시대와 비교하면 커지고 맞배식(팔자 모양)으로 지붕을 올리는 움집이 일반적이었고, 지배자가 등장하는 청동기 시대였다. 쟁기, 돌칼, 돌낫이 등장하고 이러한 농기구의 발전으로 농경 생활 역시 더욱 발전하게 되었으며, 무늬 없는 토기를 사용하였고, 여러 가지 모양의 돌도끼, 돌창, 반달 모양의 돌칼 등 석기를 더욱 정교하게 만들어 사용하기도 하였다.

사례로 대전에서 출토된 농경문청동기에 그 당시 농사짓는 사람들의 모습이 그려져 있어 많은 이들을 놀라게 하였다. 청동기 시대의 인류는 생활 무대를 구릉지나 산간으로 옮기면서 집단적인 취락 생활을 하게 되었다. 집터[住居址]가 한 곳에 집중되어 있는 것은 이를 뒷받침해 주는 것으로서, 이와 같은 지역적인 생활 구역이 점차 읍락(邑落)을 이루게 되었다. 한편, 이 시기에는 농경 기술이 보다 발달하여 돌보습이나 돌괭이, 나무로 만든 쟁기로 밭갈이를 하고, 조, 피, 수수, 기장, 보리, 콩 등을 재배하였다. 일부 지방에서는 이미 벼농사도 지어 신석기 시대보다 농업의 비중이 크게 증가하였다. 그리고, 사냥과 고기잡이도 아울러 발달하였다.

우리나라의 전통적 여가활동인 천렵은 농사가 정착되지 않은 신석기시대 이전에 생존을 위해 물고기, 조개 등을 잡을 때부터 내려오는 현존하는 여가활동의 풍속이다. 상세한 것은 중세시대에 기술하기로 한다.

# 제2절

# 고대시대의 문화와 여가

고대시대는 역사와 함께 기록이 전해지고 있는데 그리스, 로마, 이집트 등 다양한 문명에서 다양한 생활 방식이 존재한다. 우리나라는 삼국 시대의 중앙 집권적 귀족 사회가 형성되면서 왕족과 귀족 중심의 문화가 성행하였고, 불교를 수용하여 사상을 통합하면서 각 분야에서 다양한 불교 문화가 발전하였다. 통일 신라는 삼국의 문화를 종합하고, 당 및 서역의 문화를 수용하여 고대 문화의 꽃을 피웠던 시대였다.

고대시대에는 대부분의 사람들이 농업을 기반으로 생활하였으며, 고대시대의 여가활동은 생존의 욕구를 충족한 후에 주어진 형태였으며, 지속적인 여가활동이 아닌, 일회성의 여가활동이였으며, 여가의 형태는 매우 제한적인 시대였다. 특히 고대 그리스에서는 노예들은 여가활동을 자유롭게 즐길수가 없었으며 일반인들은 철학, 미술, 종교, 춤, 음악, 연극 등의 문화 활동으로 여가를 즐겼다. 귀족층은 사냥, 마상재[19], 낚시 등의 스포츠 활동을 하기도 하였으며, 대중들은 축제나 경기 등의 대규모 행사에 참여하였다.

아리스토텔레스는 노동(일)은 여가를 위한 수단일뿐이라고 설파하며, 노동의 목표는 여가이기 때문에, 결국 '노동'과 '놀이'로 크게 구분된 인류의 삶은 '놀이'를 추구한 삶이라 정의하였다. 아리스토텔레스[20]의 『정치학 Politika』에서도 "여가"가 주는 정신적 사상과 철학과 의미를 찾을 수 있다. 다음은 『정치학』에 기록된 여가관련 내용이다.

*"삶 전체도 노동과 여가, 전쟁과 평화로 양분된다. 행위 역시 필요하고 유용한 것과 고상한 것으로 나뉜다. 여기서도 우리는 혼의 부분과 그 부분의 행위에 적용하는 것과 똑같은 선택의 원칙을 적용해야 한다. 말하자면 평화를 위해 전쟁을, 여가를 위해 노동을, 고상한 것*

---

19) 마상재(馬上才)는 달리는 말 위에서 부리는 각종 곡예를 말함. 마상무예의 출발점이 공격을 위한 기술이라면, 마상재는 수비를 위한 기술. 생존을 위해 말 위에 눕고, 서고, 숨고, 움직이는 기상천외한 기술들을 부리는 것이 마상재이다..
20) 아리스토텔레스(Aristoteles, BC 384 ~ BC 322) 『정치학』 7-8권

을 위해 필요한 것이나 유용한 것을 선택해야 한다."

"행복은 여가 안에 있는 것 같다. 우리는 여가를 갖기 위해 여가 없이 바쁘게 움직이며, 평화를 얻기 위해 전쟁을 하기 때문이다. 따라서 실천적 탁월성의 활동은 정치나 전쟁에서 성립하는 것이며, 이것들에 관련한 행위는 여가와는 거리가 먼 것으로 보인다. 특히 전쟁과 관련한 행위들은 전적으로 그런 것 같다. (누구도 전쟁을 위한 전쟁을 선택하거나 시작하지는 않으니까. 만약 누군가 전투와 살육이 생겨나게 하려고 친구를 적으로 만든다면, 그는 완전히 피에 굶주린 사람으로 보일 것이다.) 정치가들의 행위 또한 여가와는 거리가 먼 것이다. 그리고 정치적 행위들 자체 이외에 권력과 명예를 얻으려 하거나 자기 자신과 동료 시민들에게 행복을 마련해 주려 한다. 이러한 행위들은 정치적인 행위와는 실로 다른 것이며, 우리가 그것들을 그렇게 다른 것으로서 추구한다는 것은 분명하다."『니코마코스 윤리학』 10권 7장, 1177b4-15)39)

"입법자는 마땅히 전쟁과 그 밖에 다른 일에 관한 자신의 입법이 무엇보다도 평화와 여가에 기여하도록 노력해야 한다. 경험이 이를 입증해준다. 전쟁을 목적으로 삼는 대부분의 국가는 전쟁을 하는 동안에는 안전하지만, 지배권을 획득한 뒤에는 멸망하고 만다. 그들은 평화 시 무쇠처럼 날이 무뎌지기 때문이다. 그것은 여가를 선용하도록 그들을 교육하지 않은 입법자 탓이다."(1334a2-10)

"전쟁의 목표는 평화이고 노동의 목표는 여가이므로, 개인이나 국가나 여가 선용에 필요한 탁월함을 갖고 있어야 한다. 여가 선용과 마음의 계발에 필요한 탁월함 중 어떤 것은 여가를 선용할 때 작동하고, 다른 것은 노동할 때 작동한다.속담에 따르면, 노예에게는 여가가 없고, 용감하게 위험을 극복하지 못하는 자는 공격자의 노예가 되기 때문이다. 용기와 끈기는 노동에, 철학(philosophia)은 여가에, 절제와 정의감은 노동과 여가 모두에 필요한데, 여가를 즐기며 평화롭게 사는 자들에게는 특히 그러하다.(1334a11~23)"

고대시대 아리스토텔레스가 주장한 여가의 정의는 여가(레크리에이션)는 일(노동)과는 분리된 자유로운 시간이며, 여가 계급은 올바르고 현명한 정부를 만들기 위해 지지되는 가장 고귀한 인간의 활동이다 아리스토텔레스는 음악과 명상이 여가의 자격을 갖춘 활동이며, 명상이 가장 이상적 여가행위라고 설파하였다.

그러나 고대시대의 여가는 현대적 의미의 여가는 존재하지 않고 자신과 가족들의 생존유지를 위한 활동에 중점이 되었으며, 고된 노동으로부터 휴식과 의례적 성격의 정형화된 활동에 참여하는 것으로 의례참가는 일상적인 삶의 일부분이였다.

## 1. 고대 사회의 여가 기능

고대 사회에서 여가는 단순한 휴식 이상의 다양한 기능을 수행하였다. 첫째, 여가는 쾌락적이고 향락적인 특성을 지니며, 동시에 신체적·정신적 회복을 도모하는 회복적 기능을 담당하였다. 사람들은 일상에서의 노동과 의무로부터 벗어나 즐거움을 누리며 삶의 활력을 되찾고자 여가를 활용하였다.

둘째, 여가는 사회적 관계를 조정하고 강화하는 데 기여 하였다. 특히 공동체 내에서 안전과 결속을 다지는 수단으로 여가 활동이 기능하였으며, 억눌린 감정이나 갈등을 해소하고 긴장을 완화하는 치료적 역할도 수행하였다. 이를 통해 여가는 사회의 안정과 개인의 정서적 건강을 유지하는 데 중요 하였다.

셋째, 여가는 개인의 창조성과 자기표현을 가능하게 하는 수단이기도 했다. 예술, 춤, 음악과 같은 활동은 고대인들이 자신을 표현하고 새로운 것을 창조함으로써, 여가가 단순한 소극적 활동이 아닌 적극적인 창조의 장이었음을 보여준다.

마지막으로, 여가는 세대 간의 학습과 전통의 계승을 돕는 전달적 기능을 하였다. 어린이와 어른이 함께하는 여가 활동을 통해 문화와 관습이 자연스럽게 전수되었고, 이는 공동체의 지속성과 정체성을 유지하는 데 중요 하였다.

고대사회는 사회통념적으로 지배층이 존재하는 사회로, 지배층은 노동을 기피하고, 여가활동을 중시하는 중산층과 귀족들이 여유로운 자유시간과 삶을 즐기게 되었으며, 그결과 고전철학과 문화 예술을 발전시키는 밑바탕이 되었다. 그러나 여가활동은 시민계급부터 귀족계급에 제한되어있었으며, 귀족계급의 엘리트 일수록 더욱 향유를 즐기는 삶을 살게 되었고 노동은 노예나 외국인의 몫이 되었다.

그리스 시대의 여가관은 정치, 철학, 교양활동, 학문, 미술, 취미활동, 종교, 문화적 행사로서 축제, 경기대회나 올림픽과 같은 정기적 제례의식, 행사참여가 주류 이루었으며 자유인만이 즐기고 참여할 수 있었다. 그리스 사회의 여가계급 구조는 생산활동을 전쟁포로 및 노예가 전담하였고 일반시민이나 귀족은 정치토론, 행사참여등 여유롭고 다양한 여가생활을 즐겼다. 또한 공공시설 건설에 의한 공공적 여가가 성행되었다.

로마 시대의 여가도 그리스와 비슷했다. 풍부한 노예들의 노동력으로, 로마시민들은 여가활동으로 일상을 대체하게 되었다. 그러나 노예들의 폭등을 우려하여 국가차원에서 노예들에게 제공되는 유흥시설도 있었다. 이때 여가는 소비형태로써 경마장에나 투기장 등에서 관람하고 연극을 관람하는 등의 여가활동을 즐겼다.

## 2. 고대사회의 여가활동 구분

고대 사회에서도 여가는 인간 삶의 중요한 일부로 인식되었으며, 다양한 방식으로 실현하며, 여가를 통해 휴식과 즐거움을 추구하려는 인간의 본질은 변하지 않았다.

먼저, 체육활동과 스포츠는 고대 여가문화의 대표적인 예다. 특히 고대 그리스의 올림피아드는 체력과 기술을 겨루는 경기로 큰 인기를 끌었고, 공동체 간의 명예를 위한 중요한 행사로 자리잡았다. 이를 통해 사람들은 경쟁의 즐거움뿐만 아니라 공동체 의식을 경험했다.

연극과 예술 또한 고대인들에게는 중요한 여가활동이었다. 그리스의 드라마나 로마 콜로세움에서의 공연은 단순한 오락을 넘어서 사회적 메시지를 전달하고, 문화적 정체성을 강화하는 기능을 했다. 이러한 예술 활동은 대중의 정서적 공감과 감성적 만족을 이끌어내는 여가의 한 형태였다.

또한, 사회적 활동은 고대 사회에서 중요한 여가 요소였다. 사람들은 시장, 광장, 축제 등에서 자연스럽게 모이고 소통하며 공동체의 일원으로서 유대감을 나눴다. 이는 단순한 모임을 넘어 사회적 결속을 다지는 기회였다.

휴식과 음식 역시 고대의 중요한 여가 요소였다. 피크닉, 축제 음식, 가족과의 식사 시간은 일상의 긴장을 풀고 삶의 즐거움을 누리는 방식으로 존중받았다. 때로는 계절에 따라 여유를 즐기는 바캉스 문화도 일부 지역에서는 존재했다.

마지막으로, 종교적 활동은 단순한 의례를 넘어 여가의 한 형태로 기능했다. 의식과 축제는 공동체 전체가 참여하는 행사였으며, 신과 인간의 관계를 확인하고 기쁨을 나누는 시간으로 여겨졌다.

이처럼 고대의 여가활동은 단지 시간을 보내는 것이 아닌, 신체적·정신적 휴식과 사회적 결속, 문화적 표현을 모두 포함하는 풍부한 의미를 지니고 있었다. 시대는 달라도, 여가를 통해 삶을 더 풍요롭게 하려는 인간의 본성은 오늘날까지 이어지고 있다.

# 제3절
## 중세시대와 근대 시대의 문화와 여가

AD 476년 서로마제국이 멸망한 뒤 문화의 암흑기라고 불리는 중세가 시작된다. 그리고 14세기 르네상스가 개시되기까지 약 일천년에 걸쳐 지속되었다. 당시는 모든 것이 신 중심적 사고에서 비롯되었으며, 성(聖)과 속(俗)을 철저히 구분하였다. 즉 내세를 위한 것은 거룩하고, 현세를 위한 것은 속되다고 구분하였다. 이런 상황에서 인간 사회의 현실을 개선하려는 자연과학은 발전 할 수가 없었다.

중세시대는 서기 500년~1500년, 약 1000년간의 유럽의 역사로 서로마제국의 멸망부터 르네상스 시작 전까지 고대와 근대를 연결하는 시대이다. 중세기에는 자연환경도 암흑기 였다. 하버드 대학교 중세 역사학자이자 고고학자인 마이클 맥콤릭이 과학저널 사이언스에 기고했던 내용에 의하면, 서기 536년은 생존하기 최악이었던 시대로 정체불명의 연기가 유럽, 중동, 그리고 아시아를 덮쳐 18개월간 어둠이 이어졌다. 서기 536년 여름 기온은 섭씨 1.5도에서 2.5도를 기록했으며 이후 10년은 지난 2300년간 역사상 가장 추운 기간이었다. 아일랜드 연대기에도 "536년에서 539년 사이 빵이 생산되지 못했다"고 기록했다. 또한, 서기 541년에는 선페스트병이 이집트 북동부 로마 왕국의 항구 펠루시움을 덮친 후에 유스티니안 역병으로 불리며 급속도로 확산했고, 로마 왕국 인구 1/3에서 1/2의 목숨을 앗아갔다. 맥콤릭 박사는 이 사건이 로마 왕국의 멸망에 큰 영향을 줬다고 말한다.

### 1. A.D. 300-1000년간의 중세 초기 (여가의 암흑기)

로마의 몰락으로 인한 봉건제도 등장과 카톨릭의 전파로 인해 봉건기사(정치적, 세속적 지배층)층의 몰락과 성직자(종교적, 정신적 지배층)들은 기독교의 근검절약정신을 앞세우며 무절제하고 세속적인 향락을 경시하였다. 내세를 준비하는 것이 인생의 목표로 되었으며, 숭배와 종교적 의식을 제외한 대부분의 여가활동을 금지시켰다. 즉, 로마 몰락 후 가톨릭이 전파되어 근면한 노동과 명상 중요시되었으며, 향락적인 여가·레크리에이션활동 통제하였고, 여가문화는 종교사상인 그리스도 교리, 그리스 철학 종교의식 및 주일이 공존하는 종교적 질서 속에 보수적이며 건전한 여가활동이 신분에 맞게 발전하였다.

## 2. 봉건제도와 기사제도가 정착된 시대

중세 시대에도 여가는 계층에 따라 다양한 형태로 나타났으며, 각 사회 집단은 자신들의 사회적 지위와 역할에 따라 고유한 방식으로 여가를 즐겼다.

지배계층은 여유로운 생활을 바탕으로 다양한 형태의 여가활동을 즐겼다. 이들은 축제와 연회, 수렵과 여행, 가면 무도회, 승마, 음악 감상, 매사냥, 도박, 독서 등 풍요롭고 화려한 활동을 통해 권력과 부를 과시하고, 인간관계를 유지하며 문화적 삶을 영위했다.

기사 계층은 무력뿐 아니라 교양 있는 삶도 중요하게 여겼다. 그들은 독서와 음악을 통해 지적·예술적 소양을 쌓으며 교양을 높이고자 했다. 이는 기사도 정신과 인격 함양의 일환으로 여겨졌다.

농민들은 농번기에는 바쁘게 일했지만, 농한기가 되면 가족과 이웃이 함께 모여 여가를 즐겼다. 음식과 술, 노래와 춤, 경기를 비롯해 볼링, 수렵, 투계 등 다양한 활동을 통해 일상의 고단함을 달래고 공동체적 유대감을 나눴다. 생일이나 결혼 같은 경사에는 연회와 축하 행사를 열었고, 교회가 인정한 공휴일은 소중한 여가의 기회가 되었다.

상공인들은 시간이 지나며 영주의 지배로부터 점차 벗어나 자유인으로서의 삶을 누리기 시작했다. 경제적 독립을 바탕으로 문화 활동이나 상업적 여행 등 새로운 형태의 여가를 경험할 수 있었다.

성직자들은 종교적 본분을 중시했지만, 동시에 연극, 미술, 문학, 철학, 과학 등 예술과 학문 활동에도 적극 참여했다. 그들은 세속적인 여가보다는 순수한 지적·정신적 활동을 통해 자아를 수양하고 사회에 기여하고자 했다.

그러나, 중세시대[21)]에 접어들며 여가의 암흑기가 도래한다. 향락적인 여가를 즐긴 로마제

---

21) 중세시대는 민족 대이동과 더불어 로마 문명이 퇴락하였다. 문화의 중심이었던 도시들도 몰락하였다. 고전 문화의 소양이 낮아지고, 라틴 어가 형편 없이 나빠지는 한편 속어가 나타났다. 그렇다고 고전 고대의 명맥이 아주 끊긴 것은 아니었다. 농민은 말할 것도 없이 귀족도 대개 일자 무식이었을 때, 유일한 지식층이었던 성직자들에 의하여 그 명맥

국이 머물고 금욕을 강조하는 가톨릭이 확산되면서, 사람들은 여가를 지향하도록 어릴 때부터 훈육받는다. 성직자들은 원죄를 가진 인간은 게으름을 피우고 유희를 즐기는 것을 지향해야 한다며 중세시대 사람들에게 금욕주의를 주입했다. 내세를 위한 신의 숭배와 종교적 규율을 따를 것을 중요시하는 사회적 분위기 속에서, 여유나 게으름은 악으로 치부하였고 여가는 점차 설 자리를 잃어갔다.

르네상스가 도래하며 여가는 다시 부흥기를 맞는다. 예술은 종교적 규율에 억눌려 있던 유희를 향한 인간의 본성을 깨웠다. 인쇄술의 발달 덕분에 책이 대중화되었고, 귀족 및 왕족의 지원으로 오페라, 미술, 문학, 발레같은 여가활동이 권장됐다. 특히나 로마시대 향락 위주의 여가와는 달리 르네상스 시대의 여가는 교양증진의 수단으로써 향유했다. 이 시기 예술가들은 풍부한 여가를 만끽하며 수 많은 불후의 명작들을 남겼다.

하지만 종교개혁이 촉발되고 노동을 신성시하는 프로테스탄트 윤리가 확산되며 다시 여가를 죄악시하는 사회적 분위기가 형성된다. "일하지 않는 자 먹지도 말라"라는 다소 섬뜩한 말이 버젓이 성경에 있을 정도로 종교인들은 근면과 성실을 강조했다. 이들은 논리는 인간이 근면하게 사는 것은 소명이요, 이렇게 해야 내세에 신에게 좀 더 가까이 갈 수 있으니 게으름은 악마라는 것이다. 마틴 루터 킹은 다음과 같이 말하며 가급적 적게 여가를 보내고 많이 일할 것을 대중에게 주문했다. "빈둥거리며 지내는 것은 신체와 생명을 망친다. 새가 날기 위해 태어난 것처럼 인간은 노동을 위해 태어났다.

근대 산업혁명을 거치고 자본주의가 확산되면서, 순수한 의미의 여가는 종말을 맞이한다. 자본가들이 임금 노동자들에게 장시간 일할 것을 강요하며, 여가는 다시금 상류층들만 누릴

---

이 이어지고 있었던 것이다. 특히, 일찌기 가톨릭 교가 전해진 영국의 수도원에서는 고전의 연구가 계속되어서, 영국의 교회사를 쓴 베데 같은 석학이 나왔다. 그보다 훨씬 어둡고 뒤떨어져 있었던 유럽 대륙으로 건너가서 이른바 카롤링거 르네상스의 등불을 밝힌 알퀸도 베데의 제자로부터 배운 사람이었다. 이 때부터 지적 진보가 이루어지기 시작하였으며, 12, 3세기에 그것이 절정에 달하였다. 중세 유럽은 크리스트 교 신앙으로 하나의 세계로 되었다. 프랑크 왕국이 판도를 넓혔을 때마다 그 곳에 가톨릭 교회가 뒤따라 갔다. 그래서, 누구나 같은 신앙이고, 모두가 같은 교회에 속하였다. 이와 같이 크리스트 교는 중세인의 공통적인 정신적 기반으로 되었다. 따라서, 모든 것이 그 신앙으로 물들여지게 마련이었다. 그리고, 그러한 공통적인 기반이 있었기에 게르만 족과 로마계의 주민, 게르만의 전통과 로마의 문화가 잘 융합하여 새로운 문화를 이룩할 수 있었던 것이다. 더구나, 중세인에게는 신을 섬기는 것이 가장 중요한 일이었으므로 학문이나 예술도 신앙을 위하는 것으로 되게 마련이었으며, 정통적 교리가 유일한 진리이고 교회의 권위가 절대적이었으므로 자유로운 학문 연구는 있을 수 없었다. 그래서, 고대의 학문의 으뜸이었던 철학이 신학의 시녀로 된 것이었다.

수 있는 특권이 됐다. 도시로 모인 평범한 노동자들은 여가를 누릴 절대적인 시간이 부족했고, 잠시나나 갖는 여가도 다시금 일하기 위해 체력을 보충하는 수단으로 전락했다. 게다가 사유 재산의 축척이라는 강력한 동기는 사람들이 한가롭게 여가를 즐기는 대신 좀 더 생산성 높고, 성과 있는 일을 하도록 부추겼고, 사람들은 자발적으로 여가와 멀어졌다.

〈표 2〉 변화하는 여가의 본질

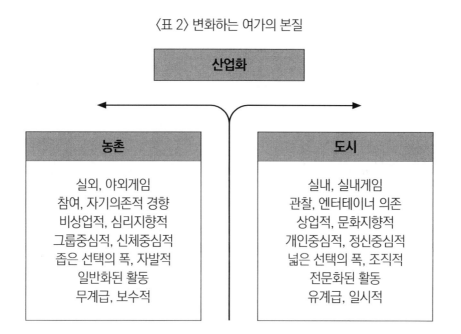

## 3. 도시수공업 조합

도시수공업조합 '길드'집단의 형성으로 이들은 영주의 지배를 벗어난 자유인으로서 상당한 부와 자유시간을 향유하였고, 내세보다 현세의 안락한 생활과 향락에 관심을 가지게 되었고 음악, 운동경기, 여행 등 다양한 여가활동 참여하게 되었다. 중세 및 근세시대의 여가는 현재와는 매우 다른 형태와 특징을 보였다. 중세시대의 경우, 대부분의 사람들이 농업과 목축업에 종사하며, 여가 시간은 상대적으로 적었다. 그러나 몇몇 상위 계층의 사람들은 종교적인 활동이나 사냥, 총신제, 마장경기 등의 활동으로 여가 시간을 보내기도 했다.

근세시대에는 산업화와 함께 노동 시간이 감소하면서 여가 시간이 늘어났습니다. 이러한 여가 시간을 보내는 방법으로는 음악, 무용, 연극, 미술 등의 예술 활동, 스포츠와 레저 활동, 독서, 여행 등이 있었고, 또한, 상위 계층의 사람들은 가끔씩 사냥, 승마, 수영 등의 고급스러운 활동으로 여가 시간을 보내기도 했다.

하지만 이러한 여가 활동은 대부분 상위 계층의 사람들만 즐길 수 있었고, 일반인들은 대부분 가족과 함께 시간을 보내거나, 전통적인 놀이나 춤, 노래, 기도 등의 활동을 즐기곤 했다. 또한, 근대적인 스포츠와 레저 활동이 발전하기 전까지는 대부분 체력을 증진시키는 목적으로 여가 시간을 보냈던 것으로 알려져 있다.

## 4. 르네상스 시대의 여가

르네상스는 주로 14C부터 16C에 이르러 이탈리아를 중심으로 일어난 문화운동을 일컫는 것으로 중제의 봉건제도와 교회에 반항하여 현실적 인간생활을 전면적으로 긍정하고, 인간 개성을 자유롭게 발휘하려는 움직임이다. 이 시대는 금욕의 중세에서 인간의 관능을 해방과 종교적 규율로부터 인간의 이성 해방을 주장하였다. 이들은 신중간계급으로 무역, 상업, 금융업으로 많은 부를 축적한 사람들의 등장으로 시작되었으며, 넉넉한 재력과 시간적 여유를 활용하여 취미와 여가에 투자하였고, 귀족 및 왕족의 재정적 후원 하에 문학, 드라마, 음악, 오페라, 미술, 발레 등의 활동이 권장되었다. 그래서 극장 및 오페라하우스의 건설과 더불어 교양적인 여가시설이 증가하며 평민의 여가도 촉진되게 되었다. 이 시기는 인간의 관능해방 및 인간의 이성해방을 통해 산업혁명의 기반을 구축 하였고, 이후 근세 후기 유럽 상류사회의 사교적 세계와 여가향유 풍조 조성하는 기반이 되었다. 네덜란드의 철학자인

<표 3> 르네상스의 여가

| 르네상스 철학 | 문예부흥운동 | 사회개혁 운동 |
|---|---|---|
| • 이탈리아 1350년<br>• 프랑스 1450년<br>• 영국 1500년대 | • 신의 중심사회 탈피<br>• 인간중심의 가치관 중시<br>• 자유정신 | • 무자비한 가치관 조성 →<br>  인본주의 사회조장 →<br>  이탈리아 시작 개혁 운동 =<br>  르네상스 |
| 르네상스 철학 | 여가·레크리에이션 | 교육수단 |
| • 인문주의적·인본주의적 접근<br>  → 인간에 대한 재평가 | • 문화, 드라마, 음악<br>• 미술, 발레 등 활동 권장<br>• 여가·레크리에이션 시설<br>  확충 | • 자기계발과 지적인<br>  욕구충족을 위한 수단<br>• 교육적 가치 수단 |

호이징가는 르네상스 시대의 여가를 놀이의 황금시대라고 정의하였다.

## 5. 종교개혁기의 여가

강력한 개인 의식에 입각하여 중세 가톨릭 교회 비판과 자본주의 성장과 부르조아 사회의 발현이라는 경제적 배경 속에 탄생하였고, 서구인의 노동 생활태도에 큰 영향을 미쳤으며, 노동의 신성화를 추진(프로테스탄트 윤리)하여 여가가 상대적으로 경시하는 모든 놀이를 노동과 신앙의 적으로 공격하는 풍조에 의하여 노동이 인간생활의 궁극적인 것으로 신성시되고, 여가는 죄악으로 간주되어 상대적 중요성 감소하였다. 여가는 단순한 휴식으로 인식되고, 노동에 대한 부차적인 의미로 이해되었으며, 여가·레크리에이션은 상대적으로 경시되었다. 이 여가논리가 20C까지 연결되었다.

## 6. 근대의 여가

18세기 산업혁명에 의해 노예체제를 붕괴시키고 자유주의와 자본주의를 성립되었으며, 새로운 기술과 과학의 발달, 자연과 신대륙의 발견 그리고 새로운 경제제도의 발달을 통해 인간은 진취적 사고를 바탕으로 합리주의적이고 실용주의적인 문화가 발달하게 되었으며, 여가문화 발전에도 긍정적 영향을 미치게 되었다.

근대여가의 특징은 여러 가지로 설명할 수 있는데 구분하여 설명하면 다음과 같다. 첫째, 노동과 비노동시간이 뚜렷하게 구분되었다. 둘째, 도시로의 인구집중으로 인해 생활양식 변화하고 도시근로자 등장으로 인해 인구가 도시로 밀집되었으며, 급격한 도시화 현상을 촉진하게 되었다. 셋째, 자본가 계급은 노동의 가치를 크게 인정하며 사회 내에서 두터운 중산층 형성하여 과거의 소수 특권계층에 국한되었던 고급여가문화를 계승하고 대중화시키는데 일조하였다.

산업혁명시대는 르네상스 이후 중상주의와 종교개혁에 의한 노동의 신성성 및 결합으로 만들어진 기술 혁명시대이며, 여가는 노동하지 않는 시간이 아니라 노동계급이 노동으로 지친 몸과 마음을 재충전하고 회복하는 시간이다. 계급별로 여가를 즐겼는데 노동자와 소자본가는 상업적 여가와 에너지 소비적 여가를 신 귀족주의적 자본가 계급은 교육과 레크리에이션 활동을 , 노동자계급은 음주, 퇴폐, 도박 등의 저속문화를 향유를, 자본계급은 고급적인 상류문화를 즐겼다.

　1900년대 TV나 영화와 같은 영상매체의 등장으로 대중오락이 새롭게 형성되었고, 대중문화 시대로의 진입하였다. 또한 국립공원 및 공립공원의 생성으로 근대 여가공간의 중요한 전기를 마련하였고, 자동차 보급의 활성화로 많은 일반 대중들이 여가생활을 즐기게 되었다. 이러한 사회적 보급은 문화적 다원주의에 의해서 진행되었다. 개인의 문화보다 개인적인 관심, 삶의 방식을 표현하는 활동과 함께 오직 법칙에 이해 정의 되며, 여가의 역할은 개인의 기쁨을 위해 선택하는 개인적인 측면을 강조하였다.

〈표 4〉 문화적 다원주의

| 구분 | 복수문화 사회 | 단수분화 사회 |
|---|---|---|
| 개념 | 여가는 무제한적이며 목적 그자체 | 여가는 제한적이며, 목적달성수단 |
| 행동변화 | 용인되는 행동의 범위가 넓음 | 용인되는 행동의 범위가 좁음 |
| 행동 판단 기준 | 법 | 사회적 관습, 풍속 |
| 역할 | 개인과 하위문화 집단의 본질이 여가행동과 연계 | 종족, 지방, 국가의 본질이 여가행동과 연계 |
| 역할 문제 | 윤리적으로 판단하기 어려움, 여가의 가치에 관한 논쟁, 의미의 결여 | 실험과 대안의 결여, 사회통제수단으로서의 여가의 사용 용이 |
| 정부의 역할 | 레크리에이션 필요들의 입체화의 어려움 | 레크리에이션 필요들의 일체화 쉬움 |
| 상업적 기관들의 역할 | 다양한 기회 | 제한된 기회 |

# 제4절

# 현대사회와 미래사회의 여가

## 1. 현대사회의 여가

현대적 개념의 여가는 노동과 여가의 분리를 통해 새로운 일상생활이 재구성하며, 1960년대들어 다양한 전자제품과 자동차의 대중화 등으로 소비 붐 확대되었으며, 대중여가 현상이 본격적으로 대두되어 여가의식에 영향을 미치게 되었다. 즉, 산업화, 도시화, 기계화 등으로 심신의 회복을 위한 욕구 증대, 상실되는 인간성 회복 추구하게 되었으며, 삶의 보람을 노동보다는 여가에서 찾으려고 하였다. 현대인들의 요구에 따라 정부나 민간기업에서의 적극적 대처하게 되었으며 현대의 여가는 목적화, 산업화 경향이 뚜렷하다.

### 1) 현대사회의 여가유형으로

① 예술 및 문화: 예술 및 문화 활동으로는 그림, 음악, 연극, 영화, 박물관 관람, 전시회 방문 등이 있으며, 이러한 활동은 창조성을 발휘하며 새로운 것을 배우고 발견할 수 있다.

② 여행: 국내, 해외 모두 다양한 여행을 즐길 수 있다. 여행을 통해 새로운 문화와 풍경, 음식 등을 경험하고 새로운 인연을 만날 수 있다.

③ 봉사활동: 자신의 시간과 노력을 봉사에 바침으로써 다른 사람들을 돕고, 선한 영향력을 행사할 수 있으며, 봉사활동을 통해 선한 가치를 실천하며, 자신에게도 긍정적인 영향을 미칠 수 있다.

④ 취미 활동: 만들기, 요리, 책읽기, 게임, 수집 등 자신의 취미에 맞는 활동을 즐길 수 있으며, 이러한 활동은 개인적인 취향과 관심사를 충족시키며, 집중력과 창의력을 향상시킬 수 있다.

⑤ 인터넷/디지털 미디어 활동: 인터넷, 스마트폰 등 디지털 미디어를 활용하여 유튜브 시청, SNS 활동, 게임, 온라인 쇼핑 등을 즐길 수 있으며, 이러한 활동은 편리성과 접근성이 높아지면서 점점 더 많은 사람들이 이용하고 있다.

현대사회에서는 다양한 여가활동이 존재하며, 이는 인간들이 일상생활에서 일을 하고 지친 마음을 힐링하고, 자신의 취향과 관심에 따라 즐길 수 있는 활동이다. 운동 및 스포츠: 요가, 헬스, 등산, 수영, 테니스, 축구, 농구, 야구 등 다양한 스포츠 및 운동활동을 즐길 수 있다. 이러한 활동은 건강에 좋을 뿐만 아니라, 스트레스 해소에도 효과적이다.

### 2) 현대의 여가특징

① 국가적, 국제적 차원의 사회정책적 대책 요구된다.

② 여가정책 및 개발 등에 있어 관료체제 현상이 두드러진다.

③ 현대의 여가문명이 소비성과 직결되어 소비혁명이라는 특징을 지닌다.

④ 국가가 국민의 여가복지를 위하여 장기적 차원에서 시설계획 및 대책 수립이 필요하다.

⑤ 여가가 독자적 형태를 지닌 독립산업으로 등장하였다.

⑥ 노동을 위한 휴식으로서의 여가에서 여가를 위한 노동이라는 인식으로 전환

⑦ 여가현상의 무규제, 무규범으로 인한 가치혼란의 양상이 파생되어 여가 문제가 심각하게 대두되었다.

이처럼 현대사회에서는 다양한 여가활동을 즐기게 되었다.

현대의 여가는 산업화와 공업화 과정을 거치며, 탈공업화, 탈산업 사회로 전이되고 있는 후기 산업 사회로서 편입은 일상생활을 영위하는 현대인들의 삶 속의 의식 구조와 생활 철학의 변화를 동반한다.

## 2. 현대인의 여가와 자연치유

최근 사회가 정보화 되어가고 복잡해지면서 직장은 물론 가정에서도 사람의 건강을 크게 위협하는 요인들이 늘어나고 있다. 그 중에서도 스트레스는 여러 가지 기전을 통해 우리 몸의 세포분자 수준 그리고 면역기전에 손상을 주어 조기노화를 촉진시키고 각종질환에 노출시킴으로서 건강에 부정적인 악의 영향을 끼친다(김남선, 1997).

그 이유는 그만큼 스트레스가 우리 몸에 미치는 영향이 크기 때문이다. 자연치유요법으로 심신이완과 관련된 선행연구는 감상적인 음악을 이용해 심신치유를 치료하는 연구, 족욕을

이용하여 심신이완을 치료하는 연구, 발 관리를 이용하여 심신을 치료하는 연구, 스파를 이용하여 심신을 치료하는 연구 등 이외도 많은 학자들이 스트레스 감소 방안을 제시하였고. 스트레스를 감소시키는 것은 마음에 있다 라고 보고 심신을 진정시키는 방법으로 복식호흡법, 점진적 근육이완법, 심상화법등의 방법은 여가활동을 하면서 휴양림이나 쉼터에서 할 수 있는 방법으로 여가활동 중 쉽게 접근할 수 있다 ( 윤기선, 2020).

자연치유(Nature Healing)와 여가(Leisure)는 신체적, 정신적, 정서적 건강을 증진하는 중요한 요소로써, 자연치유는 자연환경 속에서 신체와 마음이 회복되는 과정을 의미한다. 숲, 바다, 산, 강 등 자연 속에서 시간을 보내면 스트레스가 감소하고 면역력이 향상되는 효과가 있다.

자연치유의 효과로 자연 속에서 걷거나 명상하면 코르티솔(스트레스 호르몬) 수치가 감소가 되며, 피톤치드(식물이 내뿜는 항균 물질)가 면역력 증진에 도움이 되기도 한다.

또한 햇빛을 받으며 활동하면 세로토닌(행복 호르몬) 분비 증가되어 우울가이 감소될수 있으며 자연 소리(물소리, 새소리 등)는 자율신경계를 안정시키기도 한다.

## 1) 여가와 자연치유의 관계 (자연과 함께하는 여가 활동 예시)

여가는 단순한 휴식이 아니라, 신체와 정신을 회복하고 삶의 질을 향상시키는 활동으로 자연 속에서 이루어지는 여가 활동은 자연치유 효과를 극대화하게 된다.

① 캠핑 - 자연 속에서 숙박하며 심신을 회복
② 트레킹 & 하이킹 - 산과 숲에서 걷기 운동으로 체력 증진
③ 숲 명상 & 요가 - 맑은 공기를 마시며 마음을 다스리기
④ 낚시 - 물소리를 들으며 집중력과 인내력 향상
⑤ 해변 산책 & 수영 - 바닷바람과 파도 소리로 스트레스 해소
⑥ 정원 가꾸기 - 흙과 식물을 직접 만지며 안정감 얻기

최근 만성질환자가 증가함에 따라 질병으로 인한 증상 완화를 위해 현대의학적 치료와 더불어 대체의학적 치료의 사용이 증가되고 있다(곽순애, 2001). 대체의학적 치료법의 하나인 아로마치료는 각종 식물의 꽃, 열매, 줄기, 잎, 뿌리 등에서 추출한 휘발성 향유인 에센셜오

일을 이용하여 심신을 건강하게 하는 것으로(오홍근, 2002), 아로마테라피는 식물에서 추출한 에센셜 오일을 활용하여 신체적, 정신적 건강을 증진하는 자연 치유 요법이다. 향을 맡거나 피부에 바르는 방식으로 사용되며, 심신의 균형을 유지하는 데 도움을 주게된다.

경부통증환자는 아로마오일 피부마사지가 통증완화를 감소시키는 것으로 파악되었다. 경부통증 환자의 아로마 향 흡입과 아로마오일 피부마사지를 병행하는 것은 효과적이지 못하다고 볼 수 있다, 따라서 경부통증감소를 위하여 아로마오일 피부마사지만 하는 것이 바람직하다고 본다.

극소통증환자는 아로마향 흡입을 하면서 아로마오일 피부마사지를 받는 것이 통증 완화를 더 감소시키는 것으로 파악되었다. 따라서 극소통증화는 단순히 아로마오일 피부마사지를 받는 것보다는 아로마향 흡입과 아로마오일 피부마사지를 병행하는 것이 더 바람직하다고 본다(이정옥, 2020)

## 2) 아로마테라피의 효과

아로마테라피는 향기로운 식물성 에센셜 오일을 이용하여 몸과 마음의 건강을 돕는 자연요법으로, 다양한 신체적·정신적 증상에 긍정적인 영향을 미치는 것으로 알려져 있다.

첫째, 아로마테라피는 스트레스를 해소하고 심리적인 안정을 돕는 데 탁월한 효과가 있습니다. 은은한 향이 마음을 편안하게 만들어주며, 긴장된 신경을 완화시켜 정신적인 피로를 줄이는 데 도움이 된다.

둘째, 수면의 질을 개선하는 데도 유용합니다. 특히 불면증이나 깊은 잠을 자지 못하는 이들에게 아로마 오일의 향은 숙면을 유도하는 역할을 하여, 더욱 편안하고 안정된 밤을 보낼 수 있게 도와준다.

셋째, 불안감과 우울감 완화에도 효과적입니다. 실제로 대한간호학회지(2019년)에서는 아로마테라피가 불안과 우울 증상을 완화하는 데 유의미한 효과가 있다는 연구 결과를 발표하였다.

특히 라벤더와 캐모마일 오일은 심신을 진정시키는 데 효과적이며, 불면증 완화와 두통, 근육통의 경감에도 유용합니다. 라벤더의 부드러운 향은 긴장을 완화하고 캐모마일은 신경을 안정시켜주며, 페퍼민트 오일은 시원한 느낌을 주며 두통 완화에 효과적이다. 정신을 맑게 하고 집중력을 높이는 데도 도움이 된다.

진저, 즉 생강 오일은 따뜻한 성질을 지니고 있어 근육통과 관절 통증을 완화하는 데 유용합니다. 혈액순환을 촉진하고 염증을 줄이는 데 도움이 되어 통증 완화에 효과를 보인다.

이처럼 아로마테라피는 다양한 식물의 향기 성분을 활용하여 우리의 몸과 마음을 편안하게 해주는 자연 치유 방법으로, 일상 속 건강관리와 심신 안정에 큰 도움을 줄 수 있다.

### 3) 자연치유 & 여가와의 연결

아로마테라피는 자연 속에서 얻은 식물의 치유력을 활용하는 방법으로, 여가 활동과 결합하면 더욱 효과적이며, 명상 & 요가 시 라벤더나 샌달우드향을 활용하여, 반신욕으로 피로를 풀며 에센셜 오일을 사용하여 캠핑이나 트레킹 중 향을 맡아 심신 안정하게 한다.

## 3. 여가문화의 신문화

현대인들은 현실 못지않은 가상현실의 세계에 빠져든 디지털형 여가세대에 살고 있다. 이는 AI 기술의 발달로 디지털 체험을 강조한 여가에 대한 관심 고조되어 나타나는 현상이기도 하다. 실사례로 시중에 길가다 우연히 바라본 간판 속에 스크린 골프 연습장을 자주 볼수 있을 것이다. 가상세계에서 벌어지는 가상현실 게임산업도 급속이 증가한 추세이다. 현대인은 손에들고 상시 사용하는 시간과 장소제약이 없이 인터넷 접속이 가능한 스마트폰의 상용화로 인하여 일상 속 디지털형 여가가 더욱 본격화 되었기 때문이다. 우리나라 스마트폰 보급률은 세계 1위(인구대비 97%)로써 아날로그형 여가는 직접적인 체험과 경험을 통해 만족을 얻는 반면, 디지털형 여가는 조작과 가상의 기술로 인해 가상체험을 통해 쾌감을 얻는 것이 특징이다. 또한, 디지털형 여가는 현실세계에서 벗어나 자신을 표현하는 효과를 경험하고, 이로 인하여 스트레스 해소 가능하기 때문이다. 이는 디지털 공간에서 제3의 공간을 만들어 여가를 즐기려는 경향이 늘고 있고 본인의 현실세계에서의 미래를 준비하며, 연습하는 장으로도 활용 가능하다. 가상현실 속 e스포츠의 체험과 관람 사례는 부정적 여가로만 인식되던 컴퓨터 게임을 여가문화로 탈바꿈하게 되었다.

## 1) e스포츠

90년대 후반 시작된 e스포츠는 국내 도입과정에서는 프로선수에 대한 팬덤현상으로 발전하며 참여 과정이 여가활동으로 진화하였다. 2002년 서울 올림픽공원에서 열린 '2002 스카이 스타리그'의 경우 약 2만 5천 명의 관중 입장하여 성황을 이루었다. e스포츠 프로선수인 임요환의 팬카페 회원 수는 한때 60만 명 수준으로 엄청난 인기를 누렸다. 문화체육관광부 및 한국 e스포츠협회는 게임 문화 변화를 위해 지속 노력하여 2007년 기준 한국 프로e스포츠는 시장 규모 774억 원, 파급효과 4조 원 이상(한국게임산업진흥원, 2009)을 가져왔으며, 2012년 8월 시행된 e스포츠(전자스포츠) 진흥에 관한 법률은 e스포츠산업 기반 조성과 경쟁력 강화의 법률적 근거를 마련하였다.

## 2) 자연으로의 회귀 (에코형 여가)

자연을 보호하고 환경을 중시하는 가치관의 정착으로 자연 친화적 여가활동 증대되었다. 이것은 지나친 도시화·산업화로 밀집된 도시생활에 염증을 느낀 사람들이 자연으로 돌아가고자 하는 욕구 발현 때문이다. 캠핑, 낚시, 등산 등 아웃도어 레크리에이션 시장이 꾸준히 성장세이다. 최근 들어서는 감성 캠퍼 증가 현상이 나타났다. 점점 펜션과 다름없는 장비와 시설을 갖추고 야영과 장박을 하고 있다.

## 3) 레저 재핑시대

레저 재핑시대의 또 다른 측면은 일과 여가를 명확히 구분하고 놀기 위해 일하는 직장인의 증가하고 있다. 일상생활 속에 침투하는 '일에 대한 대응방식'으로 일과 여가를 구분하고 일보다 여가를 중시하는 레저홀릭(leisure holic) 방식이 등장한다. 서구의 장기휴가제도는 삶의 목적이 '일'이 아닌 즐기는 '여가'가 되고 있는 것을 보여주는 좋은 사례이다. 구인구직 시장이 유연한 서구의 경우 직장은 여가를 즐기기 위한 비용을 버는 수단으로 인식하는 문화도 존재한다. 우리나라는 아직 당연히 정해진 휴가도 소비하지 못하는 현실이지만 젊은층을 중심으로 눈치 보지 않은 여가 생활이 확산되고 있다.

## – 현대사회의 여가산업에 대한 기업 ( 야놀자 ) 사례–

5년의 여정이 만들어낸 국내여행 트랜드 야놀자에서 발표한 놀 웨이브 리포트는 '놀이 활동'이 만들어내는 사회·경제적 가치를 조명하기 위해 올해 처음 발간된 보고서다. '웨이브'는 놀이 문화가 사회에 끼치는 긍정적 물결을 의미한다는 설명이다.

보고서에 따르면 2020년 1월부터 2024년 11월까지 약 5년간 야놀자 플랫폼을 통한 생산유발효과는 총 21조9000억원에 달한다. 생산유발효과란 여행객들이 소비하는 숙박, 교통, 음식 및 기타 서비스가 다양한 산업 활동을 자극해 추가 생산을 유발한 결과다. 야놀자 플랫폼의 숙박 예약 데이터를 바탕으로 한국은행 산업연관표 기준으로 분석했다. 여행을 통해 지역 사회에 발생한 이윤과 임금 등 부가가치유발효과는 8조7000억원을 기록한 것으로 조사됐다.야놀자 플랫폼은 '2024 놀 웨이브 리포트-민관협력 편'을 통해 "여러 지방자치단체 및 공공기관 협력을 통해 국내 여행 활성화와 지역 경제 발전에 기여한 결과"라며 이같이 밝혔다.

출처: 야놀자 홈페이지

## 4. 관광이란

관광(觀光, Tourism)은 정치, 경제,심리, 사회, 지리, 문화인류, 경영, 마케팅, 환경, 보건, 교육 등 여러학문 분야에서 다뤄지고 있으며, 사람들이 일상적인 생활환경을 벗어나 다른 지역이나 국가를 방문하여 문화, 자연, 휴식, 오락 등을 경험하는 활동을 뜻하며, 관광의 주요 요소로 관광은 단순한 여행을 넘어 교통, 숙소, 음식등 다양한 요소가 결합된 활동이다.

### 1) 관광의 목적, 이동, 체류, 체험

관광의 목적은 휴식, 문화체험, 비즈니스, 교육, 종교 등 다양하고, 관광객은 항공, 기차, 자동차, 선박 등을 이용하여 목적지로 이동하게된다. 또한, 관광지는 호텔, 리조트, 게스트하우스 등 다양한 숙박시설을 제공하여 체류하게 하고, 자연경관 감상, 역사 및 문화 탐방, 레저 및 액티비티, 쇼핑, 음식 체험 등 다양한 체험 활동이 포함되기도 한다.

**(1) 관광의 유형**

　관광은 목적과 형태에 따라 여러 가지로 구분된다.

① 레저 관광: 휴식과 오락을 목적으로 하는 여행

② 문화 관광: 역사 유적지 방문, 공연 관람, 지역 문화 체험

③ 자연 관광: 자연환경을 즐기는 여행

④ 모험 관광: 익스트림 스포츠, 하이킹, 스쿠버 다이빙 등 도전적인 활동이 포함된 관광

⑤ 의료 관광: 건강 및 의료 서비스를 받기 위해 떠나는 여행

⑥ 비즈니스 관광: 출장, 컨퍼런스, 박람회 참가 등을 목적으로 하는 관광

⑦ 크루즈 관광 : 크루즈 관광은 바다 위에서 호텔처럼 생활하며 다양한 국가나 도시를 여행할 수 있는 독특한 여행 형태다. 보통 대형 선박을 타고 며칠에서 몇 주 동안 여행하면서, 선내에서 숙박, 식사, 공연, 수영, 스파, 카지노 등 다양한 서비스를 누리고, 기항지에서는 내려서 관광을 할 수 있다.크루즈 관광의 특징으로 숙박, 식사, 일부 액티비티가 포함되어 있어 여행 경비를 예측하기 쉽고 배를 타고 이동하면서 여러 나라나 도시를 한 번에 방문이 가능하다. 또한, 짐을 자주 옮기지 않아도 되고, 침실에서 바다를 감상하며 편안히 휴식을 할 수가 있다. 그 외 대형 선박에는 레스토랑, 공연장, 수영장, 피트니스센터, 키즈존 등 다양한 여가시설이 있으며 특정 항구에 도착하면 몇 시간에서 하루 정도 자유시간이 주어져 현지 투어가 가능하다.

**(2) 관광의 효과**

　관광은 개인과 사회, 국가 경제에 다양한 영향을 미친다.

　① 경제적 효과: 관광산업은 일자리를 창출과 지역 경제를 활성화함.

　② 사회·문화적 효과: 다양한 문화간 교류의 생성과 지역 문화에 대한 관심이 증가함.

　③ 환경적 효과 : 지속 가능한 관광이 이루어지면 환경 보호와 생태 보전에도 기여함.

## 2) 관광산업

　관광산업은 여가로 즐기며 여행과 관련된 경제 활동을 포함하는 산업으로, 숙박, 교통, 음

식, 오락, 문화 체험 등 다양한 분야를 포함한 총체적인것이다. 전 세계적으로 중요한 경제 부문 중 하나이며, 국가 및 지역 경제 성장, 일자리 창출, 문화 교류 등을 촉진한다.

(1) 관광산업의 주요 요소

관광산업은 단순히 여행을 넘어서 다양한 산업이 유기적으로 연결되어 있는 복합적인 분야다. 관광객의 이동, 체류, 체험을 포괄하며 지역 경제에 큰 기여를 하게되는 요소는 다음과 같다.

첫째, 숙박업은 관광산업의 핵심적인 분야 중 하나로서, 호텔, 리조트, 게스트하우스, 호스텔 등 다양한 형태의 숙소가 있으며, 이는 관광객들이 목적지에서 편안하게 머물 수 있도록 돕는 기반이 된다.

둘째, 교통업은 관광객들이 여행지로 이동하고 여행 중 목적지를 왕복할수 있는 필수적인 서비스다. 항공, 철도, 고속버스, 택시, 크루즈 등 다양한 교통수단이 관광 경험의 질에 큰 영향을 미친다.

셋째, 여행사 및 투어 운영업체는 여행객의 계획을 돕고, 보다 효율적이고 알찬 여행이 가능하도록 서비스를 제공하여, 개인의 취향에 맞춘 맞춤형 여행뿐만 아니라, 일정과 경비가 포함된 패키지 투어도 제공하며 여행 준비의 부담을 줄여준다.

넷째, 관광 명소 및 엔터테인먼트 산업은 관광객이 직접 체험하고 즐길 수 있는 콘텐츠로, 역사적 문화유산, 자연경관, 테마파크, 박물관, 공연장 등은 관광객들에게 풍부한 경험과 감동을 선사하며, 해당 지역의 특색을 느낄 수 있게 해준다.

다섯째, 음식 및 외식업은 관광에서 매우 중요하다. 현지의 특색 있는 음식은 그 자체로 관광자원이 되며, 새로운 문화와 전통을 맛보는 특별한 경험이 되며, 지역 고유의 식문화를 체험하는 것은 많은 관광객들에게 큰 즐거움을 준다.

마지막으로, 쇼핑 및 기념품 산업도 관광산업으로 여행지의 특산품, 수공예품, 기념품 등을 구매하면서 여행의 추억을 남기고, 동시에 지역 경제 활성화에 도움이 된다.

(2) 관광산업의 트렌드
① 디지털화: 온라인 여행 예약 플랫폼, 스마트 관광 기술 확대
② 지속가능한 관광: 환경 보호 및 지역사회 기여 중심 관광 증가

③ 웰니스 & 힐링 여행: 건강과 휴식을 위한 여행 증가

④ 테마 여행: 문화, 음식, 스포츠, 액티비티 중심 여행 인기

(3) 관광산업의 중요성

경제 성장 촉진 및 고용 창출과 지역의 문화와 전통을 보존할 수 있으며, 국제 교류로 인하여 확장성이 넓어진다.

## 5. 미래사회의 여가

미래사회에서의 여가는 기술, 사회 구조, 환경 등의 다양한 변화에 영향을 받을 것으로 예상된다. 미래의 여가는 현재의 트렌드와 예측을 기반으로 정확한 예측이 어렵지만, 다음과 같은 몇 가지 흥미로운 가능성이 제시되고 있다.

### 1) 가상현실 (VR) 및 증강현실 (AR)

가상현실은 현재 급속하게 성장하는 기술로 가상현실과 증강현실 기술이 발전하면서, 사람들은 미래에 가상 공간에서의 여가 활동을 더욱 풍부하게 경험할 수 있을 것이며. 가상현실은 사람들에게 현실과 구분되는 새로운 경험을 제공하며, 다양한 활동을 즐길 수 있게 된다. 가상 현실 게임, 가상콘서트, 가상협업, 가상 여행, 가상 체험 등의 활동을 통해 사람들은 현실을 탈피한 새로운 세계를 탐험하고 새로운 경험을 즐길 수 있게될 것이며 가상현실과 증강현실의 기술은 더욱 발전할 것으로 예상된다.

### 2) 스마트 가전과 IoT 기술을 활용 (인공지능과 개인화)

미래에는 스마트 가전과 IoT 기술이 더욱 발전하여 사람들이 새로운 취미를 즐기게 될 것이며, 스마트 홈 시스템을 활용하여 자동화된 식물 관리, 스마트 주방 기기를 활용하여 다양한 요리가 시도되며, IoT 기술을 이용하여 새로운 취미를 발견하게 되고, 관련 정보를 공유하는 커뮤니티가 형성될 것이다. 인공지능 기술은 사람들의 선호도와 취향을 학습하고 이에 기반하여 맞춤형 여가 추천을 제공할 수 있을 것이며, 이를 통해 새로운 책, 음악, 영화, 여행 목적지 등을 찾는 것이 더욱 편리해질 것이다.

## 3) 사회적 가상 현실 (Social VR)

미래에는 사회적 가상 현실 공간에서 친구들과의 만남, 이벤트 참가, 게임 플레이 등이 더욱 흔해질 것으로 예상된다. 현실에서 떨어진 위치에서도 사람들과의 상호 작용을 느낄 수 있게 될 것이다. 사물인터넷(IoT) 기반 피트니스 헬스케어 시스템의 분석 및 설계 연구에 의하면 IoT 기술을 활용한 피트니스 헬스케어 시스템의 구조를 제시하고, 소프트웨어 동작 방식을 객체지향 분석/설계 방법인 UML을 통해 분석하였다. 이를 통해 운동 시간, 소모 칼로리 등의 정보를 제공하여 사용자의 운동 관리를 지원 하게된다 (조병호, 2020).

## 4) 지속 가능한 친환경 여가

미래에는 친환경 취미와 여가가 더욱 중요시되고, 사람들은 환경 보호를 위해 자연과 조화를 이룰 수 있는 취미와 여가를 찾게 될 것이다. 예를 들어 바이오 차, 저탄소 감축 등, 자전거 타기, 등산, 자연 사진 촬영 등의 활동이 인기를 끌 것으로 예상된다. 또한, 친환경 제품을 사용하거나 재활용을 적극적으로 실천하는 등의 활동도 더욱 확산 될 것이다. 또한 미래에는 지속 가능한 여가가 강조될 것이다. 친환경 여행, 지속 가능한 쇼핑, 환경 보호 활동 등이 여가의 일부로 확대될 것이다.

## 5) 생체 감지 기술을 활용한 휴식과 휘트니스

미래에는 생체 감지 기술을 이용하여 스트레스 관리, 휴식 및 휘트니스 활동을 더욱 효과적으로 관리할 수 있을 것이다. 개인의 건강 상태에 따라 최적화된 여가 활동이 추천될것으로 보여진다. 웨어러블 신체 생체 활동 모니터링 시스템은 오픈소스 하드웨어인 타이니두이노(TinyDuino)를 활용하여 스마트워치 형태의 웨어러블 디바이스를 개발하여, 이를 통해 사용자는 신체 활동에 따른 다양한 생체 신호를 측정하고, 건강 상태를 손쉽게 모니터링할수 있다.(박은주, 박도형 ,2018). 또한, 비접촉 생체신호 측정 기반 헬스케어 시스템은 IR-UWB(초광대역) 기술을 활용하여 비접촉식으로 호흡과 같은 생체 신호를 측정하는 시스템을 제안하여, 센서를 신체에 직접 부착하지 않아도 되어 일상생활에서 불편함 없이 지속적인 생체 정보 모니터링이 가능하게 한다(홍성표, 2020).

이러한 연구들은 생체 감지 기술을 활용하여 휴식과 피트니스 분야에서 개인의 건강 상태를 효과적으로 모니터링하고 개선하는 데 기여하고 있다.

## 6) 창의적인 참여와 공동체 활동

미래사회에서는 창작과 DIY 문화가 더욱 확산될 것이며, 창의적인 참여와 지역사회의 공동체 활동이 높아질 것이다. 사람들은 자신만의 작품을 만들고, 자신만의 취미를 개발하는 것에 흥미를 느낄 것이며, 3D 프린터를 이용하여 자신만의 제품을 만들거나, 수공예를 통해 독특하고 개성있는 작품을 만들어낼 수 있다. 또한, SNS나 온라인 커뮤니티를 통해 자신의 작품을 공유하고, 다른 사람들과 소통할 수 있다. 예술, 문화 활동, 지역사회 프로젝트 등을 통해 사람들은 더욱 연결되고 참여하게 될 것이고, 이러한 예측은 기술과 사회적 트렌드의 발전을 기반으로 하며, 미래 여가의 정확한 모습은 더 많은 발전과 연구를 통해 나타날 것이다.

# chapter 04

# 여가행동과
# 여가환경,
# 여가동기

# 제1절

## 행동으로서의 여가

현대사회는 주5일제 근무 혹은 재택근무 등으로 여가시간의 증가로 관광객이 늘고 있다. 소비행동으로서의 관광객(tourist)의 개념을 국제관광기구(World Tourism Organigation, WTO)는 방문국에서 24시간 이상 체재하는 일시적 방문객으로, 여가, 비즈니스, 친우 방문, 회합, 선교 등의 목적을 지닌 자라고 정의하고 있다. 관광에 대한 모든 정의들은 거주지로부터 떨어진 장소로부터 이동, 활동, 상호교류, 목적, 일정 기간의 체류와 같은 공통적인 요소를 포함해야 한다.

코로나 팬더믹 이후 우리나라의 여가를 즐기기 위한 관광 형태와 소비자 유동성에 대하여 분석한[22]자료에 의하면 사회적 요인과 기술적 요인, 경제적 요인, 정치적 요인 등 다양한 요인으로 분석하여 소비자 심리를 분석하여 발표한 내용은 다음과 같다.

## 1. 사회적 (Social) 요인

### 1) 인구구조의 변화

2021년 이후 인구 감소세 지속 시 2025년 초고령화 사회 진입하였으며 향후 2030년 노령화 지수 300대로 진입할 것으로 전망하였고, 통계청에 따르면 2022년 우리나라 인구수는 51,303,688명으로, 2045년에는 4,000만 명대에, 2070년에는 3,000만 명대로 진입할 것으로 예상된다. 또한, 우리나라의 생산가능 연령인구 비율은 꾸준한 하락추세로 노령화 지수 또한 지속적으로 증가할 것으로 전망되고 있다.

2020년 국내 고령친화산업 시장규모는 124조 9,825억원 전망, 시니어 카드 결제 구매력 우상향 하는 추세이며, 우리나라 고령친화산업 시장 규모는 2010년 33조 2,241억원에서

---

22) 한국관광공사에서 발표한 2024년 관광트렌드 전망 및 분석 보고서

2020년 124조 9,825억원으로, 연평균 성장률 14.2%에 달한다. 실제로 경제력을 기반으로 활발한 사회활동을 하는 60대 이상의 시니어들이 증가하며 카드 지출 구매력이 우상향하는 추세를 보이고 잇는 것으로 나타났다. 2022년 우리나라의 1인 가구 비중은 34.5%으로 확인되었으며, 2040년 1인 가구 비율 예측 결과, 우리나라는 37.9%로 증가할 전망이며, 독일은 45.3%, 일본은 39.3%, 영국은 32.8%까지 증가할 것으로 예측되고 있다.

## 2) 개인주의적 가치관

연령이 낮을수록 희망 근무시간 감소하는 것으로 확인되며, 일과 생활 균형은 93% 중요시하는 것으로 집계된다. 한국보건사회연구원에 따르면, 주당 계약 근로시간은 39.8시간이나 실제 근무시간은 40.8시간으로 실제 근로시간이 더 긴 것으로 확인된다. 또한, 주당 희망 근무시간은 36.7시간으로 연령대가 낮아질수록 희망 근무 시간은 낮은 것으로 집계된다. 한편, 일과 생활 균형은 93%의 응답자가 중요하다고 생각하며 여가생활 만족도는 7점 만점에 4.44점으로 나타났다.

삶에 대한 주요 가치관의 우선순위가 조직에서 개인으로 변화하고 있다. 개인의 가치추구 설문 결과, 전체 응답자의 57.5%가 돈보다도 개인의 '시간'을 중요하게 여기는 모습이 두드러진다. 청년층은 퇴사와 조용한 사직에 대해 각각 73.5%와 79.7% 긍정적으로 인식하고 있다. 청년층은 퇴사에 대해 73.5%가 긍정적으로 인식하고 있으며, 퇴사를 '자유', '해방', '휴식', '새로운 시작' 등 긍정적인 단어로 인식한다. 알바천국에 따르면, MZ세대의 79.7%가 조용한 퇴사를 긍정적으로 인식하고 있으며 이유로는 '정당한 보상이 따르지 않는 추가 노동에 대한 부정적 인식'이 62.7%로 가장 크게 나타났다.

## 3) 소비양극화

인플레이션으로 인하여 소득 하위 가구의 실질소득이 감소하고 소비양극화가 심화되고 있으며, SNS가 소비 양극화 심화에 영향을 미치고 있다. 가계의 실질소득은 최근 5분기 만에 증가세로 돌아섰지만 고물가와 집중호우 영향으로 소득 하위 가구는 소득과 지출 모두 감소하였다. 전문가에 따르면, 인플레이션에 따른 소비 양극화가 더 커지고 있으며 SNS가 소비 양극화를 더 심화시키는 요인으로 작용하고 있는 것으로 나타났다.

최근에는 취미, 가치, 경험에 가치를 둔 소비 가치관이 부각되고 있다. 설문 결과, 전체 응답자의 49.2%가 다소 비싸더라도 취향/경험을 위한 소비에 긍정적으로 생각하는 것으로 나타났다. 전문가에 따르면, 최근 소비자들은 자기만족과 실용성 중심의 소비 구조가 변화하고 있는 것으로 나타났다.

## 2. 기술적 (Technology) 요인

### 1) 인공지능 서비스

2022년 AI 서비스 이용률 상승, 국민의 72.1%가 인공지능을 긍정적으로 인식한다. 과기정통부에 따르면, 2022년 AI 서비스 이용률은 42.4%로 전년 대비 10% 상승했으며 미디어를 제외한 모든 분야에서 이용이 증가하였다. 또한, 국민의 72.1%가 AI 서비스를 긍정적으로 인식하고 있으며, 서비스 세부 인식 중에서는 '일상생활 편리'가 가장 높은 긍정 응답을 받았다.

글로벌 생성형 AI 소프트웨어 시장은 2028년까지 2023년 대비 10배 성장할 것으로 전망되며, S&P 글로벌마켓 인텔리전스에 따르면, 글로벌 생성형 AI 소프트웨어 시장은 2023년 37억 달러에서 2028년까지 10배 가까이 성장하여 364억 달러에 이를 것으로 예측된다. 또한, 예측에 따르면, 조직 내에서 생성형 AI 적극 활용 비율은 18.6%에 그쳤지만 향후 활용 예정이라고 답한 응답자 비중이 57.8%로 나타나서 향후 증가할 것으로 보인다.

### 2) SNS 사용 증가

국민 중 SNS 이용률은 2022년 69.7%로 집계 되었으며, '친구, 교제를 위해서 활용한다'가 64.4%에 달하였다. 과기부에 따르면, SNS 이용률은 2019년 이후 지속적인 증가 추세이며 2022년 69.7%로 집계되었다. 또한, SNS 활용 이유로는 '친구, 교제를 위해서'가 64.4%로 가장 높게 나타났으며 이어 '타인이 게시한 콘텐츠 관람', '일상 기록' 순으로 나타났다. 소비자 설문조사에서는 '친구들과 소통을 위한 SNS 활용한다'의 긍정 응답 비율이 52.8%로 나타났다.

2023년 국내 틱톡 앱 설치 수는 867만 건을 기록하였으며, SNS 숏폼콘텐츠 시청경험은 68.9%에 나타났다. 유튜브와 같은 온라인 영상 플랫폼에서 숏폼 콘텐츠가 인기를 끌면서 2023년 SNS 숏폼 콘텐츠 시청 경험은 68.9%로 전년 대비 12.4%p 상승하였으며, 숏폼 콘텐츠 주요 채널은 유튜브 숏츠가 87.1%로 가장 높게 나타났다. 2022년 11월에는 틱톡 앱의 기기 설치 수가 상승세로 전환되어 2023년 1월 867만명을 기록하였다.

SNS 플랫폼들의 숏츠 콘텐츠 강화에 주력하여 다음과 같은 결과가 나타났다. - SNS 활용 라이프스타일 관련 설문 결과에서는 인플루언서가 제공한 정보를 활용한다는 긍정 응답비율이 37.9%로 나타났으며, 소비자들의 인기에 따라, 최근 SNS 플랫폼들은 틱톡, 인스타그램 릴스, 유튜브 쇼츠 등의 짧은 형식 동영상 서비스 숏츠 콘텐츠 강화에 주력하고 있다.

## 3. 경제적 (Economy) 요인

### 1) 저성장

2024년 국내 경제 성장률은 2.2%로 전망되며, 소비자물가지수 및 생활물가지수 상승으로 소비자 소비 위축 전망하였으며, 현대경제 연구원에 따르면, 국내 2024년 경제는 잠재성장률 수준으로 약 2.2% 정도의 성장세를 보일 것으로 예측하였다. 한편, 지난 10년 간 소비자물가지수와 생활물가 지수(2020년 100 기준)는 지속적으로 증가하여 2022년 각각 107.7과 109.4을 기록하였다.

### 2) 3高 (고금리, 고환율, 고유가)

고환율, 달러강세가 이어지며 물가가 상승하였다. 2022년 미국 연방준비제도 이사회의 자이언트 스텝(기준금리 0.75%p 인상)으로 인하여 2009년 3월 금융위기 이후 13년 6개월만에 처음으로 1,400원을 넘어섰으며, 고환율로 인하여 원유·천연가스 등 에너지 부문 가격이 상승하며 실물 경제에 큰 영향을 끼치며 물가 상승에 영향을 미치는 것으로 나타났다.

## 4. 생태·환경적 (Environment) 요인 (그린 컨슈머: 녹색소비자)

### 1) 코로나19이후 소비가 변화하며 글로벌 및 국내 친환경 시장 급성장

Statista에 따르면, 글로벌 녹색 기술 및 지속 가능성 시장은 2022년 약 137억 6천만 달러에서 2030년 620억 달러(CAGR 20.8%)까지 성장 전망된다. 코로나19 이후 친환경 제품을 구매하고 친환경 포장으로 이루어진 소비를 한다는 응답이 약 53%로 이전 대비 약

20%p 증가하였다. 환경부에 따르면, 국내 친환경 소비재시장 가치는 2001년 1.5조에서 2020년 30조원을 기록하였으며, 인증기업 수도 2001년 대비 20배 이상 증가하였다.

기후변화와 탄소중립은 글로벌 관심사 중 하나, 소비자들의 제품 선택에 영향을 미친다. 전문가에 따르면, 글로벌 최대 관심사 중 하나인 기후변화와 탄소중립은 소비자들의 변화를 이끌었으며, 이는 기업들이 친환경 제품 개발 등에 영향을 끼친다. 민텔은 '돈 이상의 가치' 와 '새로운 그린 시대'를 2024 컨슈머 트렌드로 선정되었다.

## 5. 정치적 (Policy) 요인

### 1) 글로벌 정세 불안

잇따른 전쟁으로 글로벌 정세 불안이 문제가 되고 있다. 우크라이나 전쟁이 장기화되고 있는 가운데 이스라엘 하마스 전쟁으로 인한 중동정세 불안과 기존의 미·중·대만 갈등이 지속되며 글로벌 경제 전반에 상당한 악재로 작용할 것으로 전망된다.

### 2) 글로벌 보호무역주의 확산으로 인하여 경제 위축 전망

현대경제연구원에 따르면, 2023년 글로벌 트렌드 7개 중 가장 첫번째 키워드로 '위기의 세계화'를 선정하였다. 코로나19와 러시아와 우크라이나 전쟁 등으로 보호무역주의가 확산되며 전세계 GDP가 최대 7% 하락할 것으로 전망되며, 피해는 신흥국과 저소득국 국가에 전가될 가능성이 큰 것으로 나타났다.

# 제2절

# 여가환경에 따른 관광의 변화

여행산업에서 시장동향을 살펴보면, [23]아웃바운드(out bound) 시장이 1990년대 해외여행붐으로 단체관광이 성장되면서 하나투어, 모두 투어등 대형 여행사가 성장되었고, 2023년도에 25조원의 매출로 증가되었다.

한편, 로컬관광 (local tourism) 산업은 로컬관광은 2007년 PC와 모바일 사용자 증가로 야놀자, 여기어때등의 플랫폼이 등장하면서 여행과 기술이 융합한 서비스 산업이 50조원으로 성장 되었다.

인바운드 시장은 코로나 이후 관광객 증가로 투자금이 유입되기 시작하였고, 여행, 기술, 결제(Travel FinTech) 서비스가 동시에 이루어지는 플랫폼이 발전되기 시작하였다. 숙박을 겸한 여행이 보편적이지만, 당일 여행은 여가활동을 중심으로 이루어지고 있다.

## 1. 시니어 관광 활성화
### (출처: 한국관광공사에서 발표한 2024년 관광트렌드 전망 및 분석 보고서)

은퇴 이후 시니어들의 하루 평균 여가 시간 5시간 이상으로, 희망 노후 활동으로 취미 활동과 여행·관광 활동을 선호하였다. 성인들을 대상으로 적절한 은퇴 시점으로 65~69세(32.2%)가 적절하다는 응답비율이 가장 높았으며, 실제 은퇴 연령은 62.9세인 것으로 나타났다. 은퇴 이후 60대는 평균 5.5시간, 70세 이상은 평균 5.9시간을 휴일 하루 평균 여가시간으로 활용하고 있다. 통계청에 따르면, 향후 희망 노후로 취미활동(42.9%)과 여행·관광 활동(29.7%)이 집계된다.

---

23) 아웃바운드 관광: 출국하여 관광하는 형태
　로컬관광: 현지에서만 경험할 수 있는 문화 및 역사 프로그램 등 그 지역 고유의 콘텐츠를 체험하는 관광
　인바운드 관광: 해외에서 온 여행객을 받아들이는 산업

코로나 기간에도 시니어 여가 서비스 소비 증가, 소비 트렌드 분석 결과 카드 결제 증가율 상위 업종은 '여행'이었다. 한국관광데이터랩에 따르면, 코로나19 기간에도 불구하고 시니어세대의 여가 서비스업 소비가 성장한 것으로 나타났다. BC카드에 따르면, 2023년 8월 기간 중 60세 이상 고객들의 결제액 증가율 상위 업종은 '여행'으로 나타난 가운데 평균 결제액은 올해 약 40만원으로 전년 대비 65% 상승했으며, 전체 연령대와 비교했을 때 시니어 고객들의 소비가 평균적으로 24% 더 높은 수준인 것으로 집계되었다.

## 2. 나홀로 여행객 증가

### 1) 1인 가구의 여가시간 및 활동비가 증가할 것으로 전망

2021년 1인 가구의 평일 여가활동 평균 여가시간은 4.4시간으로 전체가구의 평균 여가시간 보다 0.6시간 더 길었다. 전문가 의견에 따르면, 1인 가구는 3~4인 대비 더 많은 여가시간을 보내고 있으며 이로 인해 여가 활동비가 더 늘어날 것으로 예측된다.

### 2) 여가활동 동반자로는 '나홀로' 여행객 1위

문체부 국민여가활동조사의 여가활동 동반자 조사 결과, 전체 응답자 중 여가활동 동반자는 '혼자서'가 51.8%로 가장 높으며 이어 '가족과 함께'(33.5%), '친구와 함께'(12.4%) 등의 순으로 높게 나타났다. 한편, 최근 서울시에서는 서울관광 10가지 과제 중 첫번째로 '혼자서도 여행하기 편한 도시 계획'을 발표하였다.

### 3) 1인 가구 관광 소비액이 빠르게 증가, 1인 가구 맞춤 관광 전략 필요

한국관광데이터랩에 따르면, 2021년 관광 부문 전체 소비액 중 1인 가구의 소비 비중은 14.6%로 전년 대비 약 5.5%p 급증한 것으로 나타났다. 1인 가구가 빠르게 증가하며 향후 관광시장에도 영향을 미칠 것으로 예측되며 1인 가구를 위한 전략 및 대응이 필요한 것으로 나타났다.

## 3. 비즈니스 관광객 및 워케이션 증가

### 1) 글로벌 블레저 여행 시장 성장

글로벌 블레저 여행 시장 성장이 전망되며, 국내 워케이션 활성화로 경제효과 및 업무 생산성 향상이 예측된다. 유로모니터에 따르면, 글로벌 블레저 여행시장 규모는 2021년 1,500억 달러에서 2027년 3,900억 달러로 성장할 것으로 전망된다. 국내 워케이션 인식 개선 및 활성화가 된다면 3,500억원 이상의 직접 지출, 생산유발효과는 약 4.5조원, 고용유발 효과는 약 2.7만명으로 예측하고 있다. 국내 기업 인사 담당자의 63.4%가 워케이션을 긍정적으로 평가했으며 98.1%는 직원복지 향상될 것이라고 응답하였다.

### 2) 지방자치단체들의 워케이션 사업 유치 경쟁

코로나19를 거치며 고성, 거창, 하동 등 지방자치단체들이 워케이션 사업을 추진하며 유치 경쟁에 나서고 있다. 기업들의 워케이션 문화 확대, 대기업 워케이션 시범사업 운영하고 있다. 또한 전문가에 따르면, 일상과 여가의 경계가 무너지고 공간의 제약에서 벗어난 기업의 워케이션 문화가 증가하고 있다. 실제로 LG, 현대백화점과 같은 대기업을 중심으로 조직문화 개선을 위하여 다양한 워케이션 시범사업을 운영하고 있다.

## 4. 맞춤형 관광 및 취미여행

### 1) 나만의 맞춤형 여행 콘텐츠 수요가 증가

하나투어는 코로나19 이후 소규모, 맞춤형 여행 수요가 급증하며 '우리만을 위한 특별한 여행'을 2023년 여행 트렌드 키워드로 선정하였다. 전문가와 최근 관련 보도에 따르면, 개인 선호와 가치에 따른 맞춤형 여행상품을 찾는 여행객이 늘고 있으며 소비자들의 트렌드에 맞추어 기업들은 맞춤형 여행 콘텐츠 및 서비스 개발을 추진 중이다.

### 2) 향후 관심있는 여가활동으로 '관광' 선호도 1위

통계청에 따르면, 현재 참여하는 여가 활동은 주중과 주말 모두 '동영상 컨텐츠 시청'이 가장 높았으나 향후에는 '관광 활동'이 높게 나타났다. 가장 많이 참여한 여가활동 중 '관광 활동'의 비율이 전년도 대비 증가하며 17.3%를 기록하였다.

## 5. 관광 소비 양극화

### 1) 프리미엄 여행 상품 확대 및 대기업 호텔 매출 회복

럭셔리 열풍과 여행 보복심리로 인하여 프리미엄 여행을 찾는 고객들이 늘어나며 여행사의 프리미엄 패키지 상품 개발 및 판매가 확대되고 있다. 국내 대기업이 운영하는 호텔의 1분기 객실 매출이 점차 회복되고 있으며 이중 일부 특급호텔은 역대 최대 매출 달성한 것으로 나타났다.

### 2) 물가상승으로 인한 경제적 부담으로 인하여 알뜰여행

네이트 Q에 따르면, 2023년 여름휴가 계획에 대해서 응답자 중 37%가 '집콕 예정'으로 나타났으며 물가상승으로 인한 경제적 부담을 이유로 들었다. 전문가에 따르면, 여행 선택에 있어서 대부분 비용 대비 가치를 중시하며 개인이 중요하게 생각하는 분야에 여행 비용을 투자하는 것으로 나타났다. 한편 가성비로 좋은 추천 국내 여행지역 1위는 강원도로 나타났으며 가성비 요소로는 먹거리를 가장 많이 고려하는 것으로 집계되었다.

### 3) 소득분위에 따른 관광 소비 양극화

국내 관광여행 경험률과 평균 여행 횟수는 소득분위가 낮을수록 2019년 대비 감소하는 반면, 소득이 높을 수록 경험률이 올라간다. 특히, 2019년 대비 2022년 가구 소득별 1인당 평균 관광여행 횟수는 '100만원 미만'이 3.39회에서 1.97회로 큰 폭으로 줄어들었으나, '600만원 이상'이 6.20에서 6.55회로 관광 여행 횟수가 증가하며 국내여행 양극화가 심화되고 있는 것으로 나타나며 이는 사회적 여가배제[24] 대상의 증가를 나타나게 된다

---

24) 사회적 여가 배제(Social Leisure Exclusion)**는 특정 집단이나 개인이 사회적·경제적·문화적 요인으로 인해 여가 활동에 참여하지 못하는 현상을 의미. 이는 개인의 삶의 질에 부정적인 영향을 미칠 수 있으며, 사회적 불평등을 심화시킬 수 있다.

(1) 사회적 여가 배제의 주요 원인

① 경제적 요인: 여가 활동을 위한 비용 부담(예: 여행, 스포츠, 문화 활동 등)으로 저소득층의 경제적 어려움으로 인해 여가를 우선순위에서 제외하였다.

② 시간 부족: 과도한 노동시간과 업무 스트레스, 돌봄 노동(특히 여성과 노년층)으로 인한 여가 시간 부족이다.

③ 사회적·문화적 장벽: 장애인, 노인, 이주민 등이 문화·체육시설을 이용하는 데 겪는 어려움이다.

④ 성별, 연령, 계층에 따른 차별과 편견이다.

⑤ 공간적 배제: 대도시와 농어촌 간의 여가 공간 격차이다.

⑥ 공공 여가시설의 접근성 부족이다.


(2) 해결 방안

공공 여가시설 확대: 모든 계층이 쉽게 이용할 수 있도록 공공 스포츠센터, 문화센터 활성화시키는 것이다.

① 경제적 지원: 저소득층을 위한 문화·스포츠 바우처 제공

② 여가 시간 보장: 노동시간 단축과 유연근무제 도입

③ 포용적 프로그램 개발: 장애인, 노인, 청소년 등 다양한 계층이 참여할 수 있는 맞춤형 여가 프로그램 마련


## 6. 기타 관광마케팅 및 탐색

### 1) 기술 활용 관광 마케팅

AI 관련 여행 플랫폼 및 이용자 수 증가하였다, 모바일 인덱스 발간 보고서에 따르면, 종합 여행사 부문에서 여행 일정 플랜 앱 트리플이 월평균 사용자 수(MAU)가 51만명을 기록하였다. 관련자료에 따르면, 맞춤형 여행 제작 서비스 앱이 꾸준한 인기로 애플 앱스토어 '오늘의 앱'에 선정된 것으로 확인되었다. 또한, 여행 업계는 챗GPT 활용 서비스 접목 활발하게 되었다. 여행 업계가 챗 GPT를 활용한 인공지능 기능을 플랫폼 내 접목하여 고객 맞춤형 상품 추천 및 고객 서비스를 확대하고 있다.

## 2) 관광 라이브커머스 진출

홈쇼핑을 통한 여행상품 구매 증가, 여행업계 라이브커머스 론칭하였다. 홈쇼핑 모아에 따르면, 전체 응답자의 39.8%는 홈쇼핑에서 판매하는 여행상품을 구매한 경험이 있는 것으로 나타났으며 이중 87.6%는 재구매 의사가 있는 것으로 집계되었다. 여행업계는 늘어나는 SNS 라이브 커머스 소비자를 확보하기 위하여 관련 시장에도 진출하며 서비스를 강화하고 있다.

## 3) SNS를 활용한 관광지 탐색

여행 정보 탐색 채널로 유튜브 및 SNS 영향력 증가 되었다. 비누랩스에 따르면, 국내 여행 계획을 세우기 위해 SNS(27%)를 가장 많이 활용하는 것으로 나타났다. 관계자 인터뷰에서도 여행지 선택 시 SNS를 활용한 이색 관광지 여행이 증가하고 있는 것으로 확인되었다.

여행지 방문 후 SNS를 통해 경험을 공유한다. 서울관광재단에 따르면 서울 관광 여행 이후 블로그, SNS, 유튜브를 통하여 여행 경험 공유하는 응답 비율이 56.8%로 나타났다. 관련 기사에서도 SNS를 통해 차별화된 여행지를 방문하고 게시물로 공유하여 관광지가 새롭게 주목받고 있다.

## 4) 지속 가능 관광에 대한 관심

소비자들의 지속 가능 관심 증가에 따른 기업과 정부사업을 추진하고 있다. 부킹닷컴에 따르면, 한국인의 68%가 지구를 보호하기 위해 지금 지속가능성 실천에 동의하였으며, 81%가 향후 12개월 내에 지속 가능한 여행을 떠날 의향이 있는 것으로 나타났다. 관련 기사와 전문가 인터뷰에서도 소비자들을 유입하기 위하여 친환경 마케팅, 지속가능 여행 등을 시행하는 기업들이 늘어나고 있다.

## 5) 웰니스 관광 활성화

건강과 위생 등 웰니스에 대한 관심이 증가하며 웰니스 관광 시장이 성장하였다. 글로벌 웰니스 시장은 2022년 4,357억 달러에서 2025년 11,276억 달러까지 성장할 것으로 전망되었다. 웰니스 관광은 20.9%의 연평균 성장률을 보일 것으로 전망되며 '웰니스 관광'이 부문별 연평균 성장률이 가장 높은 것으로 나타났다.

국내 웰니스 시장 규모는 글로벌 8위, 2023년 국내 추천 웰니스 방문객 수 대폭 상승하였다. 국내 웰니스 시장 규모는 940억달러(약 124조원)으로 글로벌 8위, 아시아에서는 중국과 일본에 이어 세 번째로 큰 규모를 자랑한다. 2018년 이후 추천 웰니스 관광지와 실제 방문자 수가 동시에 상승하고 있는 가운데 2023년 추천 웰니스 관광지 방문자 수가 상당한 폭으로 증가하였다.

## 6) 근거리 관광 활성화

국내 관광의 이동경로 간결화 되고 단일 목적 여행이 증가되고 있다. 주말을 활용한 근교 카페, 명소를 방문하는 소비자들이 확대되고 있으며, 이동경로가 간결해지고 여행지에서 한 가지 활동을 진행하려는 경향이 확대되는 것으로 나타났다. 실제 기사에서도 금년도 설 연휴 기간 동안 무박 당일 여행을 소비하는 소비자가 314% 상승한 것으로 확인되었다.

# 제3절

# 여가동기

## 1. 여가동기 개념

### 1) 동기의 개념

일반적으로 동기(Motivation)는 사전적으로 "어떤 일이나 행동을 일으키게 하는 계기"로 정의되기도 하며, '동기'는 인간의 행동을 일으키는 무엇이라고 정의한다(Wolfe & Hsu, 2004). 동기가 인간이 어떤 행동을 함에 있어서 그 행위를 지속시키고 그 행동이 무엇인지를 결정하는데 도움이 되는 것이라고 할 수 있지만, 동기에 대한 학술적인 개념은 사전적이고 일반적인 정의에 비해 좀 더 구체적이고 제한적이며 그 쓰임새는 학자마다 다소 상이하다(권준모, 2003).

학자에 따른 동기의 개념을 살펴보면, 동기는 "행동의 방향성, 수준 그리고 지속에 직접적으로 영향을 미치며, 이때 행동 경향성의 최종 수준에 초점을 두고 순간적인 상태에서의 동기 목표는 상황에 따라서 정의"되는 개념으로 쓰이기도 하고(Atkinson, 1958), "특정 목표에 초점을 맞춰 행동을 조정하고 에너지(인간이 가진)의 일부를 목표 달성을 위해 투입되는 것"으로 볼 수 있으며(Gellerman, 1968), "행동을 취하게 하는 내적 상태"로도 볼 수 있다(Berelson & Steiner, 1968). 또한, 동기란 "인간이 어떠한 행동을 선택하고 지속하며 그 행동을 잘 해낼 수 있도록 힘"으로 이해되기도 하고(Alderman, 1974), "인간이 가지고 있는 목표를 향해 나아가며 행동하게 하는 내적 심리상태"라고도 할 수 있다(Staw & Ross, 1987). 그리고 동기는 "어떠한 행동을 할 수 있도록 하는 에너지원"으로 인간이 그 행동을 지속적으로 할 수 있게끔 하는 힘으로 간주되기도 한다(Harmer, 1987).

학자들이 정의한 동기의 개념을 바탕으로, 동기는 다음과 같이 정의될 수 있다. 첫 번째는 기본적으로, 목표를 지향한다는 것이며, 두 번째는 그러한 목표를 위해 취해지는 행동의 심리적 상태 또는 행동의 에너지원 정도로 받아들 수 있고, 세 번째는 그러한 목표의 종류에 따라 동기 또한 구분된다는 것이다. 본 연구에는 이러한 점들을 바탕으로 동기를 행동 목적에 따라(예: 내재적 동기, 외재적 동기, 무동기) 구분되는 개념이며, 어떤 행동을 선택하고 지속해 나감에 있어서 원동력이 되는 개념으로 볼 수 있다.

## 2) 여가동기 개념

앞서 정리한 동기의 개념을 바탕으로, 여가동기는 '여가 목적에 따라 구분될 수 있으며, 여가 활동을 선택하고 지속해나감에 있어서 원동력이 되는 개념'으로 볼 수 있을 것이다. 여가 활동의 경우는 일반적인 행동과 달리 비교적 목적이 구체화되어 있기 때문에 단순하게 내재적 동기와 외재적 동기 그리고 무동기로 구분하기에는 무리가 있다. 여가동기의 구분은 여가동기의 구성 요인들을 분석하여 구체적인 기준을 바탕으로 이루어질 수 있다. 여가동기를 구분 짓는 기준을 선정하고 다루는 것이 중요한 이유는, 여가 활동의 동기를 이해하는 것이 여가 활동에 대한 만족도 및 결과를 이해하는 것에 큰 도움이 되며, 여가 활동을 강화시키는 것과 관련된 조건들을 파악할 수 있게 해주기 때문이다(권일남·박광민, 1998).

여가동기의 개념을 활용한 연구들을 살펴보기에 앞서, 때로는 동기는 욕구라는 단어로 대체되어 언급되기도 하고 일반적으로 여가와 운동의 경계가 애매하기 때문에 여가 활동의 참여 동기와 운동 활동의 참여 동기는 유사한 개념처럼 사용하기도 한다. 즉, 여가동기, 여가 참여 욕구, 운동 참여 동기 등은 서로 같은 의미를 내포하고 있다고 볼 수 있다. 물론 앞서 정리된 동기의 다양한 개념과 마찬가지로 여가동기 또한 기본적인 개념의 맥락은 통일되어 있다. 그러나 기본적으로 20세기 후반 이후에 등장하는 연구들은 내재적 동기, 외재적 동기 그리고 무동기의 큰 틀을 따르는 경향이 있음에도, 많은 연구에서 여가동기 구분에 있어 다른 틀을 사용하기도 하고 또한 구성 요인의 종류를 정의하는 것에 다소 차이를 보인다.

# 2. 여가동기 구성 요인

Mercer(1976)는 여가동기(욕구)를 규범적 욕구와 상대적 욕구로 구분하였는데, 여기서 규범적 욕구란 외부 환경과 같이 외적 요인에 의한 것으로 외재적 요인과 비슷한 개념이며 사회적 규범 안에서 자극된 여가 참여 욕구를 의미한다. 그리고 상대적 욕구는 사람들이 타인을 따라하고 비교하기 위해 여가 활동을 결정하게 된다는 것을 의미한다. 이 경우는 외재적 요인의 성향을 갖고 있지만 상대적으로 외부의 영향이 간접적이고 내면의 의도가 자발적이라는 점에서 약간 다른 특성을 지니고 있다.

다른 학자의 경우는 여가동기를 친밀감, 성취감, 권력, 휴식, 시간 보내기, 권력, 사고(intellection) 등의 요인으로 구분하기도 하였고(Pierce, 1980), 여가 경험에 있어 가장 중요한 요인을 인식된 자유와 내재적 동기라고 제시하며, 내재적 동기를 바탕으로 할 때 참여동기가 순수한 여가동기로 설명된다고 주장하는 학자도 있었다 (Neulinger, 1981).

1983년 스포츠 학교에 참여한 1500명의 학생을 대상으로 참여 동기를 규명하는 연구가 시행되기도 하였는데, 그 결과 참여 동기는 성취, 지위 동기, 흥미, 협동 정신, 체력 증진, 에너지 소모, 기술 향상, 우정, 기타 등의 요인으로 구성되어 있다는 결과가 나타나기도 하였다(Gill et al., 1983). 다른 학자들 중에서는 여가동기의 중요한 요인으로 기술발달과 사교를 제시한 학자도 있었으며(Ryckman & Hamel ,1993), 여가동기(motivation)를 요구, 인지, 정서의 개념이 서로 얽히어 설명되는 개념으로 보는 학자도 있었다(Reeve, 1997). 또한 초중학교 기계 체조 선수들을 대상으로 참여 동기를 확인하는 연구에서는 연구 결과 참여 동기는 목표, 신체 건강, 흥미, 환경, 과시 등의 요인으로 구성되어 있다는 것으로 나타나기도 하였다(권태원, 김동화, 2007).

Ragheb & Beard(1983)는 학생들의 여가동기의 측정을 위한 연구에서 여가동기가 지적 요인, 사회적 요인, 유능적 요인, 휴식적 요인의 4가지 요인으로 구성되어 있다고 주장하였다. 여기서 지적 요인은 학습, 탐험, 발견, 창조 등 항목으로 구성되어 있으며, 사회적 요인은 대인관계, 우정 등의 항목으로 구성되어 있고, 유능적 요인은 성취, 도전, 극복, 경쟁 등의 항목으로 구성되며, 마지막으로 휴식적 요인은 휴식, 회피 등의 항목으로 구성되어 있다.

# 제4절

# 여가행동의도와 만족도

## 1. 여가행동의도

행동의도(Behavioral Intention)란 어떤 경험(서비스 제공 및 제품 등)에 대해 만족감을 바탕으로 나타나는 개인의 주관적 상태를 의미하는 것이다(Zeithaml et al., 1996). 여기서 행동은, 개인이 가지는 결과물 그 자체나 그것에 대한 기대에 기반하여 개인이 그 행동을 수행할 것인지의 여부를 결정하게 되고, 그러한 결과물 또는 기대가 긍정적일수록 그 행동을 반복 수행할 가능성인 높아지는 개념임을 의미한다. 이러한 행동의도는 종종 소비 행동에 대한 예측요인으로서 일정한 목적 성취를 위해서 실행할 계획으로 여겨지는 등의 중요한 개념으로 이해된다. 긍정적인 행동의도를 유도하기 위해서는 서비스 제공 및 제품에 대한 개인의 만족감이 높아야 한다고 할 수 있다(고범석, 2008). 기업으로 예시를 들면, 긍정적인 행동 의도를 가진 고객은 기업과의 관계를 계속 지속할 확률이 높으며, 여가만족은 단순히 여가 활동 자체에만 영향을 받는 것이 아니라 동기나 개인 선호와도 관련이 있는 개념이다(Iso-Ahola, 1980).

## 2. 여가만족도 개념

만족이란 개인이 느끼는 필요나 욕구에 대하여 목표를 달성하는 정도를 나타내는 개념으로 일반적으로 주관적인 내적 상태를 의미하며(Jackson & Burton, 1989), 현실과 욕구의 차이에 대한 인지와 그 차이를 일으키는 원인에 대한 인지에 의해 결정되는 개념이라고 할 수 있다(Francken & Van raaij, 1981).

만족의 개념은 삶과 관련된 여러 변인들과 연관 지어 설명되는 경우가 일반적이다. 삶의 만족은 사전적 정의로 '생활의 여러 측면에 대한 만족도로서 일반적으로 건강, 경제, 문화, 가족관계, 안전 등의 여러 항목으로 구성됨'의 의미를 가지며, 삶의 질에 있어서 삶에 대한 만족은 가장 중요한 요소라고 할 수 있다(김숙경, 2004). 삶의 만족도는 '일생의 생활 전반에 걸쳐 느끼는 주관적인 감정에 대한 평가이며 주관적 기대에 대해 충족된 정도'라고 정의할 수 있으며(한정란, 김수현, 2004), 삶의 질에 있어서 주관적인 측면을 의미하고 그에 따라 삶의 만족도는 다차원적 영역으로 구성되어 있다고 할 수 있다(박성복, 2011).

여가만족은 이러한 광범위한 범위의 만족 혹은 삶의 만족의 개념에서 제한적인 영역으로 협의적인 의미를 갖는 개념이라고 볼 수 있다. 즉, 여가 만족이란 만족 및 삶의 만족의 개념을 여가활동의 영역에 제한하여 바라본 개념이며, 여가활동에 대한 만족감을 의미한다고 볼 수 있으며, 여가활동을 통해 얻는 즐거움, 건강, 흥미, 과시 등에 대한 보상이 기대치에 맞을수록 여가 만족이 크다고 할 수 있다(Burr, 1970). 여가만족 개념에 대한 세부적인 정의와 관련하여 다양한 논의가 있었는데, 여가 만족이란 여가활동 참여자의 의식적, 무의식적 욕구가 충족됨에 의해 발생하는 개념이라고 보는 연구도 있었으며(이종길 외, 1992), 여가활동 경험 이후 개인이 얻게 되는 긍정적인 결과로, 미래의 여가활동을 선택하는데 있어 주요한 요인이 된다고 보는 학자도 있었다(Bultena & Wood, 1970).

여가만족도를 변인으로 사용하는 연구들은 여가만족도를 다양한 방법중 여가만족척도(LSS)는 심리, 교육, 사회, 휴식, 신체, 환경적 요인의 6가지 영역으로 구성되어있다. 여기서 심리적 요인은 즐거움, 소속감, 자유 정도를 내포하며, 교육적 요인은 지적 자극, 학습, 사회적 요인은 대인관계 유지, 사교, 휴식적 요인은 휴식, 긴장감 해소, 신체적 요인은 건강, 체력 유지, 신체개발, 환경적 요인은 물리적 환경 정돈, 미적 보상 등을 내포한다(하민아, 2019).

여가만족 개념에 대한 학자들의 관점은 어느 정도 차이가 있지만 공통적으로 살펴볼 수 있는 것은 여가 만족은 여가활동에 대한 기대감(욕구)에 기반하여 여가활동을 통해 얻어진 결과를 평가하는 개념이라는 것이다. 이는 여가 경험의 질과 밀접한 관련 된 개념이라고 볼 수 있다(Manning, 2010). 이러한 측면에서 볼 때 여가만족도란 '여가에 대한 전반적인 만족을 측정하는 것으로, 곧 여가활동 및 여가프로그램에 대한 평가이자 여가활동 및 여가프로그램의 결과물'이라고 볼 수 있다. 여가만족도는 기본적인 기대감, 욕구, 동기들과 밀접한 관련을 갖고 있는 개념이라고 볼 수도 있다. 즉, 여가만족도를 조사하고 그에 관한 연구를 진행하는 것은 여가활동 및 프로그램에 대한 문제점을 개선하고 방향과 질을 상향하는 것을 용이하게 한다고 볼 수 있으며, 이를 연구함에 있어서 여가 기대감, 욕구, 동기 등과 같은 개념들을 고려하여 시행하는 것이 필요하다고 볼 수 있다(오서진, 2019).

## 3. 만족도가 높은 테마별 여행 분석

한국관광공사에서 2024년 발표한 [25)]보고서에 의한 만족도가 높은 테마별 여행분석에 대하여 알아보기로 한다.

### 1) 쉼이 있는 여행 (Relax and empty your mind)

소셜분석 결과 웰니스 연관 키워드는 큰 폭으로 증가하고 있는 한편, 메가 키워드인 '힐링'의 증가세는 상대적으로 약한 편이며, 여행(G)와 연관된 활동 가운데 웰니스와 연관된 관광활동 키워드는 대체로 언급되는 양은 높지 않지만 증감율이 높은 상황으로 나타났다. 한편, 여행(G)와 연관해 '웰니스'보다 더 많이 사용되고 있는 '힐링'은 언급량은 높지만 증감율은 여행(G)대비 낮게 나타나고 있다.

일반인 조사 결과 피로감 해소 방법으로 '여행'을 응답한 비율이 50.6%로 과반 이상을 차지하였고, 여행을 통해 피로를 해소한다는 비율은 연령대가 높아질수록 국내여행 횟수가 많을수록 높게 나타났다. 국내여행 시 웰니스 관광 활동은 '한방 & 숲 치유', '뷰티', '레저"스파.마사지' 순으로 높게 선호되고 있다.

### 2) 원포인트 여행 (One point travel)

원포인트 여행 경험률은 35.2%이며, 원포인트 여행 선호도는 55.4%로 경험률 보다 높게 나타났으며, 국내여행을 원포인트 여행으로 다녀온 비율은 35.2%이며, 남성과 국내여행 횟수가 많은 경우 보다 높게 나타났다. 국내여행 원포인트 여행 목적은 '스트레스 해소와 일상의 휴식', '짧은 휴가를 즐기기 위해' 등 일반여행과 유사한 경향을 보였으며, 그 밖에 '새로운 음식과 요리 체험' 43.5%, '주된 관심활동을 하기 위해' 39.5% 순으로 원포인트 여행 목적이 응답되어, 원포인트 여행은 일반적인 여행 목적 외에 새로운 활동과 관심활동에 대한 집중적 경험을 위해 계획하게 되는 것으로 나타났다. 또한, 여행의 목적이 되는 맛집, 여행지의 유명한 빵집을 들르는 것이 목적이 되는 빵지순례에 대한 관심은 꾸준히 증가하고 있으며,

---

25) 2024년 관광트렌드 전망 및 분석 보고서, 한국관광공사

전국을 돌면서 빵집을 방문하는 빵지순례를 빵덕후들은 물론 일반 여행자들도 여행 코스에 꼭 빵집을 넣는 행태는 트렌드로 자리잡아가고 있다.

또한, 배움이 목적이 되는 여행, 박물관과 전시를 찾고 있다. 박물관 탐방과 전시를 보러 여행을 떠나는 사람들이 증가하고 있으며, 아이들의 교육을 위해서 또는 나만의 지식 쌓기를 위해 먼 곳의 박물관까지 찾아가고 있다. 이때, 더욱 상세한 설명을 들을 수 있는 도슨트나 아이코닉한 장소에서 사진을 찍음으로 단순히 보는 것만이 아니라 경험을 축적하고 갈 수 있는 여행을 추구하고 있는 것으로 나타났다.

### 3) 나만의 명소 여행 (Undiscovered Place)

'여행(G)+숨다/숨은'은 증감율 낮은 수준이고 언급량 중간 수준으로, 여행 대비 큰 폭의 성장은 아니지만 꾸준히 증가하고 있는 키워드이다. 숨겨진 여행지 찾기 희망 이유는 '휴식과 휴양을 위해' 66.7%, '한적한 여행 환경 선호' 55.7%와 같이 인파가 몰리지 않는 여행환경을 추구하는 것을 이유로 보았다. '나만의 특별한 경험' 39.9%이 3순위로 높게 응답되어 잘 알려지지 않은 관광지에 대한 기대가 확인되었다.

숨겨진 관광지 방문 의향은 67.2%, 낯선 여행지 콘텐츠에 대한 관심도는 66.1%로 나타났다. 숨겨진 국내 여행지 방문에 대한 관심 비율은 67.2%이며, 연령대가 높아지고 국내 여행 횟수가 많을수록 보다 높은 관심도를 나타내었다. 낯선 국내 여행지 소개 콘텐츠에 대한 관심 비율은 66.1%이며 역시 국내여행 횟수가 많을수록 높은 관심도를 보였다.

숨은 여행지는, 아름다운 자연의 풍경이 있는 곳으로, 분위기가 좋고, 친구와 더 많이 언급되는 특성을 보인다. 명소를 찾는 사람들, 명소의 핵심은 자연, 계절의 변주, 산책과 뷰, 명소의 핵심은 바다, 나무, 바람, 물, 꽃 등 자연이며, 이 자연의 아름다운 풍경과 더불어 명소의 자연을 즐기는 다양한 콘텐츠가 함께 언급되고 있다.

그중 촌캉스는 시끄러운 소리 없는 곳에서 멍때리며 자연을 즐기는 것이다. 촌캉스는 자연 속에서 한적한 시간을 보낼 수 있다는 점이 주된 매력이며, 관련해서 '분위기, 여름, 밤, 소리, 불멍, 야외' 등의 언급량 증가가 두드러진다. 물놀이도 점점 사람 없는 덜 알려진 곳을 찾아간다. 서핑, 스노클링, 다이빙은 지난 3년간 꾸준히 상승한 키워드로, 서핑, 스노클링, 다이빙 목적지를 정할 때 중요한 요소는 관광객이 적은 장소에서 여유롭게 즐기는 부분이다. 사람들은 여유를 위해서도, 본인의 실력을 높이기 위한 연습을 위해서도 한적한 장소를 찾고 있다.

캠핑도 사람 없는 숨겨진 명소를 찾아다니는 사람들이 증가하고 있다. 캠핑은 코로나 기간에도 꾸준히 상승하는 트렌드로, 캠핑 또한 대중적이지 않은 장소를 찾고 싶어하는 니즈가 있는 영역이다. 사람들은 프라이빗, 조용한, 한적한, 아늑한과 같은 표현어를 함께 언급하고 있다.

## 4) 스마트 기술 기반 여행(Travel Tech)

전체 응답자 중 64.3%가 온라인 기반 여행 서비스를 경험한 것으로 나타났으며, 경험한 온라인 기반 여행 서비스로는 '예약/원격 줄서기' 61.7%, '실시간 여행 정보 확인' 56.0%, 'AI기반 여행 일정 플래너' 31.4% 순으로 나타났다. 여행 관련 온라인 콘텐츠 시청 선호 비율은 54.0%이며, 연령대가 낮고 국내여행 횟수가 많을수록 더욱 높은 선호를 보인다.

첫째, 정보수집, 기록, 효율성 강화를 위해 활용되는 '트레블 테크' 기술이 활용된다. 여행과 관련하여 기술을 이용하는 분야는 크게 '정보수집', '기록', '효율성 강화(예약)'으로 나눌 수 있고 그 중에서도 '기록'과 '효율성 강화'에 해당하는 키워드들의 증가율이 높게 나타남. 각 개인의 '기록'은 다시 다른 사람의 정보원으로 남게 된다.

둘째, 여행 시 숙소·교통·액티비티 외 식사/디저트 예약도 일반적이 된다. 여행지에서 웨이팅을 하더라도 좋은 것, 맛있는 것을 먹고자 하는 니즈가 증가하고 있으며, 보다 효율적으로 즐기기 위한 노력으로 '예약'을 한다. 여행+어플 연관 카테고리 상위 25개 가운데 8개가 음식과 관련되어 있고, 연관 플랫폼 상위 10개 중 2가지가 식당 예약 어플일 만큼 여행지에서 식사와 디저트를 즐기기 위해 예약하고 방문하는 경향이 강화된다.

셋째, 여행에 활용하는 어플은, 가격 할인, 입장의 효율, 예약 성공을 위해 필수적이다. 사람들은 여행에 있어 모바일 앱을 적극 활용하고 있음. 이는 길어진 맛집의 웨이팅, 예약에 있어서 가격적 혜택 등을 위해서 인 것으로 나타났다. 이러한 행위들에 있어 조금 더 나은 여행을 만들기 위해 다양한 앱과 서비스들을 활용하며 효율을 추구하고 있다.

넷째, 다양한 방식으로 여행 기록을 남기는 사람들이 늘고 있다. 사람들은 여행을 말하며 기록에 대한 언급을 많이 하고 있음. 사람들은 기기를 통해 다양한 방식으로 여행 기록을 남기고 있으며, 대표적으로 블로그, 사진 그리고 인스타그램을 활용하며, 브이로그나 쇼츠 등의 영상 형태로도 여행 기록을 남기고 있다.

일상 속에서 여행에 대한 스터디를 시켜주고, 직접 만들며 특별한 추억을 남겨주는 쇼츠를 제작하기도 한다. 기준 기간 내, 제목에 '국내 여행'이 들어간 유튜브 중 조회수 1위 영상이 쇼츠로 95만 건 이상의 조회수를 기록했으며 상위 20위 내에 '쇼츠'가 7건(35%) 포함되어 있다. 쇼츠는 일상 속에서 자연스럽게 여행지에 대한 스터디를 하게 하며, 여행 중 직접 제작하여 특별한 추억을 남기는 기록이 된다.

## 5) 모두에게 열린 여행 (Easy access for everyone)

코로나 기간 중 여행을 자제하던 아기/어린이/외국인 여행 증가했으며, 반려동물 여행 등 여행 대상의 다양성 조금씩 확대되는 상황이다. 특히, 가족, 친구, 혼자를 벗어나 '반려동물'이 동반자로서 큰 폭으로 증가한다. 한편, 소폭이지만 '시니어' 커뮤니티 내에서 여행 언급량도 증가하는 것으로 나타났다.

반려동물 동반 여행 경험 비율은 41.0%이며, 향후 반려동물 동반 여행 의향은 54.6%로 나타났다. 소셜 분석 결과 여행(G)와 결합된 애견동반여행 관련 키워드들이 높은 상승률을 보였다. 반려동물 동반 여행 시 고려사항은 주로 숙박시설, 편의시설 등의 물리적 환경 요소이다. 반려동물 동반 여행시 고려사항은 '반려동물 동반 가능 숙박시설' 54.9%, '관광지 내 반려동물 편의시설' 53.7%, '반려동물 동반 가능 음식점/카페' 47.1% 등으로 나타났다.

반려동물 동반여행 참여활동은 '휴양·휴식' 41.3%, '자연경관 감상' 40.5%, '식도락 관광' 35.5%, '도시여행' 28.9% 등으로 일반 여행과 유사한 경향을 보였다.

첫째, '반려동물-friendly'로 특화되는 숙소로 편리해진 애견동반 여행이 되었다. 논슬립 바닥재, 저상형 침대 등 Pet-friendly 객실에서 펫 전용 식사, 강아지 용품 무료 대여 등으로 구성된 펫캉스 패키지까지 펫팸족(반려동물을 살아있는 가족과 같이 귀중한 존재로 여기는 사람들, Pet+Family의 합성어)를 타깃으로 제공되고 있다.

둘째, 50대 이상 여행객의 국내여행 경험 횟수가 보다 높은 편이다. 또한, 50대 이상 응답자에게 국내여행 시 여행형태 선호도 질문 결과 자유여행 선호 비율 63.2%, 패키지 여행 선호 비율 18.7%로 나타나, 자유여행에 대한 선호가 보다 높게 나타났다. 한편, 50대 이상 여행객은 국내여행 시 이동불편, 경제 부담, 시간 여유 부족 등을 제약요인으로 인식하였다.

셋째, 시니어들의 여행, 목적지보단 친구랑 가는 여행 그 자체가 중요하다. 전체 커뮤니티 대비 시니어 커뮤니티에서는 여행의 종류를 이야기할 때 목적지를 이야기를 안하고 감정적인 결과에 대해 이야기하였다. 여행을 간다는 것 자체가 중요한 시니어들은 느긋하게 힐링하며, 좋은 사람들과 가서 행복해하며, 동창과 추억이 돋는 여행을 즐기고 있다.

## 4. 만족도 높은 여가의 유형

만족도가 높은 여가 유형은 개인의 성향, 관심사, 라이프스타일에 따라 다르지만, 자신의 성향과 목적에 맞는 여가를 선택하면 더 높은 만족도를 얻을 수 있다.

### 1) 활동적인 여가 (Active Leisure)

(1) 운동 및 스포츠: 조깅, 등산, 요가, 헬스, 수영, 축구, 농구, 드론 등 [26]드론 드론은 실제로 조종사가 탑승하지 않고 무선으로 비행기체를 조종하는 것을 의미한다. 드론(Drone)의 사전적 정의는 '수벌이 날 때 내는 소리'라는 뜻이다. 드론이 날때의 소리는 벌이날아다니며 웅웅거리는소리와 비슷하여 붙여진 이름이다. 드론과 스포츠의 만남은 청소년의 새로운트렌드라 할수 있으며, 향후 발전 가능성이 매우높다고 할 수 있다. 드론 여가활동 유형으로 드론 촬영, 항공 사진 및 영상 촬영, 자연경관, 도시 풍경, 여행 기록, 유튜브, SNS 콘텐츠 제작,드론 레이싱등이 있으며, 드론 경기 대회 참가자들을 속도와 조종 기술을 겨루는 스포츠로 여가활동을 즐기며 만족도를 높이고 있다. 드론의 여가활동 장점은 새로운 시각에서 세상을 볼 수 있고, 기술적 흥미와 창의적 요소 결합되며, 가족 및 친구들과 함께할 수 있는 활동이고, 스포츠, 사진, 교육 등 다양한 활용이 가능하다.)

(2) 국내외 여행, 캠핑, 트레킹, 로드트립과 액티비티한 댄스, 볼링, 서핑, 스키 등이 있다.

### 2) 휴식형 여가 (Relaxing Leisure)

(1) 독서 및 음악 감상: 소설, 자기계발서, 클래식, 재즈, 팝송 듣기

(2) 명상 및 힐링: 명상, 온천, 스파, 마사지

(3) 카페 및 맛집 탐방: 감성 카페 방문, 맛집 투어

---

26) 드론프로그램 참여활동 청소년의 자기통제력이 생활만족도에 미치는 영향(김광열, 김연수,2023).

### 3) 창의적인 여가 (Creative Leisure)

(1) 취미 활동: 그림 그리기, DIY, 공예, 악기 연주, 글쓰기

(2) 요리 및 베이킹: 홈베이킹, 새로운 레시피 도전

(3) 사진 및 영상 제작: 브이로그 촬영, 사진 촬영


### 4) 사회적 여가 (Social Leisure)

(1) 친구 및 가족과의 시간: 홈파티, 보드게임, 피크닉

(2) 동호회 및 모임 참여: 독서 모임, 운동 동호회, 여행 동호회

(3) 봉사 활동: 지역 봉사, 환경 보호 활동


### 5) 디지털 및 게임 여가 (Digital & Gaming Leisure)

(1) 게임 및 e스포츠: 콘솔 게임, 모바일 게임, VR 체험

(2) 영화 및 드라마 감상: 넷플릭스, 유튜브, OTT 서비스 활용

(3) 온라인 커뮤니티 활동: 블로그 운영, SNS 활동


### 6) 자기 개발형 여가 (Self-Development Leisure)

(1) 온라인 강의 수강: 외국어 공부, 코딩, 재테크 강의

(2) 자격증 취득 및 공부: 시험 준비, 전문 분야 학습

(3) 네트워킹 및 세미나 참여: 강연, 워크숍, 네트워킹 행사


　　이처럼 여가 만족도(Leisure Satisfaction)는 개인이 여가활동을 통해 얻는 즐거움, 충족감, 삶의 질 향상이며, 개인의 신체적·심리적·사회적 만족을 포함하는 개념으로 여가 만족도의 효과로, 스트레스 감소 및 정신 건강 증진과, 삶의 질 향상 및 행복감 증가, 사회적 관계 개선 및 유대감이 형성 된다. 여가 만족도를 높이기 위해서는 개인의 관심과 성향에 맞는 활동을 찾고, 지속적인 참여가 가능하도록 긍정적 생각과 밝은 환경을 조성하는 것이 중요하다.

chapter 05

# 여가와 정책

# 제1절

# 여가정책의 개념과 발전과정

전 세계 정부와 국제 사회가 공통적으로 주목하는 정책 키워드는 '국민의 행복'일 것이다. UN의 지속가능발전목표 (SDGs; Sustainable Development Goals)는 전 세계 빈곤을 종식시키고 지구를 보호하며, 2030년까지 모든 사람들이 평화와 번영을 누릴 수 있도록 보장하기 위한 목표로 2015년 UN에 의해 채택되었고, 총 17개의 SDGs 목표는 세계인들의 행복한 삶을 위하여 서로 밀접하게 연결되어 있다. 또한, 2012년부터 세 차례 발표한 UN의 세계행복지수(World Happiness Report), OECD(Organization for Economic Cooperation and Development)의 Better Life Initiative, 캐나다의 웰빙지수(Index of Wellbeing), 영국의 행복지수(Happy PlanetIndex), 레가툼 번영지수(Legatum Prosperity Index) 그리고 한국의 여가행복지수는 전 세계의 흐름이 '국민 총 행복(Gross National Happiness)'의 시대로 전환되고 있음을 보여준다(이유진, 2016).

국민들의 삶의 질을 향상시키고자 하는 요구를 국민 지향적 정책에 적극 반영하여 물리적인 환경뿐만 아니라 정신적 만족을 충족시키기 위한 정책의 필요성이 제기되어 왔다. 이에 2015년 「국민여가활성화기본법」이 제정됨에 따라 '여가'의 영역이 중요한 정책적 과제로 인식되었고, 여가를 통해 인간다운 삶과 행복을 보장 받는 여가복지의 법적 근거가 마련되었다. 여가복지는 여가 기회에 대한 불평등 현상을 해소하고,여가 향유권을 보장하며, 여가의 사회적·가치 지향적 기능을 확대시켜 생활의 물질적 풍요와 심리적 충족감을 요소로 하는 삶의 질적 향상을 추구한다(황향희, 2008). '복지사회 구현'이라는 명제 하에 인간의 기본권을 보장하며 행복 추구권을 정착시킬 수 있는 수단으로써 스포츠 활동은 국민의 권리이자 정부의 의무가 되었다.

# 1. 지자체 여가정책

## 1) 경기도 도민 여가 활성화 기본 조례 (대표 조례)

제1조(목적) 이 조례는 경기도민의 여가 활성화에 관한 정책의 수립 및 시행 등에 관한 사항을 규정함으로써 자유로운 여가활동 기반을 조성하고 경기도민이 다양한 여가활동을 통하여 삶의 질을 향상시킬 수 있도록 하는 것을 목적으로 한다.

제8조(여가 활성화 사업) 도지사는 도민 여가 활성화를 위하여 다음 각 호의 사업을 추진할 수 있다.

1. 여가프로그램의 개발 및 보급
2. 도민의 여가 참여를 위한 여가정보의 수집 및 제공
3. 여가시설의 개선 및 확충
4. 여가전문인력의 양성 및 활용
5. 장애인, 노인, 저소득층및 다문화가정 등 사회적 약자의 여가활동 지원
6. 아동(18세 미만인 사람을 말한다)의 적절한 여가의 보장
7. 여가상품과 서비스를 포함한 여가산업의 육성
8. 그 밖에 도지사가 도민여가 활성화를 위하여 필요하다고 인정하는 사항

제9조(여가교육의 실시)

(1) 도지사는 여가 활성화를 위하여 여가교육을 다음 각 호의 시설에서 실시하거나 지원하여야 한다.

1. 「국민여가활성화기본법시행령」제4조제2항제1호부터제6호까지의시설
2. 「노인복지법」 제36조제1항에 따른 노인여가복지시설
3. 「장애인복지법」 제58조제1항제2호에 따른 장애인 지역사회재활시설
4. 그 밖에 도민의 여가활동이 지속적으로 이루어지는 시설로서 문화체육관광부장관이 정하여 고시하는 시설

(2) 제1항에 따른 여가교육의 내용 및 방법 등에 관한 사항은 법 시행령 제4조제1항에 따른다.

## 2) 경기도 여가 정책

(1)경기도 문화의 날 운영

　매월 마지막 수요일을 '문화가 있는 날'로 지정하여 도내 문화시설의 무료 또는 할인 혜택을 주며, 이를 통해 도민들이 보다 쉽게 문화생활을 즐길 수 있도록 지원한다.

(2) 경기도 공공스포츠클럽 지원

　도민들의 건강 증진과 생활체육 활성화를 위해 공공스포츠클럽을 지원하며, 다양한 종목의 체육 프로그램을 저렴한 비용으로 누구나 참여할 수 있도록 한다.

(3) 경기도 관광지 순환버스 운영

　주요 관광지를 연결하는 순환버스를 운영하여 도민들과 관광객들이 편리하게 여가를 즐길 수 있도록 도우며, 이를 통해 지역 관광 활성화에도 기여하고 있다.

(4) 경기도 평생교육 프로그램 제공

　도내 평생학습관과 도서관을 통해 다양한 교육 프로그램으로 도민들이 여가 시간을 활용하여 자기 계발을 할 수 있도록 지원한다.


## 2) 서울특별시 여가정책

(1) 서울특별시 시민여가활성화 기본 조례 (대표조례)

제1조(목적) 이 조례는 시민의 여가 활성화에 관한 정책의 수립 및 시행 등에 관한 사항을 규정함으로써 자유로운 여가활동 기반을 조성하고 시민이 다양한 여가활동을 통하여 삶의 질을 향상시킬 수 있도록 하는 것을 목적으로 한다.

제2조(기본이념) 이 조례는 여가의 중요성에 대한 인식을 고취시켜 일과 여가의 조화를 추구함으로써 시민들이 인간다운 생활을 보장받는 것을 기본이념으로 한다.

제5조(일과 여가의 조화)

　　① 시민은 일과 여가의 조화를 이룰 수 있도록 적절한 수준의 여가를 보장받아야 한다.

　　② 시장은 제1항에 따른 여가 보장을 위하여 직장에서 휴가 사용이 촉진될 수 있도록 필요한 대책을 수립·시행하여야 한다.

제9조(여가 활성화 사업) 시장은 시민 여가 활성화를 위하여 다음 각 호의 사업을 추진할 수 있다.

1. 여가프로그램의 개발 및 보급

2. 시민 여가 참여를 위한 여가정보의 수집 및 제공

3. 여가시설의 개선 및 확충

4. 여가전문인력의 양성 및 활용

5. 사회적 약자(장애인, 노인, 저소득층, 다문화 가정 및 18세 미만의 아동 등을 말한다)의 여가활동 지원

6. 여가상품과 서비스를 포함한 여가산업의 육성

7. 그 밖에 시장이 시민 여가 활성화를 위하여 필요하다고 인정하는 사항

제10조(여가교육의 실시) 시장은 여가 활성화를 위하여 여가교육을 다음 각 호의 시설에서 실시하거나 지원하여야 한다.

1. 「국민여가활성화기본법 시행령」(이하 "법 시행령"이라 한다) 제4조제2항제1호부터 제6호까지의 시설

2. 「노인복지법」 제36조제1항에 따른 노인여가복지시설

3. 「장애인복지법」 제58조제1항제2호에 따른 장애인 지역사회재활시설

4. 「서울특별시 청소년시설 설치 및 운영에 관한 조례」에 따른 청소년 시설

5. 그 밖에 시민의 여가활동이 지속적으로 이루어지는 시설로서 문화체육관광부 장관이 정하여 고시하는 시설

## (2) '서울형 공공조경가 그룹'

서울시의 '서울형 공공조경가 그룹'은 서울시가 도시의 공원녹지 정책과 사업의 품질을 향상시키기 위해 조경, 원예, 산림 등 다양한 분야의 전문가들로 구성한 자문 그룹이다. 이 그룹은 2012년에 처음 도입되어 현재 제6기까지 운영되고 있다. 자문단들의 주요 역할로 공원녹지 분야의 비전과 정책 방향을 제시하고, 주요 사업에 대한 자문 및 개선 방안을 제안하며, 정원도시 서울(서울의 공원)을 위한 기획, 설계부터 운영, 관리에 이르는 전반적인 과정의 품질 향상을 도모하는 것이다.

자문단은 공개 모집을 통해 선발되며, 조경, 원예, 산림 등 5개 분야의 전문가들이 참여하

며, 전문자문단으로 여가복지론의 저자인 오서진 박사와, 서울호스피탤리티 아카데미 총원우회 장덕상 회장이 선정되어 정기적인 회의와 자문 활동을 통해 서울시의 공원녹지 사업에 적극적으로 참여하고 있다. 이러한 전문가 그룹의 참여로 서울시는 공원녹지의 기획, 설계, 운영, 관리 등 모든 단계에서 전문성을 확보하고, 시민들의 녹색 복지 향상에 지속적으로 노력하고 있다.

### 3) 강원특별자치도

강원특별자치도는 2025년 3월 광역도 단위 최초로 세계보건기구(WHO)로부터 노인이 건강하고 활력있는 사회생활을 영위할 수 있도록 관련 인프라를 조성해 온 노력을 인정받아 '고령친화도시 국제네트워크' 가입 인증을 받았다. 고령친화도시 국제네트워크는 세계보건기구(WHO)가 초고령사회에 대응하기 위해 2006년부터 추진해 온 글로벌 프로젝트로 각 도시의 고령화 대응 정책과 환경 조성을 평가해 인증하는 제도로써, 외부환경 및 시설, 교통수단, 주거환경, 여가 및 사회활동, 존중 및 사회통합, 자원봉사 및 경제활동 참여, 의사소통 및 정보제공, 지역돌봄 및 보건의료서비스 8대 영역에서 일정한 기준을 충족하고 방향성을 제시해야 한다.

또한, 강원특별자치도는 일과 휴식이 함께하는 워케이션 관광, 치유와 관광을 접목한 치유관광(웰니스) 관광등, 독창적인 관광상품을 집중강화하고, 온라인 여행사 웹투어와 함께 워케이션 목적으로 도를 찾는 고객들을 위한 특가기획전을 운영. 주요관광지와 가까이 위치하고 비즈니스룸 등 효율적으로 업무를 수행할 수 있는 환경과 수영장·헬스장 등 여가활동이 가능한 부대시설이 확보된 호텔들을 선정하여 특가 상품을 운영하며, 도내의 여가를 즐길수 있는 여가공간, 시설을 최대한 홍보, 활용하고 있다.

### 4) 전라남도 강진군

강진군은 여가정책의 일환으로 2024년 1월 26일, 서울 중구에 소재한 웨스틴조선호텔에서 300여명이 참석한 가운데 '2024 강진 관광의 해' 성공을 기원하는 선포식을 가졌다. 경제 위기로 서민층이 지갑을 닫을 때마다 각종 기업은 물론 전통시장에서도 반값 할인이벤트를 벌여왔지만, 소비한 여행경비의 50%를 최대 20만 원까지 돌려주는 반값 관광 정책을 지자체에서 역점 시책으로 선포하고 연중 운영하는 것은 강진군이 전국에서 처음이다. 강진군의 반값 강진 관광의 해 선포식은 경기 불황과 고물가에 따른 서민경제의 어려움을 타개하고 동시에 지역의 소비 촉진으로 연결시켜 지역 경제를 활성화하기 위한 1석 2조의 포석으로, 크게는 국가경제 위기 돌파에도 힘을 보탠다는 전략이다.

 강진군의 반값여행은 단순한 관광 혜택을 제공하는 데 그치지 않고 지역 경제 활성화에도 영향을 미치고 있다. 관광객들의 소비가 증가하면서 강진 내 상가와 자영업자의 매출이 오르고 군민들의 소득 향상에도 도움이 되고 있다. 반값여행을 통해 관광객들이 강진을 재방문하면서 지역 상권과 전통시장이 더욱 활성화될 수 있도록 뒷받침하고 있다. 또한 이 정책은 관광 산업뿐만 아니라 1차 산업, 자영업 등 전반적인 지역 경제에 긍정적인 파급 효과를 불러일으키고 있다. 2025년에도 전남 강진군은 관광 활성화와 지역 경제 선순환을 위한 '반값여행' 정책을 더욱 확대하며 주목받고 있다. 여행객들의 부담을 낮추고 음식·숙박·쇼핑 등 다양한 소비 영역에서도 반값 혜택을 제공한다. 이를 통해 강진을 찾는 방문객이 늘어나고 지역 상권이 활력을 되찾는 효과가 기대하게 된다.

반값 강진 관광 선포식에 참석한 주요 인사들이 성공을 기원하며 하트 포즈를 취 하고 있다.(왼쪽부터 김완수 한국관광공사 광주전남지사장, (사)대한민국가족지킴이 **오서진 이사장**, NH농협캐피탈 서옥원 대표, 차용수 강진군 재경향우회장, 강진원 강진군수, 유홍준 前 문화재청장, 김보미 강진군의회 의장, 강진군 홍보대사 가수 문희옥, 한국여행작가협회 임인학 회장, 농협중앙회 전남본부 박종탁 본부장 순[사진=강진군]

개별 관광 트렌드 확산에 맞춰 더 많은 관광객이 강진을 찾도록 유도하려는 강진군의 취지이며, 지역주민들이 푸소(FUSO)를 운영하여, 소득증대도 되고 ,관광객들은 강진현지의 농가에 머물며 훈훈한 정과 시골의 감성을 경험하고 일상의 스트레스를 풀어내는 농촌체험·민박 프로그램에 참여할수있는 즐거운 체험을 할수 있다.

## 5) 충청북도 음성군 대표 여가 사례

음성군은 지역 전통 행사인 '설성문화제'와 정신문화 축제인 '품바 축제' 그리고 명품 작물을 선보이는 '명작페스티벌'을 통해 주민과 관광객 모두에게 함께 참여하는 여가프로그램 등이 있으며, 맑은 공기와 아름다운 자연환경을 기반으로 삼형제 저수지 둘레길, 봉학골 지방정원, 국가생태탐방로 등 곳곳에 수준 높은 여가 인프라를 구축하고 있다. 또한, 품바와 거지성자 故최귀동 할아버지의 박애정신을 접목시킨 품바축제에는 연간 30만명 이상 다녀가는 음성의 대표적 축제로써 축제기간 참여하는 이들이 행복하고 신나는 체험과 여흥을 즐기는 민속체험 여가의 장터다. 현대를 살아가는 우리의 삶은 풍요로워졌어도 정신적 빈곤과 불평등이 여전히 존재한다. 이러한 사회를 풍자와 해학으로 카타르시스를 체험하고 '사랑과 나눔으로 치유시켜야 한다.' 는 명제를 가지고 축제가 탄생했다. 또한 음성품바축제는 사랑과 나눔을 실천하는 정신문화축제이다(출처: 문체부, 대한민국방방곡곡). 음성품바 홍보대사인 감곡셀럽팀의 매년 춤사위와 품바복 디자인이 창의적이고 우수하다고 평가되고 있다.

한편, 음성군의 종교적 여가공간으로 전국에서 연간 수만명이 다녀가는 감곡 천주교회(매괴성당)가 있다. 음성감곡성당은 1896년 프랑스 임가밀로 신부에 의해 설립된 충북 최초의 가톨릭교회이며, 1930년대 고딕 양식의 서양식 성당으로 신축돼 현재에 이르고 있으며, 1996년 1월 5일에 충청북도 유형문화재로 지정되었고, 많은 이들에게 정서적 쉼과 평온함

으로 쉬어가는 여가공간으로 유명한곳이다.

### 6) 충북 괴산군의 여가정책 사례

괴산군은 농림축산식품부가 주관하는 '2025년 농촌 크리에이투어 지원사업'에 최종 선정되어, 국비 1억 2,500만 원을 포함한 총 2억 5,000만 원의 사업비를 확보하였다. [27]'농촌 크리에이투어'는 기존의 명소 중심 경유형 여행에서 벗어나, 지역 고유의 자연환경과 문화를 기반으로 한 로컬 체험 관광을 확대하여 다양한 지역 관광자원을 발굴하고, 여행사, 체험 마을, 지역 조직 간 협업을 강화하여 차별화된 체험 프로그램을 개발하는 것이다. 괴산군은 '괴산산촌체험투어'와 같은 프로그램을 통해 귀촌·귀농에 관심 있는 분들과 관광지로서가 아닌 괴산의 삶을 체험하고자 하는 분들을 위한 산촌체험 관광 프로그램을 운영하고 있다. 이 프로그램은 2박 3일 동안 진행되며, 자연재료를 사용한 공예 체험, 산막이옛길 트레킹, 성불산 자연휴양림 방문 등 다양한 활동을 포함하고 있다.

도시민들이 괴산의 아름다운 자연과 문화를 직접 체험할 수 있으며, 지역 경제 활성화와 농촌 체류형 관광 활성화에 기여할 것으로 기대된다.

## 2. 우리나라 국민들 여가활동 참여

우리나라 국민이 일상에서 풍요롭게 누린 2024년 문화·여가 활동- 2024년 국민문화예술활동조사, 근로자휴가조사, [28]국민여가활동조사 결과 발표되었다(문화체육관광부, 2024).

우리나라 국민은 문화예술 관람률 63.0%로 전년 대비 4.4%포인트 상승하여, '21년 이후 가장 큰 폭의 상승률 보였고, 여가만족도는 2016년 이후 최고 수치(61.6%), 60대 이상 연령층 여가활동증가율이 가장 높게 나타났다. 또한 근로자들의 여행·여가 목적 연차 사용률 40.7%에서 45.5%로 증가, 연차 소진율 1.5%포인트 증가 등 자유로운 연차 사용 분위기 확산되었다. 가장 많이 참여한 여가활동으로 TV 시청으로 나타났다.

---

27) 괴산군청발표
28) *국민여가활동조사(2006년~, 2019년 주기 2년→1년 단축), 국민문화예술활동조사(구 문화향수실태조사/1988년~, 2019년 명칭 변경 및 주기 2년→1년 단축), 근로자휴가조사(2018년~, 매년)

<표 5>

<가장 많이 참여한 세부 여가활동(1~5순위 복수응답)>

(단위: %)

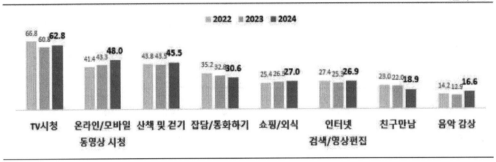

그림출처: 문화체육관광부 국민여가활동조사발표

## 3. 근로자 휴가조사 상세 결과 (문화체육관광부 발표, 2024)

부여받은 연차일수 16.8일로 0.2일 증가, 연차소진율(77.7%) 전년대비 증가하였고, '여행 및 여가활동', '휴식' 연차 사용 증가, 연차 사용 전반적 만족도는 증가했으나 휴가 비용에 대한 만족도는 감소하였다.

근로기준법 대상인(종사자 규모 5인 이상) 사업체의 상용근로자들에게 부여된 2023년 연차 부여 일수는 16.8일로 2022년(16.6일) 대비 0.2일 증가했으며, 연차소진율은 77.7%로 2022년(76.2%) 대비 1.5%포인트 증가한 것으로 나타났다. 5일 이상의 장기휴가를 사용한 근로자는 8.9%로 전년 대비 2.2%포인트 증가하였다. 연차휴가 사용목적을 볼 때, '여행·여가'와 '휴식'을 위한 연차사용률은 각각 45.5%와 30.6%로 2022년(각각 40.7%, 29.6%) 대비 증가한 반면, 집안일을 목적으로 사용한 연차의 비중은 14.4%로 크게 감소하였다. 또한 연차 휴가 사용률은 여름휴가 기간인 7~8월이 가장 높았으나, 12월의 연차휴가 사용률이 2020년 이후 꾸준히 증가하여 2022년부터는 5월의 연차 사용률보다 높은 수준을 보였다. 이는 '휴가사용촉진제', '시간단위 연차휴가'등 유연한 연차 사용 제도를 활용하여 하계휴가 시기 외에도 연차 휴가를 사용하는 사례가 증가했기 때문으로 분석된다.

<표 6>

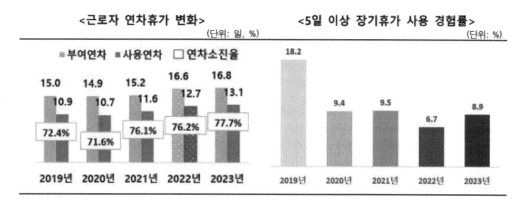

출처: 문화체육관광부 국민여가활동조사 발표

# 제2절

# 여가복지 정책의 중요성과 필요성

## 1. 여가정책이란?

　여가 정책은 여가 참여자인 국민의 여가 활동 참여 실태, 여가 행정체계, 공공부문과 민간
부문의 여가시설 및 서비스 관련된 정책과정과 관련 되며, 여가정책의 영역은 여가의 정의
와 연계하여 볼 때 문화, 관광, 스포츠, 복지(여성·노인·청소년), 교육 등이 포함 될 수 있다.
　여가정책 영역의 범위 설정은 문화, 관광, 체육, 교육, 복지, 가족 정책 중 직접적으로 여가
의 개념과 관련된 부분을 여가정책의 핵심으로 볼 수 있다. 또한 일상적 여가, 복합적 여가
부문, 문화, 관광, 체육, 교육, 복지, 가족, 청소년 정책의 틈새 영역과 각 정책의 네트워크 영
역을 재구성해서 여가정책 영역으로 규정할 수 있다. 여가가 독립된 정책의 영역으로 설정
되기 위해서 행정주체의 명료화 및 독립 되어지는 기준이 필요하다.

[그림 1] 여가·레크리에이션 정책영역

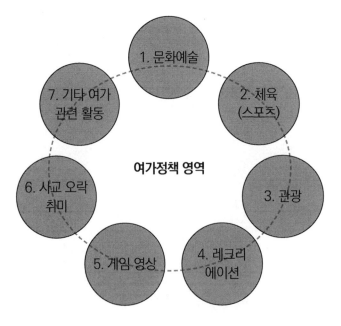

더블어, 기업 및 민간 참여 활성화하여 근로자의 여가 활동을 지원하는 프로그램 (문화비 지원, 워케이션 도입 등) 확대하고 민간과 협력하여 다양한 여가 서비스 제공 및 공공-민간 연계 모델 구축되어야 한다.

이러한 정책을 통해 여가복지를 실현하고, 국민의 삶의 질을 높일 수 있을 것이다.

한편 여가정책의 영역 내에서 정책의 대상으로 집단 혹은 사회계층별로 분류할 수 있다. 따라서 노인계층, 청소년, 장애인, 여성, 근로자 등으로 분류 될 수 있다(김광득, 2005). 정치, 경제, 사회문화 환경에 따라 정책의 영역 및 대상의 중점이 변화 될 수 있다.

[29]국민의 여가활동이 정책 대상에 포함되는 이유는 '여가가 국민의 권리이자 욕구이기 때문'이다. 즉 국민들은 자신의 여가권리를 보호받아야 할 권리가 있으며 여가욕구를 충족시킬 수 있는 환경을 제공받아야 마땅하다. 인간의 권리로서 여가권리를 인정하기 시작한 것은 국제연합(United Nations, UN)의 세계인권선언(1948)에서 주장된 '행복추구'의 언급이다.

세계인권선언 제24조에 따르면 '모든 사람들은 합리적인 노동시간과, 유급생리휴가를 포함하는 휴식과 여가권리를 가진다'. 이후, 국제연합(UN)은 여성차별금지조약 (1979)과 어린이 권리조약 (1989), 노인을 위한 원칙(1991)에서 어린이·여성·노인들의 여가권리를 선언하였다. 이러한 선언이나 규약을 근거로 세계여가레크리에이션협회(World Leisure and Recreation Association)는 '여가에 관한 장'의 제1조에서 '모든 인간은 사회적 규범과 가치에 부합하는 여가활동을 할 수 있는 기본적인 인권을 지닌다. 모든 정부는 시민의 여가권리를 인정하고 보호해야 할 의무가 있다'라고 규정하고 있다.

## 1) 노인 여가복지정책

의학기술의 발달 등으로 노인 인구가 증가함에 따라 노인의 계층의 사회참여 기회 제공 및 바람직한 여가 생활을 도모하고자 하는 여가정책을 의미한다. 모든 노인의 생활상의 안정, 의료, 취업, 의식주, 오락 등 여가 시간의 활용에 주안점을 두어야 하며, 일반적인 대책과 저소득 노인대상 및 고소득노인 대상별로 노인복지대책을 수립하여야 한다. 노인 계층이 증

---

29) 2022여가백서

가하고 있지만 이에 대한 대응 방안이 미흡하여 사회적 문제로 인식되어지고 있으며, 보다 적극적인 정책적 대응 방안이 필요하다.

## 2) 청소년 여가정책

청소년을 대상으로 바람직한 여가 생활을 장려하고 이를 통한 건전한 국가관과 주인의식을 함양하고 여가산업의 중요성과 여가 문화를 조성하도록 도모하기 위한 여가정책을 의미한다.

## 3) 장애인 여가정책

장애인에 대한 올바른 인식과 장애인의 사회적 참여를 증대하고, 이를 통한 바람직한 여가활동을 도모하기 위한 여가정책을 말한다.

## 4) 여성 여가정책

여성에 대한 사회적 지위가 향상되면서 여성의 사회적 활동이 적극적이고 여성 개인의 여가생활도 증대되었으며, 이에 따른 여성의 지위향상과 여가활동을 촉진하기 위한 정책을 뜻한다..

## 5) 근로자 여가정책

근로자의 일상 근무체제에서 받는 육체적·정신적 과로와 스트레스에서 벗어나 자유시간을 확대하고, 경제적 여건 향상 및 사내 여가시설 활용 등의 기회 제공을 통하여 자기계발과 자아실현을 통하여 노동생산성을 향상시키고, 바람직한 여가활동을 도모하기 위한 정책을 의미한다.

## 6) 이주민 여가정책

결혼이주여성의 삶의 질을 높이고 건강한 다문화가정 형성과 사회통합에 여가활동이 매우 중요하며(김영미, 2013) 문화적 소외를 줄이며, 삶의 질을 향상시키기 위한 중요한 정책 분야로 이주민은 언어 장벽, 문화적 차이, 경제적 어려움 등으로 인해 여가활동 참여가 제한되고 있으나. 지역주민과의 여가활동은 이주민의 정신적 안정, 사회적 관계 형성, 지역사회

통합에 긍정적 영향을 미치게 되므로 지속 가능한 사회 통합을 위해 이주민 맞춤형 여가정책이 필요하다.

## 2. 여가정책 관련 주체별 기능

여가정책 관련 주요 개별 주체는 정책의 추진 주체로 중앙 및 지방 정부로 구분할 수 있으며, 정책의 대상으로 여가참여자 및 여가활동을 촉진하는 여가 관련 사업체 등으로 대별 할 수 있다. 정부는 개인이나 집단(가족 및 커뮤니티)의 여가활동에 대한 시간량과 참여율의 정보를 파악하여 여가관련 정책수립에 도움을 받을 수 있다.

여가활동 참여자는 공공부문과 민간부문의 여가시설과 서비스를 이용하거나 소비하는데, 이에 대해 정부는 관련 규제나 제도를 통해 공공부문의 시설에 투자하고 민간부문의 시설을 확대하기 위해 지원(또는 규제)할 수 있다. 이러한 정부의 적극적인 시장 활동은 개인이나 집단 여가활동을 활성화하는 자원으로 유용하며 여가정책의 계획, 결정, 실행 과정에 포함된 참여자(개인, 가족, 단체), 정부기관, 여가시설 및 서비스 등은 자연환경이나 건축물, 또는 사회 문화적 요인 등의 환경에 의해 영향을 받게 된다. 따라서 여가정책은 여가참여자인

[그림 2] 여가정책의 흐름도

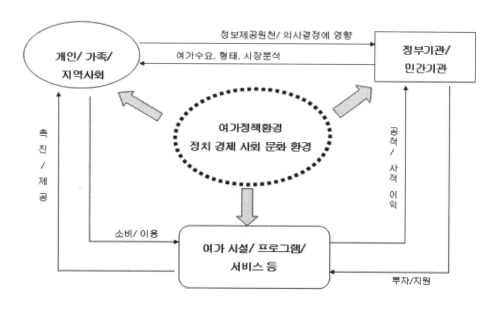

국민들의 여가활동 참여 실태, 여가관련 정부기관과 행정체계, 그리고 공공부문과 민간부문의 여가시설 및 서비스 등 3가지 요소와, 이들과 관련된 정책과정, 그리고 여가환경을 모두 포함하게 된다. 이때 공공부문의 여가시설과 서비스 내용은 정부기관의 정책과정 내 포함되는 영역이므로, 실제 여가시설과 서비스는 민간기관이나 기업 활동을 포함한 여가산업시장으로 대별할 수 있다.

# 제3절

# 여가복지 선진국 사례

## 1. 선진국 여가정책 사례

해외 정부에서는 주(州), 시(市), 군(郡) 차원의 행정기관을 둔 미국, 정부 산하기관을 둔 프랑스, 전문 부(部), 과(課) 수준을 둔 일본 등과 같이 전담부서는 아니지만 기관을 설치하고 있다. 서울시 각 도, 시, 군에서 담당하고 있는 이들 기관의 기능과 역할을 지도자 양성면에서 보면 미국이 지도자 양성에 가장 적극적인 데 반해 한국은 일본과 같이 민간단체 중심의 양성 방법이 중심이 된다.

프로그램개발과 정보제공 면에서는 미국, 프랑스, 일본이 적극적인 프로그램 개발과 제공을 하고 있다. 미국은 연방, 주 차원에서 다양한 프로그램을 실시하고 있으며, 프랑스는 바캉스 위주의 프로그램을 개발 보급하고 있다. 일본은 국민 참여를 촉진하는 이벤트 프로그램 중심이다. 반면 한국은 프로그램 개발이 안 되어 있는 실정이며 민간단체 활동이 중심이 되고 정부기관의 정보제공 활동은 미약하다.

재정지원을 보면 미국, 프랑스, 일본과는 달리 여가 · 레크리에이션 비용지출이 적으며 금융지원이나 보조금지원이 낮은 것으로 나타났다. 행정기관의 시설정비 및 관리를 보면 한국은 다양한 여가시설과 스포츠시설을 관리하는 미국, 프랑스, 일본과 달리 공공체육시설과 관리가 중심이 된다. 정책유형 면에서 보면 미국의 공원 및 관광정책, 프랑스의 바캉스 중심의 정책, 일본의 관광 · 스포츠정책 중심과 달리 스포츠정책이 중심이 된다.

이렇게 볼 때 한국의 여가 · 레크리에이션 정책은 미국, 프랑스, 일본과 비교하면 여가 · 레크리에이션 활동에 대한 행정기관의 정책적인 노력은 비현실적이거나 부분적인 수준에 머무르고 있는 실정이다.

<표 7> 주요국 여가·레크리에이션 정책 특징의 비교

| 구분 | | 미국 | 프랑스 | 일본 | 한국 |
|---|---|---|---|---|---|
| 정책<br>목표 | | – 여가기회의 균등화 :<br>사회부적응자에 대한<br>레크리에이션 정책<br>실시<br>– 여가·레크리에이션<br>시책에 따른 주변<br>지역의 경제개발 촉진 | –국민의 여가권 신장<br>– 스포츠의 대중화<br>– 바캉스 기회의 평등화<br>– 여가활동 공간 확보<br>– 자유시간의 확보와<br>활용<br>– 여가정보 수집 | – 시설정비<br>– 정보, 프로그램,<br>지도자 양성 등<br>소프트 개발<br>– 개인의 여가 능력<br>증진 | – 여가·레크리에이션에<br>대한 의식변화<br>– 프로그램개발 촉진<br>– 여가정보 시스템의<br>체계적인 이용<br>– 여가환경 문제에 대한<br>홍보나 정보제공 |
| 정책담당행정기구의기능 | 중앙 | – 연방정부차원<br>전담기구 부재<br>– 중추적 기관 :<br>내무성 산하 야외<br>레크리에이션국(4부<br>6사무국으로 구성 | – 전담부처 있음<br>– 자유시간부와<br>2개청(청년 스포츠<br>여가청, 자유시간청) | – 전담부처 없음,<br>담당기관은<br>경제기획청<br>국민생활국<br>여가개발실 설치<br>– 통산성내 여가개발실<br>등<br>– 이외 각 부처가<br>관련됨 | – 전담부처 있음 :<br>체육부<br>– 이외 행정부처 관련됨 |
| | 지방지도자양성 | – 공원 레크리에이션국<br>주(州)차원의 전문<br>위원회<br>– 시(市)차원에는<br>독립된 국(局)이<br>없으며 자문위원회의<br>집행기관으로서 공원<br>레크리에이션 부, 국<br>– 군(郡)의 공원<br>레크리에이션국<br>– 대학의 레크리에이션<br>교육자 양성지원 | – 청년 스포츠 여가청의<br>23개 지방 사무소와<br>101개 현사무소<br>– 각 콤뮨의 사회체육<br>지도자 채용 및<br>지도자 배치 | – 시(市), 정(町),<br>촌(村)의 전문 부(部),<br>과(課)나 일반 행정부,<br>과가 임무 수행<br>– 정부차원 지도자양성<br>프로그램 없음<br>(민간단체에 의한<br>양성 – 리더뱅크<br>제도)<br>– 스포츠 시설에 지도자<br>배치 | – 서울시청의<br>건전생활과<br>– 직할시(건전생활계,<br>지도계)<br>– 도(건전생활과)<br>– 시, 군(건전생활과)<br>– 건전생활과가<br>생활체육과로 바뀜<br>– 정부차원의 지도자<br>양성 및 배치<br>프로그램 존재<br>– 민간단체에 의한<br>지도자 양성 중심 |
| | 프로그램개발과정보제공 | – 연방정부 도덕성<br>향상과 건강회복을<br>위한 프로그램 개발<br>실시(예–군대, 병원)<br>– 주정부 : 주립공원,<br>자연자원 이용의<br>프로그램 개발<br>– 정보제공 이용의<br>프로그램 개발<br>: 정보제공은<br>국립정보센터가<br>중심이나 민간단체가<br>주축 | – 바캉스 위주의<br>프로그램 개발과<br>보급(예 : 아끼뗀느,<br>콜시카, 랑그독스,<br>네류 마리나 계획 등)<br>– 청년 스포츠 여가청과<br>지방사무소, 5개<br>국립시설과 30개<br>국립교육기관이 있음 | – 이벤트 중심의<br>프로그램<br>개발(주민참여<br>프로그램) 중앙과<br>시, 정, 촌 주민과의<br>정보교환이 이루어짐 | – 프로그램 부족<br>– 프로그램 개발 보급<br>– 계획수립(특정부서<br>없음)<br>– 정보제공은 체육부와<br>공공기관(활동 미비)<br>– 민간단체활동 중심 |

| 구분 | | 미국 | 프랑스 | 일본 | 한국 |
|---|---|---|---|---|---|
| 정책 담당 행정 기구의 기능 | 재정 지원 | – 연방정부의 유휴지 개발지원 보조금<br>– 여가·레크리에이션 계획 재정 보조 | – 관광레저지역의 확대와 시설에 금융지원 | – 여가·레크리에이션과 관련된 예산지원 확대<br>– 중앙의 보조금 형태로서 지방행정기관에 제공됨 | – 체육재원 중 여가·레크리에이션 비용 적음 |
| | 시설 정비 및 관리 | – 여가자원 관리 : 도로개발, 캠프장 (연방정부의 국립공원국, 산림국, 토지관리국 담당 | – 바캉스 위주의 시설과 정비 이루어짐 (주로 간이 호텔, 별장, 바캉스 촌 건설) | – 스포츠 시설과 야외 여가시설, 옥새시설(공민과) 관리 중심<br>– 중앙의 각 성(省), 청(廳)과 지방자치단체가 정비, 관리 (예: 문부성이 운동장 등 스포츠시설관리) | – 공공체육 시설과 관리가 중심이 됨(체육부와 민간단체가 정비, 관리) |
| 정책 유형 | | – 공원 및 관광정책 중심 | – 바캉스 중심의 정책 | – 관광 및 스포츠 정책 중심 | – 스포츠 정책 중심 |

자료: 박원임(1991), 여가·Recreation정책에 관한 비교연구 : 미국·프랑스·일본·한국을 중심으로

## 2. 선진국 공공복지로서의 여가복지 시설 사례 (노인치매마을)

### 1) 치매마을 특징

선진국에서의 치매 마을은 치매 환자들이 안전하고 자율적으로 생활할 수 있는 환경을 제공하는 특별한 커뮤니티로, 주로 고령화 사회에서 치매 문제를 해결하려는 시도로 발전해왔다. 치매 환자들이 일상적인 활동을 할 수 있도록 돕는 공간으로, 환자들이 독립적으로 생활하면서도 필요한 지원을 받을 수 있는 환경과 상호작용 등에 대하여 알아보고 선진국에서 공공복지로서의 치매환자를 위한 시설의 특징에 대하여 찾아보도록 한다.

### (1) 치매 친화적 환경

치매 환자들이 쉽게 길을 잃지 않고, 자율적인 생활을 할 수 있도록 환경을 설계해야한다. 예를 들어, 마을 내부는 환자들이 혼자서도 쉽게 이동할 수 있도록 되어 있으며, 길이나 건물의 배치가 간단하고 직관적으로 설계된다.

### (2) 사회적 상호작용 촉진

치매 마을에서는 환자들이 서로 소통하고, 지역 주민들과 일상적인 상호작용을 할 수 있도록 다양한 프로그램이 제공되며, 이로 인해 환자들은 사회적으로 고립되지 않으며, 삶의 질이 향상된다.

### (3) 지속 가능한 돌봄 시스템

치매 환자들이 독립적으로 생활할 수 있도록 돕는 돌봄 시스템을 갖추고 있어야 한다. 또한, 정기적인 건강 모니터링, 개별적인 돌봄 계획을 제공하며, 환자의 상태에 맞춘 맞춤형 돌봄을 해야한다

### (4) 직원 및 봉사자 교육

치매 마을에서는 환자들을 돌보는 직원 및 봉사자들이 치매에 대한 깊은 이해를 바탕으로 교육을 받고, 환자들과 원활하게 소통하고 돌볼 수 있도록 훈련을 받는다.

## 2) 독일의 국가 치매 전략

독일은 치매환자를 위해 여러 가지 방안을 마련하여 시행하고 있다. 치매 환자를 위한 사회적 공간과 이동 시스템 설계, 치매 네트워크를 구축하고 확장, 치매 환자를 위한 자발적 참여와 비공식적 지원을 장려 일반 대중의 치매 환자에 대한 인식 제고, 이해관계자들을 위한 영적 및 종교적 서비스 확대 그리고 치매 위험 줄이고 치매에 민감한 주택 정책 수립이다.

이와 같은 정책을 실행하기 위한 시행 계획안 지침은 다음과 같다.

첫째, 지역 사회 내 치매 돌봄 강화이다.

둘째, 지방 자치 단체의 치매 환자 공공 모임 장소 확대 제공(문화, 스포츠, 교육 시설 접근성 향상 포함)이다.

셋째, 더 많은 대중교통 직원이 '치매 친구'가 되도록 훈련해 보완적 이동 서비스 확대이다.

넷째, 지역 내 효과적인 치매 상담, 지원 제공 네트워크 육성(치매 환자를 위한 지역 연합을 설립해 전국 확대)이다.

다섯째, 치매 환자의 자별적 사회 참여 및 지원 확대(특히 보호자 지원 서비스에 초점)이다.

여섯째, 연방정부 주최 캠페인 강화('치매 친구'가 되기 위한 정보 및 교육 과정 확대로 치매 친화적 환경 구축(어린이와 청소년도 치매 환자 관련 교육 시행)에 기여한다.

일곱째, 정기적 예방 조치로 가정 방문이다.

마지막으로 노인 주택 상담 서비스와 주택 적응 자금 지원 확대 및 디지털 보조기구 구입비 지원 확대이다.

### 3) 해외 치매 마을 사례

(1) 호그벡(Hogeweyk) 치매마을 (네덜란드)

암스테르담 근교 위스프(Wesp)에 위치해있고 2009년에 설립된 치매환자 전용 마을로 세계 최초의 노인치매 마을이다.

23개의 가정집 형태의 거주공간 (6~7명 공동생활)이 있고 슈퍼마켓, 극장, 미용실, 카페, 공원 등이 일반 마을처럼 구성되어 있으며, 주민들은 간병인, 의료인, 사회복지사들이 함께 생활하면서 자연스럽게 치매노인들을 돌보고 있으며 각 집은 치매 환자의 과거 생활 스타일 (예: 문화적 취향, 사회계층)에 맞춰 인테리어를 구성하여 일반생활을 비롯하여 여가생활이 가능할 수 있도록 운영되고 있다.

출처: 마을 중앙의 극장 광장(Theaterplein)에서 담소를 나누는 호그벡 주민 모습
ⓒ Be Advice / De Hogeweyk / Vivium Zorggroep

## (2) 빌리지 랜드 알츠하이머 마을 (프랑스)

2020년, 프랑스 남서부의 작은도시 마르멍드(Marmande)에 단순한 요양시설이 아닌, '빌라 랑데 알츠하이머(Village Landais Alzheimer)'라는 이름의 특별한 마을이 개설되었다. 이 마을은 치매를 앓는 이들을 위한 프랑스 최초의 치매 전용 마을로, 그들의 일상과 존엄을 존중하며 '삶의 공간'을 제공하는 실험적인 프로젝트다.

이 마을은 네덜란드의 호그벡(Hogeweyk) 치매 마을을 본보기로 하여 설계되었으며, 프랑스 정부와 지방정부, 공공 보건기관이 협력하여 약 2,800만 유로의 예산을 들여 조성되었다. 총 120명의 치매 환자가 거주할 수 있는 규모로 설계된 이곳은 단순한 병원이 아닌 하나의 작은 공동체로 운영 된다.

마을 내부에는 슈퍼마켓, 미용실, 도서관, 카페, 공연장, 정원, 산책로 등 실제 마을과 같은 시설들이 들어서 있으며, 치매 환자들은 이곳에서 자유롭게 생활한다. 문이 잠긴 병실에 갇힌 것이 아니라, 문을 열고 밖으로 나가 사람들과 어울리고, 식사를 하며, 산책을 하고 문화를 즐길 수 있는 삶이 가능해진 것이다.

특히 주목할 점은 이 마을이 단순한 돌봄 공간을 넘어 연구와 실천이 병행되는 곳이라는 점이다. 프랑스 국립보건의학연구소(INSERM)와 연계해 치매 관련 연구도 활발히 이루어지며, 이러한 경험들은 향후 프랑스 전역에 걸친 치매 정책과 돌봄 철학의 변화에도 영향을 미치고 있다.

'치매는 단지 치료의 대상이 아니라, 함께 살아가는 사람'이라는 인식의 전환, 그것이 이 마을의 가장 큰 메시지다. 병이 있다고 해서 인간의 존엄이 사라지는 것은 아니다. 오히려 이러한 공간 속에서 환자들은 점점 더 많은 미소를 되찾고, 가족들과의 관계 역시 회복되고 있다.

## (3) 빌리지 랭글리 (캐나다)

캐나다 서부의 브리티시컬럼비아 주의 '더 빌리지 랭리(The Village Langley)'마을은 네덜란드의 호그벡 치매마을 모델을 참고해 만들어졌으며, 치매 또는 인지장애를 가진 노인들이 의료적 돌봄을 받으면서도 일반적인 마을에서처럼 생활할 수 있도록 돕는다. 이곳은 고립된 병동이 아니라, 작은 집들과 정원, 산책로, 카페, 미용실, 예술 활동 공간, 커뮤니티 센터 등 다양한 시설로 구성되어 있다. 마을 안에서 생활하는 주민들은 자신만의 방과 생활공간을 가지며, 원하는 활동에 자유롭게 참여한다. 요리, 원예, 예술활동, 운동 등은 단순한 여가가 아니라 기억을 자극하고 자존감을 회복하게 하는 중요한 일상이다. 또한 이 마을은 개방형 구조로, 가족과 지역 사회 주민들도 자연스럽게 방문하고 어울릴 수 있는 환경을 제공한다. 이 마을의 핵심은 "사람 중심의 돌봄(person-centered care)"에 있다. 의료적 처치보다는 인간적인 관계, 생활의 흐름, 그리고 개인의 과거 삶의 경험을 존중하는 방식으로 운영된다. 간병인, 간호사, 사회복지사들은 단지 환자를 돌보는 사람이 아니라, 함께 살아가는 동료로서 소통과 관계 맺기에 초점을 둔다.

### (4) 코롱지 (호주)

태즈메이니아(Tasmania) 주의 중심 도시 호바트(Hobart) 외곽 10분거리에 주거형 노인케어 시설인 호주의 첫 치매 전용 마을'코롱기 빌리지(Korongee Village)'는 2020년 7월에 문을 연 호주 최초의 치매 마을이 다. 이 마을은, 치매를 앓고 있는 노인들이 익숙하고 편안한 환경에서 자연스럽고 인간다운 삶을 이어갈 수 있도록 설계된 공간이다.

'코롱기 빌리지'역시 네덜란드의 호그벡(Hogeweyk) 마을에서 영감을 받아 만들어졌다. 그러나 단순히 모방하는 데 그치지 않고, 호주의 문화와 지역 특성을 반영한 독자적인 형태로 발전되었다.

마을 중앙에는 카페, 슈퍼마켓, 산책로, 정원, 헬스센터, 예술공방 등이 자리잡고 있어, 주민들은 마치 일반 마을처럼 자유롭게 돌아다니며 활동할 수 있다. 마을 안에서는 직원과 간병인들이 일상 속에서 자연스럽게 주민들과 교류하며 돌봄을 제공한다. 통제나 감시는 최소화되고, 자율성과 선택권은 최대한 보장된다. 이 마을의 철학은 단순하다. "기억은 흐릿해질 수 있어도, 인간의 존엄은 흐려져선 안 된다." 치매를 앓는 사람도 한 명의 시민이며, 구성원이고, 여전히 사랑받고 의미 있는 삶을 누릴 자격이 있다는 믿음이 이 마을의 기반이다.

이곳에서 생활하는 노인들은 정서적으로 안정되고, 활동량이 늘어나며, 약물 사용도 줄어드는 긍정적인 변화를 보이고 있다. 무엇보다도, 가족들은 사랑하는 이들이 병원 침대가 아닌, 햇살 좋은 정원과 따뜻한 공동체 안에서 살아가는 모습을 보며 위안과 감사를 느낀다.

코롱기 빌리지는 단지 하나의 요양시설이 아니다. 노화와 질병을 대하는 우리 사회의 태도, 돌봄의 방식, 그리고 인간의 삶에 대한 철학을 묻는 공간이다. 호주의 이 작은 치매마을은 전 세계가 주목하는 또 하나의 가능성을 우리에게 조용히 보여주고 있다.

# 제4절

# 여가정책과 관리의 실태

## 1. 국내 여가정책의 현황과 문제점

[30]2023년 발표된 보고서에 따르면, 한국의 행복지수는 10점만점에 5.951점으로 조사 대상 137개국 중 57위를 기록했는데, 이는 경제협력개발기구(OECD) 38개 회원국 중에서 하위권에 해당하는 순위다. 2021년 보고서에서는 5.845점으로 62위, 2022년 보고서에서는 5.935점으로 59위를 기록한 바 있다. 이는 OECD 평균(6.7점)보다 낮은 수준이며, 일본(6.0점)보다도 낮은 점수다.

이러한 결과는 한국의 경제적 발전에도 불구하고 국민들의 삶의 만족도는 상대적으로 낮은 수준임을 시사하고 있다.

따라서 국민행복은 단순히 경제적 풍요로움만이 아니라, 삶의 질, 사회적 관계, 건강, 여가, 환경 등의 요소를 포함하는 개념이며, 경제협력개발기구(OECD)와 유엔(UN)에서도 행복을 측정하는 다양한 지표를 활용하고 있으므로, 국민을 위한 여가정책도 심도 있게 논의되고 시대적 요구에 걸맞은 정책들이 적극적으로 개발되고 실천되어야 할 것이다. 국민여가를 논할 때 핵심 단어는 행복, 만족, 보람, 계발, 창의, 경험, 교육 등일 것이다.

그런데 우리나라 국민행복의 현실은 한국의 행복지수는 5.951점(137개국 중 57위) OECD 국가 중 하위권 수준으로 나타났으며, 그이유는, 높은 경쟁사회, 긴 노동시간, 낮은 워라밸, 사회적 신뢰 부족으로 나타났다(2023 유엔의 세계행복보고서). 국민생활 속에서 여가의 기능은 일과 삶의 균형, 사회의 건강과 행복 회복, 사회 생산성 확대, 새로운 직업이나 산업과의 연계 가능일 것이다. 따라서 국가적·사회적 차원에서 여가정책은 보다 적극적이고 광범위한 여가 기능의 인식과 함께 모든 국민이 여가생활을 적극적으로 향유할 수 있는 제

---

30) 유엔 산하 자문기구인 지속가능발전해법네트워크(SDSN)가 발표한 '세계행복보고서(World Happiness Report) 2023'

도의 마련이 중요하다.

우리나라는 급성장한 경제적 동력과 국민의 생활양식의 변화로 삶의질 향상에 따른 여가에 대한 관심과 활동이 증대되었으며, 글로벌 시장에 다양한 K-문화의 거대한 성장으로 서비스 산업이 발전되어 국가경쟁력에 커다란 영향을 미치고 있다. 이에 따른, 국가경쟁력을 높이기 위해서는 기술 혁신, 인재 양성, 산업 경쟁력 강화, 지속 가능한 성장, 글로벌 협력, 스마트 인프라 구축, 법·제도 개혁이 유기적으로 연결되어야 하는데 가장 중요하게 부각되는 여가의 활용이 강조되고 있으며, MZ세대들의 여가활동이 SNS등 미디어를 활용하여 전 세계인들에게 전달되고 있으며, 이에 한국 문화를 이해하고 체험하려는 외국인들이 증가되고 있다. 따라서, 증대되고 있는 내.외국인들의 여가수요에 대비하여 효율적인 여가정책의 정착이 필요하다.

또한, 고령자들을 위한 다양한 정책들은 결과적으로 그들이 삶을 잘 영위해나가는 지가 궁극적인 목적이 된다고 할 수 있다. 이와 관련된 지표로는 삶의 만족도가 있으며, 특히 은퇴기와 신체적 쇠약의 시기가 겹쳐져 여가활동 및 건강이 삶의 만족에 큰 영향을 미치는 주요한 요인이 된다. 즉, 고령자와 관련해서는 삶의 만족도, 여가 만족도, 그리고 여가활동을 통한 부수적인 결과이면서 동시에 삶의 만족에 큰 영향을 미치는 요인인 건강 등의 요인이 핵심적이라고 볼 수 있다. 앞서 언급한 SNS 발달, 법정근로시간 및 여가관련 기본법 제정 등은 고령자와는 관련성이 떨어지고 전연령 대상의 여가와 관련된 요인들처럼 보이지만, 실제로 이러한 사회정책적인 변화가 고령자들에게 어떠한 영향을 미치는지는 검토해볼 필요가 있다(마효정, 오서진,2022).

## 2. 우리나라의 여가행정을 담당하는 부처의 역할

현재 우리나라에는 여가 정책만을 전담하는 독립적인 기관은 존재하지 않지만, 여러 부처와 기관이 여가와 관련된 정책과 사업을 분담하여 수행하고 있다. 문화체육관광부 (이하 문체부)는 여가 정책을 총괄하는 중심 부처로서 국민의 생애를 고려한 여가생활 증진을 목표로 다양한 정책을 수립하고 실행하고 있다. 문체부는 문화, 예술, 체육, 관광 등 여러 분야의 정책을 종합적으로 추진하여 국민의 삶의 질 향상에 기여하고 있으며, 특히 맞춤형 문화복지를 확대함으로써 다양한 계층의 문화 접근성을 높이고자 한다. 또한 콘텐츠 산업의 육성과 스포츠산업 발전을 통해 국가 경제력을 강화하려는 전략도 함께 추진하고 있다. 이를 위해 여가 관련 시설과 프로그램을 지원하고 있으며, 생활체육 및 국민체육진흥 사업을 통해 국민 건강 증진과 공동체 활성화를 도모 한다.

관광 분야에서도 문화체육관광부는 고부가가치의 고품격 한국관광을 실현하고자 노력하며, 관광산업의 활성화 및 레저문화의 확산을 위한 다양한 정책을 마련하여 국민과의 소통을 중시하여 공감과 참여를 유도하는 따뜻한 커뮤니케이션 전략을 전개하고 있다.

이처럼 문체부는 다양한 여가 정책과 사업을 통해 국민의 여가생활을 풍요롭게 만들고, 나아가 여가를 통한 사회적 통합과 경제적 성장을 동시에 추구하고 있다.

## 1) 관련 기관 및 협력 부처의 주요 역할

(1) 한국관광공사: 국내 관광 활성화 및 레저 활동 홍보

(2) 국민체육진흥공단: 체육 및 여가 인프라 조성

(3) 여성가족부: 워라밸(Work-Life Balance) 정책 및 가족친화 제도 추진

(4) 고용노동부: 일과 삶의 균형을 위한 노동시간 단축및 유연근무제 추진

(5) 보건복지부: 건강한 여가생활 지원(노인·장애인 여가활동 등)

## 2) 여가정책의 실효성 제고를 위해 여가정책의 해외 사례

미국과 일본, 영국 등 여가정책의 주체, 정책대상 및 주요 영역의 특성을 간략히 설명하면 다음과 같다. 미국의 경우 지방정부가 여가정책의 핵심적 역할을 담당하고, 연방정부는 지방정부와 주정부에 대한 지원을 통해 간접적으로 관리한다. 여가정책의 주요 영역은 사회적 통합을 위해 사회부적응자에게 여가기회를 균등 부여하고 주변지역의 경제개발을 촉진할 수 있는 여가 업무다. 영국의 경우 여가정책의 주체는 문화미디어체육부, 지방정부 그리고 예술위원회와 여가지원센터 등을 포함한 정부와 민간의 연계이며, 국민 여가복지 증진과 여가문화정책 강조를 위해 생활권 내 여가시설 이용 등을 촉진하고 있다. 일본의 경우는 우리나라와 매우 흡사한 여가정책 주체를 갖고 있다. 주요 여가정책의 주체는 문부과학성, 농림수산성, 총무성, 국토교통성, 경제산업성 등이며, 개인 여가능력 증진과 관광 및 스포츠정책이 중심이 되고, 휴일제조 개혁, 스포츠시설과 야외 여가시설 정비, 여가정보 및 프로그램, 여가지도자 양성 등이 주요 여가정책 영역이다(문화체육관광부. 2007, 2008a; 이훈·오

정근. 2012).

　일본 여가정책의 특징은 여가정책을 종합적으로 조절하는 기능이 미약하다는 점이다. 우리나라의 여가정책도 일본과 매우 흡사하여, 여가정책의 주체, 정책대상과 영역 등에서 정책적 조절과 통합의 기능이 매우 빈약하다고 할 수 있다. 우리나라 여가정책 중 문화여가지원사업(2010~2012년)의 현황을 살펴보면 경제적 취약계층, 사회적 취약계층, 지역적 취약계층, 복합적 취약계층을 위해 문화부(26개), 여가부(1개)에서 지원하고 있다(문화체육관광부 홈페이지). 그러나 문화체육관광부에서 시행하고 있는 대다수 지원사업의 주관부처는 문화부이며, 사업명도 문화역량강화, 독서문화지원, 박물관운영, 복지관광, 장애인 생활체육, 지방어르신 문화프로그램지원, 문화예술교육 활성화, 체육바우처 등이고, 여가부에서는 다문화가족 사회통합기반 구축(지역 다문화 프로그램)만 존재한다(문화체육관광부 홈페이지). 이를 통해서도 우리나라 여가정책의 본질과 방향, 문제점을 파악할 수 있다. 또한 여가정책은 중앙정부 혹은 지방자치단체의 공급자 위주 정책에서 수요자(국민, 지역민) 중심의 정책으로 전환이 필요하다(문화체육관광부·한국문화관광연구원. 2008). 이는 국민행복을 실현하기 위한 여가정책 담당 부처의 위상을 전문부서로 격상시키는 것을 의미한다.

## 2. '국민여가문화국' 부처 확대 설치 제언

　현대 사회에서 여가는 단순한 휴식이 아니라 삶의 질 향상, 정신적 웰빙, 문화·경제 발전과 밀접하게 연결되어 있다. 기존의 문화체육관광부, 보건복지부, 기타 각부처별, 지자체 등이 개별적으로 여가 정책을 다루고 있지만, 통합적이고 체계적인 관리가 부족하다. 이에 따라 국민의 여가문화 활성화와 관련 산업 발전을 전담하는 '여가문화'부처의 설치가 필요하다. 실행 방안으로 법·제도를 정비하여 국민여가진흥법제정 및 관련 법률 개정하여, 여가정책을 총괄하는 '국민여가문화국' 신설을 제언해본다. 또한, 문화체육관광부, 고용노동부, 보건복지부 등과 협력체계를 구축 하여야 하며, 민간기업 및 시민단체와 공동 프로그램이 운영되어야 한다. 저자인 오서진 박사가 창립한 "국민여가운동본부"가 여가교육을 위한 시민단체의 설립이 대표적 사례다.

## 1) 여가문화국 설치 제언 연구사례

여가정책 실효성 제고를 위하고 국민의 다양한 여가욕구를 충족시키기 위한 중앙정부나 지방자치단체의 여가지원 정책과 정책 수행을 위한 행정 체계에 한계가 있다(김정운·최석호 외. 2005). 2000년대 이후 한국 사회는 주 5일제 근무와 주 5일제 수업 등과 같은 노동과 교육제도의 개선, 국민들의 여가에 대한 긍정적 인식 변화를 바탕으로 여가사회에 진입하여 여가의 공공성 문제가 뜨거운 논쟁을 불러일으키고 있다. 여가의 공공성 문제와 여가정책 실효성 제고를 위한 주무부처의 역할과 기능에 대한 다양한 논란이 있다(윤소영. 2012). 특히 우리나라 여가정책은 행정부 내 10여 개 부처에서 진행하고 있기 때문에, 부처별로 진행하고 있는 여가 관련 정책의 중복성이 강하게 나타난다. 따라서 효율적인 여가정책을 위해서는 부처 간 독립적으로 진행하고 있는 여가정책들을 통합해야 한다. 여가정책의 실효성 제고를 위해서는 문화체육관광부에 여가정책의 주무부처와 부처 내 책임조직의 신설이 필요하다. 그러나 여가 관련 정책은 문화정책국의 문화여가정책과와 관광국의 관광레저기획관장 아래 관광레저개발과로 개편되어 여가정책기능이 다소 축소된 것으로 사료되어 국민적 여가 요구를 충족시키기에는 업무적 역량이 부족할 것 같다(문화체육관광부 홈페이지).

우리나라에서도 보다 실효성 있는 여가정책을 위해서는 여가 전담기구의 확대·설치 운영이 반드시 필요하다. 모든 국민이 균등한 기회를 통해 건강하고 창의적인 여가를 누릴 수 있는 사회를 구축하기 위해서 국가 여가정책의 목표는 창의성, 균형성, 통합성을 바탕으로 한 국민 삶의 질 개선을 위한 정책 기반 구축, 창의적 여가교육 및 사회인식 확대, 국민여가활동 활성화, 여가문화 정착을 위한 환경 구축, 여가산업 지원 및 육성이라고 제시하였다. 이러한 국가의 여가정책 비전과 실천방안이 제시되었고, 이를 실현하기 위해서는 문화체육관광부 내 실·국 차원의 전담조직이 확대되어야 한다. 김선희·김현나(2005), 문화체육관광부 (2008b), 이훈·오정근(2012), 노용구(2007) 등은 여가정책의 실효성 제고를 위해서는 여가 전문조직의 신설 혹은 개편이 중요하고, 전문적 전담부서의 설치로 국민적 여가욕구를 충족시킬 수 있는 방안이 필요하다고 하였다. 특히 문화체육관광부 내의 여가 관련 전문조직 개편을 통한 국민 여가활성화를 위한 정책, 여가산업 진흥을 위한 정책, 여가교육 및 여가정보 정책, 여가자원개발 정책 등과 같은 업무의 전문성과 체계성을 강조하였다. 이러한 조직 개편 혹은 확대에 대해서 좀 더 구체적으로 살펴보면 다음과 같다. 이훈·오정근(2012)은 문화체육관광부 내 여가정책의 효과적인 추진을 위해 "여가문화국을 신설하여, 여가정책의 영역을 국민들의 여가기회 확대 및 여가 진흥정책, 여가산업 진흥정책, 여가시설 및 기반 조성 정책 등을 전담"할 수 있도록 해야 한다고 주장하였다.

그리고 여가문화국의 주요 정책 업무는 국민 여가 진흥을 위한 여가정책의 수립 및 평가, 관련 정책의 통합과 조정, 기획 기능 수행으로 한다는 것이다. 각 과별 주요 업무를 살펴보면 다음과 같다(이훈·오정근. 2012).

첫째, 여가정책과는 여가지원에 대한 총괄 정책을 수립하고, 주요 정책으로는 여가 장기 발전계획 및 연차별 계획 수립, 여가 관련 법규, 여가 관련 인력 교육, 여가 관련 통계, 여가 복지 증진, 여가 인식개선 등이 있다.

둘째, 여가진흥과는 여가 소외자의 여가기회 확대 및 여가생활을 위한 정책 수립이 주요 업무이며, 그 내용으로는 여가복지 및 기회 확대를 위한 기본계획 수립, 지역별 여가기회 확대 업무, 여가 콘텐츠 및 프로그램 개발, 일과 여가 균형, 여가를 통한 삶의 질 개선, 소외계층 여가향유 증대, 여가 교육 프로그램 운영, 여과 관련 자격증이 있다.

셋째, 여가산업과는 여가산업 진흥을 위한 정책 수립이 주요 업무로, 여가산업 진흥을 위한 기본계획 및 연차별 계획 수립, 여가산업 육성 및 개선 지원 시책, 여가 관련 융·복합 산업 지원 등을 한다.

마지막으로 여가기반 조성과의 주요 업무는 여가 기회 확대 및 여가생활 활성화를 위한 기반 인프라 조성 정책 수립으로, 여가기반 시설 확대를 위한 제도 정비, 여가기반 시설 확대를 위한 지원정책 정비, 여가기반 시설 연계 개발 지원, 여가기반 시설 조성을 위한 지방자치단체와의 협력 및 조정, 여가 관련 통합정보시스템 구축 등을 한다 (이훈·오정근. 2012).

## 2) 국민 여가문화국의 주요 역할과 기능

(1) 국민 여가 활성화 정책 수립

① 국민 여가 실태 조사 및 정책개발과 여가 트렌드조사 및 데이터 분석

② 연령·직업·지역별 맞춤형 여가 정책 기획

③ 워라밸(Work-Life Balance) 지원

유연 근무제, 주 4일제 시범사업 지원

④ 공공 여가시설 확대 및 접근성 개선

(2) 여가·문화산업 진흥 및 육성

① 콘텐츠 산업 발전 지원

② K-콘텐츠(영화, 게임, 웹툰, 공연 등) 글로벌 확산

③ VR·AR 등 디지털 기반 여가 콘텐츠 개발 지원

④ 여가산업 및 스타트업 지원

⑤ 관광, 스포츠, 웰니스(Wellness) 산업 활성화

⑥ 창의적인 여가 관련 스타트업 및 소셜벤처 육성

(3) 지역 여가문화 인프라 구축

① 공공 문화·스포츠 시설 확충 및 관리

② 도서관, 체육관, 공원 등 여가 공간 개선

③ 지역 특성을 반영한 문화·관광 클러스터 조성

④ 지역 축제 및 문화 프로그램 지원

⑤ 전통문화 계승 및 현대적 해석을 통한 관광자원화

⑥ 로컬 크리에이터 및 예술인 지원

(4) 건강한 여가문화 조성

① 디지털 여가 및 미디어 리터러시 교육

② 청소년·고령층 대상 디지털 활용 교육

③ 과도한 미디어 소비 예방 및 균형 있는 여가 활동 장려

④ 스포츠·액티비티 확대

⑤ 생활체육 및 취미 활동 프로그램 개발

⑥ 노인·장애인을 위한 맞춤형 여가 프로그램 운영

(5) 지속 가능한 여가 정책 추진

① 친환경 여가활동 장려

② 에코투어리즘 및 자연친화적 여행 정책 지원

③ 탄소중립형 여가 프로그램 개발 (예: 자전거 관광, 로컬 여행)

④ 사회적 취약계층 여가 지원

⑤ 저소득층, 장애인, 노인을 위한 공공 여가 지원 확대

⑥ 사회적 기업과 협력하여 문화·체험 프로그램 운영

(6) 여가 교육과 여가 전문인력 양성

① 여가인식 교육의 목적

여가를 '남는 시간'이 아닌 삶의 중요한 구성 요소로 이해하게 하여 여가의 가치성을 알린다. 사회복지 측면에 의존할것이 아니라 즐거운 삶의 목표를 설정하여 심리적 안정, 신체 회복, 창의력 증진 등 여가의 긍정적 기능을 자각하게 하고, 건강하고 균형 잡힌 삶을 실현하게 하며, 일·학업·가사 등 외적 요구에만 쫓기지 않고 자기 삶의 균형을 찾을수 있도록 교육해야 한다.

② 스트레스 예방, 삶의 만족도 향상

여가 주체성 강화로 수동적 소비형 여가에서 벗어나 자기주도적 여가 계획 능력을 향상하게 하고 자신의 취향과 목적에 맞는 여가를 선택하게 한다. 또한, 여가를 통한 사회적 교류와 소통으로 사회적 관계와 공동체 의식 이 증진될수 있도록 교육 한다.

③ 여가를 통한 세대 통합, 지역 커뮤니티 참여

여가 소외 해소와 여가권 확립을 위하여 여가 접근성이 낮은 계층(노인, 장애인, 저소득층 등)의 권리를 보장하고 여가인식 교육의 효과로 여가의 사회적 배제대상을 축소하고 국민 누구나 여가권을 누릴수 있도록 문화 복지 차원에서의 여가교육을 실현해야한다.

④ 여가인식교육의 발전 방향

대상별 맞춤형 교육 확대와 교육방식의 다양화, 디지털·온라인 여가교육 도입 (메타버스, VR 체험, 유튜브 여가 콘텐츠 등과 연계한 비대면 여가 인식교육)이 확대 되어야 하며, 지방자치단체, 복지기관과 협력하여 공공 차원의 여가교육 체계화로 여가 정책과 연계된 교육 프로그램 개발이 실현되어야 한다.

⑤ 연구 기반 강화 및 전문 인력 양성

여가시설 활용 연계 교육 강화와 (예: 문화센터, 평생학습관 등) 다양한 계층의 여가 요구를 반영한 연구 기반으로 정책이 수립되어 전문인력으로 여가 및 레크리에이션 활동을 기획, 운영, 지도 하고, 여가상담 및 여가교육과 복지 및 치유 프로그램 운영을 할수 있어야 한다.

또한, 노인, 장애인, 청소년 등 특정 계층을 위한 연령, 세대등, 대상별 여가활동을 지원하

며, 기타 여가관련 업종에 대한 기획, 운영이 가능한 맞춤형 여가전문인력을 (여가교육, 여가 코디네이터, 여가복지사, 여가복지상담사) 등 육성하여야 한다.

# chapter 06

# 여가와 법제

# 제1절

# 국민여가활성화기본법

## 1. 의의와 정의

### 1) 의의

국민여가활성화기본법(약칭: 여가활성화법)은 2002년 7월 19일 시행되었고, 2022년 1월 18일 일부 개정이 되었다. 이법의 목적은 여가 활성화에 관한 정책의 수립 및 시행 등에 관한 기본적인 사항을 규정함으로써 자유로운 여가활동 기반을 조성하고 국민들이 다양한 여가활동을 통하여 삶의 질을 향상시킬 수 있도록 하는 것을 목적으로 하며, 기본이념으로 여가의 중요성에 대한 인식을 고취시켜 일과 여가의 조화를 추구함으로써 국민들이 인간다운 생활을 보장받는 것을 기본이념으로 한다(여가활성화법).

### 2) 정의

[31]이 법에서 사용하는 용어의 정의는 다음과 같다.

> 1. "여가"란 자유 시간 동안 행하는 강제되지 아니한 활동을 말하며 다음 각 호의 활동을 포함한다.
>   가. 「문화예술진흥법」 제2조제1항제1호에 따른 문화예술
>   나. 「문화산업진흥 기본법」 제2조에 따른 콘텐츠, 문화콘텐츠, 디지털콘텐츠, 디지털문화콘텐츠, 멀티미디어콘텐츠, 공공문화콘텐츠, 에듀테인먼트

---

31) 국민여가활성화기본법

다. 「관광기본법」 제13조에 따른 국민관광

라. 「국민체육진흥법」 제2조제1호 및 제3호에 따른 체육, 생활체육

2. "여가시설"이란 실내와 야외 그리고 사이버공간 등에서 문화예술, 관광, 체육, 자기계발, 사교, 놀이, 휴양, 오락 등을 목적으로 국민들이 여가활동을 할 때 지속적으로 사용하는 시설과 공간을 말한다.

3. "여가교육"이란 여가활동, 여가시설 운용 및 관리, 여가프로그램 개발 및 보급, 여가사업 경영, 여가치유 등을 가능하게 하는 모든 형태의 교육을 말한다.

4. "여가산업"이란 여가활동 상품 및 서비스의 개발, 제작, 전시, 제공 및 판매 등을 업으로 영위하는 것을 말한다.

5. "여가전문인력"이란 여가교육, 여가 조사 및 연구, 여가시설 운용 및 관리, 여가프로그램 개발 및 보급, 여가산업 등에 종사하는 사람을 말한다.

## 3) 여가전문인력의 부재와 여가전문 상담사의 필요성

우리나라는 높은 경제성장률에도 불구하고 소득의 양극화, 양질의 일자리 부족 등 국민 삶의 질은 실질적으로 나아지지 않는 모순이 지속되어 왔다.

통계청 「사회조사」 '앞으로 하고 싶은 여가활동' 조사에 따르면, 2019년 기준, 앞으로 시간적, 경제적 여유가 생긴다면 여가시간에 가장 하고 싶은 것은 13세 이상 인구의 70.0%가 '관광활동'이라고 응답하여, 가장 높은 수치를 기록했다. 결국 현대인은 자연 속 여가활동을 즐기며 정신적·육체적으로 힐링하려는 경향이 나타나고 있는 것이다. 실제로 도시민들이 겪는 스트레스와 피로도 회복을 위해 자연에서 이뤄지는 활동이 심리적 안정과 스트레스 회복에 효과가 있는 것으로 알려져 있다(김진옥·김남조·한승훈, 2016; Bowler, Buyung-Ali, Knight,& Pullin, 2010; 윤희정·윤현·강영은, 2021). 이에 더해 새로운 소비계층으로 부상한 MZ세대의 친환경적 생활에 대한 관심과 더불어 휴양과 치유를 목적으로 산림여가 활동에 대한 수요가 증가하고 있다(2022여가백서). 특히 여가시간 활용에 대한 인식교육으로 은퇴 이후 여가 설계를 통한 행복한 노년의 삶을 준비하고, 삶을 힐링하며 마음을 치유하고 심

신 안정을 위한 가이드로 [32]여가복지상담사와 여가인식교육 전문인력의 필요성이 대두된다.

## 2. 주요 내용

### 1) 국가 및 지방자치단체의 책무

국가와 지방자치단체는 국민의 삶의 질을 향상시킬 수 있는 여가 활성화 관련 정책을 수립·시행하여야 한다.

### 2) 일과 여가의 조화

(1) 국민은 일과 여가의 조화를 이룰 수 있도록 적절한 수준의 여가를 보장받아야 한다.

(2) 국가와 지방자치단체는 제1항에 따른 여가 보장을 위하여 직장에서 휴가 사용이 촉진될 수 있도록 필요한 대책을 수립·시행하여야 한다.

### 3) 다른 법률과의 관계

여가 활성화에 관련되는 다른 법률을 제정 또는 개정하는 경우에 이 법의 목적과 기본이념에 부합되도록 하여야 한다.

### 4) 여가 활성화 기본계획 및 시행계획

문화체육관광부장관은 여가 활성화에 관한 중장기 정책목표 및 방향을 설정하고, 이에 따라 기간별 주요 추진과제와 그 추진방법을 포함한 여가 활성화 기본계획(이하 "기본계획[33]"

---

32) 여가복지사(민간자격: 한국여가복지경영학회), 여가복지상담사(민간자격: 국제성인교육센터)
33) 기본계획에는 다음 각 호의 사항이 포함되어야 한다. 〈개정 2022. 1. 18.〉
　　1. 여가 활성화 정책의 목표와 방향
　　2. 여가 활성화를 위한 법령·제도의 마련 등 기반조성에 관한 사항
　　3. 국내외 여가환경 조사·분석
　　4. 여가프로그램의 개발과 보급
　　5. 여가정보의 제공에 관한 사항
　　6. 여가교육의 실시에 관한 사항
　　7. 여가시설의 확충에 관한 사항
　　8. 사회적 약자의 여가활동 지원에 관한 사항

이라 한다)을 5년마다 수립·추진하여야 한다.

## 5) 조사 및 연구

국가와 지방자치단체는 국민여가활동실태조사(직장인의 여가를 위한 휴가사용실태조사를 포함한다)를 비롯한 여가 활성화에 필요한 조사 및 연구를 실시하여야 하며, 이를 위하여 필요한 경우 전담 조사연구기관을 지정하거나 민간에 조사 및 연구를 위탁할 수 있다.

## 6) 여가프로그램의 개발 및 보급

국가와 지방자치단체는 국민들의 여가수요를 고려한 다양한 여가프로그램을 지속적으로 개발·보급하여야 한다.

## 7) 여가정보의 수집 및 제공

국가와 지방자치단체는 여가활동, 여가시설, 여가교육 및 여가프로그램 등 각종 여가정보를 수집·제공함으로써 국민들이 여가활동에 적극적으로 참여할 수 있도록 하여야 한다.

## 8) 여가교육의 실시

(1) 국가와 지방자치단체는 여가 활성화를 위하여 여가교육을 학교 및 관련 시설 등에서 실시하거나 지원하여야 한다.

(2) 제1항에 따른 여가교육의 내용 및 방법, 관련 시설 등에 필요한 사항은 대통령령으로 정한다.

---

9. 여가산업의 육성에 관한 사항
10. 여가시설의 감염병 등에 대한 안전·위생·방역 관리에 관한 사항
11. 그 밖에 여가 활성화를 위하여 필요한 사항
　③ 관계 중앙행정기관의 장 및 지방자치단체의 장은 기본계획에 따라 매년 여가 활성화 시행계획(이하 "시행계획"이라 한다)을 수립·시행하고, 문화체육관광부장관에게 시행계획과 추진실적을 제출하여야 한다.
　④ 문화체육관광부장관은 기본계획을 수립할 때에는 미리 관계 중앙행정기관의 장과 협의하여야 하며, 필요한 경우 관련 전문가들에게 자문할 수 있다.
　⑤ 그 밖에 기본계획 및 시행계획의 수립 등에 필요한 사항은 대통령령으로 정한다.

## 9) 여가시설과 공간의 확충

국가와 지방자치단체는 국민들이 편리하고 자유롭게 이용할 수 있는 여가시설과 공간의 개선 및 확충을 위하여 필요한 시책을 강구하여야 한다.

## 10) 여가전문인력의 양성

국가와 지방자치단체는 여가 활성화를 위하여 여가전문인력 양성 및 활용 등에 필요한 시책을 강구하여야 한다.

## 11) 사회적 약자의 여가활동 지원

국가와 지방자치단체는 여가정책을 수립·시행함에 있어 장애인, 노인, 저소득층 및 다문화가정 등 사회적 약자의 여가활동을 증진하고 내담자(18세 미만인 사람을 말한다)이 과도한 학습 부담에서 벗어나 적절한 여가를 보장받을 수 있도록 필요한 시책을 강구하여야 한다.

## 12) 민간단체 등의 지원

(1) 국가와 지방자치단체는 국민들의 여가 활성화를 위하여 노력하는 단체 또는 개인에 대하여 경비지원 등 필요한 지원을 할 수 있다.
(2) 제1항에 따른 지원의 내용 및 방법 등에 필요한 사항은 문화체육관광부령으로 정한다.

## 13) 우수사례 발굴 및 시상

(1) 국가와 지방자치단체는 국민 여가 활성화를 위하여 모범적으로 운영하고 있는 기업이나 공공기관에 대하여 우수사례로 발굴하거나 시상할 수 있다.
(2) 제1항에 따른 시상의 내용 및 방법 등에 필요한 사항은 문화체육관광부령으로 정한다.

## 14) 여가산업의 육성

국가와 지방자치단체는 여가상품과 서비스를 포함한 여가산업을 육성하기 위한 기반을 조성하여야 한다.

# 제2절

# 국민여가활성화 기본계획

## 1. 여가의 개념과 사회적 가치

**1)** 여가란 자유시간 동안 행하는 강제되지 아니한 활동으로, 다음활동을 포함(국민여가활성화기본법 제3조 제1호)한다. 문화예술, 콘텐츠, 문화콘텐츠, 디지털콘텐츠, 디지털문화콘텐츠, 멀티미디어콘텐츠, 공공문화콘텐츠, 에듀테인먼트, 국민관광, 체육, 생활체육 등을 포함한다.

여가는 국민 삶의 질을 높일 뿐 아니라, 창의성과 인적자본을 제고하며, 일·여가 균형은 타인과 교류할 수 있는 시간적, 심리적 에너지를 확보하게 하며, 타인과 유대하여 건강한 공동체를 만드는 데 기여한다. 그리고 타인과 함께하는 여가활동을 통해 사회적 고립감을 탈피하게 한다. 건전한 여가문화는 국민 개인의 삶의 만족도를 높이고, 건강한 사회를 만들며 국가 매력 제고에도 기여한다.

## 2) 여가정책의 의의

여가는 국민의 권리로, 국민들은 자신의 여가를 보호받아야 할 권리 존재이다. 국민여가활성화기본법 제2조(기본이념)에 이 법은 여가의 중요성에 대한 인식을 고취시켜 일과 여가의 조화를 추구함으로써 국민들이 인간다운 생활을 보장받는 것을 기본이념으로 한다. 국제연합(UN)의 세계인권선언(1984)의 제24조에 모든 사람들은 합리적인 노동시간과 (중략) 휴식과 여가 권리를 가진다. 이는 국민의 여가욕구를 충족시키고, 여가로 국민 삶의 질 제고 필요를 통해 국민의 여가활동에 장애가 되는 제약요인을 찾아 제거 또는 축소시키고, 여가진흥을 통해 건강한 사회를 만들기 위한 정책 추진한다.

## 2. 세부정책

### 1) 자유로운 여가 누림 확대의 세부정책

(1) 여가를 통한 휴식과 즐김 문화 확대

① 여가권·휴가권 제고를 위한 제도 운영 및 문화 개선

• 여가 공모전: 여가 활성화 및 인식 제고를 위한 대국민 여가 캠페인 공모전 추진한다.

---

### 여가 공모전 예시

◇ (여가 홍보 콘텐츠 공모전) 여가의 중요성과 사회적 가치를 알릴 수 있는 콘텐츠및 여가
활성화를 위한 캠페인 공모, 홍보

◇ (사회적 여가활동 등 공모) 타인과 함께하는 여가활동 등 여가 분야별 공모전 실시ㅇ (문
화가 있는 날) 문화가 있는 날 참여 프로그램 확대(전국 2,000개→'23년2,300개) 및 기
획프로그램 내실화, 지역 콘텐츠 특화형 프로그램 지원 확대

---

• 여행가는 달: 여름철 집중된 국내관광 수요 분산 및 여행분위기 조성을 위한 캠페인 실
시, 입장료·교통 할인 및 관광콘텐츠 등 제공한다.

• 휴가문화 개선 캠페인: 휴가에 대한 인식 제고를 위한 카드뉴스 등 홍보, 여행정보 제공,
다양한 매체 활용한 캠페인 및 이벤트 실시한다.

• 근로자 휴가지원: 근로자들의 자유로운 휴가 사용 문화 조성 및 국내여행 활성화를 위해
기업·근로자 공동으로 여행자금 적립 시 정부 추가 지원한다.[34]

• 대체공휴일 지정 확대: 여가권 보장을 위해 관계부처 등 협의를 통한 대체공휴일 지정
확대 추진(인사처, '23년 부처님 오신 날, 기독탄신일)한다.

---

34) *장기 참여기업 지원금 차등 지원 및 별도 인센티브 제공 등 민간 주도로 전환

② 여가친화인증제 개선 및 확산

- 지표 개선 및 법적근거 명확화: 평가지표·인증배제 조건 개선 및 인증제도 법적근거 명확화('21년 국민여가활성화기본법 개정안 발의)한다.
- 인센티브 확대: 인증기업 대상 인센티브 제공 확대[35]로 제도 확산('22년 누적 378개 기업) 및 실효성 강화한다.

③ 생활 속 여가누림 활성화

- 생활문화: 생활 속 문화누림 환경 조성을 위한 생활문화동호회, 전국 생활문화축제, 생활문화공동체 등 기초단위 생활문화 확산지원 확대한다('23년 13개).
- 생활체육: 민간 체육시설 연계·협업을 통해 국민체력 인증 및 스포츠 활동 인센티브 규모('23년 연간 5만명→'27년 연간 50만명) 확대한다.
- 문화기반시설 연계 인문활동: 생활 속 인문가치 확산을 위한 도서관·박물관·지역문화시설 등 연계 인문프로그램 운영('23년 1,000개)한다.
- 분야별 주간 등 운영: 문화의 날, 미술주간, 공예주간, 도서관 주간, 박물관·미술관 주간, 문화다양성 주간, 한글 주간 등 운영, 분야별 국민 누림 프로그램 제공한다.[36]

④ 일·여가 조화 지수 개발 및 관리

- 지수 개발: 일·여가 조화 지수 개발 검토(국민여가활동조사 연계)한다.[37]

---

### 일·여가 조화지수 개요

◇ (지수 내용) 국민 개인별 문화 및 여가활동을 위한 시간 확보나 여가활동에 대한 태도 및 만족도를 파악할 수 있는 지수

*개인 대상 지수로, 지역·기업대상 지수와 차이

---

35) *현재 문화가 있는 날 생활 속 문화활동 지원, 독서경영 우수직장 인증 가점, 예술인파견지원 사업 가점 등 → 다양한 분야 지원으로 확대 추진
36) *(문화의 날) 10월 셋째 주 토요일, (미술주간) 9월, (도서관 주간) 4월, (박물관·미술관 주간) 5월 등
37) *사례: '지역별 일·생활 균형 지수' 발표(고용부, '17년~)

◇ (시스템) 개인별 일·여가 조화 지수 자기진단에 활용, 데이터는 축적하여 여가 관련 대국민 서비스 제공 시 참고자료로 활용

- 개인별 진단: 국민이 스스로 일·여가의 조화 상태를 확인할 수 있는 일·여가 조화지수 자가진단 시스템 개발 추진한다.

## 2) 건강한 여가공간 조성

① 여가공간 확충 및 개선기반 마련

- 미래형 문화기반시설 확충: 전국 도서관, 박물관, 미술관을 디지털·친환경·무장애 시설로 단계별 전환 추진한다.[38]

- 문화예술·콘텐츠 인프라 지역 확산: 국립세계문자박물관('23년), 국립디자인박물관('26년), 국립미술품수장보존센터(대전, '26년), e스포츠상설경기장 등 조성 추진한다.

- 지역서점: 지역서점이 복합문화공간으로 기능하도록 도서 큐레이션 및 문화활동 프로그램 운영 지원 확대('23년 75개소)

- 공공 스포츠 인프라: 공공체육시설 다각화, 도심 내 노후 체육시설 등 리모델링으로 복합 스포츠문화여가 공간 조성(~'27년 총 10개소)

- 이색 레저·캠핑시설 확대: 다양한 형태의 야외 레저·캠핑활동을 위한 인프라 확대(캠핑장 시설 개보수 및 캠핑카 인프라 등 지원)한다.

- 걷기여행 환경 조성: 코리아둘레길 전 구간 완성('23년)에 따른 정보 제공 플랫폼 운영 및 전 구간 외국어 안내 체계 구축, 노선정보·걷기여행 프로그램 제공 주요 거점 조성한다.

② 국민의 자연 누림 확대(환경부)

- 국립공원: 국립공원 시설 및 장애인 참여 프로그램 확대, 국립공원한달 살기 프로그램 신설, 무장애 탐방 인프라 및 노후 야영장·화장실 개량 등이다.

- 생태공간: 도시 내 단절·훼손된 유휴지(폐철길, 폐공장 부지)를 복원하여 국민 생활 속

---

38) *국립중앙도서관, 국립박물관, 국립현대미술관 소장자료 디지털화 및 디지털 기술에 기반한 사용자·서비스·공간의 연결 및 최적화로 시간·지역·공간 제약 없이 접근할 수 있는 환경 제공

생태공간 제공한다.('23년 6개소 추가)

③ 숲길 환경 조성(산림청)

- 숲길 기능 강화: 숲길 인증제 및 숲길 지수 도입, 숲길 이용등급제(난이도) 도입, 숲길 운영·관리 표준 매뉴얼 정비한다.

- 숲길 이용 활성화: 청·장·노년층, 장애인 등 국민 맞춤형 및 숲길별특성에 맞는 숲길관광 프로그램 개발, 숲길 권역별 거점마을 육성한다.

- (숲길 지원기반 정비) 숲길통합플랫폼 구축, 숲길 정보·통계자료 공개, 숲길 안전사고 예방 및 대응체계 구축, 숲길 안전성 평가제 도입한다.

④ 농촌체험관광 기반 조성(농촌진흥청)

- 인프라 구축 등: 지역별 향토음식, 농경문화, 농업체험학습 공간조성(농경문화체험마을 '22년 20개소 → '27년 누적 45개소 조성), 농촌교육농장 운영프로그램 품질관리 지원한다.

- 여행상품 개발: 코레일, 민간여행 플랫폼 등 민관협력을 통해 농촌체험 여행상품 개발 지원한다.

⑤ 해양레저환경 조성(해수부)

- 복합 해양레저관광도시: 다양한 융복합 해양 콘텐츠를 제공하는 지역거점 조성 추진한다.

- 해수욕장: 연중 해양관광을 즐길 수 있도록 주변 관광자원을 활용한레저·힐링·체험 등 즐길 거리를 갖춘 테마형 해수욕장 조성 지원한다.

- 크루즈 산업 활성화: 크루즈선 운항 정상화에 따라 크루즈 체험단운영, 매체 홍보 등을 통한 국내 크루즈 저변 확대한다.

- K-마리나루트: 해양레저 지원 대규모 마리나 확충 및 도서지역 바다역 구축으로 K-마리나루트 조성한다.


## 3) 생애주기별 맞춤 여가정책 추진

① 내담자·청소년 대상 능동적 여가활동을 위한 여가교육

- 맞춤형 문화예술교육: 내담자, 청소년 특성 및 관심 분야 등 고려한 대상특화 문화예술 교육 프로그램 기획·운영한다.

- 체육활동: 유아체육교실 확대('23년 400개소), 초중고 정규수업 및 학교스포츠클럽에

활용 가능한 종목별 프로그램 개발 및 지도자학교 파견 등을 통한 1학교 1스포츠 보급한다.

- 독서 및 인문프로그램: 영유아·초등내담자 대상 독서문화 확산을 위한 '북스타트', 청소년 대상 독서문화캠프·독서토론 활동 지원, 위기청소년 등 대상 인문·문화프로그램 운영한다.('23년 50개소)
- 박물관: 국립중앙박물관 어린이박물관 건립 추진 및 어린이 역사교육, 영유아 맞춤형 전시 및 교육프로그램 개발, 청소년 박물관 교육 실시한다.

② 청년·중장년층 일과 여가 균형 지원

- 문화예술활동: 청년문화예술가 공연 지원, 생애전환기 신중년세대 특성에 맞는 문화예술교육 프로그램 개발·확산한다.
- 직장인 체육활동: 직장인을 위한 평일 야간 및 주말 체력인증서비스 확대, 찾아가는 체력관리 및 운동처방 서비스 제공한다.
- 인문프로그램: 청년 인문토론회 규모 확대, 삼삼오오 청년 인문실험지원한다.[39]

③ 여가로 어르신 삶의 활력과 품격 제고

- 창조적 여가: '이야기할머니'가 새로운 예술창작의 주역으로 활약할 수 있도록 배틀, 이야기극 등 사업 확대('23년~), 어르신이 공연 주체가되는 '실버마이크' 프로그램 운영한다.
- (체육 프로그램 지원) 어르신 신체 특성에 맞는 체육활동 지원과 건강 증진을 위해 어르신 체육활동 종목 보급('23년 19종목), 생활체조 및 체력관리교실 운영('23년 620개소), 어르신 생활체육 대회 개최 지원
- 고령층 맞춤형 체육시설: 어르신 참여도가 높은 체육시설에 건강증진서비스를 제공하는 '시니어 친화형' 국민체육센터를 조성한다.[40]
- 어르신 문화예술누림: 어르신 수요를 반영하여 문화예술교육, 동아리 활동등 지원, 실버문화페스티벌 개최, 요양시설 전통예술 프로그램 지원

---

39) *('23년 100개팀), 중장년 청춘문화공간을 통한 인문·여가문화프로그램제공('23년 고용부 중장년내일센터 17개소 연계→지자체 등 연계 확대 추진)
   *인문가치 활용 청년창업 연계 지원 추진(~'27년)
40) *조성('23년 신규, 3개소) *고령층 친화 종목시설(파크/그라운드골프, 게이트볼, 탁구 등)과 물리·재활치료가 가능한 메디컬룸 등으로 구성하고, 건강증진 프로그램(바둑·체스 등 치매 예방 활동) 운영

- 사회공헌형 여가: 선배세대의 경험을 전달하는 인문 멘토링('인생나눔교실', '23년 3,600회) 및 책 읽어주는 문화봉사단을 조직한다.[41]
- 시니어 관광 활성화: 고령자들의 여행향유권 확대 및 고령사회 진입에 따른 관광수요 변화 대처를 위해, 고령층(만 60세 이상) 대상여행교육 프로그램을 실시한다.[42]
- 어르신 독서: 전국 도서관 대상 큰 글씨 사용, 고령층 관심사 반영 등 고령층 맞춤형 도서 보급 지원한다.

## 2) 공정하게 누리는 여가문화 실현[43]

(1) 약자 프렌들리 여가문화 활성화

① 저소득층 등 소외계층 대상 여가활동 지원(문체부, 산림청, 과기부 등)

- 여가활동 지원: 통합문화이용권 및 스포츠강좌이용권 지원 확대, 초·중학교 내담자 도서교환권(북토큰), 산림복지서비스이용권, 과학문화바우처 등으로 다양한 여가활동 지원한다.
- 문화예술 프로그램: 문화소외계층 대상 찾아가는 문화예술교육을 실시한다.[44]
- 청소년 관광 활성화: 특수학교, 학교밖 청소년, 북한이탈청소년 등 상대적으로 여행 기회가 적은 소외계층 청소년 대상 체험여행 지원한다.

② 장애인 프렌들리 여가 지원

- 문화누림 환경 개선: 장애인 문화시설 전시관람환경 개선 지원(사립박물관·미술관) 및 영화관람 환경 개선 추진한다.

---

41) *운영(문체부), 노인자원봉사 프로그램 지원 및 전국노인자원봉사대축제 개최(복지부) *50대 이상 실버세대로 구성된 '문화봉사단'이 내담자·장애인·고령층 등 독서 소외계층에게 책을 읽어주는 활동을 통해 '사회적 독서' 실현

42) *운영 *관광정보 찾기, 스마트폰 활용 통한 여행계획 세우기, 사진촬영 기법, 실전여행 체험 등 교육 지원, 특별강연, 수료생 소모임 및 여행활동 등 지원

43) ◆ 소외계층 대상 여가활동 지원으로 국민 모두의 여가를 누릴 권리 보장
　　◆ 여가활동이 주로 이루어지는 '생활권' 내 여가 환경 개선 *많이 이용하는 여가공간 1순위: 집주변 공터(18.9%), 생활권 공원(10.6%), 식당(9.7%) 순
　　◆ 타인과 함께하는 여가문화를 통해 사회적 연결 강화 및 여가의 사회적 가치 제고

44) *문화예술 향유 취약지역 중심으로 찾아가는 공연·전시 운영 ***지역 문예회관 문화예술교육 프로그램 지원('23년 134개소)
　　**문화소외계층을 찾아가는 '신나는 예술여행'('23년 3,616개 프로그램, 34만명), 문예회관활용 지역주민 대상 '방방곡곡 문화공감'('23년 710개 프로그램)

- 문화기반시설 조성: 국립장애인도서관 독립청사 건립 추진, 장애인예술 표준 공연·전시장 개관, 장애인 전용 신기술융합콘텐츠체험관 조성한다.('23년 16개)
- 정보접근 개선: 문화예술기관 수어 해설 영상 제작 및 보급 지원('23~'27년박물관·미술관 연 10개소), 문화예술기관 등 점역·교정 전문가 지원('23년~),장애인접근성 강화형 전자출판 확대한다.('23년 총 500건)
- 체육활동: 반다비체육센터 건립 지원, 장애인스포츠강좌 이용권 지원, 장애인 생활체육 지도자 배치 및 다양한 장애인 생활체육프로그램 지원한다.
- 무장애 관광환경 조성: 열린관광지 조성 확대('23년 132개소) 및무장애 관광도시 조성, 장애인 여행체험 확대('23년 연간 500명)등 관광취약계층 권리 보장한다.

(2) 생활권 기반의 상생 여가 환경 조성
① 생활밀착형 여가환경 기반 조성
- 문화 인프라 현황 조사: 지역별 문화 인프라 최저기준(국토부,'19) 충족여부 등 현황 조사한다.('23년)[45]
- 스포츠클럽 육성: 국민 누구나 일상에서 스포츠를 즐길 수 있는 스포츠 생태계 조성을 위한 지역 스포츠클럽 육성 및 활성화 지원한다.(지정스포츠클럽 '23년 120개소)
- 생활권 중심 산림복지 기반 확대: 도시숲[46] 확대, 실내·외 정원, 스마트가든 등 생활권 정원기반 조성한다.(산림청)
② 문화소외지역 여가누림 지원
- 도서관·영화관: 작은도서관 운영 내실화를 위해 전문인력 지원 확대('23년 585개관 234명), 문화소외지역 대상 찾아가는 영화관 운영확대('23년 200회) 및 상영 프로그램 다변화한다.[47]

---

45) *(마을단위) 도서관(도보 10~15분), 생활체육시설(도보 10분) / (지역거점) 문예회관·전시시설(차량 20분), 공공체육시설(차량 20분) 등
 *(해외사례) 미국 10-Minute Walk Campaign: 2050년까지 교외 지역 공원 및 여가 레크리에이션 관련 시설 접근성 확대
46) *국유지 도시숲, 기후대응 도시숲, 도시 바람길숲, 자녀안심그린숲 등
47) *상영형태(실내, 야외, 온라인) 및 영화 종류(배리어프리 영화, VR영화, 다양성 영화 등)

- 문화예술 교육: 문화취약지역 소규모 학교 대상 문화예술교육활동 지원한다.(농어촌지역 매년 10개소 조성 목표)
- 우리 놀이터: 지역 유휴공간 활용 전통생활문화공간 '우리놀이터'조성한다.('23년 5개소)

(3) 함께하는 여가문화 실현

① 여가로 사회 연결과 치유

- 연결사회 지역거점: 사회적 연결이 희미해진 지역주민을 발굴하여다양한 문화자원(인문상담·문화예술·생활체육 등) 활용, 지역사회의 사회적관계망과 연결을 통한 사회적 연결 회복 지원 확대한다.('23년 지역거점 5개소)
- 치유를 위한 인문프로그램: 위로와 치유 제공, 공동체 연대감 회복을 위해 저소득층, 장애인 등 소외계층 대상 찾아가는 인문 프로그램('우리가치 인문동행'), 인문관광프로그램('여행지 길 위의 인문학') 운영한다.
- 문화예술 치유: 정서적 취약계층 대상 예술-심리상담기법 융합문화예술 치유 프로그램 지원 확대('23년 48개 단체, 180개 프로그램)정신건강복지센터 연계 치매안심센터 연계 Wee 센터 연계한다.
- 웰니스 관광: 올해의 웰니스관광도시('23년~, 연 1개소) 및 추천웰니스관광지 선정('23년 55개소), 웰니스·의료 융복합 클러스터 조성('23년 6개소), 의료진·소방관 등 웰니스 관광 체험 지원 확대한다.('23년 8천명)
- 산림휴양·치유: 국립산림치유원, 치유의 숲 등 산림치유 기반확대, 취약계층 등을 대상으로 한다.[48]
- 반려동물 친화 관광: 반려동물 양육 가구를 위한 여행정보 제공 및 반려동물 친화 관광지 조성한다.('23년 2개소 → '27년 10개소)

② 친환경·탄소중립 여가문화 활성화

- 문화기반시설 전시 등 개선: 미술관 전시 기획·운영 시 불필요한 전시 폐기물 최소화 등을 추진한다.[49]

---

48) *산림치유 지원 확대(산림청) *특수내담자 맞춤형 산림교육·치유 보급, 요양병원·시설 보호사 등 재난심리회복 지원
49) *탄소중립 적극 고려 *생태순환적 전시방식 연구 및 실행, 관람가이드 디지털화(QR코드 제작), 간편 다운로드지원

- 지속가능한 관광: 지속가능한 관광 활성화를 위해 탄소배출량조사 등 기초자료 확보 및 인벤토리 구축, 탄소중립 여행코스및 관광상품 개발 등을 실시한다.

### 3) 미래형 여가생태계 구축[50]

(1) 미래여가 생태계 구축을 위한 환경 조성

① 일과 여가의 균형을 위한 미래형 환경 조성

- 워케이션 활성화: 휴가지에서 일과 여행을 병행하는 여행친화형 근무제활성화를 위해 매뉴얼 제작, 네트워킹, 현황 조사, 제도·시설 홍보 등 지원한다.
- 일·생활 균형 인프라 구축 지원: 재택·원격근무 또는 근무 혁신 확산을 위한 시스템 구축 지원한다.(고용부)

② 안전한 여가환경 구축

- 매뉴얼·시스템 정비: 업종별, 분야별 안전매뉴얼 정비 및 빅데이터활용 '여행예보서비스' 고도화한다.('23년)
- 안전 교육: 공연장, 야영장·유원시설 등 관광시설, 문화관광축제, 체육활동 등 여가 분야·시설별 정책담당자 및 종사자 등 대상 온·오프라인 안전교육 실시한다.[51]
- 여가현장 점검: 감염병·안전사고로부터 안전한 여가활동을 위해 공연장, 박물관·미술관, 관광시설, 체육시설 등 주요 여가시설 안전점검 실시한다.[52]
- 안전한 여가시설 구축: 환기설비 등 공연장 안전시설 개선 지원,야영장 안전시설 개보수 지원, 공공체육시설 개보수 지원 및 안전관리 우수체육시설 선정한다.[53]
- 여가용품 안전성조사: 운동기구, 완구 등 여가활동 제품 안전성조사실시, 부적합 제품 정보 제품안전정보센터 등을 통해 공개한다.(산업부)

③ 여가정보 제공 시스템 구축·운영으로 여가누림 지원과 여가다양성 확보

---

('23년~) 등

50) ◆ 기술변화 등 변화하는 환경 변화를 반영한 여가생태계 구축 및 안전한여가환경 조성
   ◆ 인력양성, 기업지원, 기초자료 조사 및 제공 등 여가산업 활성화 기반 조성
51) *공연장 온라인 안전교육('23년 13만명), 스포츠안전교육('23년 63,000명) 등
52) *재해 등 비상상황에 대한 대응요령 교육 및 훈련 강화(국립현대미술관, '23년~) 등
53) *소규모 공연장 환기·조명설비 지원, 소규모 민간체육시설 안전관리 우수체육시설 선정('23년 100개소)

- 문화포털: 다양한 문화정보를 온라인으로 서비스, 비대면 문화여가활동 지원 및 현장 여가활동 정보 제공한다.
- 맞춤형 관광정보: AI 기반 데이터 큐레이션 등 사용자 맞춤형 관광정보 제공한다.
- 지역문화통합정보시스템: 지역문화시설, 프로그램 등 데이터통합 수집·관리, 대국민 맞춤형 지역문화정보 제공한다.
- 공유누리: 국민 여가생활 지원을 위해 숙박시설, 캠핑장, 각종교육·강좌 및 동아리 활동, 체육시설, 행정·공공기관 시설·물품등 정보 제공 및 예약 시스템 운영한다.(행안부)

④ 미래형 여가누림 지원

- 메타버스 활용: 문화기반 가상융합세계(K-메타버스) 플랫폼 구축및 박물관 등 메타버스 시범 체험관 조성한다.
- 신기술융합콘텐츠 체험공간: 지역 중소규모 문화시설 등에 신기술융합콘텐츠 체험공간 설치, 전국의 문화재, 관광지 등 신기술융합콘텐츠체험 지원한다.('23년 누적 19개소)
- 스마트 관광: 스마트관광도시 선도모델 조성('23년 13개소) 및 맞춤형 컨설팅을 통해 스마트관광 확산 촉진한다.
- 디지털 배움터: 주민센터, 도서관 등 집 주변 생활공간을 활용하여 모바일·실생활 중심의 디지털 기초-생활-심화 등 수준별 교육한다.(과기부)

(3) 여가산업 경쟁력 강화

① 여가 분야별 전문인력 양성

- 관광전문인력: 문화관광해설사, 무장애 관광을 위한 투어케어* 인력(문체부,~'27년 1,500명), 어촌관광 전문가 바다해설사(해수부) 등 분야별 인력양성한다.[54]
- 생활체육지도자: 생활체육 활성화를 위해 유소년 생활체육지도자, 어르신 생활체육지도자 등 배치·생활체육 지도한다.
- 도서 추천 전문가: 독자 요청에 맞추어 도서 추천 및 문화활동 기획을 지원하는 온·오프라인 '북 큐레이터' 양성한다.
- [55]여가복지상담사 : 여행지또는 웰니스 프로그램으로 친환경 자연에서 경청(Active

---

54) *관광취약계층의 여행을 돕는 여행동행자 및 무장애 상품 기획 전문인력
55) *국제성인교육센터에서 여가복지상담사 과정을 운영하고 있다.

Listening)과 공감으로 참여자들 마음의 상처를 치유하는 역할자 양성한다.

② 여가 분야별 기업 육성

- 관광벤처: 혁신적 관광벤처기업 발굴 및 지원, 관광기업 디지털전환 등 혁신 성장 지원을 통한 관광산업 외연 확장한다.
- 스포츠산업 지원: 이차보전 확대 등 스포츠기업 융자지원 다각화, 창업 예비·초기(맞춤형 보육), 중기(사업화 자금 지원), 폐업 경험 보유기업(재창업 지원) 등 성장 단계별 지원을 통해 스포츠산업 활성화한다.

③ 여가산업 활성화를 위한 기초자료 구축

- 여가백서 발간: 여가정책 및 산업 동향, 연도별 여가 주요 이슈 포함한 백서 발간, 관련 정책수립 및 업계·학계 등 활용 지원한다.
- 분야별 통계조사: 국민여가활동조사, 국민문화예술활동조사, 근로자 휴가조사 및 체육, 관광 등 여가 관련 분야별 통계조사로 여가정책 기초자료 구축한다.

〈표 8〉

| 여가정책의 범위 | 분석 | 여가백서의 내용 |
|---|---|---|
| • 여가수요 파악/<br>여가패턴변화 분석<br>• 여가관련 정보 제공 | • 다양한 여가욕구 파악 | • 국민여가현황 분석 |
| • 민간부문의 여가시설 및<br>서비스 이용과 소비 | • 여가산업 규모 파악 | • 여가산업동향 분석 |
| • 공공부문의 여가서비스<br>• 정부기관의 시설투자 및<br>지원 | • 관련 행정서비스 및<br>사업 현황 | • 여가행정현황 분석 |

**'다양한 여가수요 대처 및 여가패턴 변화의 주기적 분석'**

• 여가산업분류체계 구축[56]: 여가산업 분류체계 마련을 통해 여가산업의 범주 규정 및 규모 파악, 정기 동향보고서 발간 추진여가산업분류체계 추진 개요를 작성한다.

56) ◇ (구축 필요성) 여가의 중요성 인식과 산업 규모는 커지고 있으나, 여가산업 범위 미정립
　　◇ (해외사례) 호주 '문화 및 여가분류체계'(ACLC: Austrailian Culture and LeisureClassifications), 문화 및 여가 분야 산업·상품·직업분류 개발◇ (활용) 여가산업 진흥, 신 직업군 발굴, 분야별 이슈 발굴 등에 활용

# 제3절

# 스포츠여가복지 관련 법률

스포츠여가복지와 관련된 법령으로는 사회보장기본법[법률 제12844호], 국민여가활성화기본법[법률 제13301호], 생활체육진흥법[법률 제13251호] 등을 제시 할 수 있다.

## 1. 사회보장 기본법

### 1) 개요

2014년 11월 19일 시행된 사회보장기본법[법률 제12844호]은 사회보장에 관한 국민의 권리와 국가 및 지방자치단체의 책임을 정하고 사회보장정책의 수립·추진과 관련 제도에 관한 기본적인 사항을 규정함으로써 국민의 복지증진에 이바지하는 것을 목적으로 한다.

### 2) 주요내용

사회보장은 모든 국민이 다양한 사회적 위험으로부터 벗어나 행복하고 인간다운 생활을 향유할 수 있도록 자립을 지원하며, 사회참여·자아 실현에 필요한 제도와 여건을 조성하여 사회통합과 행복한 복지사회를 실현하는 것을 기본이념으로 한다.

이 법은 모든 국민이 사회보장 관계 법령에서 정하는 바에 따라 사회보장급여를 받은 권리를 기본으로 사회보장 기본계획과 사회보장에 관한 기본계획을 5년마다 수립한다. 사회보장 정책의 기본 방향을 구축하고, 사회보장제도를 운영·관리한다. 따라서 복지에 근간이 되는 가장 원초적인 법률이라 할 수 있으며, 스포츠여가복지가 조명해야 하는 모든 국민을 대상으로써 복지 증진에 이바지 할 수 있는 법률이다.

## 2. 국민여가 활성화기본법

### 1) 개요

2014년 11월 19일 제정된 국민여가 활성화기본법[법률 제13251호]은 여가 활성화에 관한 정책의 수립 및 시행 등에 관한 기본적인 사항을 규정함으로써 자유로운 여가활동 기반을 조성하고 국민들이 다양한 여가활동을 통하여 삶의 질을 향상 시킬 수 있도록 하는 것을 목적으로 한다.

### 2) 주요내용

이 법은 여가의 중요성에 대한 인식을 고취시켜 일과 여가의 조화를 추구함으로써 국민들이 인간다운 생활을 보장받는 것을 기본이념으로 한다.

따라서 이 법은 여가 활성화를 위한 여가 정책의 목표 및 방향을 설정하고 시행한다. 여가 프로그램의 개발 및 보급, 여가정보의 수집 및 제공,여가교육의 실시, 여가전문인력의 양성, 사회적 약자의 여가활동 지원, 민간단체 등의 지원, 우수 사례 발굴 및 시상, 여가산업의 육성 등 여가가 제공할 수 있는 심리적·물리적 자원을 제공 할 수 있다.

## 3. 생활체육 진흥법

### 1) 개요

2015년 6월 28일 제정된 생활체육진흥법[법률 제13251호]은 생활체육의 진흥에 필요한 사항을 규정함으로써 생활체육의 기반 조성 및 활성화를 도모하고, 생활체육을 통한 국민의 건강과 체력 증진, 여가 선용 및 복지 향상에 이바지함을 목적으로 한다.

### 2) 주요내용

이 법은 생활체육진흥 기본계획을 수립하고, 생활체육강좌를 설치하며 체육동호인 조직의 육성 및 지원을 통하여 모든 국민이 건강한 신체활동과 건전한 여가 선용을 위하여 생활체육을 즐긴 권리를 제공한다.

# 4. e스포츠 진흥법

## 1) 개요

2022년 7월 19일 제정된 e스포츠진흥법[법률 제18778호]은 e스포츠의 진흥에 필요한 사항을 규정함으로써 e스포츠의 문화와 산업의 기반조성 및 경쟁력 강화를 도모하고 e스포츠를 통하여 국민의 여가선용 기회 확대와 국민경제의 건전한 발전에 이바지함을 목적으로 한다.

## 2) 주요내용

이 법은 여가의 중요성에 대한 인식을 고취시켜 일과 여가의 조화를 추구함으로써 국민들이 인간다운 생활을 보장받는 것을 기본이념으로 한다.

따라서 이 법은 다른 법률과의 관계, 국가 및 지방자치단체의 책임, 지방 e스포츠의 진흥, 기본계획의 수립 등, 실태조사, 표준계약서의 제정·보급, 자금지원 등, e스포츠진흥자문위원회, e스포츠 관련 전문인력의 양성, e스포츠대회의 육성·지원 등, 종목 다양화 지원, e스포츠산업지원센터의 지정 등, 국제교류 및 해외 홍보 지원, 전문 e스포츠 및 생활 e스포츠의 육성, 청문, 권한의 위임·위탁, 포상 등을 규정하고 있다

chapter 07

# 여가복지

# 제1절

# 여가복지란

## 1. 여가복지의 개념

여가복지란 경제적, 사회적, 문화적 이유로 여가활동을 누리기 어려운 계층에게 여가 활동의 기회를 제공하고 지원하는 복지 정책을 의미한다. 사회적 여가배제 대상들도 [57]여가권 (여가시간을 즐길 권리를 인간의 기본적권리중 하나로 간주)을 보장받으며, 개인의 행복과 복지를 위한 핵심적인 권리로서 정의된다. 여가권은 개인과 사회의 균형을 촉진하고 행복한 삶을 지원하는 중요한 권리이다. 일반적 대중과 동등하게 사회적 배제대상들도 여가를 통해 삶의 질을 향상시키고, 사회적 통합을 촉진하는 역할을 하게 하여야 한다. 여가복지는 단순히 여가를 즐기는 것만을 의미하지 않으며, 여가활동에 대한 접근성을 높여 모든 사람에게 공평한 기회를 제공하는 것을 목표로 한다.

### 1) 여가복지의 특징

(1) 사회적 참여와 통합: 여가를 통해 개인의 사회적 관계 형성 및 사회적 통합지원을 뜻한다.
(2) 소외된 계층 지원: 경제적, 신체적, 정신적 이유로 여가활동에 제약이 있는 사람들에게 사회적 지원을 의미한다.
(3) 건강증진: 여가는 신체적, 정신적 건강을 증진시키는 중요한 요소이다.
(4) 문화적 다양성 존중: 다양한 문화적 배경을 가진 사람들이 함께 즐길 수 있는 여가활동을 지원한다.

---

57) 세계인권선언의 23, 24조가 규정하고 있는 노동권중 여덟 번째 해당된다.
① 일할 권리 ② 자유로운 직업 선택 ③ 공정하고 유리한 노동조건 ④ 실업에 대한 보호 ⑤ 차별 없이 동등한 노동에 대한 동등한 임금 ⑥ 자기 자신과 가족에게 유리한 보수(필요하다면 보충되는) ⑦ 자기 이익을 보호하기 위해 노동조합을 결성하고 가입할 권리 ⑧ 여가시간과 합리적인 노동시간을 가질 권리

## 2) 여가복지의 지역별 정책

여가복지의 지역별 정책은 각 지역의 특성과 여건에 맞춰 주민들에게 여가 활동의 참여 기회를 제공하고, 사회적 통합을 촉진하는 데 중점을 두고 있다. 지역별 여가복지 정책은 주로 지역 주민들의 문화적, 경제적, 사회적 필요를 반영하여 다양한 프로그램을 운영한다. 지역 맞춤형 프로그램은 각 지역의 특성에 맞춘 여가 활동을 개발하여 지역 주민들이 쉽게 접근할 수 있어야 한다. 소외계층을 위한 여가 지원으로 경제적, 신체적, 정신적 이유로 여가 활동에 제약이 있는 주민들에게 여가의 참여 기회를 제공 한다.

# 2. 우리나라 여가 정책의 주요 목표

우리나라 여가 정책은 국민의 삶의 질을 높이고, 건강하고 행복한 삶을 지원하는 것을 목표로 한다. 이를 위해 지역 주민 간 교류를 활성화하여 공동체 의식을 강화하고, 경제적·신체적 제약 없이 누구나 여가를 즐길 수 있는 환경을 조성하며, 관광·문화·스포츠 산업과 연계해 지역 경제를 활성화하는 데 중점을 두고 있다.

## 1) 삶의 질 향상
다양한 문화·체육·여가활동을 통해 건강하고 행복한 삶을 지원한다.

## 2) 사회적 관계 형성 지원
지역 주민 간 교류를 활성화하여 공동체 의식이 강화된다.

## 3) 여가 기회 평등 제공
경제적·신체적 제약없이 누구나 즐길수 있는 여가환경을 조성한다.

## 4) 지역 경제 활성화
관광·스포츠·문화산업과 연계하여 지역 경제 발전을 도모한다.

# 3. 우리나라 여가정책 유형

## 1) 문화·예술 여가 정책

국민이 다양한 문화 활동을 즐길 수 있도록 지원하는 데 중점을 두고 있으며, 이를 위해 지자체별로 문화 센터가 운영되고 있으며, 문화 공간 조성으로 미술·음악·공예·전통문화 등을 체험할 수 있는 다양한 프로그램이 있다. 또한, 공연과 전시를 무료 또는 저렴한 비용으로 제공하는 문화예술 행사를 개최하고 있으며, '문화가 있는 날'과 같은 정기적인 행사를 통해 문화 접근성을 높이고, 지역 축제 등 관광과 연계하여 지역경제 활성화에 큰 도움이 되고 있다.

## 2) 체육·건강 여가 정책

체육·건강 여가 정책은 국민의 건강 증진과 활기찬 삶을 지원하기 위해 다양한 방안으로 추진되고 있다. 먼저, 국민체육센터, 생활체육공원, 실내 체육관 등 공공 체육시설을 확충하고, 공원 내 운동기구 설치 및 무료 스포츠 강좌 제공 등을 통해 누구나 쉽게 체육활동에 참여할 수 있도록 하고 있다. 또한 '생활체육지도자 배치 사업'을 통해 지역 주민에게 맞춤형 운동 지도를 제공하고, 전국 지자체에서 '걷기 좋은 도시 조성 사업'을 추진하여 산책로를 개선하고 있다. 아울러 어르신 건강 체조, 장애인 스포츠교실 등 노인과 장애인을 위한 맞춤형 체육 프로그램도 활발히 운영되고 있어 다양한 계층이 건강한 여가를 즐길 수 있도록 돕고 있다.

## 3) 관광·여행 여가 정책

관광 여가 정책은 지역의 관광자원을 개발하고 국민의 여행 접근성을 높이는 데 중점을 두고 있다. 먼저, 지방 관광지와 관광상품 개발을 통해 도보여행 코스인 둘레길, 올레길 등의 생태관광을 활성화하고 있다. 또한 저소득층을 대상으로 여행·공연·스포츠 관람비를 지원하는 문화누리카드 제도와 함께, 관광시설·숙박·체험 프로그램을 저렴하게 이용할 수 있는 지역관광 할인권을 제공하여 여행 비용 부담을 줄이고 있다. 아울러 농촌체험마을과 전통시장과 연계한 관광 활성화를 추진하며, 가족과 청소년을 위한 체험형 관광 프로그램도 개발·운영함으로써 지역 특색을 살린 다채로운 관광 여건을 조성하고 있다.

## 4) 노인·청소년·장애인 등 계층별 맞춤형 여가 정책

첫째, 노인 여가 지원 정책으로 경로당·노인복지관에서 건강 프로그램 및 문화활동 운영'실버 바리스타', '노인 요리교실' 등 취미·자격증 교육 등 지원된다.

둘째, 청소년 여가 지원 정책은 청소년 수련관 운영 (체험 활동, 동아리 지원) 과 방과 후 아카데미, 청소년 국제 교류 프로그램 등이 운영되고 있다.

셋째, 장애인 여가 지원 정책으로 장애인 전용 체육시설 확충 (장애인 수영장, 휠체어 농구장 등) 과 장애인 문화예술 활동 지원 (배리어프리 영화제, 장애인 공연 지원) 등이 있으며 장애인들의 접근성 개선을 위해 무장애 관광도시 조성을 시행하고 있다.

## 5) 디지털·스마트 여가 정책

우리나라의 디지털·스마트 여가 정책은 첨단 기술을 활용하여 편리하고 다양한 여가 경험을 제공하는 데 초점을 맞추고 있다. 먼저, AI 헬스케어 기기 설치, 스마트 조깅 트랙 운영, IoT 기술을 통한 실시간 공원 시설 관리 등을 통해 스마트 공원 및 체육시설을 조성하고 있다. 또한, 지자체별로 온라인 여가 지원 플랫폼 구축으로 '온라인 문화강좌'를 운영하고, 공공 도서관의 전자책 대출 서비스를 확대하여 비대면 여가 활동을 지원하고 있다. 아울러 박물관과 유적지를 가상으로 체험할 수 있는 VR·AR 기반 콘텐츠를 개발하고, 지역 축제와 행사를 온라인으로 스트리밍함으로써 시간과 공간의 제약 없이 여가를 즐길 수 있다.

## 6) 모든 계층이 누릴 수 있는 여가정책 확대

장애인, 저소득층, 노인을 위한 맞춤형 여가 지원 확대와 경제적·신체적 제약 없이 누구나 참여할 수 있는 프로그램이 강화되어야 한다. 또한 디지털 기술을 활용한 혁신적인 여가 프로그램이 증가되어야 한다. AI, VR, AR 등 기술을 활용한 비대면 여가 프로그램 확대와 스마트 체육시설 및 관광 콘텐츠 개발이 될수 있어야 한다. 그리고, 지역사회와 연계하여 지역 주민 참여형 프로그램 개발 (마을 공동체 문화 활성화)과 지자체-기업 협력을 통한 지역 특화 여가 프로그램 개발에 힘써야 한다.

# 제2절

# BMZ (신노년) 세대와 여가활동

우리나라 노인 인구는 행정안전부가 조사한 주민등록 인구 결과에 따르면, 2024년 12월 기준 우리나라 주민등록 인구는 5121만 7,221명으로, 2022년에 비해 10만 이상 감소하였지만, 65세 이상에 해당하는 '고령 인구'는 1,024만 4,550명으로, 전체 인구의 20.0%를 차지하여 초고령 사회로 진입되는 시점이 예측 기간보다 2024년 초고령 사회에 진입되어 매우 빠르게 단축되었다. 이중 베이부머 세대의 고령인구 유입이 매우 가파르게 증가되고 있다. 특히 6.25 전후 세대인 1955년부터 1963년 사이에 출생한 약 750만 명의 베이비부머(baby boomer) 세대 중 2020년부터 10년간 지속적으로 노년기에 접어든 베이비부머들은 신노년 이라고 불리며 기존의 노인과는 다른 형태를 보여주고 있다. 2023년 회갑이 지나간 1963년생들이 1차 베이비붐 세대의 마지막 연령층이다. 베이비부머 세대를 향해 신노년 혹은 BMZ[58]란 베이비부머세대와 MZ세대의 합성어로 청년 세대와 어우러져 살아가려하고, 출생 후 60년을 돌아 2022년 다시 한 살로 태어나서 새로운 문화와 융합하며 젊게 살려는 의지의 세대를 뜻하는 신조어이지만, 사회적 용어로 신노년이란 단어가 주를 이루고 있다. 또한, BMZ세대는 [59]전통적 노인과 다르게 개방적이고 도전적이며, 자기표현이 강하고, 사회참여도가 높으며, 생산 가능한 소득과 소비가 존재하는 젊은 노년세대를 지칭하는 신조어로서 윗세대 및 청년 세대와 문화를 공유할 수 있는 혼합 세대이다.

베이비부머 세대(1955년~1963년)[60]는 핵가족화로 가족의 규모가 감소하고 자녀와 공동생활을 하지 않는 등 가족 문화의 변화가 나타난 세대이다. 또한 전통적인 노인들과 다르게 교육 수준이 급격히 증가하여 고학력자들이 많아졌으며, 이러한 교육 수준의 향상으로 가치

---

58) 오서진 박사가 처음으로 사용함

59) 오서진,(2019).베이비부머의 여가동기, 여가만족도, 행동의도에 관한 영향관계

60) 우리나라 베이비부머 (baby boomer)세대란, 6.25전쟁 이후 1955년부터 1963년까지 약 750만명이 출생률의 급상승기에 태어난 세대를 뜻하며, 노인세대로 진입하고 있는 세대이다.

관의 변화와 삶의 질이 향상되는 풍요로운 문화와 소비가 증가되었다. 또한 기존 노년 세대와 달리 여가 활동과 사회 활동에 적극적이며 여행, 외식, 취미 활동 등 다양한 생산과 소비 계층이기도 하다.

베이비부머들은 뉴시니어, 중고령층, 또는 신노년 이라고 불리우며 기존의 노인과는 다른 양상을 보여주고 있는데, 그들은 사회·문화·경제적인 부분에서 기존의 노인에 비해 참여적이고 생산자이자 소비자로서의 면모가 더욱 강하다. 이러한 뉴시니어 세대와 관련된 경제, 문화, 사회, 정책 등의 영역에서 베이비부머를 어떻게 참여시키고 함께 지속해나갈 수 있는지에 대한 부분은 사회 전반적으로 중요한 이슈이다(오서진, 2019).

한국 베이비붐 세대는 우리나라의 산업화 및 민주화의 주역이었으며 IMF 외환위기, 금융위기 등 격동의 시대를 살아온 세대다. 부모님 봉양과 자식 양육에 혼신을 힘을 다했지만 정작 자신의 노후는 미처 준비가 안 된 경우가 많기에 경제협력개발기구(OECD) 국가 중 노인 빈곤율이 가장 높은 국가이기도 하다.

베이비붐 세대 노인들은 체계적으로 교육 받은 세대이며 과거의 노인들과 비교하면 신체적으로나 정신적으로 건강하고 활동적이어서 액티브(active)시니어로 부르기도 한다. 의학의 발전으로 평균수명은 점점 높아져 100세 시대에서 120세 시대가 온다고 학자들이 전망하고 있다.

과거 우리 사회 발전의 원동력이었던 새로운 노인 세대인 활동적 시니어들이 축적한 사회 경험과 기술을 우리 사회가 어떻게 잘 활용하는가에 따라 베이비붐 세대의 노인 인구가 우리 사회의 짐이 될 수도, 힘이 될 수도 있다.

노인 인구의 증가에 따른 실버산업의 경제 활성화 기여, 은퇴자들의 인생 2막을 지원해줄 평생학습체계 구축, 젊은 세대의 일자리와 충돌하지 않는 균형 있는 정년 연장과 연계한 연금 수령 시기 연장, 중소기업 등 부족한 일자리에 노인 인력의 적절한 활용과 국가적 지원, 노인복지 수급 나이, 종류별, 상황별 검토를 비롯해 100세 시대 노인들의 삶이 건강하고 생산적 문화가 되도록 다양한 공간과 제도가 필요하다. 베이비부머 세대가 적극적인 여가활동을 즐기기 위해서는 여가활용 교육 실시, 여가활동을 위한 인적·물적 인프라 구축, 여가산업 육성 정책 추진, 여가활용 프로그램 확대, 여가정보 플랫폼 구축 등이 필요하다. 여가활동 활성화는 베이비부머 세대에게는 최고의 복지정책이면서 지역경제 활성화를 위한 최고의 방안이다

노년기 진입 이전의 712만명의 베이비부머들은 뉴시니어, 중고령층, 또는 신노년 이라고 불리우며 기존의 노인과는 다른 양상을 보여주고 있는데, 그들은 사회·문화·경제적인 부분에서 기존의 노인에 비해 참여적이고 생산자이자 소비자로서의 면모가 더욱 강하다. 이러한 뉴시니어 세대와 관련된 경제, 문화, 사회, 정책 등의 영역에서 베이비부머를 어떻게 참여시키고 함께 지속해나갈 수 있는지에 대한 부분은 사회 전반적으로 중요한 이슈이다. 이 중 가장 중요시한 것은 신노년 '현대인의 여가활동'이다.

현대는 대중이 사회의 모든 분야에서 역할과 기능을 담당하는 현상이 나타나면서 대중사회라는 말이 대두되었으며, 일반국민이 적극적이고 본격적으로 여가활동에 참여하는 현상이 심화하면서 고도 대중여가사회가 도래했다고 할 수가 있다. 여가가 현대인의 삶에 커다란 영향을 미치고 삶의 중심으로 이동해 온 것이다. 여가가 무엇인지 인지를 못하는 경우가 상당하다.

여가는 우리 일상생활에 있어 다양한 영역의 주제로 큰 비중을 차지하고 있다. 우리나라는 여가실태에 대해서는 여가활동에 대한 최근 10년간의 국민여가 동향에 관한 빅데이터 분석 결과 주5일 근무제가 확산되면서 국민여가 활동은 양적으로 크게 증가한 것으로 나타났다(김용범 외, 2015). 2018년 국민여가활동조사에서 현재 자신의 삶에서 일과 여가의 균형이 잘 이루어졌다고 응답한 비율이 37.3% 이며, 여가에 더 집중할수록 행복수준 상승한다는 응답이 36.8%였다. 여가에 집중할수록 행복수준은 더 높은 것으로 나타났다(문화관광체육부, 2018).

노인의 신체적 양호를 위하여 신체적 여가활동, 사회관계적 여가활동 증대를 해야 하는데, TV시청과 인터넷 검색 등 편중된 여가활동은 노인 신체적 기능 저하의 원인이 되고 있다. 고령사회에서 노인성 질환으로 차지하는 사회적 비용은 후세대에 상당한 부담을 주게된다. 베이비부머의 행복한 삶을 위하여 국가나 사회가 여가인식 교육과 여가캠페인을 통하여 여가에 대한 사회인식이 필요하다. 일 중심으로 살아온 베이비부머는 여가력과 여가인식의 부재이며, 부모봉양, 자녀교육, 자녀 결혼 준비 등 자아의 노후준비나 여가를 누리지 못하였다. 그러므로 베이비부머의 다중적 스트레스 해소를 위한 여가(시간, 공간, 기능적, 물질적 등)의 국가와 사회적 지원이 필요하다. 노년 여가활성화 프로그램에서 다양한 외국의 사례와 우리정서에 맞는 여가 프로그램개발이 정책적으로 실행되어야 할 것이다.

특히 베이비부머 중 사회적 배제 (교육, 주거, 경제, 건강)를 겪고 있는 사람들을 대상으로 사회적 배제로 인한 여가활동의 제약상황을 개선하고, 여가조사에서 노인정책, 복지정책, 사회적 복지 차원에서 여가정책제도 만들어 기능적, 경제적, 시설적 지원을 하여야 한다. 또한 사회적 배제 집단과 사회적 비배제 집단과의 여가활동의 편차를 완화하여 평등 여가복지 사회문화를 추진해야 한다(오서진,2019). 여가활동 동기를 자극하는 노년의 여가활동의 대표 프로그램으로 미국의 비영리조직(Non Profit Organization) 엘더호스텔(Elder Hostel)은 1975년부터 실버계층을 위한 활동적인 교육관광 프로그램으로 '길 위의 학자'라는 뜻의 '로드스칼라(road scholar)'를 운영하고 있다(현재 150국가에 5,500 종류의 프로그램 제공). 로드스칼라는 안정적인 그룹여행보다 모험적인 개별여행을 통해 여행지에 대한 다양한 문화, 지리, 정보 등에 대해 배울 수 있는 기회를 제공한다.

또한 일본에서는 단카이세대의 장년기를 대상으로 실시한 각종조사 데이터를 근거하여 그들의 퇴직전후의 여가보람의 관련한 생활실태와 의향조사를 실시한바 개인적인 차이가 있지만 나이가 들수록 취미 활동과 같은 개인 활동을 삶의 보람이 되는 비율이 증가하고 반면 다른 사람들에게 도움을 된 것을 삶의 보람 의미로 언급하는 사람들도 증가했다. 은퇴후의 삶이 행복하게 되기 위해서도 다양한 지원과 자구 노력으로 보람된 삶을 목표로 해야 한다.

천재지변을 계기로 자원봉사(volunteer)와 관광(tourism)이 결합된 발룬 투어리즘에 대한 관심이 높아졌으며 우리나라의 경우는 2007년 충남 태안 앞바다 원유 유출사고 때 자원봉사에 나선 인원만 123만 명이 참가했던 계기로 발룬 투어리즘에 대한 관심을 가지게 되었다고 할 수 있다. 우리나라의 베이비부머 세대는 부모봉양, 자녀교육, 자녀결혼 준비 등 일 중심으로서 자아를 위한 여가력의 부재와 여가인식이 부족하다. 노년의 행복한 삶을 위하여 국가와 지방자치단체는 여가에 대한 사회인식으로 여가교육의 실시와 여가캠페인이 필요하며, 혈연, 지연, 학연 등 복잡한 사회관계망으로 스트레스를 겪고 있는 베이비부머의 스트레스 해소를 위한 여가(시간, 공간, 기능적, 물질적 등)의 국가와 공공지원이 필요하다. 여가활성화 프로그램에서 다양한 외국의 노인 사례와 우리정서에 맞는 맞춤형 여가프로그램 개발이 정책적으로 실행되어야 할 것이다.

특히 베이비부머에서 사회적 배제를 겪고 있는 사람들을 대상으로 사회적 배제로 인한 여가활동의 제약 상황을 개선하고 여가조사에서 노인정책, 복지정책, 사회적 복지 차원에서 여가정책제도 만들어 기능적, 경제적, 시설적 지원을 하여야 한다. 또한, 사회적 배제 집단과 사회적 비배제 집단과의 여가활동의 편차를 완화하여 평등 여가복지 사회문화를 추진하고자 한다.

여가는 사회적 좋은 기능, 삶의 보람 여가복지 활성화를 위한 여가 프로그램 설계 및 여가정책의 실천에 대한 시사점을 제시하는 것이 연구가치가 충분하다고 사료된다. 사회적 배제집단은 여가활동 동기의욕은 있으나 여가정보의 소외와 맞춤형여가의 인식부족으로 여가참여기회가 작아 만족도가 낮으므로 여가활동 참여기회와 동기부여, 여가기능의 증진 등이 이루어져야 할 것이다.

여가는 사회적 좋은 기능이며 삶의 보람인 것이다. 국가나 사회는 베이비부머의 여가인식 교육과 또래집단 사회관계망과 여가기능 수준을 고려하고, 여가의 조건(교육수준, 경제적)에 맞는 여가전문인력을 양성하고 컨설팅을 통한 '맞춤여가(Taylor made leisure)' 정책을 실행하여 집단간 맞춤형 여가시대의 프로그램을 개발, 실행하여 맞춤여가 활성화로 여가만족도를 높혀 나가야 할 것이다.


첫째, 베이비부머의 사회적배제요인(학력, 주거점유, 소득, 건강)등의 조절 효과가 여가정책수립 측면에서 사회적배제 요인 감소 정책으로 국민여가활성화기본법령 제14조 노인 등 사회적약자의 여가정책 지원사업을 국가와 지방자치단체는 증진하여야 한다.

둘째, 자극적 동기유발을 위한 활발한 사회활동(active) 여가정책을 국가와 지방자치단체 및 사회단체의 협동 연계서비스 도입되어야 한다.

셋째, 건강한 여가활동은 개인, 가족구성원 및 고령사회 전반의 심리적, 정서적 문제점을 예방 및 해소할 수 있다.

넷째, 청소년, 청년들과 함께 여가활동을 통한 노인의 삶의 만족도 증가는 인지능력상실 예방효과로 불필요한 사회적비용(의료비 등)을 절감을 가능하게 한다.

다섯째, 베이비부머들의 다양한 여가 재능을 활성화하기 위하여 여가전문 인력도입(여가전문 컨설팅)을 제도적 도입하여 일자리 창출에 기여하게 하고 건강한 노년여가산업의 확산 등 다양한 정책적 지원이 필요하다.

여섯째, 복지차원에서 사회적 소외계층에게 지급되는 문화누리카드처럼, 사회적 배제 대상에게도 '여가문화체험카드'를 발급시행을 하여 적극적 여가활동에 참여할 수 있도록 여가문화복지 환경이 조성되어야 하며 건강상 배제를 겪고 있는 노인들을 위하여 무장애 여가활동 시설확충에 노력해야 할 것이다.

일곱째, 범국민적 건강한 여가활성화증진을 위하여 '국민여가운동본부'를 통하여 여가를 즐길수 있는 '명소' 발굴과 국민의 품격있는 여가체험으로 건강한 노년을 권장하고 삶의 질을 높여야 한다.

베이비부머 세대이고 노인복지학을 전공한 필자의 연구가 베이비부머 세대의 맞춤형 여가프로그램개발과 여가참여에 증진하는 계기가 되고, 국민여가활성화기본법령 제11조 '여가교육의 실시'와 제13조 '여가 전문인력의 양성'의 조항이 베이비부머 은퇴자에게 실행되고 '국민여가전문강사'가 양성되어 인생2모작의 일자리 창출과 인지능력 개발로 건강한 노년을 맞이할 수 있는 여가참여의 기회가 늘어나길 바란다 (오서진,2019).

# 제3절

# 노년기 성공노화와 여가복지

한국보건사회연구원의 노인실태조사(2023)에 의하면, 여가활동 참여율을 살펴보면, 노인들은 지난 1년간 81.3%가 여가활동을 한 경험이 있는 것으로 나타났다. 지역에 따라서는 동부 노인은 80.9%, 읍·면부 노인은 82.4%로 읍·면부 노인의 참여율이 높았으며, 남자 노인은 81.2%, 여자 노인은 81.3%로 성별에 따라서는 큰 차이를 보이지 않았다. 주된 여가활동(1순위)은 휴식활동(산책, 음악감상, 기타)이 51.8%, 사회 및 기타 활동 18.7%, 취미오락활동 16.7%, 스포츠 참여활동 7.0% 등으로 나타났다. 지역·자원봉사 활동으로는 이명희(2017)는 노인들에게 있어서 여가활동은 다양한 사회봉사 활동으로 이어지기도 하는데, 이는 오랜 시간의 경험을 통하여 전통문화를 계승하고 발전시켰으며, 지역사회 공동체 형성 등에 긍정적인 역할을 해 왔기 때문에 노년기의 여가활동으로 인한 사회참여는 공동체 문화 창출을 시키고 세대 간의 이해, 노인복지를 발전하는데 기여할 수 것이다.

## 1. 노인의 성공노화

성공적 노화(Successful Aging)란 노년기에 신체적, 정신적, 사회적으로 건강하고 만족스러운 삶을 영위하는 것이며, 이는 단순히 질병이 없는 상태가 아니라, 활기차고 의미 있는 삶을 지속하는 것을 포함하여 뜻한다.

성공적 노화 이론은 단순히 노화를 개인의 능력상실과 신체적 노화, 인지능력 상실,질병 노출, 사회적 고립등의 부정적으로 바라보는 것이 아니라, 변화에 적응하고 이를 긍정적으로 활용하는 접근 방식이다. 또한, 노화의 가장 대표적 변화인 신체적, 인지적, 사회적 변화인 노화의 진행에 대하여 긍정적 사고와 사회적 적극적 참여로 올바른 대응 방법을 찾으려는 시도다. 성공적 노화(successful aging)는 일반적 노화(normal aging)와 달리개인의 노력과 환경에 대한 적절한 성장·유지·상실 등을 보완하는 전략을 사용하여, 신체적·심리적·환경적·사회적으로 잘 적응하는 자기조절적 노화를 말한다. 성공적 노화의 개념은 시대 및 사회적 맥락, 그리고 학자들의 연구관점에 따라 다양하다(김동배, 2008; 2015; 이창수 외, 2013; 지혜은, 박경숙, 2018; 홍현방, 최혜경, 2003).

## 1) 성공적 노화의 주요 개념

Rowe & Kahn(1997)의 성공적 노화 모델은 노화 과정에서 신체적, 인지적, 사회적 변화를 자연스럽게 받아들이면서도 이를 효과적으로 관리하고 대처하는 것이 중요하다고 강조하고 있다. 즉, 노화란 단순한 신체적 쇠퇴가 아니라, 건강을 유지하고, 인지적·사회적 기능을 최대한 활용하며, 적극적으로 삶을 영위하는 과정으로 볼 수 있다는것이다. 이러한 관점에서 성공적 노화는 단순히 "젊음을 유지하는 것"이 아니라, 노화의 본질을 이해하고, 변화에 맞춰 삶의 질을 높이는 방향으로 나아가는 것이 핵심이 된다.

Rowe & Kahn의 성공적 노화 모델에서 성공적 노화를 다음 세 가지 요소로 설명하였다.
 ① 질병과 장애의 예방: 만성 질환을 최소화하고 건강을 유지한다.
 ② 높은 인지 및 신체적 기능 유지: 신체 활동과 정신 활동을 지속한다.
 ③ 적극적인 사회 참여: 가족, 친구, 지역사회와의 관계를 지속적으로 유지 한다.

## 2) 심리사회적 관점

Erikson의 심리사회적 발달에서 에릭 에릭슨(Erik H. Erikson)은 인간의 발달을 전 생애적 관점에서 바라보며, 심리사회적 발달 단계를 8단계로 제시하였다. 각 단계에서는 특정한 심리사회적 과제가 있으며, 이를 성공적으로 해결하면 긍정적인 성격 발달이 이루어지고, 그렇지 않으면 부정적인 영향을 받을 수 있다고 주장하였다.

# ◎ Erikson의 8단계 심리사회적 발달 이론

8단계 성숙기(노년기) 지혜(wisdom)를 얻기 위해 발달이론을 학습할 필요가 있다.

(1) 신뢰 대 불신 (Trust vs. Mistrust) :영아기 (0~1세)

부모나 보호자로부터 안정적인 돌봄을 받으면 신뢰감을 형성하게 되거나 불안정한 환경에서는 불신과 불안감이 생기는 기본적인 '신뢰 vs 불신'이 발달의 쟁점이 되는 시기다.

(2) 자율성 대 수치심 (Autonomy vs. Shame and Doubt) :유아기 (1~3세)

독립적인 행동을 시도하며 자율성이 커지며 과도한 통제나 비난을 받으면 수치심과 의심이 생기는 '자율성 vs 수치, 회의'가 주요과제인 시기다.

(3) 주도성 대 죄책감 (Initiative vs. Guilt) : 유아기 후반 (3~6세)

스스로 계획하고 실행하는 능력을 키울수 있고, 과도한 제지나 실패 경험이 많으면 죄책감을 느끼는 '주도하는가 죄의식을 갖는가' 가 쟁점인 시기다.

(4) 근면성 대 열등감 (Industry vs. Inferiority) : 아동기 (6~12세)

학업과 사회 활동을 통해 성취감을 얻고 근면성을 키움. 반복되는 실패 경험이 많으면 열등감을 느끼는 초등학생 시기로 '근면성 vs 열등감'의 과제가 있다.

(5) 정체감 대 역할 혼미 (Identity vs. Role Confusion): 청소년기 (12~18세)

자신의 정체성을 확립하고 가치관을 형성하게 되며 정체성을 획득하지 못하면 방황과 반항의 혼란의 시기를 겪게 된다. 혼란스러운 정체성은 역할 혼미로 이어질 수 있음

(6) 친밀감 대 고립감 (Intimacy vs. Isolation) : 성인 초기 (18~40세)

타인과 친밀한 관계를 맺고 사랑을 경험하게 되고 실패하면 외로움과 고립감을 느끼게 된다.

(7) 생산성 대 침체성 (Generativity vs. Stagnation) : 중년기 (40~65세)

가족, 직업, 사회 활동을 통해 의미 있는 기여를 하거나 영향력을 창출해 내면 성취감을 느끼고, 성장하지 못하면 자기만족에 빠지고 정체와 침체에 빠지게 된다.

(8) 자아 통합 대 절망 (Integrity vs. Despair) : 노년기 (65세 이상)

자신의 삶을 돌아보고 긍정적으로 받아들이면 자아 통합이 형성되고 후회와 실망이 크면 절망감을 느끼게 된다. 즉, 조화와 진실을 마주하며 지혜롭게 사는가, 아니면 인생을 원망하며 사는가로 나뉘어진다.

〈표 9〉【자아통합 vs 절망】

| 구분 | 자아통합(Ego Integrity) | 절망(Despair) |
|---|---|---|
| 삶의 평가 | "내 삶은 의미 있고 가치 있었다." | "내 삶은 후회스럽고 헛되었다." |
| 감정 상태 | 평온함, 만족감, 성취감 | 후회, 불안, 우울감 |
| 태도 | 죽음을 자연스럽게 받아들임 | 죽음에 대한 두려움과 거부 |
| 대처 방식 | 삶을 인정하고 받아들임 | 삶을 부정하고 후회 속에 머무름 |

에릭슨의 마지막 단계인 "자아 통합 대 절망"은 성공적 노화와 밀접한 관련이 있다.

자신의 삶을 의미 있게 받아들이고 성취감을 느끼면 자아 통합을 이루고 평온함을 얻게되고 과거의 선택과 경험에 대한 후회가 많고 삶에 만족하지 못하면 절망감에 빠지게 된다. 따라서 노년기에 성공적인 노화를 위해서는 자신의 삶을 긍정적으로 해석하고, 후회를 줄이며, 가족·사회와의 관계를 유지하는 것이 중요하다.

### 3) 성공노화와 자아통합

노년기에 '자아 통합(ego integrity)'을 이루는 것이 중요하다.

다음은 성공적 노화를 위한 활동이론 대한 설명이다.

(1) 활동 이론(Activity Theory)

1960년대 해벗(Havighurst) 등이 제안한 이론으로 노화 과정에서 신체적·사회적 활동을 계속 유지하는 것이 삶의 만족도와 행복감을 높인다고 주장하였다. 즉, 노화로 인해 역할이 줄어드는 것이 아니라, 새로운 역할을 찾아 적극적으로 참여하는 것이 중요하다고 보는 것이다. 노년기에 들어서도 이전의 활동을 지속하면 더 건강하고 긍정적인 삶을 살 수 있고 가족, 친구, 지역 사회와 지속적인 교류등 사회적 관계 강화가 중요하다고 본다.

또한, 직장에서 은퇴하더라도 다른 사회적 역할(예: 자원봉사, 취미활동, 동호회 활동 등)을 통해 사회와 연결되어 역할 변화에 수용할 수 있어야 한다. 노년기의 활발한 활동을 통해 우울감과 고립감을 예방하고 정신적 안정감을 얻는 심리적 건강에 증진하게 된다.

(2) 활동 이론의 예시

• 사회 활동: 자원봉사, 노인 대학, 종교 활동, 동호회 참여

- 신체 활동: 운동, 산책, 요가, 춤, 스포츠 참여
- 취미 활동: 독서, 그림 그리기, 악기 연주, 글쓰기
- 가족과의 교류: 손주 돌보기, 가족 행사 참여

## (3) 활동이론과 성공적 노화

성공적 노화(Successful Aging) 모델과 연결: 활동을 유지하는 것이 신체적 건강뿐만 아니라 정신적, 사회적 건강에도 긍정적인 영향을 미친다.

Rowe & Kahn의 성공적 노화 모델과 유사점은 노인의 건강한 신체, 높은 인지 기능, 적극적인 사회 참여가 핵심 요소이다. 또한 노년기의 사회적 활동을 지속하면 자아 존중감과 삶의 의미가 높아지고, 긍정적인 노화가 가능하여 노년기의 삶의 질 향상된다.

## (4) 활동 이론에 대한 비판

Cumming과 Henry(1961)가 주장한 이탈 이론(Disengagement Theory)은 노화과정에서 노인은 사회의 주류로부터 이탈하게 되는 것은 자연스러운 현상이며, 모든 노인이 활동적인 삶을 선호하는 것은 아니고 개인의 성향이나 건강 상태에 따라 활동을 줄이는 것이 더 적절할 수도 있다는 활동이론과 반대의견이다.

성공된 노화를 준비하기 위해 중요한 것은 노인의 사회참여의 중요성이다. 사회참여는 노후생활을 풍요롭게 하는 사회적 자본의 증대를 가져와서 심리적 요인과 같이 삶의 만족을 높일 수 있는 방안이다. 따라서, 안정적인 노후생활을 위해서는 사회봉사 등 다양한 방법으로 사회에 기여할 수 있는 방안들을 모색하는 것이 필요하다. 지역사회에서의 자원봉사 활동 등도 좋은 방안이 될 수 있을 것이다. 따라서 시니어클럽 등에서 실시하는 공공형 일자리 사업은 노인의 사회활동 참여 수준을 높일 수 있을 것이다. 그리고 사회적 자본은 사회적 비용을 감소시켜 사회 전체 이익의 증대를 가져온다. 이러한 사회적 자본을 형성하는 것은 삶의 만족에서 매우 중요하다. 따라서 사회적 자본의 형성요인인 사회참여 외에도 지역사회와의 네트워크 증대 및 이웃들과 신뢰를 증대시킨다면 삶의 만족에 도움이 될 것이다(박선옥, 오서진, 2025). 성인후기 단계의 신노년은 주된 일자리에서 은퇴가 이루어지는 55세이후의 연령층으로 잠재적 발달을 가지고 새로운 방식으로 삶을 변화시키고 성공적 노화를 희망하며 제3기 인생을 설계하는 학습자이다. 성인후기 학습자에게 자기주도적으로 성공적 노화를 이끌 수 있도록 돕는 평생교육 프로그램의 제공은 고령화 사회의 노인 문제를 사회자원으로 환원하고 더불어 활력과 생성감을 높여 성공적인 노년기의 삶으로 전환시켜 줄 수있는

교육의 가치 실천이 될 수 있다(양윤희, 2021).

### 4) 자아통합을 이루는 방법

(1) 삶을 긍정적으로 해석하기

(2) 과거의 실수나 후회를 인정하고 받아들이기

(3) 자신의 경험을 통해 성장한 부분을 찾기

(4) 사회적 관계 유지하기

(5) 가족, 친구, 지역사회와 지속적인 교류를 통해 정서적 지지를 받기

(6) 자원봉사, 노인 대학, 동호회 활동 등을 통해 의미 있는 활동 참여

(7) 자신의 경험을 공유하기

(8) 후손에게 자신의 지혜와 경험을 전수하여 의미 있는 역할 수행

(9) 회고록 작성, 손자녀와의 대화 등을 통해 자신의 삶을 정리

(10) 새로운 목표 설정하기

(11) 새로운 취미나 배움을 통해 여전히 성장할 수 있음을 인식하기

(12) 신체 활동(운동, 요가), 창의적 활동(그림, 글쓰기) 등을 시도

## 2. 노인의 여가활동과 생활

### 1) 노인의 여가활동이 삶에 미치는 영향

대중교통을 이용하다 보면 불편한 듯 인상을 쓰는 노인들의 모습을 자주 접하게 된다. 노인들의 사회적 분노와 불평불만은 여러 가지 요인에서 비롯되는데 대표적으로 경제적 어려움, 건강 문제, 고립감, 세대 차이, 사회적 역할 상실, 개인적인 경험, 사회적 환경 등의 원인이 된다.

첫째 신체적·생리적 변화로 노년기에는 건강이 악화되어 만성 질환(관절염, 고혈압, 당뇨 등)과 신체 기능 저하로 인해 삶의 질이 낮아지게되며, 공공장소등에서 노인의 귀가 들리지 않아 큰 소리로 통화하는등의 사회적 소음이 발생하는것에 대한 젊은 세대들과의 갈등이 촉진되기도 하고, 뇌 기능의 변화는 노화로 인해 감정 조절이 어려워지고, 우울증이나 불안증이 증가할 가능성이 높아지게 된다.

둘째, 사회적 요인으로 가족, 친구와의 관계 단절 및 사회적 활동 감소로 인해 소외감을 느끼며 고립감과 외로움이 시작되고, 젊은 세대와의 문화적, 가치관 차이로 인해 소통이 어려워지고, 자신의 의견이 무시당한다는 느낌이 들고 은퇴 후 사회적 역할이 줄어들어 무력감과 소외감을 갖게 된다.

셋째, 심리적·정서적 주요요인으로 고령이 되면서 배우자, 친구, 동료의 사망으로 인해 상실경험에 의한 우울감이 심해지며, 노년기의 경제적 불안, 건강 문제, 죽음에 대한 두려움 등이 부정적인 사고로 이어지게 되고, 인생에서 겪은 어려운 일들(가난, 전쟁, 가족 갈등 등)이 부정적 경험이 축적되어 부정적 사고방식으로 자리 잡게 된다.

또한, 예전처럼 어른에 대한 공경심이 사라져 대우받지 못한다는 자존감 하락이 무시당한다는 생각이 들면서 화를 내게 된다.

넷째, 환경적 요인

뉴스나 사회 문제에 대한 부정적인 보도(정치적 이념, 범죄, 경제 불황 등)에 지속적으로 노출되는 미디어의 영향과 노인에 대한 사회적 편견인 "고집스럽다", "비효율적이다" 등 부정적인 시선이 노인들의 자존감을 낮추게 된다. 또한, 빠르게 변화하는 기술(스마트폰, 인터넷 등)과 새로운 사회 구조에 적응하는 것이 어려워 스트레스를 느끼며 다양한 감정들이 복합적으로 작용하면서 노인들은 부정적인 사고를 갖게 될 가능성이 커지게 된다

이를 해결하기 위해 정부나 지자체에서 다양한 방안을 도입하고 있지만, 저출생 & 초고령 사회에서 노인에게 지원할수 있는 방안이 점점 늘다보면 국가재정문제도 심각하게 고려해할 문제로 부각되고 있다.

노인의 사회적지지에 따른 노인의 우울을 살펴본 결과, 사회적 지지의 하위 요인 중 정서적 지지, 물질적 지지, 평가적 지지는 그 수준이 높을수록 우울이 감소하고, 정보적 지지는 그 수준이 높을수록 우울이 증가하는 것으로 나타났으며, 사회적 지지와 우울의 관계에서 여가 활동만족도는 정서적 지지와 우울의 관계, 평가적 지지와 우울의 관계에서 여가활동만족이 조절 효과가 있었다. 노인들의 우울을 감소시키기 위해서는 노인의 정서적 지지와 평가적 지지를 높이는데 도움이 되는 여가활동 프로그램을 개발하여 제공할 필요가 있다 (오서진. 2020).

(1) 노년기의 여가활동은 단순한 취미를 넘어 신체적·정신적 건강, 사회적 관계, 경제적 안정 및 전반적인 삶의 질에 직접적인 영향을 미친다.

노인의 여가활동의 참여는 기본적인 욕구를 충족할 뿐 아니라 노인의 지위라든가 자아존중감을 유지시키는 매우 중요한 역할을 하는 것으로 보고되고 있다. 그러므로 노년기에 노인의 생활만족도를 높일 수 있는 최고의 수단이 여가활동의 참여라고 할 수 있고, 노인의 여가활동 참여는 경제적인 생활수준에 따라서 그 삶의 질이 다르게 나타났는데 경제적인 생활의 수준이 높은 노인들은 그들의 삶 자체가 매우 활동적인 반면, 경제적인 생활의 수준이 낮은 노인들은 행동이나 어떠한 선택에 있어서 매우 소극적인 경향을 보이는 것으로 나타났다. 노인의 여가활동 참여는 환경적 여건에 민감한 반응이 나타났다. 환경여건에 따라 생활양식에도 차이를 미쳤으며, 여가활동의 기회에 접근이 용이한 등의 차이를 보였다. 노인이 거주하고 있는 지역에서 노인여가 시설이 부족하거나 더불어 살아갈 이웃 또는 주민이 많지 않을 경우에 여가활동의 범위라든가 참여의 빈도가 감소할 가능성이 빈번해지기 때문이다. 도심에 거주하고 있는 노인들은 다양한 여가활동에 대한 기회를 제공하는 것에 접근성이 뛰어나 참여율이 매우 높은 현상을 나타내는 반면, 농촌지역에 거주하고 있는 노인들은 여가의 종류나 참여의 기회가 도심처럼 다양하지 않고 참여가 어려운 환경에 노출되어 있는 것으로 볼 수 있다.

(2) 노인의 여가활동 참여는 삶에 긍정적인 영향을 미친다.

노인의 여가활동 참여가 퇴직한 이후에 시간적으로 여유있는 노인들에게 고독감이나 소외감 그리고 무료함을 위한 역할뿐만이 아니라 노인들의 생활에 대한 만족감을 증가시키는데 긍정적 영향을 미치고 지속적 여가활동에 대해 노년기의 사망률을 낮추는 긍정적 역할도 한다는 보고도 있듯이 이렇게 노인의 여가생활이 그들의 생활 전반에 영향을 미치는 것으로 응답한 경우가 가장 많은 것으로 나타나 이를 보면 노인들의 여가활동에 대한 참여는 삶에 있어 긍정적인 영향을 미칠 수 있다.

(3) 노인의 여가활동 참여는 사회통합에 영향을 미친다.

노인의 여가활동에 대한 참여는 지역사회 내로 통합시키는 역할을 수행 한다. 이는 노인의 개인적인 욕구의 충족 이외에도 친밀감을 형성시킬 수 있는 지지집단을 만들게 함으로써 노인이 지역사회 내에 통합되고자 하는데 기여되는 효과가 매우 크고, 사회적인 여가활동은 소통이 잘 이루어지는 경로당, 복지관 그 외 문화원등에서 이뤄지고 있다.

## (4) 노인여가의 긍정적 영향

신체적 건강 향상, 근력 유지 & 신체 기능 향상, 걷기, 요가, 수영, 게이트볼 등의 운동은 근력 유지 및 유연성 증진에 도움이 되며, 관절염, 고혈압, 당뇨 등 만성질환이 예방되고 치매 예방 & 뇌 건강 유지에 도움이 된다.또한, 정신적 건강 & 행복감이 증진되며, 스트레스 해소 & 우울증 예방에도 도움이 된다. 여행, 취미생활, 종교활동 등은 정서적 안정과 긍정적 감정을 유도하고 사회활동 참여가 늘어날수록 외로움이 감소되어 삶의 만족도가 증가된다.

### 노인여가 사례

정년퇴직 후 여가를 즐기며 인생 제2막을 살아가는 서혜랑 선생(70대 중반, 여)은 36년 6개월 동안 교편을 잡고 있다가 2015년 정년 퇴직 하였다. 현재 그녀는 70대 중반나이임에도 50대 여성처럼 활력이 넘치고 매사에 의욕적이다. 서혜랑 선생은 교직에 있으면서 교도교사(상담교사) 자격을 취득하고, 청소년 상담 교육과정, 인지상담기법 과정을 수료후 20년간 과천여고 상담교사로 봉직했다. 정년후 녹조근정훈장을 수여 받았고, 캘리그라피 스페셜 리스트로 활동하며 여가활동을 통해 습득한 작품들을 정기적으로 만나는 제자들과 지인들에게 나눔하며 즐거운 삶을 보내고 있다. 또한, 그녀는 시니어 오케스트라 단원으로써 연주하며 즐거움을 선사하고 있고, 최근에는 천아트 (패브릭)과정 수업에 푹 빠져 있다. 2025년 2월에는 10여년을 매주 목요일에 모여서 서예공부를 하고 있는 목묵회 회원전시회가 고양시 덕양구 덕양구청 2층 갤러리 꿈에서 전시되기도 하였다. 서혜랑 선생은 서예지도자, 해동서화대전 초대작가로 노년의 여가활동을 유익하게 즐기며 살아가는 멋진 성공노화의 모델이다

### 은퇴후 성공 노년기 사례

이창효 경영학 박사는 애국심과 군인정신이 투철하고 책임감이 강한 대한민국 육군 예비역 중장으로 수도군 단장과 제8군단장을 역임 하였고, 퇴임후에도 지속적으로 군인들의 학력편차를 줄이기 위한 노력으로 검정고시 지원사업을 확대하고 있으며, 전국검정고시 총동문

회 회장을 역임하며, 많은 청년들에게 희망의 꿈을 심어 주고 있으며, 품성이 올바르고 자애로워 역경을 딛고 주경야독한 검정고시 동문들로부터 존경받는 인물이다.

또한, 동문들의 편익과 춘계 어울림 한마당 축제를 통하여 스포츠, 친교 등 동문들의 여가 활동 지원에 앞장서고 있는 리더십 있는 지도자이다.

---

## 문화예술인 사회공헌 사례

①가수 장미화

NGO 단체인 '장미화의 아름다운 손길'을 결성하고 21년째 나눔을 실천하고 있는 가수 장미화님은 고령임에도 독거어르신들을 위한 바자회 활동등으로 아름다운 손길의 봉사활동을 하고 있다.

힘겨웠던 시절을 나눔과 봉사로 승화한 그녀는 2025년 6월 산수연(팔순)를 맞아 장미화의 특별한 초대로 콘서트를 진행하여 수익금 일부를 독거노인을 위한 나눔행사를 하며 아름답고 존경받는 방송인으로 봉사 활동하며 성공된 노년을 보내고 있다.

② 김동선 작가 ( 뮤지컬 소설: 휘몰이 저자)

오랜기간 대중문화중심에서 K-문화를 알리며 기여해온 시인, 디카작가, 여행 작가, 뮤지컬 프로듀서등 다양한 수식어가 붙는 김동선 작가는 뮤지컬 소설 '휘몰이'를 집필하여 소설가로 활동하고 있다. 또한, 뮤지컬 '광화문연가'와 '사랑했어요'의 프로듀서를 맡아 한국과 일본 도쿄, 오사카에서 공연을 성공적으로 이끌었으며, 대중문화 나눔으로 사회공헌에 앞장서고 있고, (사)대한민국 가족지킴이 자문위원과 (사)지구촌나눔운동 전문 위원등을 맡고 있으며, 많은 작품을 연출, 기획을 하면서 문화예술 여가를 누리지 못하는 소외계층과 장애인등에게 10년 이상 지속적으로 공연 관람권을 후원하며 여가를 즐길수 있도록 지원하면서 선행을 베푸는 겸손한 미덕을 갖추고 있는 문화 예술인이다.

위사례처럼, 베이비부머세대의 성공적 노화는 자아존중감에 영향을 미치며, 성공적 노화의 요인 중에서도 자율적인 삶, 자기완성, 자기수용을 긍정화 하고, 삶의 만족을 높이려면 자기성찰의 필요성이 대두되고, 삶의 만족을 위해서는 노후의 삶의 자율적이고, 삶과 자신과의 통합을 통해 지금까지 살아온 삶에 대한 수용이 중요하다(오서진, 2024).

## 2) 노인여가활동의 중요성과 만족도

(1) 노인여가활동의 중요성

노년기는 신체적·사회적 변화가 많은 시기이며, 이때 여가활동은 삶의 질을 향상시키고 성공적 노화를 이루는 중요한 요소이다. 적극적인 여가활동을 통해 신체적 건강, 정신적 안정, 사회적 관계를 유지할 수 있다. 또한, 전국적으로 지역의 거주 노인의 사회참여활동과 여가활동 관련 서비스를 제공하는 노인여가복지시설로 노인대학이 활성화되고 있고 설치되어 운영되고 있다 노인대학은 지역사회에서 노인의 모임 장소이자 노인을 위한 여가 및 사회적응 프로그램의 운영 장소로 활용되고 있는 매우 유익한 여가시설이기도 하다 (김길옥, 오서진,2020).

① 신체적 건강 증진

걷기, 수영, 요가, 등산 등의 신체 활동을 포함한 여가활동은 노인의 건강을 유지하는 데 도움이 되며 근력 및 유연성 향상, 심혈관 건강 개선, 낙상 예방 효과가 있다. 또한, 규칙적인 운동을 하면 고혈압, 당뇨, 관절염, 치매 등의 질환예방이 된다.

② 정신적 건강 증진

우울증, 불안감 예방 및 스트레스가 해소되고, 독서, 음악 감상, 그림 그리기 등의 활동은 인지 기능 유지 및 치매 예방등의 효과가 있다.

③ 사회적 관계 강화

친구, 동료, 가족과 함께하는 활동을 통해 고립감과 외로움을 줄이고 사회적 유대감 이 향상되며,노인 대학, 동호회, 자원봉사 등의 활동은 사회 참여 기회가 된다.

④ 삶의 만족도 향상

개인의 흥미와 적성에 맞는 여가활동은 삶의 의미와 즐거움을 찾는 데 도움이되며, 규칙적인 여가활동 참여는 삶의 질을 높이고 성공적인 노화를 가능하게 한다.

노년기에는 일정한 역할이 주어지지 않고, 노인에게 부여된 여가들을 일정한 역할이 없이 무의미하게 보내고 있는 모든 시간들을 의미하며, 보편적인 노인의 여가활동에 관한 의미를 후자로 볼 때에 노인들의 일상생활 전체를 여가로 규정해 볼 수 있으며, 노인의 여가는 대체적으로 시간을 여가로만 보는 이유로 기나긴 시간을 어떻게 활용하느냐에 따라서 노인의 삶에 관한 만족도 또한 달라 질 수가 있다(이루다, 2019). 이와 같이 노인의 여가는 노인문제 해결의 중요한 부분을 차지하며, 노인이 생애주기에 관계없이 본능적으로 추구하려는 질적인 삶과 관련이 된다고 할 수 있다(김춘옥, 2014). 노인에게 있어서 여가활동은 여가 그 자체에 대한 즐거움이나 재미라기보다 무료함이나 지루함이나 시간 보내기라는 것에 대한 문제를 제기하고 있으며, 이것들은 노인에게 있어 정신적·정서적·경제적인 부담들을 안겨주게 되며, 이로 인해 제기되고 있는 고통이나 문제점을 야기하기도 한다(하향자, 2019).

(2) 노인 여가활동 활성화를 위한 방안 및 여가 유형
① 노인 여가활동 활성화를 위한 방안
  • 여가활동 프로그램 개발 및 확대
  • 노인 복지관, 문화센터, 체육시설 등을 활용한 다양한 프로그램 제공
  • 노인의 흥미와 건강 상태를 고려한 맞춤형 여가 프로그램 필요
  • 경제적 지원 확대
  • 무료 또는 저렴한 비용으로 참여할 수 있는 여가 프로그램 제공
  • 저소득층 노인을 위한 문화·체육 활동 지원 정책 마련
  • 사회적 인식 개선
  • 노인의 적극적인 사회 참여와 여가활동을 장려하는 분위기 조성
  • 노인 스스로도 여가활동의 필요성을 인식하고 적극적으로 참여
  노년기의 여가활동은 신체적 건강 유지, 정신적 안정, 사회적 관계 형성, 삶의 만족도 향상에 매우 중요하고, 단순한 여가를 넘어 성공적인 노화를 이루는 핵심 요소이므로, 노인들이 활발하게 여가활동에 참여할 수 있도록 다양한 프로그램과 정책적 지원이 필요하다.

〈표 10〉 노년기 여가활동의 유형

| 유형 | 예시 | 효과 |
|---|---|---|
| 신체 활동형 | 걷기, 요가, 수영, 등산, 체조 | 건강유지, 근력 강화, 질병예방 |
| 문화·예술 | 평온함, 만족감, 성취감 | 후회, 불안, 우울감 |
| 활동형 | 독서, 그림 그리기, 악기 연주, 공예 | 창의력 증진, 인지기능 향상 |
| 사회 활동형 | 노인 대학, 동호회, 여행 | 사회적관계 형성, 고립감 예방 |
| 자원봉사 활동형 | 지역 봉사, 멘토링, 환경 보호 활동 | 자아실현, 사회공헌 |
| 취미·오락형 | 바둑, 장기, 낚시, 텃밭 가꾸기 | 스트레스 해소, 정서적 안정 |

② 노년기는 신체적·정신적 건강을 유지하고, 사회적 관계를 지속하는 것이 중요한 시기이다. 노년기 여가활동은 삶의 질 향상, 우울증 예방, 건강 유지, 사회적 고립 방지 등의 긍정적인 영향을 미친다. 특히 대한민국의 노인은 청·장년기에 빈곤을 겪고, 생존을 위해 보냈으며, 여가활동을 즐긴 경험이 부족하고, 여가활동의 방법과 기술이 제한되어 있어서 현실적으로 주어진 많은 시간들을 제대로 활용하지 못하고 무료하게 시간만을 보내고 있는 실정이다(김윤재, 2016). 또한 여가는 노인에게 단순하게 취미나 오락만을 제공하는 것이 아니고, 경제적으로 소득을 보충하는 기회를 제공하고, 보건·의료적으로 만성질환에 시달리고 있는 노인에게 건강을 지키도록 하며, 사회·심리적으로는 고독감과 무력감을 갖고 있는 노인들에게 생에 대한 애착이나 삶에 대한 자신감을 갖게 하며, 그리고 정신적으로는 긴장감을 해소시키고, 적절한 정신적인 자극을 주게 되어서 정신 건강에도 상당한 도움을 줄 수 있다(이루다, 2019). 그러나 실제 활동은 외부활동보다 집에서 TV 시청이나 라디오 청취로 대부분의 여가시간을 보내거나 낮잠, 목욕 등으로 소일하는 경우가 많으며, 여가비용이 지출되지 않는 가까운 공원을 걷거나 산책을 가장 많이 하는 것으로 나타났다(이근홍, 2018). 60대 이상의 여가활동으로는, 이 시기에는 사회적인 은퇴기에 접어들고 신체적으로 쇠락하고 경제력도 감소하기 때문에 적극적인 여가활동은 줄어들지만 늘어난 여가시간을 활용하기 위해서 TV시청/라디오 청취, 목욕/ 사우나, 낮잠 등의 소극적인 여가활동, 그리고 사적이고 익숙한 사람들과의 여가 활동이 증가한다(문화체육관광부·문화관광원, 2007).

여가는 노인들에게 있어서 꼭 필요한 것이며, 노인이 문화성, 창조성을 발휘할 수 있는 여가활동에 즐겁게 참여함으로써 젊었을 때에 하지 못한 새로운 경험에 도전을 시도하는 것이 노인여가활동의 일반적 통념이다(이미정, 2011). 즉 다시 말하면 노인여가는 두 가지의 측면으로 그 의미를 부여하는데, 먼저 살펴볼 내용은 노령기에도 일정한 사회적이거나 가정적인 역할에 있어 그 역할들을 추구하고 있는 도중에 갖게 되는 여유시간들을 의미하며, 다음으로 살펴볼 내용은 자신에게 부여된 어떤 일정한 역할들에서 느껴지는 막연하게 보내고 있는 긴 시간들을 의미한다.

노인의 여가활동에 대한 영향을, 노년기에는 신체적, 정신적 기능들이 약화되며, 특히 역할 상실에 대한 변화를 겪는 시기이기로써 노인의 삶의 질이 노인 개인의 신체와 정신건강, 사회적인 관계 그리고 개인의 신념 등 매우 복잡하게 얽혀있는 관계로 광범위한 개념이라고 주장하고 있으며, 최근에는 노인 인구의 증가로 말미암아 건강한 노후 생활에 관한 관심이 확대되고 있으며, 성공적 노화를 꿈꾸는 노인들을 위한 연구들이 많이 이루어지고 있다(김춘옥, 2014; 이지영, 2018).

(3) 노인의 여가복지를 위한 건강과 웰빙 중심의 접근

① 건강한 생활습관 유지: 균형 잡힌 식사, 규칙적인운동, 적절한 수면

② 정신 건강 관리: 스트레스 관리, 긍정적 사고, 우울 예방

③ 사회적 관계 유지: 가족, 친구, 지역사회와 지속적인 교류

④ 성공적 노화를 위한 실천 전략

⑤ 신체 활동을 꾸준히 하고 건강한 식습관을 유지

⑥ 지속적인 학습과 지적 활동을 통해 뇌 건강 유지

⑦ 취미 활동, 자원봉사, 사회 활동을 통해 활력 유지

⑧ 가족 및 친구와의 관계를 소중히 하고 정서적 지원을 주고받음


성공적 노화는 단순히 오래 사는 것이 아니라, 활기차고 의미 있는 삶을 살아가는 것을 목표로 한다. 노인들의 삶의 질 향상의 문제는 성공적 노화의 개념이나 직접적으로 관계가 있고, Havighurst(1973)의 성공적 노화는 노화과정에 있어서 노인들 스스로가 자신이나 사회에 관한 성공적 적응을 하는 것으로 이런 적응의 문제는 개인 성격과 사회 환경이나 신체 건강상태 이렇게 세 가지 요소가 조화가 있어야 한다고 하였으며, 이처럼 노인들의 삶의 질에

대한 노인들의 정신적이거나 신체적인 변화와 그들의 사회 환경 등에 다양한 영향을 받으며, 결국에는 노인들에게 있어서 행복한 노년을 바라보게 한다는 점에서 다양한 요인을 잘 극복하고 개발하여 삶의 질을 높이는 것이라 할 수 있겠다(이지영, 2018).

김일동(2012)의 연구에 따르면 향후 1년 이상의 행동 의지와 현재 수행하고 있는 과업의 지속유지를 지속의지로 정의하였고, 노인들의 여가참여활동은 노인들의 사회활동의 유형 중의 하나로 자신의 가치에 대한 깨달음을 느낄 수 있으며, 삶에 대한 의미를 찾도록 바람직한 사회참여의 한 형태로 볼 수 있으며, 자원봉사활동의 참여로 인해 자신의 자아성취와 지속적 대인관계를 통해 사회적 안정감이나 만족감을 얻게 된다. 노인은 이러한 여가활동에 지속적으로 참여하려는 의도가 높을 것으로 예측할 수 있는데, 노년의 적응을 어떻게 하느냐에 따라 삶의 질이 달라질 수 있고, 노인의 자원봉사활동은 노인에게나 사회적으로 긍정적인 영향을 줄 수 있다(신현하, 2015). 또한 자발적 자원봉사의 특성 사유로 자신들의 내적인 기대감에 부합됨을 알 수 있고, 더불어서 타인과 사회에 기여할 수 있다는 만족감이 충족된다면 노인의 지속적인 참여를 기대할 수 있다(이성호, 2016). 노인들의 자원봉사 활동들에 대한 사회의 문제를 살펴보면, 그것들을 해결할 수 있으며, 노후의 생활을 영위함에 있어 고독이나 소외에 대한 문제를 해결하려는데 상당한 역할을 한다. 노년기에 단순히 여가시간을 보내는 곳이 아니라 노인이 건강한 활동을 통해 현실을 지각하고 사회적, 정신적, 신체적으로 새롭게 삶을 시작하는 자아실현의 장이기도 하다 (김길옥, 오서진,2020).

## 3. 연소 노인 및 신 노년기의 일과 여가의 중요성

### 1) 연소 노인 (年少老人, young-old)[61]

연소 노인이란 제 막 노년기에 진입한 노인으로 우리나라의 경우 정년퇴직을 경험하는 쉰다섯 살에서 예순다섯 살 사이에 해당하는 이들로 노인 중에서는 비교적 젊은 축에 속한다고 하며, 또한, 대한응급의학회의 응급의료 용어사전에서는 '65~79세까지의 사람을 가리킨다'고 되어 있다. 즉, 노인연령중 '젊은 노인'이라는 뜻으로, 신체적·정신적으로 비교적 건강하고

---

61) 국어사전

활동적인 노인을 지칭한다. 노인 기준(65세 이상)으로 볼 때 상대적으로 연령이 낮고, 사회적·경제적 활동을 지속할 가능성이 있는 젊은 노년층을 뜻한다.

'연소 노인, 고령 노인, 초고령 노인의 건강과 삶의 만족 수준 및 결정요인의 차이에 관한 연구'(이인정,2010)에 따르면 우리나라에서 평균수명의 연장으로 노인인구가 증가하고 있으며 그 중에서도 특히 85세 이상 노인이 급증하여 노인집단 내에서도 연령대에 따라 건강, 삶의 만족 등에서 차이가 있을 것으로 사려 되고, 노인집단을 구체적으로 노년기를 연소노인, 고령노인, 초고령노인으로 연령별 세분화하여 각 집단의 정신적·신체적 건강, 삶의 만족도, 관련 요인의 수준을 비교하고, 그 인과관계의 차이를 분석하였다.

(1) 연소 노인 (Young-old, 65~74세): 비교적 건강하고 활동적인 시기로, 경제활동과 사회적 교류가 활발하다.

(2) 고령 노인 (Old-old, 75~84세): 신체 기능이 점진적으로 저하되며, 만성질환 관리가 중요한 시기이다.

(3) 초고령 노인 (Oldest-old, 85세 이상): 신체적·인지적 기능이 현저히 감소하며, 돌봄 및 의료 지원 필요성이 커진다.

## 2) 신 노년 (新老年, New Senior)

기존의 노인 개념에서 벗어나, 적극적으로 사회활동을 이어가는 새로운 형태의 노년층을 의미하며, 단순히 연령이 아닌 삶의 태도, 건강 상태, 사회 참여 정도에 따라 정의된다. 현대인중에 60대 후반도 젊은 외모가 많아 할아버지, 할머니라는 칭호를 부여하면 불쾌해 하는 경우도 많아졌다.

현대의 시니어들은 퇴직 후에도 경제활동을 지속하거나 자기계발, 취미 활동, 봉사, 여행 등을 즐기는 '액티브 시니어(Active Senior)'들이 늘고 있고, 기존의 노인 이미지(소극적, 의존적)에서 벗어나, 주체적이고 활기찬 노후 생활을 추구하는 세대를 시니어 세대라고 부르고 있다.

신노년의 성공적 노화를 위한 평생교육(SALLE) 모델 개발(양윤희, 2021).

즉, 연소 노인은 연령을 기준으로 한 개념이고, 신노년은 삶의 방식과 태도를 중심으로 한 개념이며, 최근에는 고령화 사회가 진행됨에 따라 신노년의 개념이 더욱 중요해지고 있으며, 노인의 정의도 변화하는 추세다.

### 3) 연소 노인 및 신노년의 일과 여가 (경제, 사회활동)

이들 세대는 신체적·정신적으로 비교적 건강하고 사회활동을 활발히 지속할수 있는 연령층으로, 은퇴 이후에도 경제활동을 일부 유지하거나, 다양한 여가를 즐기면서 삶의 질을 높이는 경향이 있다.

또한, 고령노인(75세 이상)보다 신체적·정신적으로 활동성이 높아 일을 지속하는 비율이 상대적으로 높고, 신노년층은 단순한 은퇴가 아니라, 새로운 일의 형태를 찾아가며 사회와 계속 연결되는 경향이 있다.


(1) 일자리 유형

① 재취업: 정년퇴직 후 경험을 살려 파트타임 또는 컨설팅 업무 수행

② 자영업·소규모 창업: 카페, 작은 가게, 농업·귀농, 숙박업 운영 등

공공 일자리: 시니어 일자리 사업, 사회공헌형 일자리 (도서관·복지센터 근무, 돌봄 서비스 등)

③ 프리랜서·강사 활동: 자신의 전문 지식을 활용한 강의, 블로그 활동, 저술, 강연, 온라인 콘텐츠 제작

④ 퇴직 후 평생교육 강사로 활동하며 경험을 나누는 사례와 숲해설가,

귀촌 후 농업·체험 마을 운영을 통해 소득이 창출되기도 한다.

⑤ 디지털 기반 일자리: 온라인 쇼핑몰 운영, 유튜브·SNS 콘텐츠 제작, 전자책 출판

⑥ 창업 및 소규모 비즈니스 : 카페, 게스트하우스, 공방, 농촌 체험 마을 운영

사회공헌 및 봉사활동: 비영리 단체 활동, 멘토링, 지역 사회 봉사

(2) 여가 활동

연소노인 및 신노년기는 은퇴 이후 새로운 삶을 설계하는 시기로, 단순한 휴식이 아닌 적극적인 여가 활동을 추구하는 경향이 있다.

60대 초반 은퇴 후 합창단 활동에 참여하며 새로운 인간관계를 형성하거나, 유튜브 채널을 운영하며 자신의 경험과 노하우를 공유하며 다음과 같은 여가생활이 있다.

① 건강 유지형 여가 : 걷기, 등산, 요가, 수영, 자전거 타기 등

② 문화·예술 활동 : 미술, 음악, 서예, 공예, 사진 등 취미활동

③ 사회적 여가 : 동호회, 봉사활동, 지역 커뮤니티 참여

④ 여행 및 자연 체험 : 국내·해외 여행, 캠핑, 농촌 체험,크루즈 여행

⑤ 배움과 자기계발 : 평생교육원 수강, 독서, 외국어 학습, 온라인 강의

(3) '일'과 '여가'의 균형이 중요한 이유

이들은 완전한 은퇴보다 일과 여가의 균형을 맞추는 것이 중요하다.

그이유로 경제적 안정과 사회적 역할 유지가 가능하고, 정체감 형성 및 삶의 의미가 부여되며, 사회적 소속감 유지 및 정신적 건강 으로 신체·정신 건강 증진 및 사회적 고립이 예방되기 때문이다.

# 제4절

# 분야별 여가복지 정책

## 1. 장애인 여가복지

### 1) 장애인 여가의 개념

장애인 여가의 개념은 여가활동의 주체가 장애인인 경우라고 볼 수 있다. 즉, 여가 행위 주체자 및 여가프로그램의 수혜자가 장애인인 경우를 의미하는 것인데, 장애인의 여가가 갖는 의의는 일반인을 대상으로하는 여가보다 그 중요성이 부각된다(오서진,정혜련,2020).

우리나라의 장애인복지법 제31조에 근거하여 1990년 처음 실시된 이후, 2007년 법 개정으로 3년마다 정기적으로 수행되고 있는 장애인의 인구, 건강, 일상생활, 사회·경제적 특성, 복지 수요 등을 파악하기 위한 실태조사에 따르면(보건복지부 발표), 2023년 장애인 실태조사 주요 결과 2023년 5월 말 기준으로 등록장애인 수는 약 264.7만 명으로 집계되었다. 이는 전체 인구의 약 5%에 해당하며, 고령화 사회로 접어들면서 장애 노인의 지속적인 증가 경향을 보였다. 특히 이번 조사에서 사회적 특성중, 장애인의 생활만족도는 평균 3.3점으로 2020년 3.2점에 비해 높아졌다. 가족관계(3.9점), 결혼생활(3.9점), 살고 있는 곳(3.8점)은 상대적으로 높았고, 건강상태(2.9점), 한달수입(3.0점),

그러나 여가활동(3.1점)은 낮게 나타났다. 장애인의 여가활동 유형화와 유형별 특성 연구에서 장애인의 여가활동 분류를, 일상휴식형( 고령의 중증장애인이 주로 혼자 여가활동을 하는 유형)과 스포츠 참여 및 관광형, 취미오락형, 적극적 여가참여형, 사회교류형으로 5가지 유형으로 분류하였다(신진호,홍서윤, 2022). 각 유형별로 내재적, 대인적, 구조적 제약 요인을 분석하여 장애인의 삶의 질 향상을 위한 정책 개입 지점을 제시하였다. 여가활동 유형 중 행락·관광 활동에 대한 참여 정도가 높아질수록 지체,뇌병변 장애인들의 생활만족 수준이 높아질 가능성이 증가하고, 행락·관광 활동(야외 나들이,여행 및 관광)이 장애인들의 생활만족에 매우 중요한 요인이 되며, 따라서 이런 행락·관광 활동을 강화시키는 것이 장애인복지 전문가들의 중요한 역할이자 정책적 방향이 되어야 함을 함축한다(윤은경,2007).

2019 장애인백서(한국장애인개발원, 2019)에서 조사한 장애인들의 사회 및 여가활동에 관한 질문에 대한 응답을 살펴보면, 장애인의 46.6%가 외부 활동 시 불편하며, 이 중 13.1%는 매우 불편하다고 응답하였다. 외부 활동 시 불편한 이유는 '장애인관련 편의시설 부족'에 응답한 경우가 49.7%로 가장 높게 나타났고, 그 다음으로는 '외출 시 동반자가 없음'이 26.9%, '주위사람들의 시선 때문'이 10.6%, '의사소통의 어려움이 있음'이 11.0% 등으로 나타났다(〈표 3〉 참조). 즉, 거의 절반에 해당하는 장애인들이 외부 활동에 불편함을 느끼고 이러한 이유로는 장애인 관련 편의시설의 부재가 주된 원인이라고 볼 수 있다(오서진,정혜련,2020).

## 2) 장애인 여가정책

장애인의 여가활동 참여는 사회적 통합과 삶의 질 향상에 중요하다. 이를 위해 정부와 다양한 기관에서는 장애인을 위한 여가정책과 프로그램을 시행하고 있다.

(1) 문화누리카드 지원

문화누리카드는 삶의 질 향상과 문화격차 완화를 위해 장애인과, 기초생활수급자, 차상위 계층 에게 문화예술, 국내여행, 체육활동을 지원하는 카드이다. (2025년에는 1인당 연간 14만 원 지원) 문화누리카드는 기획재정부 복권위원회의 복권기금을 지원받아 추진하고 있는 공익사업으로 대상자들에게 문화, 영화,도서, 전시, 관광등 여가 활동을 지원하는 카드이다 (문화체육관광부, 문화누리).

(2) 문화·예술·체육 활동 지원

장애인은 다양한 문화 시설을 할인 또는 무료로 이용할 수 있다. 또한, 장애인 스포츠 활동 참여를 위한 시설 지원, 선수 육성, 대회 개최 등이 이루어지고 있다.

## 3) 장애인 여가 프로그램 및 접근성 개선

장애인들이 문화활동에 불만족하는 경우 그 주된 이유에 대해서는 '경제적 부담' 26.3%, '건강이나 체력의 부족' 24.3%, '이동의 불편' 15.2%, '적당한 취미의 부재' 7.3%, '의사소통의 어려움' 5.3% 등에 의한 것으로 나타났다. 장애인의 사회 및 문화 여가 활동 참여를 촉진하기 위해 다양한 프로그램이 운영되고 있으며, 접근성 개선을 위한 노력이 지속적으로 이루어지고 있다(이민경,2015).

(1) 장애인 여가 프로그램 개선 방향

① 경제적 지원 확대: 문화누리카드 지원금 인상, 문화시설 할인 확대.

② 이동 편의성 개선: 장애인 접근성이 높은 문화시설 확충, 교통 지원 강화.

③ 맞춤형 프로그램 제공: 장애 유형별 여가 프로그램 개발 및 활성화.

④ 소통 지원 확대: 수어 통역, 점자 서비스 제공 및 장애 친화적 환경 조성.


　　장애인들의 문화활동 만족도를 높이기 위해서는 경제적 부담 완화, 이동권 개선, 맞춤형 프로그램 개발이 필수적이다.


(2) 장애인 여가복지 지원 정책 (보건복지부, 2025)

① 맞춤형 지원으로 장애인의 자유롭고 평등한 삶을 실현하는 행복사회

② 장애인의 일상생활 속 체육·관광 여가 확대

③ 장애인 체육 이용환경 지원 확대

④ 장애인 관광 향유 증진 기반 확충

⑤ 장애인의 문화예술 향유 및 디지털·미디어 참여 확대

⑥ 장애인 문화예술 접근성 제고

⑦ 장애예술활동 지원 강화

⑧ ICT기반 정보격차 해소·사회참여 확대

⑨ 미디어 접근권 보장 강화


### 4) 발달장애인을 위한 여가 및 문화 프로그램

　　발달장애인의 여가프로그램 참여 활성화를 위해 사회적,물리적 장벽의 제거가 필요하고, 성인기 발달장애인들에게 여가문화활동은 주체적인 삶을 살아가는데 큰도움이 되었다(류다솜,2023). 정책적으로 발달장애인의 심리적 안정과 일상생활 지원을 위해 2025년 1월부터 경기도 남양주시에서는 음악·미술·산책· 문화 여가 활동· 심리 안정 활동 등 맞춤형 주간 활동 프로그램을 제공한다. 특히, 통합돌봄서비스 대상자로 선정되면 3년간 서비스를 이용할 수 있고 사업에 따라 갱신 절차를 거친 후 연장할 수 있다. 남양주시의 새롭게 시행되는 서비스로 최중증 발달장애인의 사회적 관계 형성 및 자립 능력 향상뿐만 아니라 장애인 가

족의 돌봄 부담 완화에도 큰 도움이 될 것이며, 이를 통해 발달장애인들의 스트레스 해소 및 자기유능감 향상을 도모할수 있다.

## 2. 다문화 여가 복지

다문화가정이 증가함에 따라 이들의 삶의 질 향상과 사회통합을 지원하기 위한 다양한 복지 정책이 필요하다. 특히, 여가 복지는 단순한 휴식이 아니라 다문화 가정이 한국 사회에서 정착하고 안정적인 생활을 할 수 있도록 돕는 중요한 요인이다. 다문화가정 이주여성과 자녀의 여가활동은 문화적 동화과정에서 겪는 어려움을 심리적으로 극복하고 스트레스를 완화하는데 중요한 역할(구경여, 2015)을 하고 있다. 다문화 가정을 위한 여가 복지는 단순한 문화활동 지원이 아니라 사회통합, 가족 관계 개선, 정신적·신체적 건강 증진을 위한 중요한 정책으로, 지속적인 제도 개선과 지원 확대를 통해 다문화 가정이 안정적으로 정착하고 행복한 삶을 누릴 수 있도록 다양한 복지 프로그램이 마련되어야 한다. 2025년 1월 기준 [62]전국에 228개의 다문화가족 지원센터를 비롯한 외국인 근로자센터, 다누리 콜센터, 결혼이민자 인권센터, 이주여성 긴급지원센터, 사회복지관등 전달체계가 다양화되었으며 지자체의 주민자치센터 등을 포함한 다양한 기관에서 다문화관련 서비스를 제공하고 있고 이에 종사하는 사회복지사, 공무원, 기관관리자, 상담사, 방문지도사 등 이주민에게 직접적인 서비스를 제공하는 즉 다문화 사회복지 현장의 실무자들이 존재한다(정독동,윤명길,2018).

### 1) 다문화 여가 복지의 개념

다문화 가정을 대상으로 한 여가 복지는 사회 적응, 가족 유대감 강화, 정서적 안정 등의 효과를 목표로 하며, 다문화사회복지의 한 분야로, 다양한 문화적 배경을 가진 개인과 집단이 여가활동에 참여할 수 있도록 지원하는 복지 정책을 의미한다. 이는 문화적 다양성을 존중하고, 다문화 가족 구성원이 평등하게 여가를 즐길 수 있도록 기회를 제공하는 것을 목표로 한다.

---

62) 데이터 공공포털, 다문화가족지원포털 다누리

다문화가족 지원법(약칭: 다문화가족법) 제2조(정의)에 의하면, "다문화가족"이란 다음 각 목의 어느 하나에 해당하는 가족을 말한다.

(1) 재한외국인 처우 기본법

제2조제3호의 결혼이민자와 「국적법」 제2조부터 제4조까지의 규정에 따라 대한민국 국적을 취득한 자로 이루어진 가족

(2) 국적법

제3조 및 제4조에 따라 대한민국 국적을 취득한 자와 같은 법 제2조부터 제4조까지의 규정에 따라 대한민국 국적을 취득한 자로 이루어진 가족

〈표 11〉 다문화 인구 통계

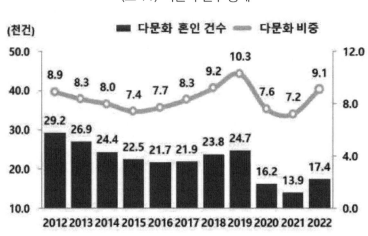

출처: 통계청, "2022 다문화 인구동태 통계", 〈다문화 혼인 추이〉

(3) "결혼이민자등"이란

다문화가족의 구성원으로서 다음 각 목의 어느 하나에 해당하는 자를 말한다.

2023년 통계청 인구총 조사에 따르면, 국내 다문화 인구수는 약 119만명으로 조사되었다.

## 2) 다문화 가정을 위한 여가 복지의 필요성

다문화 가족을 위한 여가 정책은 사회 통합과 문화 다양성 존중을 바탕으로 다양한 지원을 제공하고 있다. 먼저, 다문화가족이 지역사회에 자연스럽게 어울릴 수 있도록 지원하며, 부모와 자녀 간의 정서적 유대감을 형성하고 가족 기능을 강화하는데 기여 하고 있다. 또한,

문화적 차이에서 오는 스트레스를 해소하고 정체성을 확립할 수 있도록 심리적 안정을 돕는다. 아울러 경제적 이유로 여가 활동에 접근하기 어려운 다문화 가정을 대상으로 문화·여가 활동 참여 기회를 확대함으로써 여가 불평등을 해소하고, 자국 문화를 유지하면서도 한국 사회에 잘 적응할 수 있도록 다양한 프로그램과 서비스를 통해 문화 다양성을 존중하는 여가 환경을 조성하고 있다.

### 3) 주요 다문화 여가복지 지원

#### (1) 다문화 가족 지원센터 운영

다문화 가족의 문화적 적응과 삶의 질 향상을 돕기 위해 다양한 프로그램을 운영하고 있다. 먼저, 전국의 다문화 가족 지원센터에서는 가족 단위 캠프, 스포츠 활동, 문화 체험 프로그램 등을 통해 여가와 문화를 즐길 수 있도록 지원하며, 심리 상담 및 정서 지원 프로그램도 함께 연계하고 있다. 또한 다문화 가족을 대상으로 문화공연, 전시, 박물관 관람 등을 무료 또는 할인된 비용으로 지원하고, 다문화 스포츠 대회와 체육 활동을 통해 신체적 건강과 사회적 교류와 지역 행사를 운영함으로써 다문화 가정이 지역사회와 자연스럽게 소통하고 통합될 수 있도록 돕고 있다.

#### (2) 다문화 가족을 위한 문화·체육 프로그램 지원

다양한 문화 경험과 사회 참여는 이들의 정서적 안정과 사회 통합을 돕고 있다. 다문화 가족을 대상으로 문화공연, 전시, 박물관 관람 등을 무료 또는 할인된 가격으로 지원하여 문화 접근성을 높이고 있으며, 다문화 스포츠 대회와 체육 활동을 통해 건강한 여가생활과 지역 사회와의 교류를 촉진하고 있다. 또한, 다문화 가정을 위한 지역 축제 및 교류 행사를 운영함으로써 다양한 문화가 공존하고 존중받는 환경을 조성하고 있다.

이밖에도 지역사회와의 연계를 통해 지역 주민과 다문화 가정이 함께하는 여가복지 지원은 가족 단위의 여가 참여와 아동·청소년의 성장과 지역사회와 통합을 중점으로 진행 하며, 문화교류 캠프 및 국내 여행 프로그램 참여와, 국립공원과 역사·문화 유적지 탐방을 통한 자연과 문화에 대한 이해를 높이고 정서적 안정을 지원하고 있다.

또한, 다문화 아동·청소년을 위해 미술, 음악, 스포츠 등 예체능 교육 및 멘토링 프로그램과 또래 간 문화교류 행사를 운영하여 사회성 발달과 문화적 자긍심을 키울 수 있도록 돕고 있으며, 지역에서의 난타 여가 활동은 스트레스 해소, 모자녀 관계의 증진, 자녀의 성장 및 역량 개발, 지역 사회와의 교류 촉진, 타문화 이해증진 및 사회 통합 등 여러 측면에서 긍정적인 효과를 보였다(이춘양, 김기화,2018).

〈표 12〉 2023년 다문화학생수 181,178명

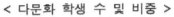

자료 : 한국교육개발원·교육부, 「교육기본통계조사」

출처: 여성가족부&교육부, "2024 청소년 통계", 〈다문화 학생 수 및 비중〉

### 4) 다문화 여가 복지의 개선 방향

(1) 경제적 지원 확대

여가활동을 위한 이용료 감면, 바우처 제공, 교통비지원이 필요하다.

(2) 프로그램 접근성 향상

지역마다 프로그램 편차가 크므로 전국적으로 균형 있게 운영하며, 온라인 프로그램을 활용하여 많은 다문화가정이 참여할 수 있도록 지원 하여야 한다.

(3) 맞춤형 여가 프로그램 개발

다양한 국적과 문화적 배경을 고려한 맞춤형 프로그램으로 한국 문화 적응과 자국 문화 유지가 조화를 이루는 프로그램이 확대 되어야 한다.

(4) 민관 협력 강화

지자체, 기업, 시민단체와 협력하여 지속가능한 다문화여가 복지 시스템 구축되어야 한다.

# 3. 기타 사회복지적 측면 여가복지

## 1) 북한이탈주민

통일부에 따르면 2024년 3월 기준 공식적으로 현재까지 집계된 우리나라에 입국한 북한 이탈주민의 인구는 3만4121명(남성 9550명, 여성 2만4571명)으로 여성이 압도적으로 높은 비율을 보인다. 특히 가족 없이 나홀로 탈북한 1인 가구 인구도 전체 탈북민 중 30% 비율을 넘어섰다. 남북하나재단(2018) 발표에 의하면, 북한이탈주민의 여가생활은 휴식활동(27.4%)이 가장 높았고, TV 시청(26.9%), 사회 및 기타 활동(9.9%)로 나타났다. 여가생활만족도는 만족이 46.5%로 가장 높게 나타났고 , 가장 하고 싶은 여가활동으로 관광활동(44.0%)이 가장높고, 다음으로 취미와 자기계발로 나타났다.

### (1) 북한이탈주민의 여가활동 중요성

북한이탈주민의 여가활동참여는 다양한 측면에서 긍정적인 효과를 가져온다. 첫째, 여가활동은 심리적 안정을 도모하고 스트레스를 해소될수 있다. 탈북 과정에서 겪은 극심한 심리적 충격과 트라우마, 그리고 낯선 환경에서 오는 불안감은 북한이탈주민에게 큰 부담으로 작용한다. 이러한 심리적 긴장을 완화하고 정서적 회복을 돕기 위해 여가활동은 효과적인 수단이 될 수 있다.

둘째, 여가활동은 북한이탈주민이 한국 사회에 보다 원활하게 적응할 수 있도록 지원한다. 다양한 여가 프로그램과 활동을 통해 한국의 문화와 생활양식을 자연스럽게 익힐 수 있으며, 이를 바탕으로 또래 친구나 지역사회 주민들과 교류하며 친밀감을 형성할 수 있다.

셋째, 여가활동은 사회적 관계 형성에도 크게 기여한다. 같은 경험을 공유한 다른 탈북민들과의 만남은 유대감을 강화하고, 나아가 한국인들과의 교류를 통해 사회적 네트워크를 넓히는 계기가 된다. 이는 고립감을 줄이고 공동체 속에서 소속감을 느낄 수 있게 해준다.

마지막으로, 여가활동은 자기 계발과 미래를 준비하는 데에도 큰 도움이 된다. 새로운 취미나 기술을 습득함으로써 직업 역량을 강화할 수 있으며, 문화예술이나 스포츠 활동을 통해 자신감을 키우고 자아를 긍정적으로 형성하게 된다. 여가를 통한 이들의 삶의 질 향상은 궁극적으로 건강하고 안정된 정착을 이루는 데 핵심적인 기반이 될 수 있다.

(2) 북한이탈주민이 즐기는 주요 여가활동

① 스포츠 & 야외활동

② 문화 & 예술활동

　북한에서는 제한적이었던 문화생활을 자유롭게 즐길 수 있다.

③ 요리 & 음식문화 활동

　한국 음식과 북한 음식을 함께 배우며 음식 문화를 공유

④ 독서 & 학습활동

　한국어, 직업 교육등 자기 계발을 위한 학습형 여가활동 선호

⑤ 종교 활동

　북한이탈주민 중 일부는 종교 활동을 통해 정서적 안정을 얻으며, 교회, 성당, 사찰 등에
서 교류하며 정신적 위안 & 사회적 관계 형성이 된다.

⑥ SNS & 미디어 활용

　북한이탈주민 유튜버, 블로거 등 자신의 경험을 공유하는 활동을 SNS를 통해 정보를 얻
고, 사람들과 소통하게 된다.

(3) 북한이탈주민 여가활동 활성화를 위한 지원 방안

　북한이탈주민들이 보다 쉽게 여가활동을 즐기고 한국 사회에 적응할 수 있도록 다양한 지
원이 필요하다.

① 여가활동 프로그램 확대

　정부 및 NGO에서 문화·체육·교육 활동 지원 확대 및 남북 문화 교류 프로그램 활성화

② 지역 사회 연계 활동

　탈북민과 한국 주민이 함께하는 동호회 & 네트워크 형성, 멘토링 프로그램 운영

③ 경제적 지원 & 시설 확충

　탈북민 전용 문화센터 운영 및 취업 연계형 자기 계발 프로그램 제공

④ 심리적 안정 지원

　예술치료, 심리 상담 프로그램 운영과 종교 및 정신 건강 지원 서비스 확대 등이 있다.


## 2) 체류 외국인

　2024년 기준 체류외국인은 260만명이 넘어섰으며, 2024년 5월 기준 15세 이상 국내에

상주하는 외국인은 156만 1,000명이고, 2024년 말 기준 취업자격체류 외국인은 566,961
명으로 전년 대비 8.5% 증가하였다.(출처:법무부)

〈표 13〉 우리나라 인구수와 체류 외국인 수

(단위 : 명)

| 구분 | 2020 | 2021 | 2022 | 2023 | 2024 |
|---|---|---|---|---|---|
| 전체 인구 | 51,829,023 | 51,638,809 | 51,439,038 | 51,325,329 | 51,217,221 |
| 체류외국인 | 2,036,075 | 1,956,781 | 2,245,912 | 2,507,584 | 2,650,783 |

최근 들어 지역 사회의 구성원을 바라보는 시각이 점차 확장되고 있다. 주민의 개념을 보
다 포괄적으로 이해하려는 움직임이 커지면서, 기존의 전통적인 의미의 주민뿐 아니라 해외
국적을 가지고 우리나라 지역사회에 중장기 체류하는 사람들도 지역 사회의 일원으로 적극
적으로 참여할 수 있는 환경을 마련하는 것이 인식이 높아지고 있다(Kim, 2018). 체류외국
인들의 지역활동 및 여행등이 방송을 통해서 우리나라 국민들에게 익숙한 문화로 자리잡아
가고 있다. 지역사회와 커뮤니티를 형성하며 함께 참여하는 프로그램도 점점 늘어가고 있지
만, 외국인 주민들은 아직도 여러 가지 부적응을 겪고 있다. 문화의 차이, 언어장벽, 이웃간
친목형성의 어려움등이다.

체류외국인들이 쉽게 한국에서의 적응을 할수 있도록 지역주민과의 다양한 여가 프로그
램 접근성이 좋아야 한다.


(1) 여가활용 형태[63]

① (외국인) TV시청(34.4%)이 가장 크고, 휴식 활동(17.3%), 컴퓨터 게임·인터넷 검색 등
   (11.7%) 순임

② (귀화허가자) TV시청(37.4%)이 가장 크고, 휴식 활동(15.9%), 취미·자기개발 활동
   (12.8%) 순임

---

63) 2024년 이민자체류실태 및 고용조사(통계청).

(2) 여가생활 만족도

  ① (외국인) 외국인의 여가생활 만족도는 만족(63.9%), 보통(32.3%), 불만족(3.8%) 순임

  ② (귀화허가자) 귀화허가자의 여가생활만족도는 만족(63.0%),보통(32.5%), 불만족(4.7%) 순임

## 3) 군부대 및 교정시설 여가 연구

(1) 군부대 여가활동

  조직에서의 생활은 여가나 가정생활 등과는 구분되는 삶의 영역으로 고유한 특성을 보이고 있으며, 조직에서의 생활 영역은 이처럼 독특한 특성을 보이기 때문에 일반적인 생활 영역의 행복감으로는 포착되지 않는 측면이 있다 (이창효,2021). 군부대에서의 여가활동은 조직활동을 하는 장병들의 심신의 안정과 전투력 유지를 위해 매우 중요한 요소다. 군 생활의 특성상 일정한 규율과 반복적인 일과가 많기 때문에, 효과적인 여가활동은 스트레스 해소와 복무 만족도를 높이는 데 큰 역할을 한다.

  현재 군복무를 하고 있는 병사 및 간부(장교, 부사관)들 270명을 대상으로 진행된 조사로, 각 장병들이 개인 자율시간에 가장 자주 실시하는 여가활동을 집단-개인 차원으로 분류하여, 그에 따른 집단응집력에 있어서의 차이를 비교해 본 결과, 집단차원에서의 여가활동을 한 장병들의 경우 개인차원에서의 여가활동을 한 장병들보다 더욱 높은 집단응집력을 보였다. 이러한 결과를 토대로 군대 내에서 집단 여가활동의 중요성을 논의하였다 (김민종,송경재,이종형 2016).

  국방부는 임무 수행을 위한 충분한 휴식과 일과 외 시간의 자율을 최대한 보장하기 위해, 평일 일과 후 병사 외출을 2019년 2월 전면 시행하였다. 평일 일과 후 외출은 군사대비태세에 지장이 없는 범위 내에서 지휘관의 승인을 받아 개인별 월 2회 이내 범위에서 시행하고 있으며, 소규모 단결 활동, 병원 진료, 가족 면회, 자기개발 및 개인용무 등 다양한 목적으로 활용되고 있다. 평일 일과 후 외출은 병사의 고립감과 스트레스 해소, 부대원 단합, 군 생활 만족감 등에 긍정적인 영향을 주는 것으로 확인되었다 (2022.국방백서).

① 군부대 여가활동의 중요성

• 심리적 안정 & 스트레스 해소

강도 높은 훈련과 긴장 속에서 여가활동은 정신적 안정감을 주고, 우울감이나 번아웃을 방지하고 동기부여를 강화한다.

• 전우애 & 팀워크 향상

공동체 생활에서 함께즐기는 활동이 유대감을 형성하게하고, 단체 스포츠, 게임, 문화활동등을 통해 협동심 증진시킨다.

• 자기 계발 & 취미 생활

독서, 외국어 학습, 음악 등 자기 계발 활동을 통해 개인 성장 가능하게 하고 전역 후에도 도움이 되는 기술 습득이 가능하다.

• 신체 건강 유지

체육활동은 체력 유지와 면역력 강화에 도움을 주며, 스포츠, 등산 등 신체 활동을 통해 군 생활 적응력이 향상된다.

② 군부대에서 가능한 여가활동 유형

• 스포츠 & 체육활동:

군부대에서는 다양한 스포츠 활동이 이루어지며, 이는 체력 유지뿐만 아니라 팀워크와 스트레스 해소에도 좋다. 주요 활동으로 축구, 농구, 배구, 족구 등 팀 스포츠 헬스, 철봉, 구보 등 개인 운동 ,유격체조, 요가, 태권도 등 정신력 강화 운 동등이 있다.

• 문화 & 예술활동

문화 예술 활동은 정서적 안정을 돕고, 창의적인 표현 기회를 준다.

주요 활동으로 독서 (부대 도서관 이용), 영화 감상 (주말 영화 상영, 개별 OTT 감상), 군악대 활동 (악기 연주, 합창), 그림 그리기, 서예, 글쓰기등이 있다.

• 게임 & 보드게임 활동

전우들과 가볍게 즐길 수 있는 게임 활동은 단순한 오락을 넘어 관계 형성에도 긍정적인 영향을 주는 주요 활동으로 보드게임 (체스, 장기, 윷놀이),카드게임 (포커, 트럼프, 화투), e스포츠 (배틀그라운드, 피파, 스타크래프트 등)등이 있다.

• 종교 & 정신 수양 활동

군부대에서는 종교 활동을 허용하며, 이는 장병들에게 심리적 위안과 정신적 안정을 줄 수 있다. 교회, 성당, 사찰 방문, 명상 및 기도, 종교 서적 읽기 및 상담등의 활동이 있다.

- 취미 & 자기 계발 활동

   군 생활 중에도 자기 계발을 할 수 있는 다양한 방법이 있는데 영어, 중국어 등 외국어 학습, IT 기술 (코딩, 워드·엑셀 활용), 온라인 강의 수강 (국가 지원 교육 프로그램 활용), 악기 연주, 작곡등이다.

- 외출 & 외박 활용

   군부대에서는 일정 기간마다 외출 및 외박이 가능하며, 이는 장병들이 군 생활을 벗어나 재충전할 기회가 주어진다. 여가 활용 방법으로 가족, 친구와의 만남, 맛집 탐방 & 여행, 문화생활 (영화, 전시회 관람)등으로 군생활중 활력이 충전된다.

③ 군부대 여가활동 활성화를 위한 방안

   다양한 프로그램 개발과 여가를 즐길수 있는 시설 및 장비 확충, 외부와의 교류 기회가 있어야 하며, 지역사회와 연계한 문화 프로그램 운영되어야 한다.

④ 휴식 시간 보장 & 활용 독려

   주어진 휴식 시간을 효과적으로 활용할 수 있도록 권장하고 개인 맞춤형 자기 계발 지원을 확대하여, 군부대 여가활동은 단순한 시간 보내기가 아니라, 장병들의 심신 안정과 복무 만족도를 높이는 중요하다는 것을 인식해야한다. 또한, 장병들이 스포츠, 문화예술, 취미, 게임 등 다양한 활동을 통해 스트레스를 해소하고 전우애를 강화할 수 있다.

(2) 교정시설 재소자 여가활동

   교도소 여가 프로그램이 중요한 이유는 범죄로 부터 안전한 사회는 범죄자를 격리 수용하여 사회로 부터 그들을 원천적으로 제거함으로써 만들어 지는 것이 아니라 우리 사회의 한 구성원으로 인정하고 그들을 이해하고 포용함으로써 이루어 질 수 있어야 하기 때문이다(박종구,2007). 전국 교정기관 교도소 수용자 대상 교정 프로그램으로 음악, 미술, 표현예술, 심리치료, 국악, 도자기 공예, 미장, 창호, 화훼 재배 , 사물놀이, 농악, 클래식기타, 대금, 서예, 악대등을 지도하고 있다.고립된 수용생활에서 오는 대화/만남의 부족을 작업을 통해 다른 사람과 소통하기를 원하고 한편으로는 마음의 안정, 심리적 편안함을 추구할 수 있다. 따라서 사물을 직접 손으로, 눈으로 만지고 체험하면서 공동창작 작업을 할 수 있는 여가 프로그램의 개발이 요구된다(박종구,2007). 교정시설(교도소, 구치소 등)에서의 여가활동은 재소자의 심리적 안정, 사회 적응 능력 향상, 재범 방지 및 성공적인 사회 복귀를 돕는 중요하다.

① 교정시설에서의 여가활동 중요성

- 심리적 안정 & 스트레스 해소

  제한된 공간과 규칙적인 생활 속에서 발생하는 스트레스를 완화하고, 우울감, 분노 조절 등에 긍정적영향을 줌
- 사회성 회복 & 공동체 생활 적응

  단체 활동을 통해 타인과의 협력 및 의사소통 능력 향상하고 재소자 간의 유대감 강화
- 재범 방지 & 자기 계발 기회 제공

  유익한 활동을 통해 건전한 가치관 형성하며, 사회 복귀 후 활용할 수 있는 취미 및 기술 습득 가능
- 건강 증진

  신체 활동을 통해 체력 유지 및 건강한 생활 습관이 형성되며,정신 건강 및 신체 균형 유지에 도움이 된다.

② 교정시설 여가활동 활성화를 위한 방안

- 프로그램 다양화 & 확대

  개인별 맞춤형 여가활동의 기회와 심리 치료, 직업 교육 연계 프로그램 강화되어야 한다.
- 시설 확충 & 환경 개선

  운동장, 도서관, 작업장 등의 시설이 개선되고 미술, 음악 치료 공간이 조성되어야 한다.
- 사회 복귀 지원 연계

  외부 강사 초빙 교육 & 직업 연계 시스템 강화로 출소 후에도 지속적으로 활용할 수 있는 취미 & 기술 교육 제공되어야 한다.
- 정서적 지원 확대

  심리 상담 프로그램 운영하고, 동료 및 가족과의 교류 기회가 확대되어야 한다. 스포츠, 독서, 예술, 종교, 직업 교육 등의 활동을 통해 긍정적인 생활 태도 형성 & 사회 복귀 준비가 가능하므로, 단순한 오락을 넘어 자립과 재사회화를 위한 프로그램 확대가 필요하다.

여가
복지론

Leisure
Welfare
Theory

# chapter 08

# 여가와 웰니스

# 제1절
# 웰니스의 개념과 구성요소

## 1. 웰니스 개념

웰니스는 옥스퍼드 영어사전( Oxford English Dictionary) 에 의하면 '웰니스'라는 용어는 1654년에 처음 등장하였으며 '질병'의 반의어 또는 '좋은 상태나 건강한 상태'의 의미로 사용되어 왔다(The Global Wellness Institute, 2021). 1961년 미국 국립인구통계청의 초대 감독관이었던 Dunn의 저서인 'High Level Wellness'에서 처음 사용되며 웰니스라는 개념을 제창하였다(Dunn, 1961). 웰니스는 신체적인 건강에 국한되는 협의적 개념이 아닌 건강한 개인의 생활의 모든 영역을 포함한 광범위한 개념의 건강을 의미하며, 개인 최적의 건강을 위해 평소 생활환경이 변화하도록 능동적으로 노력하는 과정을 말한다(원서진, 2020).

건강은 신체적인 것뿐만 아니라 정신적 및 사회적 건강도 중요하며, 이 3가지 요소 모두가 안녕해야만 비로소 건강하다고 할 수 있다. 1948년에 세계보건기구에서 "건강이란 단순히 질병이 없고 허약하지 않은 상태만을 의미하는 것이 아니라 육체적·정신적 및 사회적으로 완전한 상태를 말한다"라고 정의한 것이 이상적인 건강의 개념으로 지금까지 통용되고 있다(김종연, 2016). 웰니스가 향상되기 위해선 개인적인 필요에 대한 자각과 긍정적인 방법으로 이들 필요량을 충족하려는 노력과 총체적으로 건강한 행동을 수반해야 한다(전승범, 2006).

웰니스는 신체적으로나 정신적인 것은 물론 사회적으로도 건강이 충만한 상태를 의미하는 것으로 사람들이 추구하는 가장 가치 있는 삶의 이상이며 목표일 것이다. 웰니스는 질병의 예방과 치료를 위한 능동적 활동을 의미하며 단순히 건강만을 추구하는 것이 아닌 자기 주도로 생활방식을 개선하여 건강한 생활을 하는 것을 의미한다 (원영래,2023). 결론적으로 웰니스는 여러 분야의 학자들이 다루고 있기 때문에 개념이 일관되어 있지 않지만 대체적으로 질병이 없거나 건강하여 삶의 질이 향상된 상태를 말한다(이웅배,2021).

## 2. 웰니스 구성요소

웰니스는 그 정의와 측정을 위한 구성요소를 만들기 어려운데 이는 웰니스의 다차원적 성격 때문이다(최문종 외, 2015). 웰니스는 건강의 영역을 포함하는 개념으로 Ruggeri & Huppert(2020)는 최상의 건강과 웰니스 상태에 이르고자 하는 삶의 방식이라고 웰니스를 정의하였다. 웰니스에 대한 정의를 심리적 상태로 규정하는 학자들은 건강한 라이프스타일이 웰니스를 이룩하고 유지하게 하는 주요 요소라고 주장한다(Nesterchuk, Grygus, Ievtukh, Kudriavtsev & Sokołowski, 2020).

웰니스를 구성하는 요소는 연구자에 따라 5가지에서 8가지로 제시되고 있다. 주로 신체적, 정서적, 사회적, 영적, 지적, 직업적 웰니스를 기본으로 하고(Corbin & Pangrazai, 2001), 환경적웰니스(Renger et al., 2000), 직업적 웰니스(Travis & Ryan, 2004), 인지적 웰니스(최문종 외, 2015) 등이 추가로 제시되었다.

웰니스(Wellness)는 기구(World Health Organization)는 범용적으로 '건강을 단순한 병으로 인한 약함이 없는 상태가 아닌, 정신적, 신체적, 사회적으로 완벽한 웰빙(well-being)의 상태'로 정의하였다(김미옥 외, 2016).

본 연구의 연구 도구로 활용하는 웰니스 인식 척도에 따라 주요 구성요소를 살펴보면 네 가지로 분류할 수 있다. 웰니스의 구성요소는 다음과 같다.

첫째, 긍정적 웰니스는 긍정적인 정서 상태를 의미하며, 자신과 타인의 감정을 인식하고 수용하여 적절하고 편안하게 표현할 수 있는 능력을 말한다(유숙희, 2018). 긍정적 웰니스는 긍정적인 자아상(self-view), 열정적인 태도, 자율성 자아실현에 대한 인식을 정서적·심리적 웰니스 형성에 있어서 매우 중요한 요소로 강조하며 성숙한 타인과의 대인관계 유지와 미래에 대한 낙관적인 태도도 포함된다(Ryff & Singer, 2006). 따라서 긍정적 웰니스의 일반적인 주제는 스트레스, 우울에 대한 대처와 삶에 대한 긍정적인 태도 및 미래에 대해 낙관적 태도로 정리될 수 있다(최문종 외, 2015).

둘째, 사회적 웰니스(social wellness)는 상호작용할 수 있는 웰니스를 의미한다(The Global Wellness Institute, 2020). 타인과 친밀함을 유지하고, 발전시키는 능력이며 자신의 생각과 믿음이 다른 사람을 존중하고 관용을 베풀 수있는 능력을 말한다. 나아가 사회공동체 의식 및 사회규범, 공중 도덕의 규범을 포함한다(Hettler, 1984). 사회적 웰니스는 신체적, 긍정적 웰니스에 영향을 주는 사회적 스트레스를 감소시키고 질병과 사망률을 저하시키는데 매우 중요한 요소이며(Hritz et al., 2014), 대상의 기대수명을 높이는 데도 영향을 준다(이충기 외, 2007).

셋째, 신체적 웰니스는 운동과 영양섭취, 수면 등을 통해 신체에 영양을 공급하는 것이다(The Global Wellness Institute, 2020). 건강한 신체활동과 생활양식, 유연성과 근력의 유지 및 식이요법이 핵심 활동이다(최문종 외, 2015). 신체적 웰니스의 활동 범위는 스트레스를 포함한 사건에 대한 몸의 반응인 신 건강(health)의 개념과 밀접한 관련이 있으며, 세계 보건체의 내·외적 징후의 감시, 운동 처방과 영양 유지, 건강위험 행위 방지, 건강검진 등의 각종 건강 행위를 포함하고 있다(Renger et al., 2000). 예를 들어, 흡연과 약물 복용에 대한 경계, 과다한 음주 방지, 적절한 식사 조절과 영양관리, 자가 건강관리, 사소한 병에 대한 개인의 책임과 치료, 의료체계 이용을 포함한 안전 예방책, 전문적 치료의 필요성에 대한 인지, 신체적 경고의 징후 인식 등을 포함한다(Anspaugh et al., 1995).

넷째, 정신적 웰니스는 인간 존재의 의미와 목적을 찾고 쉽게 설명되거나 이해될 수 없는 무형의 것들을 높이 평가하려는 의지이다(Oh, 2000). 즉 개인의 신념 체계를 움직이는 삶의 깊이, 광활한 우주, 그리고 자연의 힘에 대한 인식을 통해 삶의 의미와 목적을 지속적으로 찾는 것으로 정의된다.

정신적 웰니스는 인간의 마음과 몸을 다스리는 영적 존재로부터 삶의 의미와 방향을 깨닫고, 배우며, 성장하여 새로운 도전을 할 수 있도록 한다(Hritz et al., 2014). 정신적 웰니스는 종교에 얽매이지 않고도 삶의 의미를 추구하고자 하는 열망은 요가와 명상, 자기계발 서적, 대중심리학 등 동양적 영적 실천과 웰니스, 홀리스틱 건강과 직결되는 뉴에이지 운동으로 이어졌고(Sánchez et al., 2006), 정신과 개인의 삶의 관계에 대한 관심이 증가되고 있다(문재홍, 2020).

앞서 제시하였듯이 노인의 총체적인 건강유지는 신체적, 정신적, 사회적, 심리적, 지적인 측면 모두가 일상생활양식 전반에 걸쳐 조화를 이룰 때 가능하다는 조인혜(2004)의 지적에 비추어 본다면, 인생의 마지막 단계인 노년기를 살아가는 노인들에 있어서 웰니스는 매우 중요하다고 할 수 있다.

# 제2절

# 웰니스 관광

## 1. 웰니스 관광의 개념

웰니스 관광은 자아 성찰 및 성장, 일상생활에서는 대처할 수 없는 스트레스 관리, 사회적 관계의 의미를 충족시켜주는 중요한 역할을 한다(Steiner & Reisinger, 2006; 유숙희, 2018). 웰니스 관광은 웰빙(Well-Being)과 피트니스(Fitness), 관광(Tourism)이 결합된 개념을 의미하며 관광을 경험하면서 삶의 질을 향상시키고 정신적 스트레스뿐만 아니라 심리적으로도 안정을 추구하는 관광의 새로운 트렌드이다(배정연, 2020). 즉, 웰니스 관광은 건강을 지키고 증진하기 위한 모티브(Motivation)로 건강을 유지하고 증진 시키려는 사람들이 하게 되는 관광으로부터발현되는 관광 현상의 제반 사항이라고 표현할 수 있다. 또한 일부 학자들은 웰니스 관광을 특별관광이나 틈새 관광의 한 종류로 의견을 모으기도 한다(Vogit, C. et al, 2011). 최근 관광업계는 대중관광(mass tourism)에서 벗어나 개별관광과 틈새관광에 호의적인 태도를 보여 왔다(De Bellis & Johar, 2020). 웰니스 관광은 다른 관광보다 특히 더 개인과 자아에 초점을 두고 있는 관광 유형이다. 전체론적인 웰니스를 추구하는 관광객들은 진정한 자아를 찾고자 하며, 자아 탐구를 위한 관광 활동에 일반적인 관광명소 방문 및 활동적인 관광 경험보다 더 많은 가치를 부여한다는 점을 주목해야 한다(Smith & Diekmann, 2017).

웰니스 관광은 건강의 회복과 치유, 휴양을 목적으로 하는 의료관광, 한방관광, 치유관광, 미용관광, 농촌관광, 산림관광 등 다양한 분야의 관광 활동으로 구성되어있으며 요가관광, 치유관광, 명상관광, 스파관광 등 웰니스 관광을 구성하는 연구는 꾸준히 진행되고 있다.

국내외 웰니스관광에 관한 연구는 2000년대 들어서면서 관심을 갖기 시작한 웰니스 개념을 관광 분야에 적용한 것으로 비교적 많은 연구는 이루어지지 않았다.

하지만 명상, 요가, 스파, 힐링 등 전인적 건강을 목적으로 하는 다양한 관광 활동은 이미 오래전부터 이어져 왔다(유숙희, 2018).

관광산업의 새로운 트렌드의 변화는 유명 관광지나 리조트 등을 찾던 관광객들을 공기 좋고 휴양을 위한 제주 올레길이나 지리산 둘레길 등 전통 옛길을 찾아(신다영, 2018) 직접 체험하게 하였으며, 산사체험이나 한방체험, 명상시설 이용, 슬로시티 등을 찾아 조용히 나를 돌아보며 자연과의 교감 속에서 건강을 챙기며 삶의여유를 찾게 하며 웰니스관광 프로그램을 확대시키고 있다. 또한 웰니스 개념이 가지는 불명확성에도 불구하고, 새롭고 다양한 형태의 웰니스 리조트 및 피트니스센터와 관광지 등은 웰니스 관광객의 새롭고 다양한 욕구를 충족시켜주기 위하여 등장하고 있다(Kelly & Smith, 2009; 유숙희, 2018)).

Oxford English Dictionary에서는 웰니스를 1950년대에 질병에 상반되는 개념으로 설명하였으며, 신체의 건전한 상태로 건강한 육체와 육체의 기능이 효율적, 정신적으로 충족되는 상태라고 정의하였다. 과거에 건강에 관한 인식은 단순히 질병이 없는 상태를 의미하지만, 최근 웰니스의 개념은 새로운 라이프스타일이나 삶의방식 등을 포함하는 확장된 개념으로 사용하며 웰니스에 관한 개념은 삶의 만족,

질병 없는 상태, 행복을 포함하는 전체적인 개념으로 정의하고 있다(Grover & Singh, 2020: 문현지, 2021). 웰니스란 신체적 건강을 의미하는 협의의 개념에서 건강한 생활을 위한 모든 영역을 포괄하는 넓은 의미의 개념으로 휴양, 운동과 영양을 통합하여 추구하는 것을 의미한다((Mueller & Kaufmann, 2001; 유숙희, 2018).

2000년도 경에 새롭게 등장한 웰니스는 건강 및 웰빙을 통하여 삶의 질을 제고 하기 위하여 다각적인 접근방법으로 웰니스라는 확장된 개념으로 사회 전반에 새로운 패러다임을 제시하고 있다. 즉, 웰니스는 잘 사는 웰빙의 개념을 넘어서 삶의 만족, 삶의 질과 관련된 웰빙으로서의 새로운 표현이다(Larson, 1999; Miller & Foster, 2010).

Mueller & Kaufmann(2001)은 아델이 제시한 웰니스 영역을 관광 분야로 확장하여 발전시켰으며, 그들은 Bauer(2008)의 자기책임을 웰니스의 핵심 개념으로 사람들의 식습관과 영양을 건강(Health)영역으로, 피부미용관리 및 체력단련을 신체 영역으로 구분하였다. 또한 교육과 지적 활동을 마음 영역으로, 기도와 휴식을 휴양영역으로 구분하고, 환경적 민감성 영역과 사회적 관계 영역을 추가하였다(원서진, 2020).

Smith & Puczko(2008)는 웰니스의 대표적인 연구자로 웰니스 관광객의 특성을 일목요연하게 이끌어 내는 것은 쉽지 않지만 삶의 의미를 찾지 못하는 결핍상태, 삶의 목표는 갖고 있으나 일상생활로 인해 정신적·신체적으로 무기력한 상태, 동료관계에 문제가 있거나 정서

적인 보상이나 휴식, 불안한 감정 등을 웰니스 관광의 동기로 분석하고 있다(신다영, 2018).

웰니스관광의 개념을 살펴보면, Mueller & Kaufmann(2001)은 웰니스관광을 건강증진 또는 유지를 목적으로 하는 여행과 체재를 수반하는 제반 관계와 현상의 총합이라고 하였으며, 웰니스관광은 건강한 사람이 자신의 건강을 유지하거나 치유하기 위한 형태의 관광으로도 정의한다(Smith & Puciko, 2008).

Voigt, C.(2009)는 웰니스관광을 건강 및 웰빙을 유지 또는 개선하려는 관광객들이 수행하는 정신적·사회적·심리적·신체적 경험을 통합하여 건강에 대해 긍정적이고전체적인 이해를 포함한다고 하였다. 또한 개인적인 웰빙을 목적으로 마음과 신체, 정신을 건강하게 하는 경험 및 서비스를 제공하는 목적지를 여행하는 관광이라고하며(Chen Prebensen & Huan, 2008), 정신과 신체의 개인적인 웰빙에 대한 유지와증진, 거주 환경을 벗어나 회복을 위해 설계된 여행을 웰니스 관광이라고도 정의한다(Carrera & Bridges, 2006).

웰니스관광은 2010년 이후에는 더욱 다양한 측면에서의 개념을 보인다. Wray e al.(2010)은 웰니스관광이란 미용 또는 장수를 추구하거나 의식 제고의 신체적 건강과 공동체와의 연결성, 자연 또는 영적 미스터리 등 정신적인 각성을 통합하는 형태의 여행이라고 정의하였고, Voigt, C. et al.(2011)은 웰니스관광의 산업적 측면과동기를 연결시켜 여정의 동기가 부분적 또는 전체적으로 웰빙과 건강을 유지하고증진하는 것으로써, 영적·심리적·사회적 및 신체적 웰빙을 향상시킬 수 있는 시설에서 적어도 1박 이상을 머물면서 관광 활동에 참여하는 것으로 정의하였다(정경균, 2021).

Smith & Puczko(2014)는 웰니스 관광에 대해 기존 관광객의 관광 동기가 단지현실도피나 휴식 등이라면, 개인의 행복과 건강을 추구하기 위하여 행하는 능동적으로 하는 관광이라고 하였다(문현지, 2021). 웰니스관광에 대한 인식은 마음과 몸을 최적의 상태로 만들기 위한 노력으로 웰니스 영역으로 구성되며, 심신이 최적의 조화를 이루어내는 완전한 상태를 의미한다(Kunwar & Sharma, 2020). 웰니스관광은 전반적인 여행의 모두를 포함할 수 있으며, 건강을 증진하기 위한 여행의 한 부분으로 개념화될 수도 있다.

학자들의 웰니스관광의 정의를 살펴보면, Dillette et al.(2020)는 신체적·사회적·심리적·정신적 감각을 포괄하는 전체적인 개념과 동시에 다양한 웰니스관광 경험을포함시켰으며, Yeung & Johnston(2018)은 웰니스관광을 개인의 안녕을 유지하거나 향상시키기 위한 삶의 질 추구와 관련된 여행이라고 하였다.

유숙희·이훈(2018)은 웰니스관광을 웰빙을 유지하거나 자신의 건강을 증진 시키기 위해 사회적·정신적·정서적·심리적·신체적 웰니스를 향상시킬 수 있는 시설이 갖추어져 있는 관광목적지로 떠나는 관광 활동으로 신체적·정신적·사회적 건강의 증진을 추구하는 것을 웰니스 관광 활동으로 볼 수 있다고 개념화하였다.

Hritz et al.(2014)은 웰니스의 정서적·지적·정신적·사회적·신체적 차원의 하나 혹은 그 이상의 건강을 목적으로 추구하는 여행이라고 정의하였으며, Smith & Diekmann(2017)은 웰니스관광을 삶의 질 향상을 위한 정서적·사회적·신체적·정신적 지적 영역의 하나 혹은 그 이상의 건강증진과 관련한 관광목적지로 이동하여 24시간 이상 머물면서 체험, 재충전, 휴식 등의 활동 후 귀환하는 일련의 과정으로 정의하였다(신다영, 2018).

손은미 외(2014)는 웰니스 관광이란 웰빙과 관광이 결합된 개념으로 관광을 통하여 삶의 질을 향상시키는 관광의 새로운 트렌드라고 정의하고, 전현미·김정기(2015)는 웰빙(Well-being), 피트니스(Fitness)와 관광(Tourism)이 서로 결합된 개념으로관광을 경험하며 삶의 질을 향상시키고, 정신적·심리적 스트레스를 해소시키는 관광이라고 정의한다.

Alam et al.(2020)은 웰니스관광은 여행을 경험하면서 스트레스에 대처하며 생명력을 유지하고 질병의 징후에 대처하는 방법에 관하여 전반적인 웰빙 패러다임을자신이 속해있는 일상생활에 적용하는 것을 의미한다고 하였으며, Voigt, C. et al.(2011)은 정신과 육체의 내외적인 힘이 균형을 맞춰 적극적인 기능을 하는 것이건강이며, 질환을 예방하고 건강을 증진하는 것을 웰니스관광(wellness tourism)으로 정의하였다(임상규·김금영, 2012).

웰니스관광은 정신과 신체의 통합적인 웰니스에 대한 증진과 유지 및 회복을 위하여 설계된 관광으로도 정의된다(신다영, 2018). 이와 같은 웰니스관광은 가정 및 사회관계망의 약화와 인구 고령화에 따른 신체적 질환 증가, 경제적 여건의 불안및 만성질환과 스트레스 증가 등으로 개인들이 육체적·정신적으로 보다 더 건강한 삶을 살고자 하는 욕구가 증가되면서 주목받고 있다(김병헌, 2016).

Wellness Tourism 2020 보고서에 따르면 웰니스관광은 빠르게 성장하고 있으며, 적어도 5-10년 후까지 지속해서 성장세가 계속될 것이라고 예측하고 있다.

한국관광공사(2015)에서는 웰니스관광이 주목을 받는 것은 다른 산업과의 다양한 융·복합이 가능하며 특히, 문화관광 산업과의 융합은 큰 부가가치를 창출할 수 있는 산업이기 때문이라고 말하고 있다. 이렇게 웰니스 관광은 육체적·정신적 건강뿐만아니라 국가 수익에도 큰 이익을 창출할 수 있을 것이다. Global Wellness Institute(2021)는 웰니스 관광객들에 대해 소규모의 부유한 레저 관광객 그룹이라는 오해가 있지만, 실제 웰니스관광은 웰니스에 대한 동기, 관심, 가치를 가진 광범위하고 다양한 소비자 집단을 구성하고 있다고 설명하며 웰니스 관광객을 두 가지 형태로 구분하였다. 첫 번째는 여행이나 목적지를 주로 웰니스 추구에 대한 동기부여에 따라 선택하는 관광객, 두 번째는 여행하는 동안 웰니스를 유지하고자 하거나 여가 또는 출장 등 어떤 종류의 여행이든 웰니스 체험에 참여하는 관광객으로 나눌 수 있다고 구분하였다(채혜정, 2022).

오늘날 국제적으로 관광영역에서 웰니스 관광 용어를 사용하고 있으나 아직은 그 개념이 확립되지 못하고 있으며 국내에서도 건강증진을 위한 관광활동에 대하여여러 용어가 혼재되어 쓰이고 있다(한국문화관광연구원, 2013). 즉 웰니스 관광은 개념과 정의가 연구자마다 다양하며 관광자원과 여건에 따라 지역마다 웰니스 관광을 건강관광의 하나로 보거나 혹은 건강관광을 포함하는 포괄적 개념으로 정의하고있어 그 개념적 정의가 다소 애매하다(한국문화관광연구원, 2013). (2023, 원영래 재인용).

## 2. 웰니스 관광의 구성요인

웰니스 관광의 구성요인은 관광객이 관광을 체험하기 전 관광객의 동기요인과 선택요인이 되기도 하며 관광을 경험한 후에 갖게 되는 효과요인이 되기도 한다.

Kelly & Smith(2009)는 연구에서 웰니스를 체험하기 위해 관광지를 찾는 관광객의 대부분은 웰니스관광을 구성하고 있는 모든 속성에 대해 관심을 갖고 목적지를 방문하는 것은 아니라고 말한다(문현지, 2021). 그러므로 관광객이 왜 웰니스관광을 하려고 하는지 웰니스가 어느 부분에 있어서 필요로 하는지를 이해하는 것은 중요하다고 말하고 있다. 웰니스관광에 대한 인식은 마음과 몸을 최적의 상태로 만들기 위한 노력으로 웰니스 영역으로 구성되며, 이들이 최적의 조화를 이루어내는 완전한 상태를 의미한다(Kunwar & Sharma, 2020). 정서적 불안이나 긴장을 완화할 필요가 있는 경우, 건강증진을 위한 스트레스를 해소하며 신체적 피로 해소와 일상생활에서 벗어나 단순히 신체적, 심리적 문제가 아닌 자신의 삶에 성찰의 기회를 갖고자 하는 경우 등 관광객이 웰니스 관광을 경험하며 충족하고자 하는 가치와 욕구는 개인에 따라 다르다(유숙희, 2018).

웰니스관광은 웰니스 적 생활방식으로 웰니스를 실현하려는 여가활동의 하나로 분류된다 (Mueller &Kaufmann, 2001). 또한 웰니스관광은 정신적 치유 중심의 치유관광, 영적 자아실현을 목적으로 하는 영성관광과 건강증진을 목적으로 하는 치료중심의 의료관광 등 관광 활동의 복합적 개념이다(Voigt, C, et al., 2010; 유숙희, 2018).

스탠퍼드 연구소에서는 웰니스 산업을 웰니스 관광을 비롯하여 식이요법과 다이어트, 미용과 항노화, 스파, 보완 대체의학, 피트니스, 직장 웰니스, 의료관광 등의 산업으로 구성하고 있다(GWI, 2014; 원서진, 2020). 최근에는 세계적으로 보완 대체의학 시장 규모가 급속하게 성장세를 보이며, 고부가가치 관광객 유치경쟁이 메디컬스파와 전통 의학을 중심으로 치열해지고 있다(원서진, 2020). 그리고 우리나라의 대표적인 보완 대체의학인 한방은 웰니스와 의료의 성격을 동시에 갖추고 있어 지역의 한방 자원을 활용한 웰니스관광은 큰 역할을 기대할 수 있다(박정민, 2014).

Hritz et al.(2014)은 웰니스 차원을 세분화하는 작업을 하였는데, 이들에 의하면 웰니스관광은 정신적·사회적·지적·신체적·정서적 영역의 하나 혹은 그 이상의 건강을 목적으로 하는 여행으로 정의하고 있다(정경균, 2021). 웰니스 구성 요인별 속성을 분석하면 웰니스는 정신적·신체적·인지적·사회적·정서적·영적·환경적·경제적·직업적 웰니스 요인들이 서로 유기적으로 연결되어 있고(최문종 외, 2016: Lothes & Nanney, 2020), Kunwar & Sharma(2020)이 의미하는 웰니스 관광은 마음과 몸을최적의 상태로 만들기 위한 노력으로 사회적·지적·정서적·신체적 영역으로 이들 간에 최적 상태의 조화를 이루는 완전한 것을 말한다.

O'Donnel & Harris(1994)는 웰니스를 건강한 삶의 새로운 개념이자 마음과 몸을 최적의 상태로 이끄는 노력으로 사회적(social), 정신적(spiritual), 지적(intellectual), 신체적(physical), 정서적(emotional)으로 잘 조화된 완전한 상태를 의미하며, 신체를 비롯한 사회적·정신적·지적·정서적 차원에서 심신을 최상으로 유지하려는 상태라고 정의하였다(신다영, 2018). 이러한 웰니스 개념에 근거하여 웰니스관광(Wellness Tourism)은 건강한 사람들이 자신의 건강을 유지하기 위하여 찾는 치유 형태의 관광으로 정의하기도 한다(Smith and Puczko, 2008).

Voigt, C.(2013)은 O'Donnel & Harris(1994)가 제안한 다섯 가지 웰니스 차원에 관한 웰니스 체험은 웰니스 시설에서 얻을 수 있는 가치이며 지각이라 정의하였다(신다영,

2018). 개인적인 환경은 웰니스의 직접적인 요인은 아니지만, 삶의 질에 영향을 주고 있다. 웰니스의 다섯 가지 구성요인은 인간이 근접한 환경에 따라 고양되거나 감소 된다. 즉, 신체적·사회적·정서적·지적·정신적이라고 하는 웰니스의 다섯 가지 구성요인은 일정부분 상호 중복되며, 한 가지 인자가 다른 요인의 인자들에 직접적으로 영향을 미치기도 한다. 또한 어떠한 인자들은 개인이 직접적으로 조절할 수 있으나 어떤 것은 그렇지 못한 것도 있다(김상국, 2000).

삶의 질에 영향을 주는 요인 중에 약 53%는 개인적인 생활양식에 의하여 영향을 받는다고 한다. 그리고 삶의 질에 영향을 주는 요인 중에서 21%는 환경적으로 그들의 가족, 친구, 공동체와의 관계를 의미하며, 10%는 의사와 유용한 의료기관에서 영향을 받는다고 한다. 이것들을 종합하여보면, 대부분 건강에 영향을 주는 요소들 중 84%는 개인이 조절할 수 있는 범주 안에 있는 것이다(김상국, 1996). 개인이나 가족, 친구, 동호회와 함께하는 웰니스 관광 활동은 개개인의 삶의 질 향상을 위해 추구하는 관광 활동으로 많은 연구자에 의해 제시되고 있으며, 웰니스관광은 관광의 새로운 트렌드로 향후 중요성이 더욱 커질 것으로 예상되고 있다(김상국, 2000).

국내 학자들의 웰니스관광 구성요인을 살펴보면, 신다영(2018)은 웰니스 관점에서 인간의 미(美)와 건강에 대한 욕구를 충족시킬 수 있는 뷰티헬스케어 인프라 방안에 대한 제안을 하였으며, 웰니스관광은 삶의 질 향상에 관련한 정서적·사회적·정신적·지적·신체적 영역을 구성요인으로 하나 혹은 그 이상의 건강증진과 관련한 관광목적지로 이동하여 24시간 이상 머물면서 체험, 휴식, 재충전 등의 활동 후 귀환하는 하나의 과정으로 정의하였다.

유숙희(2018)는 웰니스는 정신적·사회적·지적·정서적·신체적 건강의 균형과 통합을 통하여 최적의 건강 상태를 추구하기 위한 자신의 생활방식을 변화시키는 과정으로 궁극적으로는 삶의 질을 향상하는 과정이라고 하였다. 또한, 웰니스관광을 경험하며 추구하고자 하는 웰니스 영역을 웰니스관광 선택속성이라고 말하며 웰니스는 한가지의 요소만을 충족시키는 것이 아니라 다른 구성 차원과의 균형이 이루어져야 높은 수준의 웰니스에 이를 수 있으며, 이것을 위해서는 끊임없는 노력이 필요하며 웰니스관광을 하는 것은 관광객들이 웰니스적 삶을 추구하고 관광을 경험하며 웰니스를 통하여 육체적·정신적 웰니스를 실현하려는 것이라고 하였다.

한지숙·김영국(2015)은 웰니스를 관광 활동을 분류하여 영적 안녕과 정신적 건강, 사회적 건강 간의 관계에 대해 연구하였는데, 인간의 건강과 웰빙의 중요 요소로 알려져 있는 영적 안녕의 개념을 여행 활동 분야에 적용하여 관광영역에서 인지하는 영적 안녕과 정신적 건강 및 사회적 건강영역을 분석하였다.

문재홍(2020)은 웰니스 관광인식을 신체적·정신적으로 조화로운 균형을 통해 심리적·사회적 안녕으로 삶의 질을 향상시킬 수 있는 건강한 상태에 대한 인식으로정의하며, 지적·심리적·신체적·사회적 요인으로 측정하여 연구하였으며, 문현지(2021)는 웰니스관광의 구성요인을 신체적·정서적·사회적·지적 요인으로 구성하여웰니스관광 선택속성의 측정변수로 구성하였다.

이정민(2021)은 관광객의 숲 체험적 경험을 통하여 여가만족, 웰니스 구성요인과 삶의 질 간의 구조적 영향에 관한 연구에서 신체적 웰니스, 사회·정서적 웰니스, 지적·정신적 웰니스로 구성하여 연구를 진행하였다.

웰니스 관광은 건강을 유지 및 증진하기 위한 다양한 활동과 치유를 제공하는 관광 유형이라고 Kim과 Lee(2018)는 정의하였다. 즉 웰니스 관광은 가장 넓은 관광활동의 범주이며, 건강증진과 스트레스 해소를 위한 모든 형태의 관광을 포함하는개념이라는 것이다 (원영래,2023).

웰니스 관광에서의 관광경험은 웰니스관광 목적지에서 제공되는 총체적이고 통합적인 웰니스 관광 서비스와 자연환경, 물리적 시설, 인적 서비스 등으로 이루어진 종합적인 관광활동에 대하여 관광객의 신체적, 감성적, 심리적, 사회적 경험의 총체로 정의하였다 (유숙희(2018).

## 3. 웰니스 관광의 유형

관광활동을 통하여 건강한 삶을 향유하고 삶의 질을 높이는 웰니스 관광(Wellness Tourism)은 신체적, 정신적, 정서적 건강을 증진하기 위해 여행하는 형태로, 여러 가지 다양한 개념으로 연구되어 왔다(Smith & Puczko, 2008).

웰니스 관광 참여자의 여가 만족이 주관적인 웰빙과 삶의 질에 긍정적인 영향을 미치는 것으로 나타났다. 이러한 결과를 토대로 먼저 학술적 시사점은 웰니스 관광 경험이 주관적 웰빙과 삶의 질에 영향을 미친다는 선행연구 결과와 같은 맥락에서 볼 때, 웰니스 관광을 통한 여가 만족은 정서적 치유 경험을 제공하여 주관적 웰빙에 긍정적 영향을 미치는 것으로 나타났으며, 또한여가 만족으로 인한 인지적 치유 경험은 삶의 질에 긍정적인 영향을 미치는 것으로 나타났다 (강신욱, 2025).

## 1) 스파 &온천관광

현대인들은 건강을 중심으로 해수욕(海水浴), 온천수(溫泉水)나 광천수(鑛泉水) 등 물의 치유력에 대한 인식을 기반으로 하여 해양이나 온천이 나오는 지역을 찾아 휴식을 취하거나 치유하고, 스파(spa)나 온천치료를 중심으로 하여 이루어져 왔다. 오늘날 생활수준이 향상됨에 따라 목욕탕이나 수영장, 보양온천을 이용한 사우나, 진흙(mud)마사지나 해수 등을 통한 휴식과 치유등 보다 편안하고 신체활동에 초점을 맞추는 방향으로 변화하고 있으며, 미용과 뷰티 치료가 대중화 되었다(Smith &- 17 Puczko, 2008). 유명관광지의 스파 & 온천 관광, 온천 리조트, 찜질방, 스파 시설 방문을 하며, 아로마테라피, 마사지, 해양 테라피 등으로 건강 관리에 노력하고 있다. 스파·온천 관광은 온천수나 미네랄 워터를 활용한 건강 및 휴식 중심의 관광 형태이며, 이는 지역의 자연 자원을 활용하여 심신의 치유와 휴식을 제공하며, 관광객들에게 다양한 체험을 제공하고 지역발전에 기여하기도 한다.

### (스파·온천 관광의 주요 유형)

스파·온천 관광은 건강 증진 및 치유 효과 (피부 미용, 혈액 순환 개선, 면역력 강화)와 스트레스 해소 및 정신적 안정이 되며 지역 경제 활성화 및 관광 산업 발전에 기여하게 된다.

### (1) 치유형 온천 관광
온천수의 미네랄 성분을 활용해 건강 증진 및 치료 효과를 목적으로 운영되며, 화성 제1 온천 '율암온천', 수안보 온천, 온양온천, 일본 벳푸 온천 등이 있다.

### (2) 휴양형 온천 관광
자연 속에서 온천과 함께 힐링 및 스트레스를 해소하는 것을 목적으로 하며, 리조트, 고급 호텔과 연계된 경우가 많다. 우리나라에는 베니키아 프리미어 동해보양온천 컨벤션호텔, 제주 산방산 탄산온천, 소노벨 청송 리조트 솔샘온천등이 있다.

## (3) 레저·웰니스형 온천 관광

온천과 함께 마사지, 아로마 테라피, 요가, 명상 등 웰니스 프로그램을 결합한 곳으로 태국 치앙마이 온천 & 스파, 부산의 아난티 코브등이 대표적이다.

## (4) 문화·전통 온천 관광

온천과 지역의 전통 문화를 함께 체험할 수 있는 관광으로 한방 온천, 사우나 문화, 게로 온천(일본의 료칸 체험) 등으로, 일본의 료칸(전통 여관) 온천, 경기도 향남 힐링스파, 호텔 치유 (료캄체험 감성숙소), 기타 한국의 유황온천등이다.

## (5) 테마파크형 온천 관광

온천을 워터파크, 놀이시설과 결합하여 가족 단위 방문객을 유치하는 관광프로그램으로 담양리조트, 설악 워터피아, 아산스파비스, 호텔 미란다 스파플로스 등이 있다.

## 2) 힐링 & 명상 관광

힐링·명상 관광(Healing & Meditation Tourism)은 몸과 마음을 치유하고 내면의 평화를 찾기 위해 사찰 체험 (템플스테이), 숲속 명상 캠프, 자연, 명상, 요가, 스파 등을 결합한 관광으로, 현대인들의 스트레스 해소와 정신적 웰빙을 위한 수요가 증가하면서 전 세계적으로 다양한 유형으로 발전하고 있다.

**(힐링·명상 관광의 주요 유형)**

## (1) 자연 힐링형 관광

현대인의 스트레스 해소법 중 하나인 자연 속에서 몸과 마음을 치유하는 자연 힐링 관광이 인기를 끌고 있다. 자연환경을 활용한 힐링 프로그램은 스트레스 해소, 건강 증진, 정신적 안정 등에 도움을 주기 때문이다.

숲, 바다, 산 등 자연 속에서 휴식하며 몸과 마음을 정화하는 것으로 산림 치유 관광 (Forest Healing Tourism)을 통한 산림욕, 숲명상, 호수트레킹, 숲 테라피 트레킹(치유의 숲길을 따라 걷는 프로그램으로 속리산 치유의 숲, 인제 자작나무숲 걷기등)이 있고, 해양 치유 관광 (Marine Healing Tourism)으로 바닷물, 해양 생물을 활용하여 건강과 휴식을 돕는 다양한 프로그램등이 있다.

한국 자연 힐링 관광의 특징으로 전통 한방과 결합, 사계절 자연 경험, 건강 & 웰니스 중심으로 신체적 건강뿐만 아니라 정신적 힐링까지 고려한 관광 프로그램이다.

(2) 명상·요가 체험 관광

체험 프로그램으로 전문 명상가나 요가 지도자의 안내를 받아 명상 및 요가를 수행하는 것으로 우리나라에서는 전통적으로 선(禪) 명상이 오랜 역사를 가지고 있으며, 현대에는 다양한 명상 및 요가 스타일이 발전하고 있다. 전통 명상 (선禪 명상 & 불교 명상)과 참선(參禪)이 있으며, 현대적인 명상으로 마음챙김 & 힐링 명상, 호흡 명상,소리 명상등이 있다. 현대인에게 인기 많은 요가는 하타 요가, 빈야사 요가, 명상 요가등 있으며 최근에는 템플스테이(사찰 체험)에서 명상과 요가를 함께 배우는 프로그램도 인기가 많다.

(3) 스파·아로마 테라피 관광

뷰티관리 이유는 '건강' 110명(26.6%), '젊어 보이기 위해서' 102명(24.7%), '자기만족' 83명(20.1%), '아름답게 꾸미기 위해서' 71명(17.2%), '기분전환(이미지나 분위기를 바꾸기)' 47명(11.4%) 순으로 나타나 대체적으로 건강을 위해서 뷰티관리를 하는 것으로 볼 수 있다 (이정옥,2024).

한국의 스파 & 아로마 테라피 관광은 자연, 전통 한방, 럭셔리 테라피가 결합되어 다양한 경험을 제공하며, 온천, 마사지, 아로마 테라피 등으로 심신의 피로를 풀고 치유하는 관광 프로그램으로, 전통 한방(韓方) 스파 & 힐링 테라피가 있고 한방 찜질 스파 (약초, 황토, 소금방 등을 이용한 찜질 스파로 서울 한방진흥센터, 제주 한방 테라피, 담양스파 등), 한방 마사지(경혈 지압, 부항, 뜸을 활용한 전통 마사지), 한약 족욕 (한약재를 우려낸 물로 발을 담그는 족욕 테라피) 등이 있다.

또한 천연 온천수나 바닷물을 활용한 힐링 스파, 진흙을 활용한 머드 테라피등이 제주 해수스파와 해운대 스파랜드, 보령머드 스파 등 유명한 관광지에서 실행하고 있다.

## (4) 템플스테이 (종교·영성 체험형 관광)

종교 시설에서 명상과 수행을 체험하는 템플스테이는 주로 사찰에서 제공하는 종교적, 영성적 체험을 중심으로 한 관광 프로그램으로, 좌선, 걷기, 마음챙김등의 명상형 템플스테이, 불교문화와 전통을 배우고 체험하는 불교문화 체험형 템플스테이,사찰주변의 자연을 활용한 자연 체험형 템플스테이,가족형 템플스테이, 스트레스 해소와 정신적 힐링을 목표로한 힐링형 템플스테이등이 있다.

이 밖에도 지역과 사찰의 특성에 따라 다양한 템플스테이 유형이 있으며, 각 프로그램은 참가자가 종교적 경험을 통해 내면의 평화를 얻고, 현대의 빠른 삶에서 벗어나 재충전할 수 있도록 한다.

우리나라의 사찰에서는 산사에서 명상, 다도, 사찰 음식을 체험을 진행하고 있다.

## (5) 디지털 디톡스 관광

스마트폰과 인터넷을 멀리하고 자연 속에서 오롯이 나를 돌아보는 프로그램으로 디지털 디톡스 관광은 현대인의 스마트폰, 컴퓨터, 인터넷 등 디지털 기기에서 벗어나 자연 속에서 휴식과 회복을 추구하는 관광 활동을 의미한다.

디지털 디톡스 관광의 유형으로 자연 체험형 디지털 디톡스, 농촌 체험형 디지털 디톡스, 건강과 웰니스 중심 디지털 디톡스, 서핑.워터 스포츠 중심 디지털 디톡스, 스파 및 힐링 리트리트형 디지털 디톡스, 야생 동물 보호 및 생태 관광형 디지털 디톡스, 문화 체험형 디지털 디톡스등으로 디지털 기기를 내려놓고 마음을 차분히 하는 경험을 하는 디지털 디톡스 관광의 핵심은 디지털 기기에서 벗어나 자연과 사람, 내면과의 연결을 강화하는 것이다. 이를 통해 참가자들은 스트레스를 해소하고, 더욱 건강한 정신적, 육체적 상태로 돌아갈 수 있게된다. 대표적으로 제주의 웰니스 리트릿등이 있다.

## (6) 음식·건강 치유 관광

채식, 유기농 식단, 자연식 등을 제공하며 건강을 회복하는 프로그램으로 음식과 건강 치유 관광은 음식과 건강을 중심으로 몸과 마음의 회복을 목표로 하는 관광 유형이다. 건강한 식습관, 자연식, 지역 특산물, 전통적인 치유 방법 등을 통해 참가자들이 건강을 증진시키고 치유하는 경험을 통하여 건강을 챙기게 한다.

주요 유형으로 신체적, 정신적, 감정적 균형을 회복하기 위한 헬스와 웰빙 [64]리트릿 (Health & Wellbeing Retreat) 관광, 몸속의 독소를 제거하는 디톡스 및 클렌징 관광, 전통 음식과 한방 치유법을 통해 건강을 증진시키는 전통 음식 및 한방 치유 관광, 농촌 및 농업 체험 건강 관광,다양한 지역 특산물과 건강한 음식을 체험하는 미식 관광, 채식주의나 비건 식 중심으로 건강을 회복하는 채식 및 비건 관광, 운동과 건강 식습관을 통해 신체를 치유하 고 체력을 회복하는 피트니스 및 운동 치유 관광관광, 특정한 건강한 음식(슈퍼푸드, 습관적 인 건강식)을 체험하는 힐링 푸드 체험 관광등 음식·건강 치유 관광은 참가자들이 건강한 생 활 방식을 경험하고, 몸과 마음을 치유할 수 있는 다양한 활동을 제공하는 프로그램이다. 대 표적 예로 유기농 디톡스 리조트, 산야초 힐링 프로그램등이 있다.

(7) 예술·음악 명상 관광

그림, 음악, 춤 등을 통해 심리적 안정을 찾는 예술·음악 명상 관광은 예술과 음악을 통해 정신적, 감정적, 신체적 치유와 휴식을 추구하는 힐링 체험 관광이다.

이러한 관광은 명상, 음악, 예술 활동을 결합하여 참가자들이 창의적이고 평화로운 환경 에서 자기 자신과 연결될 수 있도록 한다.

예술과 음악을 통한 명상 관광으로 음악을 활용하여 마음을 진정시키고 명상의 효과를 높 이는 음악 명상 관광, 미술, 조각, 공예 등 다양한 예술 활동을 통해 내면의 평화를 찾고, 명 상적인 요소를 접목한 예술 명상 관광, 음악과 미술을 결합하여 예술적인 경험을 통해 명상 하고 치유하는 음악과 미술 결합 명상 관광, 춤이나 무용을 통해 신체와 마음의 균형을 맞추 고 명상적인 상태에 도달하는 춤과 무용 명상 관광, 타악기등 다양한 소리나 주파수를 통해 명상하는 소리 명상 관광, 자연 환경에서 예술 활동과 음악 명상을 결합한 자연과 결합된 예 술·음악 명상 관광, 전통적인 예술 형태와 명상을 결합하여 참여자가 전통문화를 통해 내면 의 평화와 힐링을 추구하는 전통 예술 명상 관광등 다양한 유형의 관광 프로그램이 있다.

---

64) 후퇴하다,뒤로 물러서다의 뜻으로, '리트릿 retreat' 또는 '리트릿 여행'은 양질의 휴식 시간을 통해 삶의 에너지를 재 충전하는 데 의미가 있다. 리트릿은 '힐링'의 또 다른 이름으로, 사전적으로는 '하려던 일에서 한발 물러나 안전한 곳으 로 빠져나가다'라는 의미다.

### 3) 피트니스 & 액티브 웰니스 관광

피트니스 & 액티브 웰니스 관광은 신체 활동을 중심으로 건강을 증진하고 활력을 되찾는 웰니스 관광의 한 형태로, 운동과 활동적인 경험을 통해 신체적, 정신적 웰빙을 개선하는 것을 목표로 하며, 자연 환경, 전문적인 피트니스 프로그램, 맞춤형 건강 관리 등을 포함한다. 피트니스 리조트 및 스포츠 캠프등에 참여하거나 하이킹, 요가 리트릿, 사이클링 투어등을 통한 웰니스 힐링 관광을 할수 있다.

**(피트니스 & 액티브 웰니스 관광유형)**

(1) 피트니스 리트릿 (Fitness Retreat)

체계적인 운동 프로그램과 건강한 식단을 제공하는 집중적인 웰니스 프로그램으로 맞춤형 피트니스 프로그램을 통하여 근력 및 유산소 운동(웨이트 트레이닝, 러닝, HIIT 등)과 건강 상담 및 식단 관리를 하며 요가, 필라테스와 결합한 균형 잡힌 운동을 한다.

(2) 요가 & 명상 웰니스 관광 (Yoga & Meditation Wellness Tourism)

신체와 정신의 균형을 맞추는 요가 및 명상 중심 프로그램으로 자연 속에서 진행되는 경우가 많으며, 전통 요가 및 명상 및 마음챙김등의 호흡법 훈련으로 디지털 디톡스 및 스트레스 해소에 도움이 된다.

(3) 아웃도어 어드벤처 & 스포츠 웰니스(Outdoor Adventure & Sports Wellness)

자연을 활용한 활동적인 스포츠 경험을 통해 신체 건강과 정신적 활력을 회복하는 프로그램으로 트레킹, 하이킹, 캠핑, 서핑, 스탠드업 패들보드(SUP), 스쿠버다이빙, 카약, 래프팅, 패러글라이딩 등 익스트림 스포츠,승마, 골프 등 레저 스포츠 체험등이 이에 해당된다.

(4) 워터 웰니스 & 아쿠아 피트니스 (Water Wellness & Aqua Fitness)

물을 이용한 운동과 웰니스 활동을 통해 근육 이완 및 재활 효과를 제공하는 프로그램으로 아쿠아 에어로빅, 수중 필라테스, 온천, 바다 및 호수에서의 수중 요가 해양 테라피(해수 목욕, 머드 테라피), 플로팅(부유) 명상 체험등이 있다.

(5) 재활 및 웰니스 치료 (Rehabilitation & Recovery Wellness)

부상 회복 및 재활을 위한 맞춤형 프로그램을 제공하는 웰니스 관광으로수중 재활 치료 및 필라테스, 맞춤형 운동 및 물리치료 프로그램, 허브 및 자연 요법을 활용한 힐링 트리트먼트, 심신 회복을 위한 테라피 및 스트레스 관리등이 있다.

(6) 웰니스 스포츠 캠프 (Wellness Sports Camp)

스포츠와 웰니스를 결합한 캠프 형태의 관광 프로그램으로 축구, 테니스, 골프, 마라톤 등 스포츠 중심 활동과 스트레칭, 필라테스, 근력 운동 등 균형 잡힌 트레이닝, 스포츠 마사지 및 피트니스 회복 프로그램등이 있다.


## 4) 자연 & 생태 관광

산림 치유(숲 치유), 에코투어리즘과 같이 자연 속에서의 휴식 및 힐링 체험을 즐기는 자연생태관광(Nature-based Ecotourism)은 자연 환경과 생태계를 보호하면서 지속 가능한 방식으로 자연을 체험하는 관광 형태이다. 이는 단순한 자연 관광과 달리 환경 보전, 지역 사회 기여, 생태 교육 등이 핵심 요소이다.

자연생태관광의 예로 국립공원, 보호구역에서의 친환경 트레킹과 철새 도래지에서의 조류 관찰 프로그램등이 있으며, 해양 보호구역에서의 스노클링이나 다이빙 체험을 할수 있고 갯벌체험, 전통 생태 마을 방문 및 체험을 할 수 있다. 자연생태관광의 주요 특징은 다음과 같다.


(1) 환경 보호

자연 생태계를 훼손하지 않는 방식으로 운영되며, 관광객에게 환경 보호의 중요성을 알린다.

(2) 지속 가능성

장기적으로 자연과 인간이 공존할 수 있도록 자원을 지속적으로 관리한다.

(3) 교육적 가치

생태 가이드나 프로그램을 통해 자연과 생태계에 대한 이해를 높힌다.

(4) 지역사회 기여

지역 주민이 운영에 참여하고 경제적 이익을 얻을 수 있도록 설계한다.

(5) 책임 관광

관광객은 환경을 배려하는 행동을 실천하고, 쓰레기 배출을 최소화 하는 등의 책임을 가진다.

이처럼 자연생태관광은 자연과 인간이 조화를 이루며, 자연생태관광의 효과로는 환경 보전 기금 조성, 지역 경제 활성화, 관광객의 환경 의식 증진, 야생 동식물 보호등으로 지속 가능한 미래를 만들어 갈수 있다.

## 5) 건강 & 디톡스 관광

웰니스적 영역인 몸과 마음, 정신이 균형을 이룬 상태를 이루기 위해 건강의 증진과 질병의 예방을 중심으로 웰니스 리조트에서 디톡스 프로그램 참여하여, 건강식 체험(유기농 식단, 비건 & 로푸드 체험)을 할수 있다. 건강관광은 의학적 치료에 중점을 두는 의료관광은 물론 스파나 미용, 요가등 명상과 휴식등을 위한 웰니스 관광과 레저스포츠 관광을 모두 포함하는 관광활동이라고 할수 있다(Smith & Puczko, 2008). 건강 & 디톡스관광 (Health & Detox Tourism)은 신체적 건강 증진과 해독(디톡스)을 목표로 하는 웰니스 관광의 현대인의 스트레스, 환경 오염, 불규칙한 생활 습관 등을 개선하기 위해 자연 친화적인 환경에서 건강한 식단, 운동, 요가, 명상, 치료 프로그램이다. 해독(디톡스) 리트릿, 식단 조절, 주스 클렌즈, 단식 프로그램을 통한 신체 정화와 요가, 명상, 호흡법을 통해 심신 안정 및 해독 효과를 체험하고, 인도의 아유르베다, 한방(뜸, 침) 등을 이용한 자연 치유요법이 있다. 건강 & 디톡스 관광은 단순한 여행이 아니라, 몸과 마음을 정화하고 생활 습관까지 변화시키는 웰니스 경험이며, 자연 속에서 휴식하며 건강을 되찾고, 지속 가능한 웰빙 라이프스타일을 유지할 수 있도록 돕는 것이 핵심이다.

## 6) 의료 & 휴양 관광

건강 검진, 한방 치료, 재활 치료등을 연계하여, 심신 회복을 위한 휴양 병원 이용과 주변의 자연을 즐기며 여행하는 것이다. 의료관광은 의료적 관점에서 환자(patients)의 상태를 해결하는 것이다.

한편 웰니스 관광은 융합적이며 전반적으로 관광객의 삶의 질의 개선을 위하며 질병을 방지하기 위한 것이다(Ellis, 2013). 즉 의료관광이 신체의 건강상태를 향상시키기 위한목적이라면, 웰니스 관광은 심신의 조화로운 활동을 통해 건강한 삶과 행복을 추구하는 관광 활동을 의미한다. 이러한 웰니스 관광 유형은 맞춤형 프로그램으로 각광받고 있다. 의료 & 휴양 관광(Medical & Wellness Tourism)은 치료 목적의 의료 관광과 휴양을 결합한 웰니스 관광을 의미하며, 단순한 치료를 넘어, 건강 회복, 재활, 미용, 예방 의학, 심신 치유 등의 요소를 포함하며, 의료 시설과 자연 친화적인 환경이 조화를 이루는 것이 특징이다.

(1) 의료 치료 관광 (Medical Treatment Tourism)

병원 및 전문 의료 기관에서 치료를 받기 위한 관광으로 종합 검진, 수술, 암 치료, 신경과 치료 등 포함하여 선진 의료 기술을 보유한 국가(독일, 미국, 한국, 싱가포르 등) 중심으로 활성화되고 있다.

(2) 재활 & 회복 휴양 관광 (Rehabilitation & Recovery Tourism)

수술 후 회복, 재활 치료, 만성 질환 관리 등을 위한 웰니스 관광으로 온천, 마사지, 운동 치료, 한방 요법을 병행하는 프로그램등이 있고 근골격계 질환(허리디스크, 관절염), 중풍, 뇌졸중 회복 목적으로 진행되고 있다.

(3) 미용 & 성형 관광 (Beauty & Aesthetic Tourism)

성형 수술, 피부 치료, 안티에이징(노화 방지) 프로그램이 포함된 의료 관광으로 한국, 태국, 브라질 등 성형 강국에서 의료 관광상품 으로 발전되어 왔다.

(4) 스파 & 테라피 휴양 관광 (Spa & Therapeutic Tourism)

온천, 머드 테라피, 아로마테라피 등 자연 치유 요소를 활용한 휴양 관광으로 피로 회복, 스트레스 해소, 면역력 증진이 목적이다.

(5) 한방 & 대체의학 관광 (Oriental Medicine & Alternative Therapy Tourism)

한방 치료, 침술, 뜸, 요가, 아유르베다 등의 자연 치유 중심 관광으로 동양 의학과 웰니스 프로그램이 결합된 형태의 관광이다.

(6) 웰니스 & 예방 의학 관광 (Wellness & Preventive Medicine Tourism)

건강 검진, 스트레스 관리, 영양상담 등 예방적 건강 관리 중심이며, 만성 질환 예방 및 건강한 라이프스타일 형성을 목적으로 하고 있다.

이러한 관광 특징은 단순한 치료를 넘어 전반적인 웰빙을 증진하고 삶의 질을 향상시키는 것을 목표로 하고 있다.

# 제3절

# 웰니스 여가 치유

## 1. 웰니스 여가 치유의 개념

웰니스 여가 치유 (Wellness Leisure Healing) 는 일반적 여가 활동을 넘어, 신체적·정신적 건강을 회복하고 삶의 질을 향상시키기 위한 통합적이고 적극적인 치유의 개념이다. 여가는 자유로운 시간 속에서 즐기고 휴식하는 활동을 의미하며, 웰니스는 신체적·정신적·사회적 건강이 조화를 이루는 균형 잡힌 삶을 뜻한다. 치유는 스트레스 해소, 면역력 강화, 정신적 안정을 통해 건강을 회복하는 과정이다. 즉, 웰니스 여가 치유는 이러한 요소들을 통합하여 여가를 단순한 쉼이 아닌, 웰빙과 회복을 위한 치유의 수단으로 활용하는 것을 핵심으로 한다. 이는 단순한 휴식이 아닌, 자연, 운동, 명상, 예술, 건강 식습관, 전통 치유법 등 다양한 요소를 활용하여 몸과 마음을 회복하고 치유하는 활동을 포함하고 있다. 최근 세계적으로 건강에 대한 관심이 높아지고, 건강 추구형 관광활동으로 웰니스 관광이 크게 증가하고 있다. 국내에서도 건강 추구형 관광활동이 급증하고, 이로 인하여 산림청 및 지방자치단체에서는 숲을 활용한 치유프로그램을 실시하고 있다(이진의 외, 2016).

### 1) 웰니스 여가 치유의 특징

웰니스 여가 치유는 몸과 마음의 균형을 맞추고, 건강한 삶을 위한 여행과 활동을 포함하는 통합적 개념이다.

첫째, 신체적·정신적 건강 회복을 통해 건강한 라이프 스타일을 형성하고 면역력을 높일 수 있다. 둘째, 명상이나 예술활동을 통해 스트레스를 해소하고 감정의 안정을 도와 심리적 균형을 유지할 수 있다. 셋째, 자연 속에서의 힐링은 도시의 소음과 일상 스트레스에서 벗어나 자연과 조화를 이루며 정서적 회복을 유도할 수 있다.

넷째, 이러한 웰니스 경험은 일상에서도 지속 가능할 수 있도록 삶의 질을 장기적으로 향상시키며 숲, 바다, 온천 등 자연 친화적인 환경에서의 치유 효과는 더욱 극대화된다. 여섯째, 운동, 요가, 명상, 예술활동 등 다양한 여가 활동과 웰니스 요소를 결합하여 몸과 마음을 동시에 치유할 수 있다. 마지막으로, 이러한 경험은 건강한 습관 형성과 지속 가능한 라이프스타일 개선으로 이어지며, 전인적인 웰빙을 추구하는 기반이 된다.

### 2) 웰니스 여가 치유의 효과

웰니스 여가 치유는 다양한 측면에서 긍정적인 효과가 있다.

첫째, 신체 건강 증진에 도움이 되며, 면역력 강화, 피로 회복, 질병 예방 등 건강한 신체를 유지하는데 도움이 된다. 둘째, 정신적 안정 효과로 스트레스 해소, 감정 조절, 집중력 향상에 도움을 주어 심리적 회복이 된다. 셋째, 건강한 생활 습관을 형성하고 웰빙 중심의 삶을 실천하게 함으로써 전반적인 삶의 질을 높여준다.

## 2. 웰니스 여가치유의 사회적 배경

### 1) 양극화 여가문화

유엔 산하 자문기구인 지속가능발전해법 네트워크(SDSN)가 공개한 「2022 세계 행복보고서 (World Happiness Report 2022)」에 따르면 한국의 행복지수는 전 세계 146개국 중 59위이며 OECD 38개 회원국 중에서 36위로 최하위권인 것으로 나타났다. 한국의 우울증·우울감 유병률 또한 2020년 기준 36.8%로 OECD 회원국 중 상위권에 해당하는 것으로 나타났다 (김용발, 2021. 9. 12.).

우리나라는 높은 경제성장률에도 불구하고 소득의 양극화, 양질의 일자리 부족등 국민 삶의 질은 실질적으로 나아지지 않는 모순이 지속되어 왔다. 보건복지부는 국민의 정신건강 현황을 파악하기 위해 2021년 6월 「코로나19 국민 정신건강 실태조사」를 실시했는데, 이에 따르면 우울 위험군이 코로나19 이전인 2019년 3.2%에서 2021년 16.9%로 급증했음을 확인할 수 있다. 실제 우울증과 불안 장애로 인해 치료받은 환자는 계속 늘어나는 상황이고 지난 5년간 899만 명에 이르는 것으로 나타났다. 세대별로 보면, 20대의 우울증, 불안장애 환자 수 비율이 코로나19 이전에 비해 42.3% 급증했다 (여가백서, 2022).

코로나 블루라는 단어로 표현되는 것처럼 코로나19로 인한 사회적 고립감, 우울감, 불안감, 무기력증이 뒤섞인 정신건강 문제는 정도의 차이를 달리할 뿐 심상치 않은 사회적 현상으로 부상하고 있다. 이에 정신건강을 관리하는 다양한 차원의 여가활동들이 등장하고 있으며 치유(healing)와 돌봄(care) 등이 현대인의 지친 심신을 회복하기 위한 방법으로 선택되고 있다. 현대사회의 바쁜 일상 속 겪은 번아웃 증후군과 고립감 및 우울감 등 부정적 스트레스를 해소하기 위한 자연친화적인 여가활동을 통해 신체적, 정신적 건강을 회복하려는 양상을 보이는 것이다(윤희정·윤현·강영은, 2021). 치유(healing)는 치료는 물론 심신의 안정과 정신적인 위안 등의 의미를 포함하는 신체적, 정신적 회복을 의미한다(조광익, 2016). 즉 치유란 대체로 신체적으로나 정신적으로 건강한 상태의 회복과 유지 및 증진을 꾀하는 것으로 질병을 치료하여 회복하는 것을 의미한다(신윤천, 2013). 또한, 생활습관 관리로 직업병관리, 식이개선, 레저 및 스포츠치유, 독소제거 및 해독치유, 스트레스 관리, 체력관리, 만성질환관리, 한방치료, 건강관련 검진, 전체적인 자연치유를 위해서 프로그램에 참여하거나, 뷰티관리를 위해서 스파치유, 맛사지, 항노화, 다이어트, 코스메틱 사용을 위해서 프로그램에 참여한 관광객은 스트레스, 공포, 트라우마, 우울증이 해소되는 것으로 파악되었다(2020, 윤기선).

한국사회에서는 2010년대 이후 정신적, 신체적 건강을 도모하기 위한 '힐링(healing)' 열풍이 가열되기 시작했다. 2008년 세계금융위기 이후 경기침체와 장기 실업상태 등 심신이 지쳐있는 상황에서 서울대학교 김난도 교수의 「아프니까 청춘이다」가 베스트셀러로 등극하며 내면의 치유와 위로를 위해 사회 전반에 힐링에 관한 상품, 방송, 도서, 콘서트 등 다양한 문화콘텐츠가 확산하게 된 것이다(한국문화관광연구원, 2012).

힐링 키워드는 2010년부터 현재까지 지속되고 있는 여가트렌드 중 하나이지만, 특히 코로나19 이후 개인의 정신적 위기에 직면한 현재 '치유를 위한 여가활동'의 역할이 중요하게 인식되고 있다.

코로나19 확산 방지를 위한 거리두기 실천으로 실내보다는 야외·자연에서 여가활동을 하는 경향이 관찰되었는데(사혜지·한지훈, 2021), 이는 자연친화적 여가활동에 많은 관심을 가지며 산책, 걷기와 같이 일상을 크게 벗어나지 않고 야외에서 손쉽게 할 수 있는 일상적 여가활동을 선호하는 것으로 보인다. 「2021 국민여가활동조사」를 살펴보면 주 여가활동 중 '산책 및 걷기'(42.1%)가 'TV시청'(69.0%), '모바일 콘텐츠, 동영상 VOD시청'(42.8%)에 이어 세 번째로 높은 것으로 나타났으며 2019년 32.1%, 2020년 41.3%에서 매년 지속적으로 증가하고 있다.

통계청 「사회조사」 결과도 이와 유사하다. '앞으로 하고 싶은 여가활동' 조사에 따르면, 2019년 기준 앞으로 시간적, 경제적 여유가 생긴다면 여가시간에 가장 하고 싶은 것은 13세 이상 인구의 70.0%가 '관광활동'이라고 응답하였고, 그 다음으로 '취미, 자기개발 활동 (46.7%)', '문화예술관람(38.9%)'이 높은 수치를 기록했다. 여가활동을 통해서 즐거움과 자연치유를 하게 된다. 오감에 의한 자연치유와 자연에 의한 자연치유를 통해 몸과 마음이 치유하곤 한다(안성기,윤기선,2021).

## 2) 산림치유 여가

### (1) 산림치유(Forest Healing)의 정의

산림치유(Forest Healing)는 숲이 제공하는 자연환경을 활용하여 신체적·정신적 건강을 증진하고 치유하는 활동으로, 숲속에서의 신체 활동, 명상, 삼림욕 등을 통해 면역력 강화, 스트레스 해소, 심리적 안정 등의 효과를 얻을 수 있다.

현대사회에서 자연 속 여가활동을 즐기며 정신적·육체적으로 힐링하려는 경향이 나타나고 있는데 실제로 도시민들이 겪는 스트레스와 피로도 회복을 위해 자연에서 이뤄지는 활동이 심리적 안정과 스트레스 회복에 효과가 있는 것으로 알려져 있다(김진옥·김남조·한승훈, 2016, 윤희정.윤현.강영은, 2021). 이에 더해 새로운 소비계층으로 부상한 MZ세대의 친환경적 생활에 대한 관심과 더불어 휴양과 치유를 목적으로 산림여가활동에 대한 수요가 증가하고 있다. 산림청은 이러한 여가수요에 부응하기 위해 산림문화환경을 조성하고자 하였다. 2005년에는 「산림문화·휴양에 관한 법률」을 제정하였고 2017년까지 전국적으로 '치유의 숲'을 조성하겠다는계획을 발표하였고, 산림치유지도사 자격증을 제도화하여 전문인력을 양성하고 「등산지원 기본계획」(2007~2017), 「숲길의 조성·관리 기본계획」(2012~2021)을 수립하는 등 등산로, 둘레길, 치유숲길, 산림레포츠길 등을 조성하기 위한 각종 제도와 정책을 수행하고 있다. 국립산림과학원에서는 산림여가에 관한 국민 인식 파악과 정책 수립의 기초자료 확보를 위해 2020년 「산림여가활동 인지도 조사」를 실시했다. 산림여가활동이란 개인의 여가시간에 산림(숲)에서 이뤄지는 활동을의미하며 등산, 트레킹, 산림욕, 산악자전거 타기, 숲속문화공연 관람 등 46개 활동이 포함된다.

조사결과 46개의 산림여가활동 항목 모두에 대한 국민의 평균 인지도가 72.7점으로 높게 나타났고, 숲가꾸기 체험, 숲속 생활 체험, 숲속 문화공연 관람 등은 평균 81.9점으로 나타나 국민의 산림여가에 대한 욕구가 높은 것으로 해석된다(산림청 보도자료, 2020.4.17.).

(2) 산림치유 여가의 주요 특징

산림치유 여가는 자연을 기반으로 한 치유 활동을 통해 신체적, 정신적 건강을 회복하고 삶의 질을 향상시키는 여가 형태이며, 자연 기반 치유는 숲에서 발생하는 피톤치드, 음이온, 자연경관 등을 활용하여 생리적 안정과 심리적 치유 효과가 있으며, 트레킹, 산림 명상, 요가, 숲속 걷기 등의 신체 활동을 통해 혈압 안정, 면역력 향상, 근육 이완, 정신적 안정이 이뤄진다. 또한 치유형 여가활동으로는 숲속 캠핑, 자연 속 힐링 체험, 전통 치유 프로그램 등이 있으며, 이는 도시 생활에서 벗어나 자연 속에서 휴식과 회복을 경험할 수 있다. 이러한 산림치유 여가는 다양한 효과를 가져오는데, 첫째로 신체적 건강 증진에 기여하며 면역력 향상, 혈압 조절, 스트레스 호르몬 감소 등의 효과가 있다. 둘째, 정신적 안정 측면에서 불안과 우울증을 완화하고 심리적 치유 및 정서적 안정을 돕는다. 셋째, 사회적 웰빙을 증진시켜 가족, 친구, 지역 커뮤니티와의 유대감을 형성할수 있게 된다.

(3) 산림치유 여가의 효과

① 신체적 건강 증진으로 면역력 향상, 혈압 조절, 스트레스 호르몬 감소가 된다.

② 정신적 안정 효과로 불안·우울증 완화, 심리적 치유, 정서적 안정이 된다.

③ 사회적 웰빙 향상으로 가족·친구·커뮤니티 활동을 통한 유대감이 형성된다.

④ 자연 친화적 삶으로 환경보호 인식 증진 및 지속 가능한 삶의 가치 가 형성된다.


여가활동은 자연치유를 높이는 활동으로 볼 수 있다. 여가활동을 주관하는 기관과 진행업체는 자연치유 활성화를 시켜 여가활동의 참여자를 더 높일 수 있을 것으로 파악된다 (안성기, 윤기선,2021).


## 3) 웰니스 캠핑문화

웰니스 캠핑(Wellness Camping)은 자연 속에서 캠핑을 하며 신체적·정신적 건강을 회복하고 웰빙을 추구하는 여가 활동으로 전통적인 캠핑에 힐링, 치유, 건강 증진 요소를 결합하여 자연과의 교감, 명상, 건강한 식단, 디지털 디톡스, 피트니스 활동 등을 의미한다. 웰니스 캠핑은 자연 속에서 건강과 휴식을 동시에 챙길 수 있는 힐링 여행 형태로, 현대인의 스트레스 해소와 웰빙 라이프스타일을 실천하는 데 매우 효과적인 방법이다.

(1) 웰니스 캠핑의 효과

웰니스 캠핑은 몸과 마음의 건강을 동시에 돌볼 수 있는 새로운 형태의 여가 활동으로 주목받고 있다. 자연과의 조화를 통해 다양한 긍정적 효과를 가져오며, 현대인의 삶에 중요한 가치를 더한다.

첫째, 신체적 증진으로 맑은 공기 속에서의 산책이나 가벼운 운동은 혈액순환을 도와주고, 야외에서 섭취하는 건강한 식사는 면역력을 강화하게 되며. 자연 속 활동은 체력을 키우고 전반적인 건강을 향상시키는 데 긍정적인 영향을 미친다.

둘째, 정신적 안정과 스트레스 해소에 큰 도움이 된다. 캠핑은 일상의 소음과 분주함에서 벗어나 자연의 고요함을 즐길 수 있는 시간이다. 숲이나 강가에서 보내는 시간은 심리적인 안정을 돕고, 마음의 평화를 유지할수 있게 된다.

셋째, 삶의 질 향상에도 연결된다. 디지털 기기에서 벗어나 자연 속에서 온전히 자신과 가족, 친구에게 집중하는 시간은 '디지털 디톡스'의 기회를 제공하며, 일상에서 쌓인 피로를 해소하고 만족도 높아진다.

자연 속 여가활동에 대한 욕구는 캠핑산업 및 이용자의 증가와도 연관된다. 코로나19 이후인 2020년도 캠핑산업 규모와 캠핑 이용자 수, 등록캠핑장 수는 각각 90.1%, 34.0%, 5.8% 증가하였고 연평균 캠핑 횟수는 5.1회, 연평균 캠핑용품 지출비용은 149만 1000원인 것으로 나타났다(한국관광공사, 2021). 2020년 국내 캠핑산업 규모는 약 5조 8336억원으로 추산되며, 캠핑이용자 수는 약 534만명, 실제 운영되고 있는 캠핑장은 2363개로 코로나19 이전 대비 크게 확대되었다(김한규, 2022.2.15.). 2021년도 캠핑산업 규모는 6조 3000억원으로 전년 대비 8.2% 증가하였으나 캠핑이용자 수는 523만명에 그쳐 전년 대비 2.0% 감소한 것으로 조사되었다. 이처럼 2020년 이후 확대된 캠핑산업 규모는 코로나19 팬데믹에 따른 사회적 거리두기의 영향인 것으로 파악된다.

## 4) 기타 웰니스 문화
### (1) 스포츠

코로나19 이후 급상승한 여가활동 종목으로는 골프, 테니스, 등산, 자전거, 산책(걷기) 등이 있다. 골프의 경우 해외여행이 막히면서 해외 골프여행 수요가 국내 골프장과 스크린골프로 몰리면서 가격이 크게 상승하였다. 그럼에도 불구하고 골프와 테니스의 인기가 높았던 이유중 하나는 다수가 즐기는 축구, 야구, 농구, 배구 등과는 달리 최대 수용인원이 4인이며, 2인 이상이면 플레이가 가능하기 때문으로 보인다. 또 테니스는 골프처럼 고급 스포츠라는 이미지가 강하지만, 비용적인 면에서 부담이 적고, 접근이 용이하며, 예쁜 테니스 의류와 용품 등으로 SNS인증 욕구를 충족시켜 주기 때문으로 보인다. 등산의 경우에도 코로나19의 장기화로 인한 답답함을 벗어나 개개인의 신체적·정신적 건강을 도모할 수 있으며, 산 정상에 도달하여 인증샷을 남기며 성취감 얻을 수 있는 활동이기 때문이다. 산책(걷기)는 코로나19로 인한 집콕생활의 답답함을 해결할 수 있는 가장 손쉬운 방법이면서 비용과 특별한 준비물이 전혀 필요 없는 남녀노소 누구나 참여할 수 있는 활동이기 때문에 크게 증가한 것으로 보인다. 한편, 심리적 안정과 교감을 위한 방법으로 반려동물과 반려식물을 키우는 인구도 증가하는 추세다.

(2) 반려동.식물

농림축산식품부가 국민 5천 명을 대상으로 실시한 「동물보호에 대한 국민의식조사」에 따르면 응답자의 27.7%가 반려동물을 키운다고 답했다. 가구 수도 638만 가구(전체 2,304만 가구 기준으로 한 전국 추정치)에 달하며, 이는 2018년 511만 가구, 2019년 591만 가구에 이어 계속 증가하는 모습을 나타내고 있다.

반려식물은 식물을 키우는 활동에 동반자(반려)의 의미를 결합한 표현이다. 농촌진흥청의 「반려식물과 건강관리식물에 대한 인식조사」(2021) 결과에 따르면, 코로나19 이후 반려식물에 관심이 늘었다는 응답이 51.5%였다. 연령별로는 20~30대(61.1%)의 반려식물에 대한 관심이 크게 늘었다. 반려식물 관련 분야 매출을 코로나19 이전과 비교하면 화분은 48%, 묘종·묘목은 92%, 원예용품은 20% 이상 증가한 것으로 나타났다(하나은행,2020.10.22.). 플랜테리어(planterior) 혹은 홈가드닝(homegardening) 차원에서 공기정화 식물을 들여놓는 경우도 있겠으나, 반려식물을 키우는 사람들은 돌봄 과정에서의 정서적 교감과 심리적 안정을 크게 중시하는 것으로 나타났다.

식물을 키우는 목적이 실내 공기정화와 인테리어 관상용 정도에 그치는 것이 아니라 정서적 교감, 힐링, 행복감, 마음 건강으로까지 확대되고 있음을 의미한다.

최근에는 '식집사(식물을 키우는 집사)'를 자처하는 모습들이 SNS 상에서도 빈도 높게 확인된다. 인스타그램 등 SNS에는 식물 성장 일기, 재배 노하우, 일상의 소소함, 생명의 경이로움을 나누는 게시글이 100만 건을 넘고 있다. 반려란 말 그대로 '짝이 되는', '함께 하는', '정서적으로 의지하는' 친밀감에 대한 요구와 활동이 코로나 블루 맥락에서 여러 형태로 분화되는 모습이다.

균형적 삶(WLB)을 위해서도 심신의 안정을 위한 치유 목적의 여가활동이 앞으로도 꾸준하게 늘어날 것으로 전망된다. 균형적 삶에 대한 욕구는 건강한 삶, 즉 몸과 마음의 건강을 돌보는 것으로 각자의 삶의 질을 높이고자 하는 의지와도 궤를 같이 하기 때문이다. 글로벌 경제위기를 경험한 2010년대 이후 마음과 정신의 힐링, 치유 등에 포커스를 맞추면서 더욱 건강하고 균형 잡힌 삶을 열망하는 경향을 보였고, 코로나19를 경험한 2020년 이후에는 근무 형태가 다양해지고 회식 및 단체생활 문화가 줄어들며 '저녁이 있는 삶'을 추구했던 워라밸 세대는 물론 전체 세대에서 개인 삶의 질에 대한 욕구가 크게 증가하면서 힐링과 돌봄이 중심이 되는 여가활동에 대한 욕구가 높아지고 있기 때문이다. 다만, 삶의 질을 고양시킬 수 있는 일과 삶의 균형은 단순히 여가시간의 의미가 아니라 치유와 돌봄을 위한 여가활동에 대하여 진지하게 생각해볼 필요가 있다.

# 제4절

# 웰니스 여가산업

## 1. 웰니스 여가산업

　웰니스 여가 산업은 개인의 신체적, 정신적 건강과 전반적인 삶의 질 향상을 목표로 하는 다양한 여가 활동과 서비스를 포함하는 산업 분야로써, 전통적인 의료 서비스뿐만 아니라 스파, 명상, 요가, 자연 치유 프로그램, 건강 식단 제공 등 다양한 웰빙 관련 서비스를 포괄하며, 건강증진과 예방 활동을 통해 최적의 건강상태와 높은 수준의 삶의 질을 추구하는데 필요한 제품, 시스템, 서비스 등을 생산, 유통하여 부가가치를 창출하는 산업으로 정의할수 있다. 또한 웰니스를 추구하는 소비자 수요와 시장의 니즈에 대응하는 재화를 생산·유통함으로써 부가가치를 창출하는 산업이기도 하다. 여가활동의 통합적 연구를 시도로 여가활동은 가벼운 일상생활 환경에서 조금의 투자를 통해 스스로 경험할 수 있는 치유는 하나의 건강활동이 되고 있으며, 이러한 열풍은 여가를 위한 관광의 치유효과를 바탕으로 발전해온 여가산업에서 두드러지게 나타나고 있다(이상봉, 2011). 웰니스 관광은 의료 서비스, 개인 서비스, 관광 서비스 등으로 세분화되며, 각 부문이 경제에 미치는 파급 효과가 다르게 나타난다. 특히, 개인 서비스 산업은 생산 유발과 부가가치 유발 측면에서 상대적으로 높은 수치를 보였으며, 이는 웰니스 관광 육성 시 개인 서비스 산업과의 연계 방안을 모색하는 것이 중요함을 시사하고 있다 (신미영, 나주몽, 2020). 또한, 웰니스 관광은 지역의 웰니스 자원을 활용하여 관광의 질적 전환과 고부가가치 관광 콘텐츠 육성에 기여할 수 있다. 이를 위해 웰니스 관광 자원 발굴, 콘텐츠 개발, 클러스터 구축 등의 정책적 노력이 필요하다.

　'웰니스(Wellness)'란 개념은 1961년 미국의 의학자인 국립통계청 H. L. Dunn 박사의 저서 'High-level Wellness'에서 처음 제창되었다. 이후 1976년 미국에서 웰니스협회를 창립하여 웰니스라는 용어를 정착시키면서 웰니스산업의 가치를 창출하기 시작하였다(김상윤,2021). 웰니스 산업의 밝은 미래는 여러 학자들의 연구에서도 나타나고 있으며, 주요 키워드가 '웰니스관광', '건강관광', '치유관광', '힐링관광', '산림치유', '해양치유', '온천치유(요법) 관광' 등으로 나타났다.

웰니스 여가 산업 (Wellness Leisure Industry)은 신체적·정신적 건강을 증진하고, 삶의 질을 높이는 여가활동과 관련된 산업을 의미합니다. 단순한 휴식이나 오락을 넘어 건강한 라이프스타일을 유지하고, 스트레스를 해소하며, 심신의 균형을 찾는 활동이 중심이 된다. 웰니스(Wellness) + 여가(Leisure) = 건강과 행복을 추구하는 라이프스타일 기반 산업으로 이해하면 된다. 이처럼, 건강을 중심으로 뷰티산업이 단순히 소비의 장을 넘어서 소비자의 인지·정서·행동적 문제를 치유하는 심신의 균형을 추구하는 뷰티지향 프로그램을 개인이나 기업의 전략화 한다면, 뷰티산업에 새로운 경쟁력 창출로 큰 기여할 수 있을 것이다 (이정옥,2024).

## 2. 웰니스 여가 산업의 개념과 중요성

웰니스 여가 산업이 중요한 이유는 현대인의 스트레스 증가와 번아웃 문제 해결에 있어 중요한 필수요건이기 때문이다. 건강한 삶을 위한 예방적 활동 강조 (운동, 명상, 힐링 여행 등) 되어야 하고, 코로나19 이후 면역력 강화 및 건강한 생활 습관 중요성 부각이 되어야 한다. 또한 고령화 사회로 인해 노년층의 건강한 여가활동 수요 증가가 필수요건으로 인식되고 있다.

### 1) 웰니스 여가의 특징

웰니스 여가는 신체적·정신적· 사회적 건강을 모두 아우르는 전인적 건강 회복을 목적으로 하는 여가 활동이며, 개인 맞춤형 서비스 (디지털 헬스케어, 맞춤형 피트니스 등)를 자연 친화적 활동 (에코 투어, 힐링 여행 등) 이기도 하다. 이는 삶의 질을 높이고, 개인의 내면적 균형을 회복하는 데 초점을 맞추고 있다는 점에서 기존의 여가와 구별된다.

### 2) 웰니스 여가 산업의 유형

(1) 피트니스 & 액티브 레저

헬스장, 요가, 필라테스, 홈트레이닝뿐 아니라 골프, 사이클링, 수영, 트레킹 등의 스포츠 활동분야다.

(2) 웨어러블 기기를 활용한 건강 관리

스마트워치나 피트니스 트래커 같은 디지털 기기를 통해 개인의 건강 데이터를 측정하고 관리하는 방식이다.

(3) 힐링 & 웰빙 여행 (웰니스 투어리즘)

자연 속에서의 휴식과 회복을 추구하는 여행 형태로, 산림욕, 해양 치유, 농촌 체험 등의 에코 투어리즘이 대표적이다. 온천, 스파, 디톡스 프로그램이 포함된 웰니스 리조트나 명상·요가 리트릿 등도 인기를 끌고 있다.

(4) 정신 건강 & 마인드풀니스

스트레스 해소와 내면의 평화를 위한 활동이 확산되고 있다. 명상, 심리상담 서비스, 수면 관리 프로그램 등은 정신 건강을 증진하고 자기 인식을 높이는 데 기여한다.

(5) 건강한 식생활 & 영양 관리

유기농 식단, 비건 및 클린 이팅 트렌드가 확산되며, 개인 맞춤형 영양제나 건강식품 소비도 늘고 있다. 건강 주스 바, 힐링 카페, 로컬푸드 체험 프로그램도 웰니스 여가의 일환으로 인식된다.

(6) 뷰티 & 항노화

천연 화장품, 비건 뷰티 등 친환경·저자극 뷰티 트렌드와 함께, 피부과나 성형외과 중심의 안티에이징 프로그램도 인기를 끌고 있다. 홈 스파, 아로마 테라피, 마사지 등을 통한 자기 돌봄도 웰니스 활동으로 주목받는다.

(7) 스마트 헬스 & 디지털 웰니스

AI 기반 건강 컨설팅, 원격 헬스케어, 웰니스 앱 등 디지털 기술이 웰니스와 융합되고 있다. VR·AR 기술을 활용한 홈 피트니스나 가상 명상 체험은 새로운 형태의 디지털 여가로 확산 중이다.

이처럼 웰니스 여가는 다양한 형태로 진화하며, 현대인의 신체적·정신적 건강을 포괄적으로 관리하고 향상시키는 주요 수단으로 자리잡고 있다.

# 3. 웰니스 여가 산업의 최신 트렌드

## 1) 지속 가능성(Sustainability) 강화

친환경 여행, 로컬푸드 소비, 에코 리조트 인기

제로 웨이스트 웰니스 제품(천연 화장품, 유기농 식품) 확대

## 2) 디지털 헬스 & 웰니스 테크 증가

AI 기반 개인 건강 모니터링 (웨어러블 기기, 맞춤 영양 컨설팅)

VR 명상, 가상 피트니스 센터 활성화

## 3) 정신 건강 & 마인드풀니스 수요 증가

직장 내 멘탈 헬스 프로그램 확산 (기업 복지로 명상 및 심리 상담 제공)

심리적 웰빙을 위한 웰니스 여행 증가

## 4) 홈 웰니스 & 셀프케어 인기

홈 트레이닝, 홈 스파, 스마트 수면 관리 제품이 증가되고 건강한 라이프스타일을 위한 가정 내 웰니스 공간이 조성된다.

## 5) 액티브 라이프스타일 & 체험형 웰니스

런닝, 사이클링, 서핑 등 활동적인 레저 스포츠 인기가 있으며 '건강한 여행' 트렌드, 요가 리트릿, 헬스 캠프, 피트니스 여행등이 확대되고 있다.

# 4. 웰니스 여가 산업의 경제적 성장

2024년 세계 웰니스 관광 시장 규모에 대한 추정치는 출처에 따라 다소 차이가 있다. Global Market Insights에 따르면, 2024년 웰니스 관광 시장 규모는 약 9,953억 달러 (2025년 기준 한화 1,449조 1,568억원)로 평가되었으며, 2025년부터 2034년까지 연평균 성장률(CAGR) 13.2% 이상으로 성장할 것으로 예상하고 있다. 또한, IMARC 그룹의 보고서

에서는 2023년 시장 규모를 약 9,485억 달러로 평가하였으며, 2024년부터 2032년까지 연평균 성장률 5.9%로 성장하여 2032년에는 약 1조 6,054억 달러(한화 2.348조 4.269억원)에 이를 것으로 전망하고 있다. 이러한 차이는 각 기관의 분석 방법론과 예측 모델의 차이에서 비롯된 것으로 보인다.

글로벌 웰니스 산업 규모는 연평균 9~10% 성장하여 웰니스 여행 산업을 2027년까지 1조 달러 규모 전망하고 있다. 건강한 라이프스타일을 추구하는 소비자가 늘어나고 있고, 웰니스 여가 산업은 건강과 행복을 위한 라이프스타일 중심으로, 신체적·정신적 건강을 증진하는 다양한 서비스와 제품을 포함한 산업이다.

특히, 디지털 기술, 개인 맞춤형 서비스, 지속 가능한 라이프스타일, 정신 건강 케어 등이 핵심 트렌드로 자리 잡고 있으며, 앞으로도 웰니스 여가 산업의 중요성은 더욱 커질 것이다.

## 5. 정부의 웰니스 관광 육성 정책

정부의 초기 웰니스관광 정책은 의료관광 육성 사업의 일환으로 해외 의료관광 시장별 차별화된 홍보·마케팅 측면에서 접근하였으나, 2009년 의료법 및 관광진흥법을 개정하고 의료관광객 유치를 위한 해외 홍보·마케팅 추진하였고, 웰니스 라이프 확산 등 전세계적으로 웰니스관광이 주목을 받기 시작하면서 고부가 관광 육성 전략으로 웰니스관광 육성 정책 본격화하기 시작하였다.

문화관광 산업 경쟁력 강화회의(2016), 관광진흥기본계획(2017), 지역관광활성화 방안(2018) 등 주요 정책 방안에 웰니스관광 활성화 사업 포함이 되면서 문화체육관광부의 추천 웰니스 관광지 선정사업(2017~) 및 웰니스관광 클러스터 구축사업(2018~) 추진이 되었다.

2020년 코로나19 팬데믹 발생에 따른 국민 치유 및 포스트 코로나 대비 관광정책으로 웰니스관광의 중요성 부각이 되었다. 5차 국가관광 전략회의를 통해 관광 내수시장 활성화 및 국민 치유를 위한 웰니스관광 정책 추진, 신한류 진흥정책 추진 계획에 의료·치유 관광 육성 사업 포함되었으며 6차 국가관광전략회의에서는 안전한 관광 재개를 위해 치유와 함께하는 관광환경 조성, 한국 관광 매력 제고를 위한 치유(웰니스)관광 등 차별적인 관광콘텐츠 육성 사업 포함하게 되었다.

<표 14> 【웰니스관광 관련 정부 주요 정책 동향】

| 년도 | 주요 동향 | 관련 연구 및 논의 |
|---|---|---|
| 2017년 | • 추천 웰니스 관광지 선정사업 추진(25개 선정) | • 관광진흥기본계획 발표<br>　- 고부가 관광산업 육성 : 웰니스 관광 콘텐츠 확대, 웰니스관광 클러스터 선정 및 육성 |
| 2018년 | • 추천 웰니스 관광지 8개소 신규 선정(총 33개소)<br>• 웰니스관광 클러스터 구축사업 추진(경상남도 선정) | • (제2차 국가관광전략회의) 지역관광활성화 방안 발표<br>　- 웰니스관광 클러스터 조성 사업 |
| 2019년 | • 추천웰니스 관광지 10개소 신규 선정(총 41개소)<br>• 웰니스관광 클러스터 충청북도 신규 선정 | • 웰니스관광산업 통계 구축 연구(한국관광공사)<br>• 웰니스관광 평가지표 개발연구(한국관광공사/한국문화관광연구원) |
| 2020년 | • 추천 웰니스 관광지 9개소 신규 선정(총 48개소)<br>• 웰니스 관광 클러스터 강원도 신규 선정<br>• 코로나 19 위기 극복을 위한 웰니스 관광 활성화<br>　- 국민 대상 추천 웰니스 관광지 체험 지원 | • (제5차 국가관광전략회의)케이(K)-방역과 함께하는 관광 내수시장 활성화 대책 발표<br>　- 관광객 대상 치유관광 프로그램, 코로나19 의료진 및 치유 프로그램 운영<br>• 신한류 진흥정책 추진계획 발표 : 의료 및 치유관광 육성 사업<br>• 한국 의료웰니스 관광 포럼 개최(문화체육관광부/한국관공공사) |
| 2021년 | • 문화체육관광부/한국관광공사 추천 웰니스 관광지 7개소 신규 선정(총 51개소) | • (제6차 국가관광전략회의) 관광산업 회복 및 재도약 방안 발표<br>　- 안전한 관광 재개 : 코리아둘레길, 치유형 자연관광(생태/해양/산림 등) 치유와 함께 사는 관광환경 조성<br>　- 한국관광 매력 제고 : 세계 일류 케이(K)-방역 기반의 의료와 치유(웰니스)관광 등 차별적인 관광콘텐츠 육성 |

출처: 인천연구원 ,2021 웰니스관광 이해와 정책 과제

# 여가 Leisure Welfare Theory
# 복지론

# chapter 09

# 생애주기별 여가와 관광

# 제1절

# 여가와 생애주기의 이론적 논의

## 1. 생애주기 개념

생애주기는 개인이 태어나서 성장, 발달하고 죽음에 이르기까지의 일련의 변화과정을 의미하며 나이가 들어가는 일정한 순서의 진행에 의해 아동·청년에서 성인기를 거쳐 노년으로 향하는 단계적 변화과정을 말한다(윤소영,2010). 생애주기라는 용어는 학자나 연구에 따라 '생애길이' 혹은 '생애과정'이라는 말과 동의어로 쓰이기도 하는데, 그러나 이들 용어는 각각 다른 의미를 함축하고 있다는 점에서 각 용어의 개념을 구분하여 살펴볼 필요가 있다.

〈표 15〉 생애주기 및 관련 용어의 개념

| 구분 | 개념 |
|---|---|
| life-span(생애기간) | 출생에서 죽음까지의 시간적 간격 |
| life-events(생애사건) | 시간의 흐름에 따라 개인의 인생에서 일어나는 특별한 사건들(진학, 취직, 결혼, 은퇴 등) |
| life-course(생애과정) | 생애기간을 채우고 있는 개인의 삶의 다양한 내용(삶의 특별한 사건, 인간관계, 성취, 실패 등) |
| life-cycle(생애주기) | 출생에서 죽음까지 아동기를 거쳐 성인기의 일정한 계열을 따라 점진적으로 이루어지는 삶의 여정 또는 여로 |

자료: 김애순(2006), 「성인발달과 생애설계」, 시그마프레스를 기초로 재편집

생애주기는 입학, 진학, 취직, 결혼, 직업전환, 은퇴 등의 일정한 지표에 의해 표시될 수 있는데 이러한 지표는 개인이 생활하고 있는 문화에 따라 다르겠지만 순서는 연령과 관련되는 것이 공통이다. 개인의 출생에서 사망까지 직·간접적으로 경험되는 모든 변화는 나이를 먹는 과정의 일정한 순서로 진행되고 모든 사람의 일생 가운데 반복되면서 다음 세대로 전승된다. 이 전체를 생애주기(life-cycle)라 하는데, 이를 도식적으로 표현하면 생애기간(life-span)의 중요한 생애사건(life-events)이 연령단계별로 수직선으로 연결될 것이다. 생애주기를 이루고 있는 생애기간(life-span)안의 생애사건(life-events)의 내용들은 생애과정이 될 수 있다(윤소영,2010).

## 2. 생애주기 단계와 단계별 특징

생애주기는 인간이 태어나서 성장하고 노년을 맞이하기까지의 과정을 여러 단계로 구분한 개념으로, 개인의 신체적·심리적·사회적 변화와 함께 각 단계에서 요구되는 역할과 과제가 달라진다. 또한, 생애주기는 인간이 태어나 성장하고 노년을 맞이하는 과정에서 신체적·심리적·사회적 변화에 따라 여러 단계로 구분되어진다.

생애주기 관련 연구에서 인간 생애를 구분하는 단계들은 각 학자나 연구 목적에 따라 다

[그림 3] Levinson의 생애주기 단계

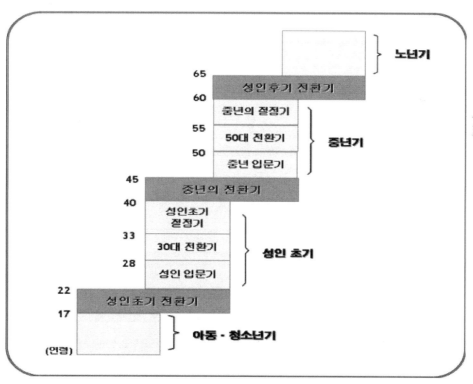

자료: Seppo E. Iso-Ahola(1980), The Social psychology of leisure and recreation, W. C.
Brown 김애순(2002), 성인발달과 생애설계, 시그마프레스

양하다. 인간 발달의 변화에 초점을 두는 발달이론에서는 보다 세부적인 발달 단계의 구분이 이루어지고 있으며, 여가연구 분야에서는 여가생활에 영향을 미치는 결혼, 자녀 출산 등 가족생활주기를 고려하여 생애주기 단계를 구분하고 있다. 그러나 동시에 생애주기 연구에서의 생애단계는 보편적인 방향성을 가지고 있다. 즉, 일반적인 생애주기의 단계는 신체적 성장, 사회적 지위의 변화 등 생활연령에 따라 넓게는 유년기, 청년기, 성인기, 노인기로 구분될 수 있다 (윤소영,2010). 인간의 생애는 대개 연령으로 주기를 구분하는 것이 공통이라는 점에서 발달론적 접근에서 생애주기 단계를 구분한 사례를 살펴볼 필요가 있다. 인간 발달에 대한 이론에서는 학자에 따라 인간의 생애를 인지·사회·정서·신체·심리적 변화 등 다양한 영역의 발달 단계로 나눈다. 발달론적 생애주기 이론에서는 인간의 발달을 전 생애적 관점에서 연구한 Levinson과 Erikson이 가장 많이 언급되고 있다.

## 3. 생애주기 단계별 특징 : 연령발달단계

인간발달의 측면에서 아동기, 청년기, 성인기, 노인기는 각 발달단계에서 나타나는 발달적 특징과 여가활동의 특징이 있다. 인생의 시기들이 개인마다 다를 수는 있지만 생애주기는 대부분의 사람들이 어떤 공통의 단계를 같은 순서로 지나가는 발달 순서(Godbey, 2003)라고 할 수 있다. 이러한 인생의 여러 단계에 걸쳐 인간은 다양한 욕구와 흥미를 가지게 되는데, 각 생애단계에서 중심이 되는 생활의 변화가 여가사용의 변화에 영향을 미친다는 점에서 발달상의 특징과 여가활동의 특징은 밀접한 연관이 있다.

많은 발달이론 학자들은 전 생애에 걸친 인간의 발달단계를 규명하고 각 단계별 고유한 발달과업을 제시하고 있는데, 인간은 생애를 통하여 이러한 과업을 달성함으로써 자아성취감을 느끼고 정체성을 찾으며 존재의 의미를 갖게 된다고 설명한다. 인간의 발달은 근본적으로 하나의 연속과정이지만 발달단계에 따라 특정한 변화가 일어나도록 요구받는다. 즉 개인의 성숙이나 생물적, 사회적, 심리적인 발달요구와 사회문화적인 요구가 합치되어 인간의 발달단계를 이루게 된다.

유년기, 청년기, 성인기, 노인기를 거치면서 개인에게 주어지는 다양한 발달과업은 자연히 성취되는 것이 아니라 다양한 학습 체계를 통하여 충족하게 된다. 발달과업의 구체적인 내용은 문화와 사회적 배경에 따라 다르겠지만 대체로 공통된 몇 가지 과업이 있는데, 특정

생애주기에서 중요한 가치에 대한 주제를 제시하고 각 생애단계의 성공적인 전환을 위해 반드시 습득되어야 한다는 점에서 여가정책의 수립, 여가프로그램 제공, 각종 지표의 제시 등에서 생애주기 및 생애과업은 구체적으로 다루어져야 할 필요가 있다. 이에 따라 생애단계의 발달과업을 정리하는 것은 여가활동 참여자의 요구를 분석하고 생애주기별 여가활동 모형 개발을 위한 여가내용을 선정하는데 있어 구체적인 참고자료가 될 수 있다.

## 1) 유년기

유년기는 넓은 뜻으로는 출생에서부터 청년기에 들어가기 직전까지를 말하며, 좁은 뜻으로는 학령기를 의미한다. 유년기는 가장 발달적인 시기(Bammel & Bammel, 1996)로 전 생애에 걸친 학습의 대부분이 이 시기에 형성된다. 또한 놀이를 통해 성장과 발달을 이루어나가고 기본적인 운동기술을 획득하는 결정적 시기이다

(1) 발달 특징

유년기는 신체적 성장과 함께 성개념이 습득되는 시기로서 자아개념과 자아 존중감이 형성되는 시기이며(정민승 외, 2006), 학교생활을 통해 아동들이 많은 사회적 관계를 형성하고 또래집단의 비중이 점차 커짐(정옥분, 2004)에 따라 학교생활이 중요한 역할을 하게 되는 시기이다.

주로 학교에서 발달이 이루어지며 교사나 부모에 대한 동일시, 주위 어른이나 또래에 대한 강화로 개성을 발달시켜나간다. 가정, 학교, 이웃 등 사회적·지리적으로 활동의 범위가 확대되고 가족뿐만 아니라 친구, 책, TV 매스컴의 영향으로 사회적 환경의 범위도 넓어진다(김종환, 1995). 유년기는 놀이를 통해 학습을 하며 스스로 신뢰감, 자율성, 주도성을 확립하려 하고, 놀이와 인지 발달을 위한 기본적인 운동기술을 습득한다.

(2) 발달 과업

유년기에서 가장 중요한 발달과업은 근면성이라고 할 수 있다. 근면성은 사회에서 성공적으로 기능하고 경쟁하는 데 필요한 기술을 습득하는 능력(정옥분, 2007)으로서 학교교육을 통해 중요한 인지적 기술과 사회적 기술을 습득해야 한다.

(3) 유년기 여가활동 특징

유년기는 여가와 일 사이에 구분이 별로 없기 때문에 "여가"라는 용어를 사용하는 것이 비

합리적(Godbey, 2003)이므로, 다른 생애 시기에서 여가라 불러지는 개념은 유년기에서는 놀이라는 개념으로 이해할 수 있다. 따라서 유년기의 여가는 놀이와 같은 활동들을 포함하고 있으며, 유년기의 여가시간은 놀이로 채워진다(강봉화·이한숙, 2007)고 볼 수 있다. 유년기의 놀이는 아동의 성장과 발달에 매우 중요한 역할을 담당하게 된다. 놀이를 통해 아이들은 가장 효율적이고 자연스럽게 신체적 발달을 이루어나가며, 친구들과 함께 하는 협동과 경쟁 속에서 규칙을 준수하는 등의 사회적 관계를 경험함으로써 사회성을 발달시킨다. 또한 놀이는 어린이들이 갖고 있는 감정과 생각, 행동의 긍정적인 면을 발전시켜 가면서 건전한 정서의 발달을 돕는다. 마지막으로 놀이는 가정이나 학교에서 경험하지 못 했던 여러 가지 새롭게 신기한 것들을 경험하고 학습할 기회를 제공함으로써 아이들의 창의성을 발전시킨다.

(4) 유년기 여가의 유형

유년기의 여가활동은 아이들의 신체적, 정서적, 사회적, 인지적 발달에 중요한 영향을 미치며, 연령대에 따라 적절한 활동이 다를 수 있지만, 유년기의 유익한 여가활동이 생애에서 가장 중요하다.

① 야외 활동
- 공원 놀이: 놀이터에서 뛰어놀기, 그네 타기, 미끄럼틀 타기
- 자전거 타기: 균형감각과 운동 능력 발달
- 산책 및 하이킹: 자연을 경험하며 감각 발달
- 축구, 농구 등 스포츠: 사회성 향상 및 체력 증진

② 창의적인 활동
- 그림 그리기, 색칠하기: 창의력 및 표현력 발달
- 블록 놀이, 퍼즐 맞추기: 공간 감각 및 문제 해결 능력 향상
- 역할 놀이: 인형 놀이, 소꿉놀이 등으로 사회적 기술 습득

③ 음악 및 예술 활동
- 악기 연주: 피아노, 리코더 등 간단한 악기 배우기
- 노래 부르기, 율동하기: 감성 발달 및 언어 능력 향상
- 춤추기: 신체 조절 능력 및 표현력 증대

④ 독서 및 학습 활동
- 그림책 읽기: 언어 능력 및 상상력 증진

- 동화 듣기: 청각적 이해력 및 사고력 발달
- 간단한 글쓰기: 표현력 향상 및 창의력 발달

⑤ 사회적 활동
- 친구들과 놀기: 협동심, 의사소통 능력 발달
- 가족과 함께하는 보드게임: 논리적 사고력 및 사회성 향상
- 문화 체험: 박물관, 동물원, 공연 관람 등

## 2) 청년기

청년기는 아동이 성숙한 성인으로서의 지위를 획득하기 전에 통과해야만 하는 단계로 전형적인 학생역할을 그만두고 하나 이상의 성인역할을 수행할 때 끝난다. 청년기의 전체 기간은 과거와 비교하여 많이 연장된 상태에 있는데, 사춘기 시작연령이 낮아졌고 성인역할을 위한 준비가 점점 더 많아짐으로써 부모에 대한 의존기간이 길어졌기 때문이다(장휘숙, 2007).

(1) 발달 특징

청년기는 유년기에서 성인기로 넘어가는 과도기적 단계로서 인간의 전 생애 발달의 단계 중에서 신체적, 정신적, 성적, 인지적 변화가 가장 급격히 일어나는 시기이며 또래집단과의 관계가 중요한 시기이다.

신체적인 형태와 기능에 있어 변화, 발육의 진행이 급격히 이루어지며 제1차·2차 성징이 일어나는 시기로 사춘기를 경험하게 된다. 신체운동 능력이 가장 발달하는 시기이기도 하며 이 시기의 스포츠활동 경험은 개인의 전 인생에 걸쳐 운동 능력을 발달하고 유지하는데 중요한 역할을 한다. 그러나 이 시기는 이러한 매우 급격한 신체적 변화에 적응하여야 하는 어려움이 있다.

신체적으로는 성인의 모습을 띄게 되지만 정신적으로는 아직 원숙하지 못하므로 불안정한 상태에 놓여 있게 되고(오상훈 외, 2006), 자기 자신의 내면세계에 대한 고민이 시작되며 가치관의 혼란과 욕구불만, 소외의식이 나타난다. 이 시기의 청소년들을 이상적이고 자기중심적인 경향이 강한데, 이러한 성향은 정체성의 위기로 나타나게 된다.

Rapoport & Rapoport(1975)는 청년기의 청소년들은 '나는 누구인가'라는 정체성 문제

에 전형적으로 몰두한다고 보고한 바 있다. 또한 청년기는 직업준비 등 다양한 역할탐색과 선택을 하고 부모로 부터 독립하여 자율적 생활을 모색하는 시기이다. 부모나 교사에 의존 적이었던 성향에서 벗어나 또래집단에의 소속감을 매우 중요하게 생각하면서 소속집단의 가치관과 신념에 동조하여 행동하려 한다.

## (2) 여가활동 특징

청년기는 전체 인생 시기 중에서 가장 활동적이며 매우 폭넓은 범위의 활동을 시도하기를 즐기는 단계로 야외 여가활동에 가장 많이 참여하는 시기이다. 청년기 동안의 레크리에이션 과 여가는 사회적 접촉, 발달, 그리고 성취를 위한 기회들을 촉진시키는 사회적 도구로서 역 할을 하며((Bammel & Bammel, 1996), 청년기에 있어 각 개인은 가정 또는 학교와 같은 다른 사회 제도들을 통해 여가관행과 태도를 사회화시킨다(강봉화·이한숙, 2007). 청년기에 는 가족들과 생활하는 시간이 상대적으로 적은 시기로 또래들과 함께 어른들의 가치와 상충 하는 자신들만의 여가문화를 가지려 한다. 따라서 청년기의 여가는 부모들이 보여주는 안정 적이고 전통적인 여가와는 대조적으로 일탈적이고 다양한 여가의 형태를 띠는 성향이 있다.

청소년기의 여가활동은 단순한 놀이를 넘어 개인의 성장과 미래를 준비하는 데 큰 영향을 미치므로, 자신의 관심사와 목표에 맞는 활동을 선택하고 균형 잡힌 여가 생활을 하는 것이 중요하다.

## (3) 청소년기 여가의 유형

청소년기의 여가활동은 신체적 성장뿐만 아니라 정서적 안정, 사회적 관계 형성, 창의력 및 자기 계발에도 중요한 영향을 미치며, 이 시기의 청소년들은 자율성이 커지면서 여가시간을 더 주체적으로 활용할 수 있으며, 취향과 관심사에 따라 다양한 활동을 선택할 수 있다.

① 신체 활동 및 스포츠
- 야외 스포츠: 축구, 농구, 배드민턴, 테니스, 스케이트보드 등
- 피트니스 및 헬스: 웨이트 트레이닝, 요가, 필라테스 등 건강 관리
- 댄스 및 액티브 스포츠: 스트릿댄스, K-POP 댄스, 태권도, 클라이밍 등
- 등산 및 캠핑: 자연과 함께하는 활동으로 스트레스 해소

② 문화 및 예술 활동
- 음악 활동: 악기 연주(기타, 피아노, 드럼 등), 밴드 활동, 노래 부르기
- 미술 활동: 그림 그리기, 캘리그래피, 공예 등

- 사진 및 영상 제작: 브이로그 촬영, 영상 편집, 사진 촬영 등
- 연극 및 공연 관람: 영화 감상, 뮤지컬, 연극 관람 등

③ 학습 및 자기 계발
- 독서: 자기 계발서, 소설, 철학책 등 다양한 장르의 책 읽기
- 외국어 공부: 영어, 일본어, 중국어 등 다양한 언어 학습
- 프로그래밍 및 코딩: 컴퓨터 관련 기술 학습
- 자격증 공부: 한국사, IT 관련, 미용 등 다양한 분야의 자격증 취득

④ 디지털 및 미디어 활동
- 게임 및 e스포츠: 친구들과 온라인 게임, 전략 게임 등
- SNS 및 블로그 활동: 인스타그램, 유튜브, 블로그 운영
- 콘텐츠 제작: 웹소설, 웹툰, 애니메이션 제작 등

⑤ 사회 및 봉사 활동
- 봉사활동: 지역사회 봉사, 환경보호 캠페인, 복지관 봉사 등
- 동아리 활동: 학교 내 다양한 동아리 참여(과학, 문학, 스포츠 등)
- 친구들과의 교류: 여행, 카페 방문, 보드게임 등

(4) 발달 과업

청년기에는 가치관의 혼란을 경험하게 되므로 이 시기의 가장 중요한 발달과업은 정체감(identity) 형성이다. 장휘숙(2007)은 정체감을 전체적 자기(self)를 구성하는 여러 가지 요소들인 개인의 성적, 사회적, 신체적, 심리적, 도덕적, 이념적, 직업적 특성을 모두 포함하는 복합적 개념이므로 청년기의 정체감 확립은 통합적인 자기상의 확립을 의미한다고 하였다.

## 3) 성인기

성인기는 심신의 활동이 최고로 발휘는 되는 시기로서 인생의 전과정 에서 가장 중추적인 역할을 하게 되는 시기이다. 성인기가 언제 시작되고 언제 끝나는 지에 대하여 일찍이 Havighust(1972)는 20세를, Levinson (1978)은 17세를 성인기 시작점으로 보고하였으나 과거와 비교하여 성인기 진입이 늦어지고 있고 평균수명도 훨씬 길어지면서 성인기 시작은 20대 중반 이후로 늦어지는 추세에 있다(장휘숙, 2007). 청년기에서 성인기로 이행하는 시점은 문화, 사회적 상황, 개인에 따라 다르지만 오늘날 대부분의 사회에서 성인으로 간주되

는 보편적인 기준은 학업을 마치고 경제적으로 독립하여 결혼을 하고 부모가 되는 시기(정옥분, 2004)라고 볼 수 있다.

## (1) 발달 특징

성인기에는 신체적 건강이 최고조에 달했다가 서서히 감퇴하기 시작한다. 대부분의 사람들은 성인기에 처음으로 직업을 가지며 부모 곁을 떠나 결혼하고, 자녀를 낳아 기르는 중요한 변화를 겪으면서(정옥분, 2004) 배우자로서의 역할, 직업적 역할 수행에의 몰두, 자녀를 양육하고 사회화시키는 부모로서의 새롭고 중요한 역할을 담당하게 된다. 이 시기는 일차적인 친밀한 관계가 이전의 가족관계에서 새로운 가족관계로 이동하는 때(김종인 외, 2007)로 부부 또는 부모로서의 역할갈등이 발생하기도 한다. 성인기는 자신에게 기대되는 사회적 역할을 수행하는 데 있어서 자신감을 추구하고 자신의 능력에 대한 사회적 인정을 추구(Kelly & Freysinger, 2000)함에 따라 사회적 정체성을 확립하기 위해 직업을 선택하고 친밀한 인간관계를 형성하게 된다.

중년기가 되면서 자녀들의 독립에 따라 가족관계에 변화가 생기며, 이에 따라 부부관계 등 전체적인 가족관계의 재평가가 이루어진다. 특히 직업주기에 있어서도 그동안 자신이 세웠던 목표를 재평가하게 되고, 업무와 주변 환경을 재조정하게 되는 변화의 시기이다. Kleiber & Kelly(1980)는 중년기에 이르면 삶을 재평가하게 되고 남은 생을 어떻게 보다 더 의미 있고 만족스럽게 보낼 것인가가 주요 관심사가 된다고 하였다.

## (2) 여가활동 특징

이 시기는 가정 및 자녀 중심적이 되면서 자기 자신의 흥미는 자신의 직업을 확립하고 타인의 요구 및 필요를 충족시키기 위해 희생되게 되면서 여가생활에 가장 큰 변화가 오게 된다. 자신의 사회적 위치를 확고히 하기위해 여가를 사회적 관습에 맞추고 사회문화적 활동과 다른 사람과의 교제 활동에 비중을 쏟게 된다. 또한 부부 및 부모로서 의 역할 수행은 여가에 있어 경제적, 활동적인 제약을 가져옴으로써 여가활동의 우선순위가 가족중심 활동이 된다. 결혼을 하면서 새로운 여가관심은 거의 나타나지 못하고 가정생활과 연관되거나 가족중심적인 여가가 성인기의 여가로 대체된다. 중년의 나이로 접어들게 되면, 자녀들이 경제적 혹은 결혼을 통해 독립을 하면서 부부중심의 시기가 됨에 따라 다시 새롭게 가정 밖에서 즐길 수 있는 새로운 여가에 대한 관심이 생기게 되고, 부부가 공유할 수 있는 활동으로 변화시킨다. 성인기의 여가활동은 개인의 직업, 생활환경, 취미, 경제적 여건 등에 따라 다양하게 나타나며, 성인기에는 신체적·정신적 건강을 유지하고 삶의 질을 높이는 방향으로 여가를 활용하는 것이 중요하다.

(3) 성인기 여가의 유형

① 신체활동 및 스포츠 여가
- 운동 및 피트니스: 헬스, 요가, 필라테스, 크로스핏 등
- 레저 스포츠: 등산, 골프, 테니스, 수영, 사이클링, 조깅
- 익스트림 스포츠: 스킨스쿠버, 패러글라이딩, 스카이다이빙 등
- 여행 및 캠핑: 국내·해외여행, 차박, 캠핑, 트레킹

② 문화·예술 활동
- 음악 감상 및 연주: 콘서트, 악기 연주, 노래 부르기
- 미술 및 공예: 그림 그리기, 캘리그래피, 도예, DIY 공예
- 사진 및 영상 제작: 사진 촬영, 유튜브 브이로그 제작
- 독서 및 글쓰기: 자기 계발서, 소설, 에세이 읽기, 블로그 운영

③ 디지털 및 취미 활동
- 게임 및 e스포츠: PC·콘솔 게임, 보드게임, 모바일 게임
- SNS 및 온라인 활동: 유튜브, 인스타그램, 블로그, 웹툰 감상
- 프로그래밍 및 IT 관련 취미: 앱 개발, 데이터 분석, 코딩 공부
- 수집 및 취미 활동: 피규어, 우표, 와인, 빈티지 소품 등 수집

④ 사회적·교양 여가
- 사교 모임 및 커뮤니티 활동: 동호회, 독서모임, 스터디 그룹
- 봉사활동 및 사회공헌: 환경 보호 활동, 지역사회 봉사, 기부 활동
- 자기계발 및 학습: 외국어 학습, 직무 교육, 온라인 강의 수강
- 정신 건강 관리: 명상, 심리 상담, 힐링 프로그램 참여

⑤ 가정 및 힐링 중심 여가
- 홈카페 및 요리: 베이킹, 홈카페 놀이, 건강식 요리
- 반려동물 돌보기: 반려견·반려묘와 산책, 훈련, 놀이
- 가드닝 및 플랜테리어: 식물 가꾸기, 인테리어 꾸미기

• 힐링 및 휴식: 스파, 마사지, 온천 여행, 영화·드라마 정주행

(4) 발달 과업

성인기에 중요한 발달과업은 대인관계, 사회참여의 형태, 자립생활의 주요 수단으로서의 직업생활에 대한 적절한 적응력이다. 따라서 이와 관련하여 대인관계의 성숙, 사회적응 기술, 직업적 기능, 성적 적응(김종인 외, 2007)이 이루어져야 한다고 볼 수 있다. Erickson(1976)은 이시기와 관련하여 성인초기에서는 결혼생활과 직장생활에서 인간관계의 폭이 확장되기 때문에 친밀감을 발달시키는 것이 가장 주요한 발달과제라고 하였다(김애순, 2006). 성인기에 여가활동을 즐기며 살아온 사람은 스트레스 해소와 삶의 만족도를 높이며, 건강하고 행복한 삶을 유지하며 노인기를 맞이할 수 있다.

## 4) 노인기

노인기는 일반적으로 은퇴연령 기준인 65세 이후로 심신의 활동이 쇠퇴하기 시작하여 죽음에 이르기까지의 시기로 인생의 최종단계를 말한다. 노인기의 전형적인 분류기준 그동안 은퇴연령인 65세였지만 최근에는 많은 사람들이 50세에 이미 은퇴하는 가하면 어떤 노인들은 70대 이후까지도 계속해서 일을 하기 때문에 은퇴를 성인기와 노년기를 구분하는 기준으로 보기에는 한계가 있을 수 있다.

(1) 발달 특징

노인기는 신체의 노화에 따른 건강상의 문제, 경제적 능력의 약화, 배우자의 죽음으로 인한 슬픔, 죽음에 대한 두려움 등 신체적, 경제적, 가정적, 사회적, 심리적 측면에서 변화가 이루어지는 시기이다. 노인기에는 신체적인 기능이 쇠퇴되면서 물리적 활동의 환경이 제약을 받게 되고, 강제적 혹은 자발적으로 사회적, 가정적 역할이 상실되고 신체적 노쇠로 인한 무능력으로 인해 고립과 고독감의 정서를 느끼게 된다. 김애순(2006)은 대체로 여성들은 자녀들의 성장과 함께 서서히 역할이 전환되어 왔기 때문에 50대 이후의 역할 변화에 적응이 훨씬 더 용이하지만 남성들은 20대 후반 첫 취업 후 줄곧 역할의 연속성 속에서 살아왔기 때문에 은퇴로 인한 역할상실에 적응하기가 훨씬 더 어렵다고 설명한다.

(2) 여가활동 특징

노인기가 되면 일반적으로 여가활동의 참여는 감소하고 새로운 여가활동을 추구하기 보

다는 기존의 경험과 익숙한 패턴에 바탕을 두고 여가활동을 유지하려고 하는 성향이 있다. 노인기의 여가활동은 인생의 다른 어떤 시기보다도 더 높은 생활만족도로 이어진다. 노인기에서는 생활의 대부분이 여가라고 볼 수 있기 때문에 노인들은 여가활동을 통해 고독, 허탈감, 소외감을 극복하고 자기의 능력을 발휘할 기회를 가지며 문화적 생활의 욕구를 충족시키게 된다(정옥분, 2004). 노인기는 일반적으로 자녀를 기른다는 부담이나 의무적이고 제약적인 직업 활동에서 해방되어 자유로이 여가활동을 즐길 수 있는 여가시간이 풍부해지지만 퇴직 이후 경제활동영역이 감소하고 건강상의 문제로 인해 이를 대체할 수 있는 여가활동을 찾지 못해 노년기의 여유 있는 시간을 막연하고 무료하게 보내는 경우가 많다.

노년기의 지역사회와의 교류와 봉사활동 및 건강한 여가활동은 신체적·정신적 건강을 유지하고 사회적 관계를 지속하며 삶의 질을 높이고, 노인개인의 건강 상태, 경제적 여건, 사회적 관계 등에 따라 다양한 여가유형으로 나뉠 수 있다.


(3) 노인기 여가의 유형
① 신체 활동 및 건강 관리형 여가
- 가벼운 운동: 산책, 가벼운 조깅, 요가, 태극권, 필라테스
- 레저 스포츠: 수영, 골프, 배드민턴, 자전거 타기, 게이트볼
- 체력 단련: 헬스장 운동, 스트레칭, 근력 운동
- 자연 활동: 등산, 낚시, 캠핑, 텃밭 가꾸기
② 문화·예술 활동
- 음악 감상 및 연주: 악기 연주(하모니카, 기타, 피아노), 합창단 활동
- 미술 및 공예: 그림 그리기, 캘리그래피, 도예, 손뜨개
- 사진 및 영상 제작: 스마트폰 사진 촬영, 영상 편집
- 독서 및 글쓰기: 소설, 역사서, 에세이, 일기 쓰기, 회고록 작성
③ 사회적·교양 여가
- 동호회 및 커뮤니티 활동: 등산 모임, 독서 모임, 문화센터 강좌 참여
- 봉사활동: 지역 사회 봉사, 복지관 봉사, 멘토링 활동
- 평생교육: 외국어 공부, 컴퓨터·스마트폰 활용 교육, 온라인 강의 수강
- 종교 및 명상 활동: 교회·절·성당 활동, 명상 및 요가

④ 가정 및 힐링 중심 여가

- 가드닝 및 반려식물 돌보기: 정원 가꾸기, 실내 식물 키우기
- 반려동물 돌보기: 강아지·고양이 산책 및 돌봄
- 요리 및 베이킹: 전통 요리 배우기, 가족과 함께하는 요리 활동
- 영화 및 드라마 감상: 클래식 영화, 다큐멘터리, 최신 드라마 감상
- 온천 및 마사지: 온천 여행, 스파, 마사지로 건강 관리

⑤ 여행 및 탐방 여가

- 국내 여행: 문화유산 탐방, 유적지 방문, 전통시장 투어
- 해외 여행: 자유 여행, 크루즈 여행, 한 달 살기
- 캠핑 및 힐링 여행: 자연 속에서 힐링하는 여행, 한적한 시골 체험

노인기의 여가활동은 단순한 취미를 넘어 삶의 의미를 찾고 활기찬 생활을 유지할수있으며, 노인스스로 적극적 여가선용을 하면 신체적 건강뿐만 아니라 정신적 안정과 사회적 관계 형성에도 긍정적인 영향을 줄 수 있다.

(4) 발달 과업

노인기에서 가장 중요한 발달과업은 자아통합이다. 노인기에는 자신의 죽음에 직면하게 되면서 지나온 자신의 삶을 되돌아보고 자신의 삶이 의미 있고 여가를 즐기며 만족스러웠는지 인식하게 된다.

# 제2절

# 여가의 사회화

여가는 일생의 과정을 통해 경험되는 사회화의 과정이다. 인격을 형성하는 유·청년기 동안 습득된 여가에 대한 좋은 태도들은 생애주기의 노년기 단계에서의 만족스러운 여가활동을 위한 기초가 되고, 유년기나 성인기에 있어 사회화의 방향과 정도는 다를지라도 모든 개인은 생애주기를 통해 변화한다는 측면에서 여가사회화(leisure socialization)에 대하여 논의할 필요가 있다.

Iso-Ahola(1980)는 여가사회화를 여가지식, 태도, 가치, 기술, 동기들이 학습되고 내면화되는 과정이라고 설명한다. Kleiber와 Kelly(1980)는 여가를 기초로 한 활동들이 사회화에 기여하는 반면, 사회화는 여가행동과 태도에 영향을 준다고 하였다. 이는 고동우(2007)17)의 여가활동을 통한 사회화(socialization through leisure)와 여가활동에 대한 사회화(socialization into leisure)의 개념으로 여가사회화 과정의 의미를 설명하는 맥락에서 이해할 수 있다. 여가활동을 통한 사회화는 여가활동의 경험을 통해 사회인으로 살아가는 데 필요한 다양한 기술과 능력 및 성향을 획득하는 과정이며, 여가활동에 대한 사회화는 여가활동 자체가 인생의 중요한 영역으로서 의미를 가진다는 가정에서 그것을 위한 다양한 요소를 습득할 수 있는 사전 경험으로서의 가치를 의미한다. 여가활동을 통한 사회화는 인간발달 측면에서 이해할 수 있으며, 이를 통해 인생의 발달단계에 맞는 여가활동의 종류가 다를 수 있다는 것을 반영한다. 여가활동에 대한 사회화는 인생 전반에 걸쳐 여가활동의 종류가 발전적으로 연계된다고 가정될 수 있으며, 아동기의 여가활동은 인생의 다음 단계에서 추구하거나 참여하는 여가활동 경험의 양과 질에 영향을 미친다.

여가는 개인의 발달측면에서 개인이 각 생애단계에서 그 다음단계로 전환될 때 나타나는 과정상의 문제들을 해결하는데 중요한 역할을 담당하며, 성공적인 사회인으로서의 역할, 능력, 태도, 관계를 형성하는 데 의미가 있다. 즉, 여가는 여러 사회적 기능을 이행한다. 이러한 여가의 사회화는 초기 여가학습의 중요성을 반영하고 있으며, 개인의 전 인생 동안 다양한 여가활동을 습득하고 개발하는 과정을 의미한다.

# 1. 초기 여가사회화의 중요성

개인의 삶 속에서 어렸을 때 경험한 여가활동은 성인이 되고 나중에 노년에 이르러서도 지속적으로 유지되고 활성화 될 수 있지만 도중에 그만두거나 각 생애의 단계에서 새로운 여가활동을 시작할 수도 있다. 그러나 최소한 유년기 및 청소년기에 경험한 여가활동은 이후의 생애과정의 여가활동에 많은 영향을 미친다는 점과, 어렸을 때 경험하지 못하면 나중에 새롭게 시작하기가 어렵다는 측면에서 초기 여가사회화의 중요성은 매우 크다고 할 수 있다. 여가의 선택은 갑작스럽게 이루어지기 보다는 장기간의 사회화 과정을 통해 이루어지는 경우가 많다. 특히, 평균수명의 연장으로 노년기가 길어지면서 노인들의 여가활동 행태가 주목받고 있는데 적극적 여가활동을 하는 노인들은 대부분 어렸을 때부터 그러한 활동을 지속해왔다는 점에서 이러한 여가의 초기경험은 개인의 여가경력을 형성하는데 매우 중요하다.

이와 관련하여 Iso-Ahola(1980)는 유년기의 활동적인 놀이 경험의 중요성을 언급했다. 유년기에서 놀이의 기회가 제한되면 성인기에 여가를 추구하는데 있어 인식 및 행동의 적응성이 떨어진다는 것으로, 즉 유년기의 놀이에서 활동적인 사람은 성인기의 여가에서도 활동적일 경향이 있으며, 유년기의 비활동성은 성인기 비활동성의 전조가 된다는 것이다.

Ken Roberts(2006)[18]는 아동기와 청년기에서의 여가사회화는 중요하며 이러한 초기 생애단계부터 가져온 여가기술과 관심은 노년기의 여가만족에 많은 영향을 미친다고 하였다. 또한 초기 여가사회화가 가지는 강력한 영향력을 예술과 스포츠 분야로 설명하였는데, 어렸을때 정기적으로 클래식 연주회를 관람했거나 미술관을 방문했던 사람들은 그들의 일생 동안 계속해서 이러한 수준 높은 활동을 할 경향이 매우 높다는 것이다. 반면 스포츠는 예술분야와 정확히 일치하지는 않는다고 하였다. 어렸을 때 정기적으로 스포츠 활동에 참여해도 이것이 평생의 스포츠 경력으로 이어지지 못하는 경향이 있다는 것이다. 성인기 동안에도 스포츠 활동이 유지되기 위해서는 먼저 풍부한 스포츠 활동의 초기사회화가 필요하며 교육의 시기에서 노동시장, 결혼, 부모의 시기로 전환되는 동안 스포츠 활동이 유지되어야 한다고 설명한다.

이러한 초기 여가사회화와 관련하여 무엇보다도 생애단계의 초기에 예술분야의 여가를 접하게 되면 여가생활을 넘어 삶의 전반적인 영역의 성장에 도움이 되는 것으로 나타나는 데, 이는 Robson(2003)의 연구에서 잘 나타난다. Robson(2003)은 영국의 1970년 동시출생집단(cohort) 조사 자료를 사용한 연구를 통해 여가사용을 제외하고는 다른 모든 측면에서 비슷한 청년들을 비교했다. 그 결과 도서관과 박물관을 방문하고 작곡이나 다른 문화활동에 참여하는 16세 청년들은 계속해서 높은 교육 수준을 달성하고 이어서 높은 수입을 이루며, 또한 성인기 동안 시민 참여에 높은 비율을 나타낸다고 보고한바 있다. 우리보다 인구 고령화의 경험을 빨리한 일본의 경우, '여가력(餘暇歷)'의 개념을 통해 청장년기 여가가 노년기 여가에 미치는 영향을 강조하고 있는데, 과거에 경험한 취미나 오락 등의 여가경험이 노년기에도 계속되는 경향이 있으며, 노인이 되고나서 처음으로 여가활동을 시작하는 사람은 수동적이고 소비형 여가활동을 하는 경향이 많다는 것이다. 이처럼 과거의 여가경험은 노년기에도 지속되는 경향이 있으며, 개인의 이전 생애단계에서 추구하거나 경험했던 여가경험이 다음 생애단계의 여가활동의 내용과 성향에 영향을 미치게 된다. 따라서 인생의 초기에 다양한 여가활동을 습득할 수 있는 토대가 형성될 필요가 있다.

## 2. 여가경력 개발

개인의 여가는 단순히 여가시간이 늘어난다고 해서 여가에 대한 만족감과 삶의 만족도가 높아지는 것은 아니다. 여가활동은 어느 정도 여가기술이 습득되게 되면 권태감과 무기력감을 가져오게 되고 쉽게 중단되기도 한다. 따라서 삶의 만족도를 높이고 노년기의 삶의 질을 향상시키기 위해서는 여가활동을 오랜 기간 지속하여 자신의 경력으로 형성하고, 이를 통해 전문성을 획득할 필요가 있다.

여가활동은 오랜 기간 여가기술을 습득하는 과정을 통해 개인적인 만족과 즐거움을 경험하게 되고, 이후 일정수준 이상이 되면 자신의 여가기술을 다른 사람들에게 교습하고 지도하게 되는 특징이 있기 때문에 지속적인 여가경력이 형성되고 전문성이 획득되면 개인의 여가활동이 사회공헌활동으로서의 가치로 환원될 수 있다. 따라서 개인이 전 생애를 통해 자신의 여가 분야에서만큼은 준 전문가가 될 수 있도록 지속적으로 여가경력을 구축하는 일은 개인의 여가활성화 측면에서 뿐만 아니라 사회발전을 위한 통합적 측면에서도 매우 중요하다고 볼 수 있다.

DeCarlo(1974)는 전 생애동안 여가활동에 정기적으로 참여하게 되면 단발적으로 참여하는 것보다 성공적인 노화가 더욱 가능하다고 보고한바 있는데, 이처럼 여가와 삶의 질의 관련성을 지속적이고 긍정적으로 유지시키기 위해서는 일련의 단계를 통한 여가경력의 개발이 요구될 수 있다. 여가경력이 개발되는 전형적인 단계에 관한 연구에서는 각 유형의 여가경력들이 일련의 비슷한 단계를 통해 개발될 수 있다는 것으로 개개인에 따라 단계를 밟아가는 형태는 다를 수 있다고 설명한다. 대표적으로 Linda Heuser(2005)는 호주의 Perth 볼링장의 노인여성 회원의 볼링경력이 전형적으로 5단계를 통해서 개발된다고 하였으며, Gray Crawford(2003)는 영국의 아이스하키 팀인 Manchester Storm의 서포터즈들이 넓게는 비슷한 단계를 통해 경력이 개발된다고 하였다.

〈표 16〉 여가경력의 발달단계

자료 : Ken Roberts(2006), Leisure in Contemporary Society,
www.cabi.org p158 내용을 재구성하여 도식화함.

두 연구에서 개발된 여가경력의 개발 단계의 특징은 크게 4가지로 설명된다. 일단, 어떤 활동에 흥미를 가지게 되며 흥미를 가진 활동에 몰입하게 되고 정기적으로 참여함으로써 적극성을 가지게 된다. 마지막으로 몰입에서 여가활동이 끝나는 것이 아니라, 자신의 여가활동 분야에서 조직적 역할을 맡음으로써 전문성을 띠게 되고 이를 통해 사한 여가활동의 진지화 및 전문성 획득이라고 볼 수 있다.

## 3. 여가의 사회화 과정

여가의 사회화는 개인이 성장하면서 겪는 단계별 경험을 통해 이루어진다.

### 1) 초기 사회화 (유년기~청소년기)

가족, 학교, 친구 등의 영향을 받아 여가활동을 접하고 습득

부모의 여가 패턴을 모방하거나, 학교에서 체육·음악·미술 등 다양한 여가활동을 경험하고, 놀이, 스포츠, 취미 활동 등을 통해 사회적 기술(협동심, 규칙 준수, 경쟁력 등) 학습하게 된다.

### 2) 발달적 사회화 (성인기)

자율적인 여가 선택이 가능해지며 개인의 가치관에 따라 여가활동이 결정되며, 직장 동료, 동호회, 커뮤니티 등을 통해 여가활동의 범위가 확대된다. 또한, 여행, 스포츠, 문화예술 활동 등을 통해 새로운 경험과 인간관계를 형성하게 된다.

### 3) 지속적 사회화 (노년기)

은퇴 이후에도 여가활동을 지속하며 사회적 관계 유지가 가능하며, 봉사활동, 평생교육, 커뮤니티 활동 등을 통해 사회와 연결 유지하게 된다. 노년기는 건강을 위한 운동, 취미 생활, 친목 모임 등이 여가활동의 주요 요인이 된다.

## 4. 여가의 사회화 요소

여가의 사회화는 다양한 사회적 요인에 의해 영향을 받게 된다.

## 1) 주요 사회화 기관 및 영향 요인

### (1) 가족

부모의 여가 패턴이 자녀에게 영향을 미친다 (예: 부모가 등산을 즐기면 자녀도 자연 활동에 관심을 가질 가능성이 큼) 어릴 때부터 가족과 함께하는 여가활동(여행, 독서, 스포츠 등)이 성인이 된 후에도 지속될 가능성 높다.

### (2) 학교 및 교육기관

체육·예술·음악 교육을 통해 다양한 여가활동을 경험하고 방과 후 활동, 동아리, 수련회 등의 프로그램을 통해 여가 문화 습득하게 된다.

### (3) 또래 집단

친구들과의 놀이, 취미 활동, SNS를 통해 여가 문화를 공유하고또래 집단의 영향으로 새로운 여가활동(예: 게임, 스포츠, 여행 등)에 관심을 갖게 된다.

### (4) 미디어 및 대중문화

SNS, 유튜브, TV, 영화 등의 영향을 받아 여가활동이 변화 (예: 유튜브 브이로그 보고 캠핑에 관심 갖기)가 크게 생겨나는 시기로써, 유명인의 취미 활동(예: 문화예술, 셀럽의 골프, 요가 등)이 유행하면서 대중이 따라하는 현상에 동조하게 된다.

### (5) 직장 및 사회 조직

직장 내 동호회(축구, 등산, 골프 등)를 통해 여가활동 참여하며 동료간의 친목을 돈독하게 하고, 사회적 네트워크를 형성하면서 친목 및 교류의 장으로 활용하게 된다.

### (6) 지역사회 및 정부 정책:

공원, 문화센터, 체육시설 등 지역사회에서 제공하는 여가 공간과 프로그램 활용되면서 다양한 문화활동과 체육활동 그리고 노년층을 위한 평생교육 프로그램, 복지관 활동 참여가 가능하다.

## 5. 여가의 사회적 기능

### 1) 인간관계 형성 및 사회적 교류

여가활동을 통해 새로운 사람을 만나고 관계를 형성 (예: 종교, 봉사활동, 운동 동호회, 문화센터 강좌 등)할수 있으며, 공동체 활동을 통해 협동심, 배려심, 소통 능력 강화할 수 있게 된다.

## 2) 사회 규범과 가치 학습

스포츠, 게임, 취미활동 등을 통해 규칙 준수, 공정성, 협동심 등을 배우게 되며 예술, 문화활동을 통해 다양한 사회적 가치와 역사·전통을 경험할수 있다.

## 3) 스트레스 해소 및 정서적 안정

직장생활이나 학업에서 오는 스트레스를 완화하는데 여가활동은 매우 중요한 역할을 하며, 여가활동을 통해 삶의 만족도 향상 및 정신 건강 유지하는데 도움이 된다.

## 4) 사회 통합 및 공동체 의식 강화

세대 간 교류(예: 가족여행, 부모와 함께하는 취미활동, 혹은 조손의 격대등 드양한 세대)가 지역사회 활동(봉사활동, 마을축제 등)을 통해 공동체 소속감 증대될 수 있다.

## 5) 경제 및 문화 산업 발전 기여

스포츠, 여행, 문화예술 관련 산업이 성장하면서 경제 활성화가 되고 여가활동이 소비 패턴을 형성하고 산업 전반에 영향을 미치게 된다. (예: 골프, 캠핑, 음악 페스티벌 등)

위와 같은 여가의 사회화는 개인뿐만 아니라, 사회적 관계 형성, 문화 전파, 경제적 영향까지 미치는 중요한 요소이며, 가족, 친구, 학교, 미디어 등 다양한 환경의 영향을 받고, 개인의 성장 과정에서 지속적으로 변화하고 발전하게 된다.

# 제3절

# 여가의 지속과 변화과정

여가는 생애주기(Life Cycle)에 따라 변화하지만, 지속적으로 유지되는 측면이 많다. 각 연령대별로 여가의 형태와 목적이 달라지지만, 개인의 관심사와 취미에 따라 일관되게 유지되는 여가 활동도 존재하게 된다.

생애주기에 걸쳐 개인의 여가가 어떻게 변화하는지를 연구하기 위해서는 한 개인의 여가 행동에 있어서 전 생애 걸친 변화와 지속성을 검토해야 한다. 여가는 다른 인간행동의 측면과 마찬가지로 전 생애기간 동안 지속(continuity)과 변화(change)라는 두 가지 패턴이 존재한다. 개인은 인생의 각 발달 단계를 지나오면서 경험했던 것들이 노년기까지 지속성과 변화라는 상반되는 개념으로 정도의 차이를 가지고 개인의 생활속에서 함께 변증적으로 공존하는데, 생애주기 동안 개인 내에서와 대인관계 속에서 안정과 변화, 구조와 다양성, 익숙함과 새로움 둘 다를 동시에 추구한다. 여가가 개인의 전 생애기간 동안 지속되고 변화된다는 것은 한번 경험하거나 친숙한 일련의 여가활동은 전생애동안 지속적으로 유지되고 한편으로는 이전 생애단계의 여가활동을 다음 생애단계에서는 그만두거나 새로운 여가활동으로 대체하는 등의 끊임없는 변화의 과정이 동시에 일어난다는 것으로 이해할 수 있다.

지속이론(Continuity Theory)에 따르면 나이가 들면서 노인은 과거에 자신이 했던 역할과 비슷한 형태의 역할을 대치시키려 하며, 노화과정에 따른 여러 가지 변화들은 자신의 과거의 성격이나 경험과 연관시켜서 인식하려는 경향이 있는데, 사람들은 나이가 들어감에 따라 습관, 교제, 선호 등에서 계속성을 유지하려고 한다. 즉 개인이 생애의 초기 및 중년의 기간 동안 활동적이었다면 생애의 노년의 단계에서도 활동적이기 쉽다. Ken Roberts(2006)는 노년기에 사회봉사회 공동체를 위한 활동으로 확대된다. 따라서 성공적인 여가경력의 개발을 위해 가장 중요하게 고려되어야 할 부분은 정기적인 참여를 통조직에 가입된 사람이나 사람들과의 교제 범위가 넓은 사람, 지적·예술적 흥미를 가지고 있는 사람들은 대부분 그들이 젊었을 때 그러한 활동을 해 왔던 사람들이며, 이와는 반대로 은퇴 이후에 여가활동이 감소되는 사람들은 대부분 그들이 젊었을 때 여가 관심의 범위가 한정되었던 사람들이라 하여, 한 개인의 여가는 강력한 지속성으로 나타난다고 보고한 바 있다.

한편, Iso-Ahola(1980)는 사람들은 끝임 없이 새로운 여가 경험을 찾으며, 여러 생애단계에 걸쳐 여가활동의 패턴을 변화시킨다고 설명하면서, 여가의 지속성과 더불어 여가의 변화 측면에 대해 보고한바 있다. 이러한 변화는 꼭 새로운 형태의 레크리에이션 활동을 습득하는 것뿐만 아니라 친숙한 활동 내에서의 대체에 의해 일어나기도 한다고 설명하면서 나이가 들어감에 따라 새로운 여가활동을 배우는 것으로 서 변화가 일어나기 보다는 기존의 여가활동의 범위 내에서 여가행동의 패턴을 변화시킨다고 하였다.

개인은 나이가 들어감에 따라 신체적, 정신적, 사회적인 환경의 변화에 따라 여가의 이용에 변화가 일어나지만, 현재의 생활환경의 변화에도 불구하고 여가행동의 지속성은 존재하며 어렸을 때의 여가경험들은 시대를 초월해서 성인의 여가행동 패턴에 계속해서 영향을 미치게 된다(Scott & Willits, 1998)는 점에서 개인의 생애주기 동안 각 생애단계에서 나타나는 여가활동의 특징을 살펴보기 위해서는 지속과 변화의 과정 측면에서 여가를 먼저 이해해야 할 필요가 있다.

## 1. 생애 여가의 변화

(1) 유년기 (아동기, 0~12세)는 놀이 중심으로 신체활동(뛰어놀기, 스포츠), 창의적 활동(미술, 음악), 학습적 활동(독서, 퍼즐)등 주로 부모나 보호자의 영향 아래 여가 활동이 이루어지고 있으며또래 친구들과의 놀이를 통해 사회성과 협동심을 배우기도 한다.

(2) 청소년기 (13~18세)에는 자율성과 취향 반영: 스포츠, 게임, 음악, 독서, SNS 활동 증가되고, 동아리 활동, 취미 개발, 자기계발을 위한 여가 활동 확대되고 있다.

(3) 성인기 (19~64세)에는 직장 및 가정생활과 병행하면서 스트레스 해소 및 자기계발 중심 여가로 운동(헬스, 요가), 여행, 문화생활(영화, 전시회 관람), 취미 활동(사진, 음악, DIY 등) 여가 시간의 제약이 있지만, 필요성과 중요성이 더욱 강조되고 있다.

(4) 노년기 (65세 이후)에는 건강 유지 및 사회적 교류 중심으로 가벼운 운동(산책, 요가, 골프), 독서, 가드닝, 봉사활동등을 하거나 평생교육(외국어, 컴퓨터 배우기)기관에서 다양한 공부와 문화 활동(음악, 미술)을 즐기고, 한달살이등 여유있는 시간 여행을 한다.

## 2. 여가의 지속성과 변화

여가 활동 중에는 연령과 관계없이 평생 지속할 수 있는 활동으로 독서, 음악 감상, 그림 그리기, 공예 등과 같은 예술적 활동은 신체적 제약이 적고, 정서적 만족감이 높아 나이가 들어서도 꾸준히 즐길 수 있다. 또한 요가나 걷기와 같은 가벼운 운동은 개인의 건강 상태에 맞춰 조절이 가능하기 때문에 생애 전반에 걸쳐 지속 가능하다. 여행이나 자연 탐방 역시 연령에 따라 방식은 달라질 수 있지만, 새로운 환경에서의 경험과 힐링을 추구하는 욕구는 지속되므로 나이에 상관없이 즐길 수 있는 여가 활동이다. 생애에 따른 여가의 변화로 유년기·청소년기에는 창의성과 사회성이 발달되고 성인기에는 스트레스 해소 및 자기계발에 관여하게 된다.

특히 은퇴후 여가 설계가 매우 중요하며, 노년기에는  건강 유지 및 사회적 관계 유지에 관심을 갖게된다.

여가는 생애주기에 따라 형태가 변하지만, 개인이 선호하는 활동은 지속될 가능성이 높다. 따라서 생애 전반에 걸쳐 균형 잡힌 여가 생활을 유지하는 것이 삶의 질을 높이고 건강한 생애가 될 수 있다. 따라서 여가를 단순한 개인적 활동이 아닌 사회적 교류와 문화적 경험의 기회로 활용하는 것으로써, 여가인식의 교육이 매우 중요하다.

# chapter 10

# 스포츠 여가복지

# 제1절
# 여가와 스포츠

## 1. 여가 측면에서의 스포츠 여가 복지

현대사회에 국민들의 여가와 복지에 대한 관심이 증가 됨에 따라 새로운 관심의 대상과 다양한 욕구에 대한 수요가 늘고 있다.이러한 현상에 대해 정책적, 경영관리적 차원에서 누구에게, 무엇을, 어떻게 해줄 것인가에 대해 생각하며 물질적 이윤 창출만이 아닌 보편적 경제원리의 수요공급이론을 적용할 수 있다.

여가복지정책은 개인과 집단이 만족 할만한 생활수준을 유지하며 사회통합을 달성하려는 제도적 개념을 지니고 있다. 또한 물질적 수요의 충족에 따른 정신적 복지정책과 비경제적 측면의 복지를 지향함으로써 건전한 생활체육이나 레크리에이션과 같은 여가활동과 밀접한 관계를 갖게 되었다. 따라서 여가복지정책은 사회복지의 일환으로서 전체 국민의 여가생활의 질이 만족스러운 기준에 달할 수 있도록 계획적인 사회적 서비스와 조직적인 시설의 제공이 뒷받침되어야 한다고 본다(원영신, 2006).

황향희(2008)에 따르면 현대사회의 여가와 복지의 개념은 소극적 개념에서 벗어나 생활의 물질적 풍요와 심리적 충족감을 요소로 하는 삶의 질적 향상을 추구하는 적극적 개념으로 변화하고 있다. 이러한 측면에서 여가와 복지의 관계를 대상 계층과 의미, 실태, 제공 목적에 따라 구분하면 다음과 같은 공통점과 차이점을 찾아 볼 수 있다.

〈표 17〉 복지와 여가의 의미 변화

| 구분 | 사회복지 | | 여가 | | 비고 |
|------|------|------|------|------|------|
| | 과거 | 현재 | 과거 | 현재 | |
| 대상계층 | 빈민 | 일반국민 | 특수계층 | 일반대중 | 삶의 질 |
| 의미 | 자선 | 시민권리 | 노동의 대가 | 인간의 권리 | |
| 실태 | 특수상황 | 보편적 상황 | 권위주의적 상황 | 평등주의적 상황 | |
| 제공목적 | 최저조건 | 최적조건 | 노동재생산 | 자아실현 | |

첫째, 오늘날의 여가와 복지는 그 개념이 더욱 확장되어 삶의 질이라는 큰 주제 속에, 여가는 정신과 심리의 복지를 추구한다면 복지는 물질의 복지를 목적으로 인간의 행복감을 채워준다는 점에서 공통점을 가지고 있으며, 결국 여가와 복지는 사회 통합의 중요한 요소라는 공통점을 지니고 있다.

둘째, 여가와 복지는 대상, 의미, 상황, 목적, 제약조건에 따라 차이가 있다. 여가의 대상은 특권층에서 일반 국민으로 평준화되어 이동하는 반면, 복지의 대상은 빈 계층에서 일반 국

〈표 18〉 여가활동 유형

| 학자 | 여가활동 유형 |
|---|---|
| Iso-Aholo & Weissinger (1984) | – 활동의 종류 : 스포츠활동, 사회활동, 공작활동<br>– 행위자의 여가형태 기준 : '하는 여가'인 적극적 여가, '보는 여가'인 소극적 여가 |
| Furman & Buhrmester (1985) | – 신체적 여가 : 여가행동을 활동경험에 기초하여 활동의 주된 경험이 신체적 노력인 여가활동<br>– 사회적 여가 : 활동의 주된 경험이 사회적 상호작용인 여가활동<br>– 인지적 활동 : 문화·교육·창조·심미적 여가활동<br>– 환경관련 여가 : 자연의 자원을 활용하는 여가활동 |
| Mckechnie (1974) | – 조작적 활동 : 주로 손과 도구를 이용하는 여가활동<br>– 공작적 활동 : 자료를 이용하여 대상을 만드는 여가활동<br>– 지적 활동 : 활동자의 지적 욕구를 충족시키기 위한 여가활동<br>– 일상적 활동 : 일상 주변에서 행할 수 있는 여가활동<br>– 스포츠 활동 : 활발한 신체활동을 필요로 하는 여가활동 |
| 문화체육관광부 (2014) | – 문화예술관람활동 : 교양 함양을 위해 문화예술 공연 등을 관람하는 여가활동<br>– 문화예술참여활동 : 문화예술공연·창작활동·미술·연주 등에 직접 참여하는 여가활동<br>– 스포츠관람활동 : 농구·야구·축구·복싱·격투기 등 각종 경기를 관람(구경만)하는 여가활동<br>– 스포츠참여활동 : 심신의 단련이나 교제를 목적으로 스포츠 활동에 실제 참여하는 여가활동<br>– 관광활동 : 즐거움을 목적으로 일상 생활권을 일시적으로 떠나는 여가활동<br>– 취미오락활동 : 전문성보다는 자신의 흥미에 중점을 두고 자유시간에 즐기는 다양한 여가활동<br>– 휴식 : 일상생활에 치료해진 심신을 정상적인 상태로 회복하기 위하여 하는 기분전환 활동인 여가활동<br>– 사회 및 기타 활동 : 봉사활동·친구 만남 등 사회공헌이나 사교를 목적으로 하는 여가활동 |

민에게로 이동한다. 여가의 의미는 노동의 대가에서 인간의 권리로 이동되고 있으며, 복지의 의미는 자신의 의미에서 인간의 기본적 권리로 이동되고 있다. 여가의 실태는 권위주의적 상황에서 평등주의적 상황으로 변화하는 반면, 복지의 실태는 특수한 상황에서 보편적 상황으로 변한다.

여가의 목적은 노동재생산에서 자아실현을 추구하는 반면, 복지의 목적은 최저조건을 제공하는 것에서 최적의 조건을 제공하는 것으로 바뀌고 있다. 여가의 제약조건이 대체로 개인적인 것이라면 복지의 제약조건은 아무래도 사회적인 성격을 지닌다는 것이다. 따라서 여가복지란 인간의 행복을 유지시키기 위하여 국가 사회의 발전적 수준에 비추어 기본적인 욕구를 충족하고, 건강하고 문화적인 삶을 영위하도록 인간생활을 보장하는 사회적 제도 노력(제도적, 정책적, 사회적, 경제적, 기술적 서비스)으로 정의하고 있다(황향희, 2008). 이러한 복지증진을 위한 여가활동의 유형은 매우 다양하게 해석되고 있다.

이상과 같이 여가활동의 분류는 학자마다 분류 형태가 다르고 그 활동 내용이 상이하다. 이것은 여가활동이 개인의 내적 만족을 위해서 자유롭기 때문에 그 분류를 정확히 하기 위한 기준을 세우는 데에는 남점이 있다는 것을 나타내고 있다(홍석표, 1991). 이러한 여가활동은 분류 형태의 상이함과 다양함에도 불구하고 신체활동을 수단으로 하는 스포츠 활동에 가장 큰 관심이 집중되고 있다. 스포츠가 지니고 있는 인간의 상위 욕구와 적합한 조건들에서 비롯된다고 할 수 있다(이종영, 2000).

특히 스포츠 여가 활동은 여가활동의 핵심 형태로 부각되고 있으며 참가자의 건강 및 체력 증진은 물론 심리적·정서적 안정에 도움을 주며,정의적 인간관계를 유지하는데 크게 기여한다(정영린·안민석, 1997). 스포츠 여가활동이 단순한 신체적 활동이 아니라 사회적, 심리적 건강을 통하여 행복을 추구하려는 현대인들에게 있어서 생활의 핵심적 요소가 된다. 즉, 스포츠를 통한 여가활동이 사회에 존재하는 당위성은 이와 같은 체육 활동이 이 사회를 구성하는 개인이나 집단 혹은 전체 사회를 위하여 바람직한 역할을 한다는 데서 찾을 수 있다(이준희, 2012).

이와 관련하여 스포츠 여가는 보다 발전된 모습의 복지사회 이념을 구현하기 위하여 평생체육의 차원에서 국민의 건강 유지와 체력 증진은 물론 사회적·정서적으로 안정을 유지하고, 삶의 질을 제고시킬 수 있는 국민적 참가활동으로 적극 활용되어야 할 것이다(이대건, 2013).

## 2. 사회복지 측면에서의 스포츠 여가복지

어원적으로 'welfare'의 안락하고 만족스러운 상태와 'social'의 사회적 노력의 의미가 더해진 사회복지는 '인간이 안락하게 살아갈 수 있도록 보장하는 사회적 차원의 실천 활동'을 의미한다. 사회복지란 삶의 질에 대한 기준을 높이고, 국민 전체가 행복하게 살아갈 수 있도록 하는 데 중점을 두어 노력하는 정책을 말한다〈표 20〉.

〈표 19〉 사회복지의 개념

| 학자 | 사회복지의 개념 |
|---|---|
| Wickenden (1965) | 사회복지는 한 나라의 인구의 안녕과 사회질서의 적절한 기능 수행을 위해서 기본적으로 필요하다고 인정되는 여러 가지 사회적 욕 구의 충족을 강화하고 보장하는 법률, 프로그램, 혜택 및 서비스의 체계이다. |
| Dunham (1970) | 사회복지란 인구의 일부 또는 전체의 경제적 조건, 건강 또는 대 인적 경쟁을 개선 유지함으로써 사회적 복리를 추진하려는 조직적 인 활동이다. |
| Romanyshyn (1971) | 사회복지는 개인과 사회 전체의 복지 촉진에 기본적이고 직접적 으로 관계되는 모든 형태의 사회적 개입을 의미한다. 사회복지는 여러 사회문제의 방지, 인간자원의 개발, 생활의 질적 향상 등과 직접 관련되는 법규와 처리 과정의 문제 등을 포함한다. 또한 사회 복지는 개인과 가족에 대한 사회서비스뿐만 아니라 이를 위한 여 러 사회제도의 보강과 수정을 위한 노력을 포함한다. |
| Friedlander (1980) | 사회복지란 개인이나 집단의 생활이나 건강이 만족할 만한 수준에 도달할 수 있도록 계획된 사회적 서비스 및 제도의 조직적 체계이다. 즉, 사회복지는 사회적 서비스와 제도의 조직적인 체계이다. |
| Johnson (1983) | 사회복지는 사회제도나 체제간의 조직적인 활동으로서 인간의 복지를 유지하거나 개선하는데 목적을 두고 있으며, 사회사업을 포함한 많은 전문직들을 내포하는 매우 광범위한 개념이다. 한편 사회사업은 전문적인 활동으로서 인간의 상호작용, 인간과 그들 환경 간의 상호 교류 및 그들의 심리 사회적 상황에 관심을 두고 있다 |
| Barker (1999) | 사회복지란 사회의 유지를 위해 필수적인 국민들의 사회적, 경제적, 교육적, 그리고 건강에 대한 욕구들을 충족시키는 것을 돕는 한나라 전체의 프로그램들, 급부들, 서비스들의 체계라고 정의하고 있다. |

사회복지를 협의와 광의 개념으로 양분한다면, 협의의 개념에 포괄되는 제도는 사회보험, 공적 부조, 사회복지 서비스의 제도 영역으로 한정할 수 있다. 광의의 개념에서는 개인과 전

체 사회의 안녕을 증진시키기 위한 모든 종류의 사회적 개입을 포함한다(남성우, 2004). 세부적으로는 다양한 동기와 목적, 범위와 경계, 주체와 대상, 실천의 철학과 방법을 광범위하게 수용한다(이은석·심규성, 2011).

이러한 복지의 개념은 사회복지를 목적 개념에서 '최광의'라는 개념으로 파악하고 있다. 최광의의 사회복지는 협의의 복지로 사회적 약자에 대한 원조와 서비스는 물론 전 국민의 보편적 욕구에 대한 문제를 해결하는 복합적 복지로 표현되고 이는 광의적 개념과 사회적 약자들에 대한 협의적 개념을 포함한다. 현재 복지의 범위는 기본적인 생존권 보장이나 생활에 필수적인 의식주 향유에 대한 지원이라는 다소 소극적이고 제한적인 범위에서 벗어나 인간의 삶을 보다 가치있고 풍요롭게 하기 위한 제도적, 정책적 노력에까지 그 의미가 확대되어 적용되고 있다(최희동, 2015). 결국 복지란 인간의 기본적인 욕구를 충족시켜 주는 사회서비스임에 틀림이 없다.

사회복지학에서 기본적으로 폭넓게 인용되는 Maslow(1954)의 욕구 위계론을 살펴보면 인간의 욕구를 생리적 욕구, 안전의 욕구, 소속의 욕구, 존경의 욕구, 그리고 자아실현의 요구 등 5단계로 나누어 인간의 욕구를 가장 설득력 있게 설명하고 있 다. Bradshaw(1988)에 따르면 인간의 욕구를 전문가의 사정에 의한 규범적 욕구, 수혜자의 욕망인 느낀 욕구, 수혜자가 요구한 표현된 욕구, 수혜자와 비 수혜자 간의 비교를 통해서 측정된 비교 욕구로서 욕구를 규정하는 방법을 제시하고 있다.

복지측면에서 스포츠는 복지혜택을 강화 시킬 수 있는 하나의 수단으로 여겨지고 있다. 일반적으로 선진복지 국가에서는 국민들의 삶의 질 향상을 추구하는 것을 인간의 기본 권리로 내세우고 있으며 국민들 역시 자아실현의 욕구와 미래사회에서의 여가와 복지혜택에 대한 기대는 더욱 커지고 있는 실정이다(이정학, 2007). 그러나 한 가지 이상의 욕구가 동시에 작용할 수 있다는 점과 인간의 행동은 욕구들의 복합적 성격을 추구하고 있다는 점에서 Alerfer(1972)의 ERG이론을 살펴볼 필요가 있다.

Alerfer(1972)에 의하면 ERG 이론에서의 욕구는 존재욕구, 관계욕구, 성장욕구로 나뉘며 다음과 같은 원리로 작용한다. 욕구좌절(Needs frustraion)은 고차원 욕구인 성장 욕구가 충족되지 않으면 저차원 욕구인 관계욕구를 더욱 원하게 된다는 것이다. 욕구 강도(Needs strength)는 저차원 욕구인 존재 욕구가 충족될수록 고차원 욕구인 관계욕구에 대한 바람이 커진다는 것으로 Maslow의 이론과 같은 시각을 가지고 있다. 욕구 만족(Needs satisfaction)은 각 수준의 욕구가 충족되지 않을수록 그 욕구에 대한 갈망은 더욱 커진다는 것이다.

ERG 이론은 인간의 행위를 설명함에 있어 Maslow의 이론보다 탄력적이다. 이는 욕구구조에 있어 개인에 따라 상대적 크기가 서로 다를 수 있고, 성격과 문화에 따라 달라질 수 있기 때문이다. 따라서 현시대의 스포츠복지는 기본욕구를 전제로 융통성 있는 스포츠정책을 통한 복지사회 구현이 요구된다.

과거 정부가 주도하던 스포츠복지 정책들은 지방의 주민들에게 있어서 방송·언론 매체를 통해 접할 수 있는 단순한 뉴스거리에 불과하였으나, 지역사회가 주도하여 지역사회 생활권에서 행하여지는 스포츠복지 정책은 동반되는 볼거리 및 문화 행사 들과 함께 축제의 일환으로서의 성격과 지역사회 주민들에게 직접 다가가는 정책으로서 활기차고 풍요로운 삶을 제공하는 역할을 하고 있다(진대호, 2008).

김상겸(2007)에 따르면 헌법은 국가가 국민의 권리를 보호하기 위하여 노력해야 할 것을 규정하고 있으며, 사회권에서는 인간다운 삶을 위한 국가의 과제에 있어서 기준과 범위를 제시하고 있다. 이는 헌법에 의하여 주어진 스포츠복지를 위한 국가의 과제라고 할 수 있다.

심규성(2012)에 의하면 복지측면에서 보는 스포츠복지의 개념은 복지영역이 상위의 영역이고 스포츠복지는 그 하위영역으로 생각하는 입장을 취하고 있다. 복지영역 내에서 스포츠가 중요한 역할을 하고 있다는 것을 인식하고 있지만, 스포츠복지는 단순히 복지를 증진시키기 위한 실천적 측면에서 전달의 수단으로 인식하고 있다는 것을 의미한다.

그러므로 그동안 복지영역 안에서 스포츠는 수단으로서 다양한 활동들을 전개 해 왔다는 시각을 가지고 있으며, 복지 안에서 스포츠 역할을 강조하고 있는 실정이라는 것을 알 수 있다. 이렇듯 복지측면에서 스포츠의 역할은 국민의 건강증진과 함께 건전하고 행복한 여가선용을 도모하는 것으로 국가의 복지정책의 근간이라 할 수 있다(임연아, 2012).

[65]일본의 경우 65세 이상 고령자의 체력이 향상되면서 노인 복지 스포츠의 대명사로 각광받던 게이트 볼의 인기가 하향되는 반면, 자극적인 스포츠 클라이밍과 런닝, 수영, 사격, e스포츠 등으로 고령자가 즐기는 스포츠가 다양하게 변화되고 있다.

---

65) 일본 정부가 발표한 "체력.운동능력조사"

# 제2절

# e스포츠와 노인의 여가 스포츠 활동

## 1. e스포츠

1990년대 말 지식기반 정보화 대국 정책이 시행되며, 당시 100만원의 이하 인터넷 pc의 보급이 증대되기 시작하였다. 이에, 2000년도에는 가구당 인터넷 보급률이 약 50%, 컴퓨터 보급률이 71%에 이르게 되고, 10년이 흐른 2010년에는 인터넷과 컴퓨터의 보급률이 모두 81%에 이르는 등 대한민국의 정보화시대는 빠르게 형성되어갔다(한국정보화진흥원, 2020). 이러한 과정 속에서 컴퓨터를 이용한 게임의 인기가 상승해 나갔다. 본래 컴퓨터 보급 이전 시대의 비디오 게임은 소형 게임기, TV 연결 게임기 등으로 시행되는 경우가 주류를 이뤘으며 대부분 혼자 혹은 그와 같은 공간에서 즐길 수 있는 게임이었다. 그러나 컴퓨터의 보급 이후 점차 컴퓨터를 기반으로 하는 게임들이 대거 제작되었으며 인터넷의 보급 이후에는 그중에서도 다른 사람들과 함께 즐길 수 있는 온라인 게임이 강세를 이어 나가기 시작하면서, 우리나라는 합법적으로 2018년 12월 문화체육관광부가 e스포츠를 "전통적인 체육과 같은 문화체육분야로 지정하며 e스포츠를 합법적인 스포츠로 인정하였다.

이로 인해 e스포츠에 대한 인식과 인식 변화가 이루어졌으며, 이를 바탕으로 e스포츠 산업이 더욱 발전하고 있다(윤아름, 2020). e스포츠는 '전자 스포츠'의 약자로, 컴퓨터, 콘솔, 모바일 등 전자기기를 활용하여 사람과 사람이 게임을 통해 기록이나 승부를 겨루는 경쟁적인 활동을 의미하며, 이는 단순한 게임 플레이를 넘어, 대회나 리그의 참여, 중계 관전, 관련 커뮤니티 활동 등 사이버 문화 전반을 포함하는 포괄적인 개념이다.

e스포츠를 합법적인 스포츠로 인정함으로써 e스포츠 경기를 개최하는 것도 가능해졌으며, 이를 통해 e스포츠 산업의 성장을 도모하고 있다. 문화체육관광부는 e스포츠 산업 활성화를 위해 다양한 정책을 시행하고 있으며, 이를 통해 e스포츠 산업이 더욱 성장할 수 있도록 지원하고 있다. 또한, e스포츠를 문화체육관광 산업의 하나로 인식하여 e스포츠 관련 이벤트와 축제를 진행하고 있다. 이러한 행사들은 e스포츠 산업을 널리 알리고 e스포츠를 즐

기는 문화를 형성하는 데 큰 역할을 하고 있다.

e스포츠는 컴퓨터나 게임 콘솔 등을 통해 게임을 플레이 하는 스포츠 활동을 뜻하는데 전통적인 스포츠와 마찬가지로 경쟁적인 요소와 대회, 그리고 그에 따른 시청자와 팬덤층이 존재한다.

e스포츠 시장은 끊임없이 성장하는 추세이다. 하지만 e스포츠와 일반 스포츠를 비교했을 때 크게 다른 점이 있다. 바로 e스포츠는 종목의 인기 의존도가 매우 높다는 것이다. 최근 몇 년 동안, e스포츠는 전 세계적으로 인기를 얻으며, 이에 따라 e스포츠 산업도 빠르게 성장하고 있다. 이제는 전문 게임단체가 존재하며, 국제 대회도 열리고 있다(이충인·김효남, 2023).

게임을 통한 여가문화활동이 e스포츠 이용량에 미치는 영향에서는 게임 이용자와 e스포츠 관람자를 대상으로, 반복 이용주기, 이용비용, 이용시간, 이용만족, 여가 시간 등의 요인이 e스포츠 이용량에 어떤 영향을 미치는지 분석한 연구결과 e스포츠 관람 만족도와 주말 여가시간은 e스포츠 이용량에 긍정적인 영향을 미쳤으며, 게임 및 e스포츠 관련 비용은 부정적인 영향을 미쳤다(김진웅·박성은, 2024).

청소년들의 e스포츠 참여 정도가 자아존중감, 대인관계, 그리고 휴식적 여가 만족에 미치는 영향에 대하여, e스포츠 참여 정도가 휴식적 여가만족에 유의한 정적 영향을 미치는데, 청소년들은 e스포츠 활동을 통해 휴식을 즐기는 것으로 나타났다. 향후에는 학업으로부터 과한 스트레스를 받는 학생들이 스트레스를 해소하고 원활한 휴식을 취할 수 있도록 e스포츠에 대한 부정적 인식을 개선하고 학생들이 절제하고 건전한 수준에서 e스포츠 활동을 할 수 있도록 가정과 사회에서 협조하고 장려하는 움직임이 필요하다(문기주, 2021).

장애인들은 개인이 가지고 있는 장애와 사회적인 제약으로 인해 건강이 훼손되고 다양한 여가 활동 참여가 제한되는 불편함을 겪고 있다. 이러한 현상은 장애인들의 필수적인 사회적 발달, 건강 및 복지의 기회를 박탈하고, 심리적/정신적 어려움을 겪게 하여 궁극적으로 삶의 만족도와 질을 저하시키는 결과를 초래한다.

장애인의 e스포츠 활성화 방안을 위해, 콘텐츠, 접근성, 홍보·마케팅, 교육 4개 핵심 과제의 구체적인 방안과 추진 전략을 분석한 결과, 장애인 e스포츠 가치는 장애인들에게 자존감 향상, 자립심 강화, 행복감 증진, 자유감 증대가 확인된 것으로 나타났고 장애인 e스포츠에 대한 부정적 인식 개선되었다(이예훈 외, 2023).

e스포츠는 게임 산업뿐만 아니라 다양한 분야에서도 영향력을 발휘하고 있다. 대규모 대회에서는 광고 및 스폰서십, 미디어 방송권 등의 수익이 발생하며, 게임 제작사나 대회 주최사 등에서 일자리를 제공하며, e스포츠를 통해 새로운 친구를 만들고, 다양한 문화와 경험을 쌓을 수 있다. 하지만 e스포츠에는 일부 부정적인 면도 많이있다. 게임 중독이나 건강 문제, 그리고 게임 산업의 불균형적인 구조 등인데, 이러한 문제를 해결하기 위해서는 체계적인 대책과 규제, 그리고 교육 등이 필요하다.

## 2. 노인의 여가활동으로서의 스포츠 활동

우리나라의 급속하게 진입된 초고령사회에서 노인성 질환 증가 및 여러 가지 노인문제를 해결하고 노년기의 삶이 건강하고 행복할 수 있도록 영위하기 위하여 노인정책에 반영되는 대안 중 하나가 노인의 여가활동 중 신체적 무리가 가지 않는 선에서의 스포츠 활동이라고 본다.

노인의 여가 활동으로서 스포츠는 신체적 건강뿐만 아니라 정신적, 사회적 건강에도 매우 중요하다. 이를 통해 노인은 활기찬 삶을 유지하며, 사회와의 관계를 지속적으로 강화할 수 있기 때문이다. 따라서 다양한 스포츠 활동을 통해 노인들이 더 건강하고 행복한 삶을 영위할 수 있도록 지원해야 한다. 노인의 스포츠 활동은 참여자 개인의 신체 적성의 유지 및 증진뿐만 아니라 정서적, 사회적 건강을 유지시킴으로써 노령화 사회에서의 노인의 풍요로운 삶을 영위하는데 긍정적인 효과가 있음을 확인할 수 있다.

따라서 고령화 사회에서의 사회 건강성을 담보하는 중요한 밑받침으로써 노년기의 스포츠 활동 참여는 개인의 건강한 삶을 영위하는 필수 조건이기 때문에 노령자의 스포츠활동 참여를 위한 홍보, 지도인력, 참여시설, 프로그램 등에 대해 전반적인 정책적인 관심과 지원이 지속적으로 요구된다고 할 수 있다(김백윤, 2020). 또한, 신체적 운동 참여는 생활의 일부로써 건강과 행복을 지키려는 현대인의 필수적 요소가 되어가고 있다. 생활환경 속에서 참여하는 신체적 활동은 자체가 주체자로 하여금 자유감을 경험할 수 있도록 해준다(김백윤·정용, 2020: 김사엽, 2010).

개인의 건강 상태와 생활반경 내에서 자신의 욕구와 흥미에 따라 행할 수 있는 다양한 생활체육 프로그램이 개발되어야 할 것이며, 지방자치단체에서도 이를 적극적으로 지원해줄 수 있는 생활체육 정책을 시행해 나가야 할 것이다(정용, 2020).

노인들의 e스포츠 여가활동은 신체적, 정신적 건강 유지에 매우 좋은 영향을 미치는 것으로 나타났다.

첫째, 노인 스포츠 활동 참여동기 요인 중 내적 동기는 심리적 만족, 교육적 만족, 생리적 만족 등에 영향을 미쳤다. 둘째, 외적동기는 사회적 만족, 휴식적 만족 요인에 영향을 미쳤다. 셋째, 무동기는 심리적 만족, 사회적 만족, 교육적 만족, 휴식적 만족, 환경적 만족에 영향을 미쳤다(오경아·김화룡, 2018).

노인들이 e스포츠 여가활동을 하면서 주목해야 할 것은, 이것이 단순한 게임으로서의 즐기기만을 목적으로 하는 것이 아니라, 운동, 전략적 사고, 소통 등 다양한 측면에서의 활동을 함께 수행하는 것이다. 이를 통해 노인들은 인지 기능 유지 및 개선, 사회적 활동성 유지 등 다양한 측면에서 혜택을 얻을 수 있다.

따라서, 노인들의 e스포츠 여가활동은 단순한 즐거움을 넘어서, 인지 기능 유지, 치매 예방 등 다양한 면에서 매우 긍정적인 영향을 미치는 것으로 나타나고 있다. 노인들이 e스포츠를 즐기는 것은 전혀 이상한 일이 아니며, e스포츠는 연령에 구애받지 않고 즐길 수 있는 스포츠 중 하나이다. 노인들이 e스포츠를 즐기면 장점이 많게 된다.

첫째, e스포츠는 체력적으로 힘든 스포츠가 아니기 때문에 노인들도 쉽게 참여할 수 있다. 노인들은 건강 상태에 따라서 높은 강도의 운동을 하기 어렵기 때문에, e스포츠는 이러한 문제를 해결할 수 있다.

둘째, e스포츠는 사회적인 교류를 증진시키는 데에도 도움이 된다. 노인들은 종종 사회적인 고립감을 느끼기도 하는데, 그러나 e스포츠는 인터넷을 통해서 참여할 수 있기때문에, 노인들도 쉽게 다른 사람들과 교류할 수 있다.

셋째, e스포츠는 노인들의 뇌 활동을 활발하게 유지하는 데에도 도움이 된다. 노인들은 인지 기능의 저하와 기억력 감퇴 등의 문제를 겪을 수 있다. 그러나 e스포츠를 즐기면서 게임 전략을 계획하고 실행하는 과정에서 뇌 활동을 촉진할 수 있다.

노인들은 특히 컴퓨터나 스마트폰 등 디지털 기기 사용에 대한 이해도가 높아지고 있기 때문에, e스포츠를 접하는 것이 더 쉬워졌다. 게임을 즐기는 것은 노인들에게 자신감을 불어 넣어주고, 치매 예방에도 도움이 될 수 있다. 하지만, 노인들이 e스포츠를 즐기기 위해서는 체력과 시력 등 신체적인 제약이 있을 수 있다. 또한, e스포츠를 즐길 때는 적절한 노화에 따른 건강 상태에 맞는 운동과 식습관, 그리고 충분한 휴식이 필요하다. 게임만으로 시간을 보내는 것보다는 적당한 운동과 규칙적인 생활 습관을 유지하는 것이 건강에 더 이로울 수 있다. 따라서 노인들이 e스포츠를 즐기기 전에는 자신의 건강 상태를 파악하고, 건강한 삶을 유지할 수 있도록 적극적으로 노력하는 것이 중요하다.

e스포츠와 같은 디지털 게임 활동이 노인의 인지 기능 유지 및 치매 예방에 도움이 될 수 있다는 가능성을 제시할 수 있으므로, 향후에는 노인의 e스포츠 참여와 치매 예방의 연관성을 직접적으로 탐구하는 연구가 필요할 것으로 보인다.

# 제3절

# 다양한 여가 스포츠 산업

## 1. 새로운 스포츠 시장의 변화

　대한민국 정부는 2024년 4월 '제4차 스포츠산업 진흥 중장기 계획(2024~2028)' 발표하였는데 이번 계획은 「스포츠산업 진흥법」 제5조에 따라 향후 5년간의 스포츠 산업 정책의 비전과 방향을 제시하는 법정 계획이다. 2023년 기초 연구를 통해 40여 명의 학계·산업계 등 전문가 의견수렴을 거쳐 마련했다.

　주요 추진과제는 다음 3가지이다. 첫째, 촘촘한 지원 통한 스포츠기업 세계 경쟁력 강화이다.[66] 둘째, 고부가가치 산업 융·복합을 통한 신(新)시장 개척이다.[67]

　셋째, 지역이 주도하는 스포츠산업 균형성장이다.[68] 스포츠 산업 진흥 중장기 계획 목표는 아래와 같다.

---

**\* [스포츠산업 진흥 중장기 계획 목표]**

◎ 스포츠산업 규모 100조 원 시대 도약: 78조 원('22년) → 105조 원('28년)

◎ 매출액 100억 원 이상 스포츠 혁신기업 육성: 872개('22년) → 1,000개('28년)

◎ 지역 사업체 수 증가로 지역균형발전: 50.2%('22년) → 55.0%('28년)

◎ 스포츠산업 종사자 수 60만 명 달성: 44만 명('22년) → 60만 명('28년)

---

66) ▲해외 진출 역량 단계별 지원 강화('24년~), ▲수입대체 및 수출 유망 스포츠용품 기술 개발('25년~), ▲가칭스포츠 코리아랩 거점화 및 기능 확대 검토('25년~), ▲헬스장·수영장 이용료 문화비 소득공제 도입('25년~)

67) ▲스포츠 참여·건강관리 서비스 기술 개발('24년~), ▲확장현실(XR) 기반 중계 관람 서비스 및 스포츠시설 스마트화 기술 개발('25년~), ▲스포츠관광 융·복합시장 창출('24년~), ▲스포츠+콘텐츠(예능 등) 기획·제작 지원('25년~)

68) ▲스포츠단지(스포츠시설 밀집 지역) 지정 및 통합홍보('25년~), ▲가상현실(VR) 스포츠실 보급 및 에어돔 조성 확대('25년~), ▲지역스포츠 시설 안전·안심 인증 확산('25년~), ▲프로스포츠 연계 지역 활성화('24년~)

세계적으로 K 문화를 선도하고 있는 대한민국의 위상으로서 음식, 문화, 여행, 스포츠 분야에서도 입지가 굳건해지고 있다. 코로나 팬데믹 이후 스포츠 시설업의 가장 큰 특징은 골프장 및 골프연습장 매출의 급격한 성장이라 할 수 있다. 팬데믹으로 인해 스포츠 시설업이 폐업과 매출 감소로 고전을 겪은 반면, 골프영역은 2020년 팬데믹 기간에 가장 급격하게 성장한 여가활동이다. 2020년 스포츠 시설업은 13조 3,150억원 매출로 전년 대비 30% 이상 매출이 감소했지만 야외에서의 골프운영업은 전혀 영향을 받지 않았고, 스포츠 시설업에서 차지하는 비중이 44. 1%까지 늘어나며 팬데믹 전까지 꾸준하게 하향세를 보여왔던 골프장은 코로나 19를 거치며 갑자기 성장하기 시작했다.

코로나19 감염증 확산으로 인해 대중들은 가정에서 대인 접촉을 최소화하며 스포츠에 참여하는 방법을 선호하면서 비대면 스포츠 산업이 활성화되었다. 비대면 스포츠 시장은 디지털 정보와 차세대 컴퓨터 기술이 필요한 영역으로 국내·외 관련 기업에서는 AR, VR 등을 활용하여 다양한 스포츠 참여 플랫폼 서비스를 제공하고 있다(문화체육관광부, 2022 스포츠 여가백서). 이를 위해서 문체부에서는 다음과 같은 지원책을 실시한다.

첫째, 해외시장에서 스포츠 기업이 세계 경쟁력을 가질 수 있도록 지원한다. 정부는 내수 중심의 산업구조를 개편하고, 해외시장에서도 스포츠 기업이 세계 경쟁력을 가질 수 있도록 '촘촘하게 지원체계를 고도화'한다. 먼저, 3년 평균 매출액 성장률이 20% 이상인 고성장 스포츠 기업에 대한 종합지원(투자유치, 해외 진출 등)을 강화하고, 높은 성장률을 보이는 스포츠 서비스기업에 대한 지원도 확대한다(제4차 스포츠 산업 진흥 중장기 계획, 2024).

또한, 신시장 개척, 기업 브랜드 경쟁력 강화에서부터 세계적인 대표기업으로 성장할 수 있도록 기업의 해외 진출 역량에 따른 맞춤형 지원방안을 마련한다. 이와 관련, 문체부는 2024년부터 스포츠 서비스기업 중심 초기 해외 진출 기반을 마련하기 위해 해외시장 조사, 해외용 콘텐츠 개발, 현지 사업 운영 준비, 홍보 등 지원사업을 신설했다. 이외에도 스포츠 용품 중 수입대체 및 수출유망 품목을 선정해 연구개발 자금을 지원함으로써 관련 핵심기술을 확보하고 대외 의존도를 개선해 나갈 계획이다.

한편, 스포츠 기업의 지속 성장 기반을 강화하는 차원에서 스포츠 산업 종합지원센터(서울, 광명)를 중장기적으로 가칭 '스포츠 코리아랩'으로 개편하고, 신규 아이디어 발굴 및 실현, 기술교육·실험 등 산업지원 기능을 강화해 스포츠 새싹기업(스타트업)을 위한 거점으로 육성한다. 또한, 최근 3월 5일, '청년의 힘으로 도약하는 대한민국'을 주제로 열린 대통령 주재 제17차 국민과 함께하는 민생토론회에서 발표한 헬스장·수영장 소득공제 도입을 위한 후속 조치도 이어간다. 문체부는 기획재정부와 협력해 법률 개정과 시스템 정비 등을 추진할 계획이다.

둘째, 고부가가치산업 융·복합을 통한 신(新)시장 개척으로 산업 저변을 확대한다. 문체부는 스포츠산업의 저변을 넓히고, 기술, 관광, 콘텐츠 등 고부가가치 산업과의 융·복합을 통해 새로운 시장 기반을 형성하는 방안도 마련했다. 스포츠 참여·건강관리 서비스 시장을 선도할 수 있도록 스포츠 분야 특화 인공지능을 개발한다. 개인 맞춤형 운동프로그램 추천, 운동량과 운동 효과성 측정 등을 제공할 수 있는 핵심기술을 개발할 계획이다. 또한, 스포츠 관람 시장을 확대하고자 더욱 생생하고 편리한 스포츠 관람을 위한 확장 현실(XR) 기반의 중계 관람 서비스 기술, 스마트경기장(얼굴인식, 테러감지 등) 기술, 취약계층 접근성 확대(진동 감지 장애인 좌석, 청각장애인용 응원가사 제공 앱 등) 기술 등을 중장기적으로 개발할 방침이다. 이를 통해 스포츠 참여·관람 수요를 확대하고 관련 용품·서비스 시장을 활성화한다.

이와 함께, K-스포츠 종주국 종목(태권도, e스포츠)과 기반시설이 잘 갖춰진 종목(자전거, 트래킹, 동계스포츠 등)을 중심으로 스포츠 관광상품을 개발하고 스포츠와 콘텐츠(예능, 공연 등) 융·복합 기획 제작을 지원해 케이-스포츠 산업의 저변을 지속적으로 확대 해 나간다.

셋째, 지역이 주도하는 스포츠 산업 생태계 조성한다. 문체부는 지역의 스포츠기업을 육성하고 다양한 스포츠 관련 자원을 활용하기 위해 장기적으로 지역 주도의 스포츠 산업 생태계도 만들어간다. 우선, 지역을 스포츠 대표지역으로 만들기 위해 강원도 양양(서핑), 충북 단양(패러글라이딩)과 같이 이미 자생적으로 민간 스포츠 사업자가 밀집된 지역을 '스포츠 단지'로 지정하고 통합홍보를 지원한다. 기존에 초등학교를 대상으로 보급하던 가상현실(VR) 스포츠실 보급 사업을 노인복지관, 국공립 유치원 등으로 확대하고, 사계절 훈련·경기가 가능한 전지훈련 특화시설(에어돔)을 확대 조성한다. 이를 통해 지역 스포츠 산업을 활성화하는 한편 날씨에 상관없이 안전하게 체육을 즐길 수 있는 여건을 만든다.

한편, 지역 민간체육 시설업에 대한 시설 안전·소비자 안심 시설 인증제의 실효성을 높인다. 안전관리 모범사례를 발굴해 체육시설 안전관리 표준모델을 정립하고, 각 지역에 보급함으로써 안심하고 이용할 수 있는 지역 체육시설을 확대한다. 프로스포츠 연고지 구단과 함께 지역민 관람 유도, 지역 상권 연계 홍보 등을 추진해 관람객을 유치하고 지역스포츠산업의 발전에도 기여한다. 지역 스포츠 산업의 균형발전 수준을 측정할 수 있는 지표도 개발해 지역 균형발전에 부합하는 스포츠 정책 수립의 근거로 활용한다.

## 2. 스포츠 시설 및 관람시장

### 1) 스포츠 시설 및 관람시장의 범위와 개념

스포츠 시설과 관람이라는 다소 상이한 범주를 통합하여 "시장"으로 접근하기 위해 먼저 고려해야 할 것은 기존 스포츠 산업 특수분류기준표에 따라 이 시장의 범위와 개념을 설정할 수 있는가라는 문제일 것이다. 기존 산업분류표에서 스포츠 시설업에 해당하는 영역들이 스포츠 시설 및 관람시장의 구성 범위에 적용될 수 있다(스포츠 여가백서, 2022).

생활체육에서부터 올림픽 또는 월드컵 같은 국제대회를 치를 수 있는 경기장 건설 및 운영업에 이르는 범위를 포함하고 있는 스포츠 시설업은 경기장 운영업, 참여 스포츠 시설 운영업, 골프장 및 스키장 운영업, 수상 스포츠 시설 운영업, 기타 스포츠 시설 운영업, 스포츠 시설 건설업 등의 세부 영역으로 분류되는데 이들이 스포츠 시설과 관람 시장의 영역에 해당한다고 할 수 있다. 또한 기존 분류체계에서 스포츠 서비스업에 해당하는 일부 범위들, 예컨대 스포츠 경기업이나 스포츠 교육 역시 스포츠 시설 및 관람시장에 포함될 수 있는 여지도 있다.

다른 한편 스포츠 활동은 수요의 관점에서 참여스포츠와 관람스포츠로 대별될 수 있고(Shamir & Ruskin, 1984), 이에 따라 스포츠 시장은 참여 스포츠 시장과 관람 스포츠 시

[그림 4] 스포츠 소비활동에 따른 구분법

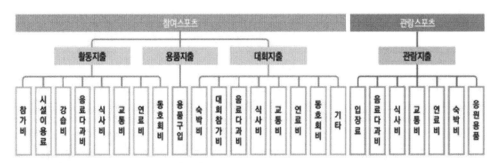

자료 : 문화체육관광부 스포츠산업백서 적용 분류법 참고

장으로 구분 할 수 있다(김화섭 외, 2014). 스포츠 산업백서의 경우 스포츠 관련 소비지출을 크게 참여 스포츠와 관람 스포츠로 구분하여 조사하는데, 여기에서 특히 관람 스포츠와 관련한 항목들이 시장을 구성하는 주요 요소들로 고려될 수 있을 것이다.

이 같은 점들을 고려하여 여기에서는 스포츠 시설 및 관람시장의 범위를, 기존의 분류법과의 연관성을 충분히 고려하여, 스포츠 시설의 경우 기존 분류법에서 스포츠 시설업과 일부 서비스부분을, 관람시장의 경우 기존에 활용되고 있는 구분법에서 특히 관람 스포츠에 해당하는 영역을 시장의 관점에서 파악하여 살펴본다.

## 2) 스포츠 관람 문화

스포츠는 관광행동의 한 형태로 인식되어 왔다. 오늘날에는 스포츠 참여 없이 관람만 하거나, 스포츠 스타와 관련된 기념관과 박물관을 방문하는 것도 관광의 한 형태로 인식되고 있다. 조깅, 수영 등과 같은 스포츠를 즐기는 것은 물론 해양스포츠, 등산, 낚시, 골프, 테니스 등에 참여하는 비중이 높아졌다. 골프, 윈드서핑, 스키, 트레킹, 낚시, 스쿠버 다이빙 등과 같은 종목에 참가한다는 점에서 스포츠와 관광이 점차 그 결합의 형태를 보이고 있다. 야구, 축구, 럭비, 농구 등의 인기 스포츠 경기관람을 위해 이동하는 관광객도 증가하고 있다.

국내에서는 축구, 야구, 농구 등과 같은 프로스포츠의 성장으로 스포츠 산업이 크게 성장하였다. 스포츠팀과 경기장에서는 스포츠팀 성공을 위해 경기력 향상은 물론 다양하고 세련된 인프라 구축으로 관람객을 위한 서비스를 향상시키고 있다. 그 결과 스포츠 참여는 물론 관람계층이 확대되었으며 관광과 관련성도 높아지고 있다.

## 3. 골프산업

### 1) 우리나라의 골프산업

현대인들이 여가활동을 통해서 건강한 국민으로서 행복을 높이고 개인의 심리적, 정신적, 육체적 건강을 유지하고 사회적 태도 및 주체적 실천 능력을 형성하며 건전한 여가 활동 문화를 조성할 수 있다. 다양한 여가 활동 중 골프관광이란 현대인의 여가문화의 큰 비중을 차지하고 있으며, 급격한 성장과 함께 스포츠 관광산업의 팽창에 따른 현대 관광 산물의 한 형태로 관광에서 골프를 차입해 사용하기도 하고, 골프에서 관광을 차입하는 것과 같은 상호

복합적이고 유기적인 관계를 형성해 오고 있다(김천중·정진철 2003). 세계 골프시장은 지역별로 큰 차이가 있지만, 전반적으로 안정적인 성장세를 유지하고 있다.

2024년도의 국내 골프산업 규모는 약 31조원 정도로 세계 골프산업 시장 3위를 보였다. 이는 미국, 일본 다음으로 큰 시장으로 세계 빅3를 형성하고 있다. 그러나 코로나19가 끝난 이후 최정점 규모를 보였던 2022년 이후 국내 골프산업 규모는 약 10% 정도 줄어들고 있다. 2025년도에도 산업 규모는 약 5% 정도 줄어들 것으로 전문가들은 전망하고 있다.

2024년 국내 골프산업 시장 규모는 골프장이 약 8조 3000억원, 용품이 1조원, 의류가 6조원, 회원권 시장이 12조원, 스크린 시장이 1조 4000억원, 골프연습장이 7000억원, F&B 시장이 1조 3000억원 시장을 형성하며 약 30조 7000억원 규모를 보였다. 2025년에도 비슷한 수치를 보일 것으로 나타났다. 이와 함께 2025년도에 새롭게 오픈될 예정인 골프장은 약 8곳이다. 영종도 드림아일랜드 36홀 골프장을 비롯해 홍천 남한강 에스파크 27홀, 망양 오르비스 18홀, 천안 골드힐 18홀, 내포신도시 사계절 9홀, 블루웨일 9홀, 루첸 27홀이 올해 새롭게 오픈할 것으로 보인다. 이렇게 매년 10여 곳의 새로운 골프장이 문을 열고 있어 골프장 평균 내장객은 줄고 있지만 전국 골프장 내장객 수는 늘어나고 있다. 따라서 골프장 수는 일반 골프장 522곳에 특수 골프장까지 포함하면 600곳이 넘을 전망이다. 특히 2023년 기준 대한골프협회서 조사한 국내 골프 인구는 624만 명으로 나타났지만 2025년엔 640만명을 넘어설 것으로 추산된다(레저신문, 2024. 12일자)

## 2) 세계의 골프시장

세계골프시장은 매년 대략 7조 달러의 규모를 유지하고 있다. 특히 미국과 유럽지역에서는 골프 인프라가 잘 발달하고 있어, 이 지역에서의 골프 시장 규모가 크게 형성되고 있기 때문이며, 골프를 즐기는 사람들의 수요는 점차 증가하여 전 세계적으로 6,500만여명의 골퍼가 9홀 이상의 라운드를 즐기고 있다. 특히 아시아 지역에서는 최근 몇 년간 골프 산업이 급속도로 성장하고 있으며, 골프를 즐기는 여성과 젊은 세대의 수도 증가하고 있다.

매우 놀라운 사실은 세계 최대 골프 종합전시회인 'PGA쇼'가 열린 미국 플로리다주 올랜도의 오렌지카운티 컨벤션센터에 위치한 미디어센터에서 2022년 세계 골프 시장 분석 자료가 발표되었는데 2022년 세계 골프의류 시장에서 한국의 점유율이 무려 45%로, 세계 골프의류 시장의 절반 가까이를 한국에서 소비됐다는 결과에 전세계인이 놀라워 했다.

## 3) 골프산업

골프산업은 골프 클럽, 볼, 신발 등 골프장을 즐기는 데 필요한 기술적인 장비들도 지속적으로 혁신적으로 발전하고 있다. 세계적으로 골프 산업은 크게 두 가지로 구분된다.

첫째, 골프 장비 산업은 주로 미국, 일본, 대만, 한국, 중국 등의 아시아 지역에서 집중적으로 이루어지고 있으며, 전 세계적으로는 타이틀리스트, 캘러웨이, 피나클, 무브스, 브리젠트 등의 골프 장비 회사들이 유명하다.

둘째, 골프 코스 및 클럽 운영 산업은 미국, 유럽, 아시아 등 전 세계적으로 활발하게 이루어지고 있다. 특히 미국과 유럽에서는 골프 클럽이 대규모로 운영되고 있다. 또한, 아시아 지역에서는 골프 수요가 크게 증가하면서, 국내외 유명한 골프 코스가 지속적으로 건설되고 있다.

하지만, 인구의 고령화와 함께 골프 인기도 감소하고 있는 추세이다. 또한, 최근 대중매체에서 보도된 골프장의 환경오염 등의 문제들도 해결되어야 할 과제이다.

## 4) 골프관광

골프관광은 현대문화의 발달과 함께 스포츠 관광산업의 팽창에 따른 현대 관광 산물의 한 형태로 관광에서 골프를 차입해 사용하기도 하고, 골프에서 관광을 차입하는 것과 같은 상호 복합적이고 유기적인 관계를 형성해 오고 있다(김천중·정진철, 2003). 골프 관광은 골프를 즐기기 위한 여행상품으로 단순히 골프 경기나 골프 체험이 아니다.

골프 관광은 현대사회 레저의 변화로 스크린 골프장, 골프 라운딩 게임이 활성화되면서 특정인을 위한 레저가 아닌 오락적이며 대중적으로 변화되고 있다. 골프 관광은 여가선용 측면에서 볼 때 여행과 건강을 함께 추구할 수 있으며 단순 스포츠가 아닌 체력 증진, 친목 도모 및 유대감 형성, 자연경치 감상, 명문 골프장 체험 등으로 참여자의 필요, 욕구, 기대를 충족시켜 주는 관광이다. 국내의 골프장의 그린피 인하, 퍼블릭 골프장 증대로 인하여 쉽게 골프 체험을 할 수 있으며 단순한 골프 라운딩이 아닌 여행지의 먹거리, 특산품 및 쇼핑, 문화유적지관광, 현지인 문화 체험, 주변 자연환경 감상 등 골프 속성과 관광속성의 결합이다. 급증하는 골프 시장에서 골퍼의 라이프 스타일과 경제적 수준을 고려한 다양한 특성을 충족시킬 수 있는 골프CC의 차별화, 특성화에 대한 전략이 필요하게 되었다.

관광의 목적이 골프 활동이며, 관광활동의 형태가 골프에 맞추어진 개념을 골프 관광

(Golf Tourism)이라고 칭한다. 현대사회의 대중 스포츠로 자리 잡고 있는 골프 문화의 기원 및 에티켓을 중요시하는 골프의 방향성과 대중들의 골프 여가인식은 고가 비용 발생으로 과거에는 주로 특정 계층에 한정된 레저 스포츠 활동이었으며, 일반인들은 고가의 비용을 감안하고 골프를 여가로 즐기기에는 경제적인 부담이 컸으며 이면의 부정적 사회적 시각도 있으나, 부정적 측면들은 골프 여가의 대중화를 방해하는 것들이라고 할 수 있다. 골프가 과도한 업무와 여유를 상실한 일상으로부터 도피를 꿈꾸는 현대인들에게 제공해 줄 수 있는 여가 문화의 매력은 현대인들이 답답한 도시에서 벗어나 푸른 녹색의 자연의 풍경과 함께 지인들과 담소를 나누며 업무와 병행 혹은, 쉼의 레저를 즐길 수 있도록 해 준다는 점이다(김찬룡, 2005).

## 4. 파크 골프

파크골프는 1983년 일본 홋카이도에서 시작되어, 1998년 진주시 상락원에 6홀 규모로 국내에 도입되었다. 이후 2004년 여의도 한강 파크골프장에 9홀이 조성되었으며, 현재 약 80여 개소의 파크골프장이 운영되고 있다(박영용, 2013).

파크골프는 일반적인 골프와 비슷하지만, 더 작은 크기의 골프코스에서 즐길 수 있는 골프이며, 일반적인 골프와는 달리, 파크골프 코스는 일반적으로 짧고, 풀로 덮인 풀숲, 수로, 장애물 등이 있다(김태진, 2003).

파크골프는 골프의 장점을 살리면서도 장비 구입과 이용 요금이 저렴하고, 코스 조성에 넓은 면적이 필요하지 않아 접근성이 높다. 이러한 특성으로 인해 생활체육 시설로서의 도입 가능성과 호응도가 높다. 파크골프는 건강한 운동 방법 중 하나이며, 골프는 전신 운동으로써 근력, 유연성, 균형감각 등을 향상시키는데 도움이 된다. 또한, 골프는 스트레스를 줄이고 명상과 비슷한 효과를 내어 정신적인 건강에도 좋다.

최근 파크골프 산업의 성장에 따라 관련 용품의 연구개발과 마케팅을 강화하기 위한 노력이 진행되고 있다(한국파크골프뉴스, 2024). 파크골프는 일반적인 골프와는 다른 취미로, 작은 공과 짧은 샷으로 이루어지는 골프로써, 도시나 마을의 공원이나 공공장소에 설치된 작은 골프 코스에서 즐길 수 있다.

파크골프는 특히 노인층의 여가 활동으로 주목받고 있으며, 한국에서 시작된 지 20년 정도로 역사가 짧지만 운동 시 신체적 부담이 적어 시니어층을 중심으로 큰 인기를 누리고 있으며 초고령사회로 진입할 것이 확실시되는 우리 사회에서 파크골프 인구가 더욱 빠르게 증가할 것으로 예상된다.

쉽고 편하게 즐길 수 있는 종목 특성상 어린이부터 시니어까지 모두 함께 즐길 수 있는 가족 스포츠로서의 가능성이 높다. 신체조건이 좋지 않은 사람들도 쉽게 접근할 수 있는 생활 스포츠라는 점에서 사회적으로 긍정적인 영향을 미칠 가능성도 충분하듯이 파크골프는 나이나 경험에 상관없이 누구나 쉽게 접근하고 즐길 수 있기 때문에 인기 있는 취미 중 하나이다. 또한 파크골프는 일반적인 골프와는 달리 장비나 골프장을 예약할 필요가 없으며, 비교적 저렴한 가격으로 즐길 수 있다는 점도 장점이 많다.

## 5. 레포츠와 스포츠관광

스포츠란 실제생활에서 벗어난 기분전환이나 만족을 위한 모든 신체적 활동으로 여가시간에 행해지는 자발적인 신체활동을 말한다. 여가의 일부분으로서 신체활동을 수반하는 능동적이고 적극적인 개념의 여가활동이다. 또한, 스포츠 유형에는 관람형과 참여형이 있다

### 1) 레포츠

레포츠란 leisure + sports = leports의 합성어이다. 여가운동. 레저의 여가와 스포츠의 건강을 위한 운동·레저와 스포츠의 합성어이다. 여유로운 시간에 이기고 지는 경쟁을 벗어나 주로 혼자 자유롭게 건강을 위하여 즐기는 스포츠를 레포츠라고 한다. 레포츠는 주로 재미로 시작하여 경기로 발전하기도 한다. 레저 스포츠도 개인의 소득이나 국민소득 수준에 따라 유행하는 종목이 달라진다. 세부적으로 지상레포츠, 수상레포츠, 항공레포츠 등으로 크게 나눌 수 있다.

(1) 지상 레포츠
승마. 인라인. 써바이벌. 골프. 승마. 스키. 보드. 산악자전거. 산악ATV 등
(2) 수상 레포츠
요트. 래프팅. 수상스키. 웨이크보드. 윈드써핑. 카약. 카누. 보트. 요트. 스킨 스쿠버 다이빙 등.

(3) 항공 레포츠

경비행기. 패러글라이딩. 행글라이딩. 초경량 비행기. 스카이다이빙. 열기구 등.

(4) 육상 레저스포츠(26종)

등산, 인라인스케이팅, 암벽등반(빙벽타기 포함), 사이클링, 서바이벌게임, 산악자전거, 클레이사격(권총 사격 포함), 스포츠 클라이밍, 오리엔티어링, 스노보드, 사냥, 카트, 번지점프, 트레킹, 사륜오토바이, 자전거 묘기, 다트, 오토캠핑, 오토바이경주, 스트리트 보드, 석궁, 백패킹, 휠맨, 모터보드, 라켓볼, 오토바이묘기, 스케이트보드

(5) 수상 레저스포츠(8종)

웨이크보드, 수상 오토바이, 윈드서핑, 스킨스쿠버, -낚시, 래프팅, 카누/카약, 워터슬레드

(6) 항공 레저스포츠(7종)

패러글라이딩, 모형항공(모형로켓 포함), 행글라이딩, 스카이다이빙, 초경량항공기, 모터패러글라이딩(파고제트), 열기구


## 2) 관람형 스포츠

(1) 관람형 스포츠의 개념

선수들의 수준 높은 동작, 고난도 기술 감상하며, 스타플레이어의 멋진 활약을 기대하고 스포츠를 관람한다. 과거에는 상층계급은 스포츠 미에 대한 느낌을 감상하며, 하층계급은 결과에 대한 관심이 상대적으로 높은 경향을 보였다. 특히, 일체감 및 동질감 (준거집단)을 느껴서 응원하는 팀의 경기를 통해 긴장과 흥분을 고조시키며, 팀의 승리를 통해 대리만족을 한다. 서로가 고립되지 않고 어떤 집단에 소속되어 있다고 위안을 삼으며, 경기로 인한 긴장감과 자아 성취를 이룰 수 있다.

(2) 관람형 스포츠의 특징

직접 활동에 참여하는 대신에 돈을 지불하고 경기 관전을 한다. 스포츠의 진행 및 구성에 있어서 행위자보다는 관람자 위주로 되어 있으며, 관객을 위해 보여주기 위한 스포츠를 지향한다. 특히, 수치로 표현되는 결과에 매우 큰 중요성을 부여한다.

(3) 관람형 스포츠의 발전

프로스포츠와 대중매체의 발전과 밀접하게 관련이 있다. 스포츠 이외의 흥미로운 요소를 편입시킴으로써 관람자들로 하여금 즐거움과 흥미로움을 유발시킨다. 스포츠의 외형적 요

소에 중점을 둔다. 야구. 축구, 올림픽 경기 등이다. 스포츠가 주는 오락성으로 인하여 현대 사회에서 중요한 형태로 자리매김하지만, 부정적인 면이 드러나는 경마, 경륜 등이 있다.

## 2) 참여형 스포츠

(1) 참여형 스포츠의 개념

스포츠에 참여 함으로써 파생되는 여러 가지 역할이나 기능 등에 의해 나타나는 사람들의 태도로서 협의의 개념으로는 여가시간 중 계획적, 체계적으로 신체활동에 참여하는 것이다. 광의의 개념으로는 신체활동에 직접 참여할 뿐만 아니라 경기장 등 직접 가서 운동경기를 관람(치킨집과 운동장의 비교)하는 것이다.

① 행동적 참여

행동적 참여는 스포츠와 관련된 다양한 지위, 규범을 이행함으로써 스포츠에 종사하는 것이다. 2가지로 구분할 수 있다. 첫째, 1차적 참여로: 직접 신체활동을 통하여 스포츠에 참여하는 것이다. 그 예로 승자, 패자, 주전선수, 후보선수 등이다. 둘째, 2차적 참여로 선수 외 스포츠소비·생산활동을 하는 사람이다. 그 예로 지도자·심판·트레이너·의사 등이다.

② 인지적 참여

대중매체, 타인과의 대화, 학교 또는 지역사회를 통하여 스포츠에 관한 제반 정보를 수집하는 과정이다. 스포츠에 대한 전반적인 지식은 스포츠에의 인지적 참여를 대표한다. 그 예로 스포츠 역사, 선수 관련 기록, 경기기록 등이다.

③ 정의적 참여

스포츠 장면에 직접 참여하지는 않지만 어떤 특정한 선수와 경기상황에 관련된 감정적 태도 성향을 나타내는 참여하는 것이다. 스포츠 활동을 통해 받는 개인의 느낌이나 감정을 포함한다. 직접 참여하지 않아도 감정적으로 깊숙이 관여하는 것이다.

## 2) 스포츠 관광

스포츠 관광의 정의는 "일상생활에서 벗어나 귀환 예정으로 이동하여 정신적으로나 신체적으로 위안을 얻는 활동으로 여행기간 동안 보수를 목적으로 하지 않고 자유롭게 여행하며 소비하는 1박 이상 체류하는 행위"이다. 간접 참여형(관람형)과 직접 참여형(체험형)으로 나뉘는 스포츠를 접목하여 수행한다. 다음과 같은 특징을 가진다.

첫째, 특수목적 관광이다. 휴가의 일종인 스포츠 관광은 관광분야 중 가장 급속히 성장한다. 스포츠 이벤트, 스포츠 캠프 및 스포츠 휴가까지 범주에 포함한다. 관광과 스포츠를 접목시켜 창출될 수 있는 효과를 가진다.

둘째, 스포츠 산업과 관광 산업을 통한 경제적 측면을 가진다. 거시적으로는 스포츠의 대중화와 국가 경제의 견실화를 이끌어 국가경쟁력을 강화시킨다.

셋째, 스포츠 활동에 참여하기 위한 여행이다. 스포츠 관광 대상을 찾아가는 여행을 포함한다. 스포츠를 관람하거나 직접 참여하여 즐기기 위한 목적을 가지고 거리공간을 이동하는 것으로 거리를 이동하여 그곳에서 24시간 이상 체류하면서 스포츠 활동을 즐기는 것이다. 그 예로 올림픽 관람을 위해 지역이동을 이동하는 것이다.

### (1) 스포츠 관광 특징

스포츠 관광은 다음과 같은 특징을 가진다. 첫째, 활동 영역은 관광일정 동안 관련된 스포츠 레저행위이다. 둘째, 경험영역은 관광 활동에서 추구하고자 하는 즐거움을 가진다. 셋째, 시간 범위는 일시적이며 24시간 이상 등의 여행을 하는 것이다. 넷째, 공간 범위는 거주지의 일상생활권을 벗어난 관광이다. 관광객이 관광지에서 골프나 스키, 래프팅 등의 스포츠에 직접 참여하는 능동형 관광이다

### (2) 스포츠 관광 분류

현대관광은 소극적 관람 형태에서 각종 스포츠 이벤트에 참여 할 수 있는 적극적인 참여 형태로 전환되고 있다. 향후 능동적으로 활동하는 '참가형'형태가 계속 늘어날 전망이다.

#### ① 목적에 따른 분류

스포츠 참여형 관광과 스포츠 관전형 관광이다. 올림픽, 월드컵, 프로경기 등 스포츠 관전을 통해 스포츠를 간접 체험하는 인지적·정의적 참여 형태의 수동형 관광이다.

#### ② 스포츠 관광 관련 주체, 활동 내용에 따른 분류

- 스포츠 관광 이벤트(Sports tourism events)

올림픽과 월드컵과 같은 메가 스포츠 이벤트는 개최 국가의 정치·경제·문화 사회 전반에 시너지 효과 창출한다. 외국 관광객 유치 및 국가 이미지 제고에 크게 이바지한다.

- 스포츠 관광 매력물(Attractions)

스포츠박물관, 명예의 전당과 같은 스포츠의 역사, 유물방문 여행 그리고 세계에서 가장

유명한 스포츠 박물관이다. 그 예로 1993년에 개관한 스위스 로잔올림픽 박물관, 미국의 메디슨 스퀘어 가든이나 애너하임 야구경기장, 혹은 도쿄돔 경기장과 같은 유명한 스포츠시설이다. 또 다른 예로 태국은 'Thailand Golf Paradise' 관광 프로젝트를 추진하고 있으며, 미국은 플로리다 올랜도의 디즈니랜드는 200에이커 면적의 스포츠 콤플렉스를 매력물로 건립하였다. 한국에서는 부산의 롯데 자이언츠 야구박물관을 들 수 있다.

- 스포츠 관광 여행(Tours)

뉴질랜드의 퀸스타운은 세계 최고 상업적 번지점프, 3개 골프 코스, 5개의 워킹 트랙 & 급류타기, 스카이다이빙, 서핑, 썰매타기, 카약, 제트스키, 행글라이딩, 낚시, 볼링, 사이클 등을 즐길 수 있다.

- 스포츠 관광 리조트(Resorts)

스포츠 체험을 위한 복합시설들이 한곳에 집적된 종합 휴양시설이다. 골프장·호텔·수영장 등 계절형 시설이 갖추어진 종합 휴양지를 의미한다. 관광객이 선호하는 리조트로 태양, 바다, 모래로 이루어진 리조트이다. 그 예로 인도네시아 북부 남중국해의 빈탄, 인도네시아의 발리, 인도양의 몰디브, 태평양의 괌과 사이판, 태국의 푸켓 등이 있다.

- 스포츠 관광 크루즈(Cruises)

스포츠 관광 크루즈가 증가하고 있다. 골프·테니스·낚시 등과 같은 스포츠 종목을 일정 기간 장소를 이동하며 게임을 하거나 즐기는 여행이다.

(3) 올림픽 시설과 스포츠 관광

스포츠 관람과 참여를 아우르되 무엇보다 국내에도 시사점을 줄 수 있는 노스탤지어 스포츠관광을 중심으로 필자가 직접 방문했던 대표적인 스포츠관광지 두곳을 소개하고자 한다. '올림픽의 사후 활용'이라 하면 누구나 떠올리는 미국 유타주의 솔트레이크시티와 캐나다의 리치먼드시이다. 올림픽을 치렀던 대부분 나라에서 올림픽 이후 활용되지 않는 시설들이 국가적·사회적 문제로 떠오르고 있다. 하지만 솔트레이크시티는 기존 시설(공급)이 사용에 대한 수요를 따라가지 못하고 있다. 코로나19가 기승이었던 2022년에도 미국 유타주에 있는 올림픽파크 한 곳에만 100만 명에 가까운 관광객이 방문했다. 코로나19가 발병하기 전에는 60% 이상이 해외 관광객이었다. 올림픽 빙상장인 오벌(Oval)은 하루 20시간씩 운영되고 있을 만큼 호황이다.

그뿐만 아니라 참가자들이 울고 웃으면서 즐기는 집라인(Zipwire)과 익스트림 튜빙

(Extreme Tubing) 등 솔트레이크 시티는 올림픽 이후 20년이 지났지만, 스포츠 참여와 관람 및 노스탤지어 관광이 절묘하게 결합한 스포츠 관광 명소로 통하고 있다. 캐나다의 리치먼드시도 마찬가지다. 리치먼드는 동계올림픽이 열렸던 밴쿠버 옆의 작은 도시이지만 올림픽 빙상장(Richmond Olympic Oval)을 유치하면서 스포츠 관광의 효과를 톡톡히 보고 있다.

코로나19 발병 이전인 2019년에만 63회의 국내외 스포츠 대회를 개최하는 등 약 6일에 한 번꼴로 대회를 개최해 참여형 스포츠 관람을 견인하고 있다. 특히 리치먼드시는 지난 2015년 11월에 IOC가 인증한 북미 유일의 올림픽 박물관인 ROX(Richmond Olympic Experience)를 개관했다. 이후 2019년에만 관광객이 100만 명에 이를 정도로 캐나다 서부 지역에 속하는 브리티시 컬럼비아주에서 가장 인기 있는 노스탤지어형 스포츠관광지가 되었다.

스포츠 관광은 스포츠를 즐기기 위해 여행하는 것을 뜻한다. 다른 나라에서 인기있는 스포츠를 보거나 참여하거나, 스포츠 경기를 관람하는 것이 대표적인 스포츠 관광이다. 예를 들어, 축구나 농구와 같은 대형 스포츠 경기를 보기 위해 다른 나라로 여행하는 것이 스포츠 관광이다. 또한, 스키이나 서핑과 같은 액티비티를 즐기기 위해 해외로 여행하는 것도 스포츠관광으로 분류된다.

스포츠 관광은 스포츠를 즐기는 것 뿐만 아니라, 다른 나라의 문화와 역사를 경험하며 새로운 인상과 경험을 얻을 수 있는 좋은 기회가 된다. 스포츠 관광은 스포츠와 여행을 결합한 새로운 형태의 관광이다. 스포츠 경기를 관람하거나, 스포츠 체험 프로그램에 참여하며, 지역적인 스포츠 문화와 역사를 체험하는 것이 주요한 목적이다.

스포츠관광에는 축구, 야구, 농구, 골프, 스키, 서핑, 스노우보드 등의 스포츠 관람과 체험 프로그램이 포함된다. 또한, 선수들이 경기를 하는 경기장이나, 훈련을 하는 훈련장, 스포츠 박물관 등의 관련 시설도 함께 방문하는 것이 일반적이다. 스포츠 관광은 관광객에게 스포츠를 즐기는 새로운 방법을 제공하며, 관광 산업과 스포츠 산업을 융합하여 지역 경제를 활성화시키는 데도 기여할 수 있다.

# chapter 11

# 여가의 기능과 역할

# 제1절
# 현대 여가의 기능

## 1. 여가의 긍정적 기능

### 1) 신체적 기능

   한국 사회에서 신체적 여가기능은 개인 건강 증진뿐만 아니라 사회적, 문화적 측면에서도 중요하며, 신체 활동을 기반으로 한 여가는 현대인의 건강 유지, 스트레스 해소, 공동체 활성화 등에 크게 반영되고 있다. 운동, 스포츠 및 야외 활동과 같은 여가활동은 신체적 건강을 유지하고 생활 습관병을 예방하고, 규칙적인 신체 활동은 심혈관 건강을 향상시키고 면역력을 강화한다(WHO, 2010). 고도의 산업구조, 조직적 집단체제, 단조로운 기계적 노동의 연속은 현대인들에게 정신적 ·신체적 피로와 긴장을 축적시키고 있어 휴식을 통한 생리적 리듬을 원활히 유지시켜야 하는데, 여가는 이러한 피로를 풀고 생명력을 순화시켜 다시 일할 수 있는 힘을 회복시키는 생리적 기능을 지니고 있다.여가는 신체적 건강과 밀접한 관련이 있으며, 신체적 소양(Physical Literacy)을 향상시키는 중요한 요소이다. 신체적 소양은 신체 활동을 수행하는 데 필요한 운동 능력, 건강 관리 능력, 신체적 자신감 등을 포함하는 개념으로, 건강한 삶을 유지하는 데 필수적이다.

(1) [69]신체적 여가의 기능으로 다음과 같은 효과를 볼수 있다.

① 건강 증진 및 질병 예방

   규칙적인 신체 활동은 비만, 당뇨, 고혈압 등 만성 질환 예방에 도움이된다.

② 정신 건강 및 스트레스 해소

---

69) 국민건강보험공단(2023), "한국인의 생활습관과 만성질환 연구", 한국보건사회연구원(2022), "한국인의 스트레스와 신체활동 관계 연구". 출처: 문화체육관광부(2023), "국민 생활체육 참여 실태 조사". 한국문화관광연구원(2023), "스포츠·레저산업의 경제적 효과 분석"

높은 경쟁사회 속에서 신체적 여가는 심리적 안정과 스트레스 완화에 도움이 된다

③ 사회적 교류 및 공동체 활성화

스포츠 및 레크리에이션 활동은 사회적 관계 형성에 매우 유익하다.

④ 여가산업 및 경제 발전 기여

피트니스 산업, 스포츠 용품 시장, 관광 산업과 연계되어 경제적 가치가 창출되어 일자리
등 경제발전에 기여하게 된다.


(2) 여가와 신체적 소양의 관계

① 신체 활동 및 운동 능력 향상

규칙적인 여가 활동(조깅, 수영, 배드민터느 헬스, 요가, 등산 등)은 근력, 유연성, 심폐 지
구력 등을 강화한다.

② 건강 유지 및 질병 예방

여가 활동을 통한 걷기, 사이클링, 스트레칭, 명상등의 신체 활동은 비만, 당뇨병, 심혈관
질환 예방에 도움을 준다.

③ 정신 건강 증진

신체 활동은 스트레스 해소 및 우울증 예방에 긍정적인 영향을 미친다.

④ 운동 습관 형성 및 평생 건강 관리

어릴 때부터 가족 단위 스포츠 활동, 취미 운동등의 신체적 여가 활동에 참여하는 것은
평생 건강한 습관을 기르는 데 도움을 주게된다.


**〈표 20〉 신체적 소양을 높이는 여가 활동 유형**

| 구분 | 여가 활동 예시 | 기대효과 |
|---|---|---|
| 유산소 운동 | 조깅, 수영, 자전거 타기 | 심폐 건강, 체력 향상 |
| 근력운동 | 헬스, 필라테스, 크로스핏 | 근력 강화, 체형 개선 |
| 유연성 운동 | 요가, 스트레칭, 태극권 | 유연성 향상, 부상 예방 |
| 레크리에이션 스포츠 | 등산, 테니스, 배드민턴 | 신체 협응력, 사회성 강화 |

(3) 복지측면 신체적 여가 활성화를 위한 과제

① 생활체육 참여 확대 → 직장인 대상 프로그램 개발, 공공 체육시설 확충.

② 신체 활동 교육 강화 → 학교 및 지역사회 중심의 체육·건강 교육 활성화.

③ 디지털 기술 활용 → 스마트워치, 피트니스 앱을 활용한 운동 습관 형성 유도.

④ 고령층 대상 프로그램 개발 → 노년층을 위한 맞춤형 신체 활동(실버 요가, 수중운동 등).

## 2) 심리적 안정 및 스트레스 해소

현대 사회에서는 빠른 생활 속도와 과도한 업무 및 학업 부담으로 인해 스트레스가 큰 문제가 되고 있다. 이러한 스트레스를 해소하고 심리적 안정을 위해서 여가활동이 필요하다. 여가는 사회적 책임에서 오는 일상에서 벗어나 개인에게 정서적 평안과 자유와 또 다른 세계를 열어주며, 반복적인 일상과 강도높은 노동에서 오는 번아웃이나 답답함, 권태로움등을 해소할수 있는 기본적인 기능을 지니고 있다. 직장내 혹은 사업으로 인한 대인관계속의 갈등과 좌절감, 분노등 정서적 불안감으로 인한 사회생활의 결여가 발생될 수 있는 현상에서 탈피하여 부정적 생각을 털어내고 새롭게 다시 시작할 수 있는 활력을 넣어줄 수 있는 일종의 해소요법이기도 하다. 현대인의 일상 생활은 스트레스(stress)요소 속에 함께 살아가고 있으며 스트레스란 말은 압력, 압박, 긴장을 뜻하며, 현대인의 스트레스는 다양하고 과다하기 때문에 스트레스를 해소하기 위한 여가의 참여가 중시되고 있으며, 이와 같이 현대인에게 여가가 필요한 이유는 그것이 불안 및 긴장해소의 유효적절한 방법이기 때문이다. 여가의 심리적 기능은 아주 다양하며 여러 여가기능과도 관련되어 있는데, 틴스레이(Howard E. A. Tinsley)는 심리적 기능으로서 성취의식, 지적심미성, 인간 관계개선, 고독, 자율성, 보상, 자기표현, 심적안정 등을 제시하고 있으며, 위트(P. A. Witt)와 비숍(D. W. Bishop)은 순화, 휴식, 보상, 과업등을 강조한다. 에딩톤(Edington et al.)등은 여가의 심리적 기능을 개인적 발전, 사회적 연대, 심리적 치료, 신체적 안녕, 자극추구, 자유와 독립, 향수 등 일곱 가지를 제시하고 있다.

(1) 여가와 심리적 안정의 관계

여가는 개인이 자유롭게 선택하고 즐길 수 있는 활동으로, 정신적인 여유를 제공하고 정서적 균형을 유지하게 한다.

① 스트레스 완화 및 심리적 안정

음악 감상, 독서, 여행, 자연 속 산책, 요가등의 규칙적인 여가 활동은 코르티솔(스트레스 호르몬) 수치를 낮추고, 도파민과 세로토닌 분비를 촉진하여 기분전환이 된다.

② 우울감 및 불안 감소

신체 활동을 포함한 여가는 우울증 예방과 불안 완화에 긍정적인 영향을 미친다.

③ 자아 존중감 및 자기효능감 향상

여가는 새로운 취미 습득으로 성취감과 자기개발 기회를 제공하여 자아 존중감을 높인다.

④ 감정 조절 및 사회적 관계 증진

친구와 함께하는 스포츠, 동호회 활동, 봉사 활동등은 취미 활동과 사교적 여가는 감정 조절에 도움을 주고 인간관계를 강화하여 심리적 안정감을 준다.

⑤ 여가 활동과 심리적 복지감

노인의 여가 활동과 사회적 지지가 심리적 복지감에 미치는 영향을 연구한 결과, 생산적 여가 활동은 생활 만족도를 높이고 고독감을 감소시키는 데 중요한 역할을 하지만, 소비적 여가 활동은 생활 만족도 증진에만 상대적으로 작은 영향을 미친다는 결과가 나타났다(이갑숙, 임왕규, 2012).

청소년의 여가 활동 유형이 자아존중감과 행복감에 미치는 영향은, 거주지에 따라 부정적 자아존중감에서 차이를 보였으며, 행복감에서는 별다른 차이를 발견할 수 없었다. 이는 특정 여가 활동이 청소년의 자아존중감에 부정적인 영향을 미칠 수 있음을 시사한다(오우섭,2010).

이렇듯 여가 활동이 항상 긍정적인 결과만을 가져오는 것이 아니라, 특정 상황이나 조건에 따라 부정적인 영향을 미칠 수 있음을 보여준다. 따라서 개인의 상황과 여건에 맞는 여가 활동을 선택하고 참여하는 것이 중요하다.

<表 21> 스트레스 해소를 위한 여가 유형

| 여가 유형 | 예시 | 기대효과 |
|---|---|---|
| 신체 활동 기반 | 요가, 조깅, 헬스 | 신체적 활력, 스트레스 해소 |
| 창의적 활동 | 미술, 악기 연주, 글쓰기 | 감정 표현, 심리적 안정 |
| 사회적 활동 | 친구/가족 모임, 봉사활동 | 관계 형성, 외로움 감소 |
| 자연 속 여가 | 캠핑, 등산, 산책 | 자연과의 교감, 정신적 회복 |

(3) 여가를 통한 심리적 안정 향상을 위한 대안

① 규칙적인 여가 시간 확보:일주일에 최소 2~3회 스트레스 해소를 위한 활동 계획.

② 자신에게 맞는 여가 활동 찾기:강요가 아닌 본인이 즐길 수 있는 활동 선택.

③ 디지털 디톡스 실천: 여가 시간에는 스마트폰과 업무에서 벗어나기.

④ 사회적 교류 확대: 가족·친구와 함께하는 여가 활동을 통해 정서적 지지 강화.

### 3) 사회적 관계 향상 및 지역경제 발전촉진

여가 활동은 사람들 간의 상호작용을 촉진하고 친밀감을 형성하게 하며, 가족, 친구, 지역사회와의 유대감을 강화하며, 사회적 자본을 형성하는 데 도움이 된다( Putnam, R. D. (2000). 여가 활동은 개인의 창의성과 자기 계발을 자극하게 한다. 여가는 개인의 사회적 관계 형성 및 유지에 중요한 역할을 하며, 현대 사회에서 사람들은 여가 활동을 통해 새로운 인간관계를 형성하고, 기존의 관계를 강화하며, 공동체 의식을 함양할 수 있다.

(1) 여가의 사회적 기능

① 가족 및 친밀한 관계 강화

여가 활동을 가족 여행, 주말 캠핑, 스포츠 경기 관람등으로, 가족과 함께하면 유대감을 형성하고 정서적 교감을 높일 수 있다.

② 친구 및 동료 관계 증진

스포츠, 동호회, 취미 활동 등을 통해 유대감을 쌓고 친목을 도모할 수 있다.

③ 사회적 소속감 및 공동체 의식 형성

자원봉사, 지역 축제 참여, 마을 체육대회등으로, 지역사회 활동이나 단체 여가 활동은 공동체 의식을 강화하고 사회적 소속감을 높일수 있다.

④ 세대 간 교류 촉진

노인과 청년이 함께하는 여가 활동은 세대 간 격차를 줄이고 상호 이해를 증진하게 된다.

(2) 여가가 지역경제 발전에 기여하는 방식

① 관광 산업 활성화

여가는 관광과 밀접한 관련이 있으며, 관광객 유입을 통해 지역 경제가 성장한다. 지역 축제, 문화유산 관광, 자연 관광지 개발(World Tourism Organization(UNWTO,2020). 등이 이에 해당된다.

② 일자리 창출 및 소득 증가

레저·관광 산업은 숙박업, 음식점, 교통, 기념품 산업 등의 성장을 유도하여 일자리를 창출한다.

③ 지역 특산물 및 전통문화 산업 발전

관광객의 소비 증가로 인해 지역 특산물 및 전통문화 상품의 수요가 높아진다.

④ 지역 기반시설(인프라) 개선

관광과 레저 시설 개발은 도로, 교통, 숙박, 공공시설 등의 인프라 발전을 촉진하게 된다.

〈표 22〉 지역경제 발전 사례

| 사례 지역 | 여가 활동 유형 | 경제적 효과 |
|---|---|---|
| 제주도, 한국 | 자연 관광(올레길, 한라산) | 연간 관광수입 수조 원 규모 |
| 바르셀로나, 스페인 | 스포츠 관광(FC바로셀로나) | 지역 경제 기여도 20% 증가 |
| 교토, 일본 | 전통문화 관광(사찰, 다도 체험) | 연간 수백만 명 방문객 유치 |

## 4) 교육적 기능 (Educational Function of Leisure)

여가는 단순한 휴식이나 오락을 넘어 교육적 역할을 수행하며, 개인의 지적 성장과 역량 개발에 기여하게 한다. 이는 정규 교육뿐만 아니라 비형식적 학습과 평생 교육(Lifelong Learning)에서도 중요한 요인이 된다.

여가는 개인의 성장과 학습을 돕는 중요한 교육적 도구로 기능한다. 특히 현대 사회에서는 여가를 어떻게 활용하느냐에 따라 자기 계발과 삶의 질이 크게 달라질 수 있다.

첫째, 여가는 자기 계발과 평생 학습을 촉진하는 데 중요한 역할을 한다. 독서, 외국어 학습, 온라인 강의 수강, 악기 연습 등은 여가 시간에 누구나 도전할 수 있는 활동들로, 이를 통해 새로운 지식과 기술을 습득하고 지속적인 자기 성장을 이룰 수 있다. 이러한 활동은 학습의 즐거움을 체험하게 해주며, 나아가 평생 학습의 기반을 다지는 데 기여한다.

둘째, 여가는 창의성과 문제 해결 능력을 향상시킨다. 예술 활동, 음악 연주, 수공예와 같은 창조적인 여가 활동은 단순한 재미를 넘어 사고의 유연성을 키우고 창의적 발상을 자극한다. 이러한 활동을 지속하면 일상생활이나 직업 세계에서도 새로운 해결책을 제시하는 능력이 자연스럽게 길러진다.

셋째, 여가는 사회적 기술과 대인관계 능력을 강화하는 장이 된다. 스포츠 클럽, 동아리 활동, 토론 모임 등 다양한 여가 활동에 참여함으로써 타인과의 협력, 의사소통, 갈등 조정 능력 등이 향상된다. 이는 인간관계를 원만하게 유지하고 사회생활에 긍정적으로 참여하는 데 중요한 밑바탕이 된다.

넷째, 여가는 역사적·문화적·예술적 소양을 함양하는 데도 큰 역할을 한다. 여행이나 박물관, 전시회, 공연 관람과 같은 문화체험 활동은 지역 및 세계 문화를 직접 체험할 수 있는 기회를 제공하며, 이를 통해 다양한 문화에 대한 이해와 존중의 태도를 기를 수 있다.

이처럼 여가는 교육적 측면에서 개인의 전인적 발달을 도모하는 중요한 수단으로, 자기 계발과 사회적 역량을 동시에 키울 수 있는 소중한 시간이다. 적극적인 여가 활용은 결국 더 나은 삶으로 이어지는 배움의 과정이 된다.

**〈표 23〉 교육적 여가 활동의 유형**

| 구분 | 여가 활동 예시 | 교육적 효과 |
|---|---|---|
| 지적 여가 | 독서, 퍼즐, 보드게임, 코딩 | 사고력, 문제해력 능력 강화 |
| 창조적 여가 | 미술, 음악, 공예, 글쓰기 | 창의성 증진, 표현력 향상 |
| 사회적 여가 | 스포츠, 동아리 활동, 여행 | 팀워크, 의사소통 능력 향상 |
| 문화적 여가 | 박물관/전시관 방문, 전통문화 체험 | 역사/문화적 소양 함양 |

여가는 교육적 기능을 수행하며, 개인의 성장과 사회적 역량 강화를 위한 중요한 도구다. 따라서 단순한 오락이 아닌 배움과 경험을 겸비한 여가 활동을 적극적으로 활용하는 것이 중요하다.

## 5) 사회화 기능

스탠리 파커(Stanley Parker)는 여가가 개인의 사회화 과정에서 중요한 역할을 한다고 주장했다. 그의 연구에 따르면, 여가는 단순한 휴식이나 오락이 아니라, 개인이 사회의 규범과 가치를 학습하고, 타인과의 관계를 형성하며, 사회적 역할을 수행하는 과정에서 필수적인 요소라고 주장하며,여가가 사람들로 하여금 사회에서 담당해야 할 역할을 제시 해주며 사회적, 집단적 목표를 달성하도록 도와주고 사회적 결속을 유지시키는 기능을 담당하고 있다고 주지시키면서, 인간의 여가사회화 현상을 여러가지로 나뉘어 구분하였다.

(1) 파커의 여가 사회화 이론

① 여가는 사회화 과정의 포괄적 접근

여가는 개인이 사회의 규범, 가치, 태도를 습득하는 과정에서 여가의 사회화는 어린 시절부터 성인기까지 지속적으로 이루어지며, 여가를 통해 더욱 강화됨.예시: 스포츠 팀 활동을 통해 규칙 준수와 협동심을 학습하는 것이다.

② 성인의 사회적 역할의 학습은 가정, 학교, 커뮤니티의 활동 등 사회적 배경과 연결되어 있으며 여가의 사회화는 보편적 학습과 적절한 역할을 습득하게 해준다.

③ 평생교육은 여가를 통한 가치, 기술, 흥미가 아동기로부터 노년기까지 지속적으로 발달 변화하며, 노동, 가족, 여가가 독자적인 활동성향을 가지는게 아니라 평생을 통하여 상호 작용하게 되는 것을 말해준다. 인간의 사회화에 있어 여가는 인간의 평생교육에도 긴요한 역할을 하고 있으며, 사회화를 위한 여가활동 및 스포츠, 놀이의 기능이 중시되고 있다.

④ 여가와 일(work)의 관계

파커는 여가와 일(직업)의 관계에 따라 세 가지 유형의 사회적 패턴을 제시하였다. Parker, S. (1983).

<표 24> 여가와 일(work)의 관계 Parker, S. (1983)

| 사례 지역 | 여가 활동 유형 | 경제적 효과 |
|---|---|---|
| 순환형<br>(Cyclic Leisure) | 일과 여가가 균형을 이루며<br>상호보완적인 관계를 형성 | 주중에는 일하고, 주말에는<br>가족과 캠핑 |
| 대립형<br>(Contrast Leisure) | 일이 힘들고 반복적일수록<br>여가에서 자유와 즐거움을 추구 | 육체노동 후 스포츠나<br>여행으로 스트레스 해소 |
| 확장형<br>(Extension Leisure) | 일과 여가가 서로 연장되어<br>연결되는 형태 | 예술가가 창작 활동을<br>여가로도 즐김 |

(2) 여가의 사회적 기능

여가는 자연스러운 사회관계 속에서 각자의 위치를 자각하게 하고 사회적 역할을 배우게 하며, 인간관계의 조화적 태도와 기술을 익히게 하는 사회적 기능을 갖고 있다. 여가에서는 모든 사람들이 서로 공감하고 공평한 기회를 가지고 똑같은 인간이라는 것을 잘 이해하게 한다. .

① 사회적 기술 습득

여가를 통해 의사소통, 협동, 갈등 해결 능력을 배울 수 있다.

② 사회적 역할 학습

여가 활동을 통해 다양한 역할을 경험하고, 사회에서 자신의 위치를 인식하게된다.

③ 공동체 의식 함양

여가는 공동체 소속감을 강화하고, 사회적 연대를 촉진하게 된다.

④ 문화적 전승 및 정체성 형성

전통 놀이, 명절 행사 등의 여가는 문화적 가치를 다음 세대로 전달하는 역할을 하며, 설날 윷놀이, 전통 무용 공연등의 참여로 문화가 계승된다.

## 6) 문화적 기능(cultural function)

현대에 있어서 여가는 하나의 문화를 형성하여, 문화의 창조, 보존, 확산을 통해 사회 발전에 기여하게 한다. 전통과 현대를 아우르는 다양한 여가 활동을 통해 우리는 문화적 정체성을 확립하고, 세계와 교류, 친목도모등으로 소통할 수 있다. 여가는 새로운 문화 콘텐츠를 창출하고, 문화예술을 발전시키며 문화 창조 및 발전을 이루며, 국악 공연, 전통 무용, 서예,

설날·추석 전통 놀이등 전통 놀이, 예술, 명절 행사 등을 통해 한 사회의 문화가 다음 세대로 전해질 수 있도록 문화 전승 및 보존을 하는 기능이 있다.

또한, 여가를 통해 대중문화가 형성되고, 세계적으로 교류되면서 문화적 다양성이 확대되며, K-POP, 한류 드라마, 온라인 게임 문화등으로 대중문화 및 글로벌 문화 확산의 기능이 있다.

**〈표 25〉 여가를 통한 문화 활동의 유형**

| 문화 활동 유형 | 예시 | 기대효과 |
|---|---|---|
| 예술 및 창작 활동 | 그림 그리기, 악기 연주, 연극 | 창의성 증진, 감성 발달 |
| 전통 문화 체험 | 한복 입기, 전통 무술, 명절 행사 | 문화 전승, 정체성 확립 |
| 대중문화 소비 | 영화 감상, 콘서트, 웹툰 | 문화 향유, 글로벌 문화 교류 |
| 디지털 및 온라인 문화 | 유튜브, 메타버스 활동 | 새로운 문화 창출, 디지털 네트워크 확장 |

## 7) 자기실현적 기능

현대인들은 주5일제 근무, 자유시간의 증대, 소득수준의 향상, 교통통신의 발달과 고속화로 인한 여가에 대한 실천 및 여가명소 탐방등으로 활발하게 활동하고 있다. 여가는 개인이 자신의 잠재력을 발견하고, 발전시키며, 궁극적으로 자기실현에 도달하는 중요한 수단이다. 심리학자 매슬로우(A. Maslow)의 욕구 이론에서도 자기실현은 인간이 추구하는 가장 높은 단계의 욕구로 제시되었다. 자기실현과 여가의 관계는 다음과 같다.

첫째, 자기 표현과 창의성 개발이다. 미술, 음악, 글쓰기, 사진, 요리 등의 창작 활동은 개인의 감정을 표현하고 창의적 사고를 자극한다. 이러한 과정은 자신만의 고유한 방식으로 세상과 소통하게 된다.

둘째, 자아 탐색과 정체성 확립이다. 여가를 통해 다양한 경험을 쌓으면서 자신의 흥미와 강점을 발견하고, 새로운 환경과 문화 속에서 스스로를 돌아보며 삶의 방향성을 재정립할 수 있다.

셋째, 내적 성장과 정신적 충만감이다. 여가 활동에서 몰입(flow) 상태를 경험하면 일상의 스트레스를 잊고 깊은 만족감과 심리적 안정을 얻을 수 있다.

넷째, 자율성과 성취감 향상이다. 자신이 선택한 활동에서 목표를 이루거나 새로운 기술을 습득하면서 성취감을 느끼고, 자기결정권 또한 강화된다. 예를 들어 등산 도전, 스포츠 경기 참여, 악기 연주 학습 등이 이에 해당한다.

**〈표 26〉 자기실현을 위한 여가 활동 유형**

| 여가 유형 | 예시 | 기대효과 |
|---|---|---|
| 창의적 활동 | 그림 그리기, 글쓰기, 연기 | 창의력 발달, 자기표현 |
| 신체적 도전 | 등산, 마라톤, 요가 | 성취감, 신체적 성장 |
| 학습 및 탐구 | 독서, 철학 토론, 온라인 강의 | 지적 성장, 내적 성찰 |
| 사회적 참여 | 봉사 활동, 동호회, 토론모임 | 공동체 의식, 대인관계 확장 |

여가는 단순한 휴식을 넘어, 개인이 자신의 잠재력을 발견하고 발전시키는 중요한 과정이다. 창의적 활동, 신체적 도전, 학습을 통해 자기실현을 이루며 삶의 만족도를 높일 수 있다.

## 8) 경제적 기능

현대사회에서 경제체제는 다양하게 분업화되며, 분업화 체계 속에서도 여가는 두 가지 주된 기능으로 나뉘어 볼수 있는데 , 생산자와 소비자로서의 생산성과 소비성 여가 기능과 경제적 역할을 기초로 하고 있다.

여가는 단순한 개인의 활동을 넘어 지역 및 국가 경제에 중요한 영향을 미치는 요소이며, 관광 산업, 여가 관련 소비, 일자리 창출 등 다양한 방식으로 경제 성장에 기여하게 한다.

(1) 여가의 경제적 기능
① 관광 산업 활성화
여가 활동 중 하나인 관광은 지역 및 국가 경제 발전의 핵심 요소로서,관광객의 소비가 숙박, 음식, 교통, 기념품 산업을 발전시킨다.
② 일자리 창출 및 산업 성장
여가 산업(관광, 스포츠, 문화예술)은 다양한 직업을 창출하는 주요 경제 부문. 호텔·리조트 직원, 여행 가이드, 스포츠 코치, 공연 기획자등이다.
③ 소비 및 시장 활성화

여가를 즐기기 위한 소비(스포츠 용품, 게임, 공연 관람 등)는 경제 순환을 촉진시킨다. K-POP 콘서트 티켓, 스포츠 경기 관람료, 골프장 이용료등이다.

④ 지역 경제 발전 및 도시 재생

여가 공간(테마파크, 박물관, 문화축제)이 지역 경제를 활성화로, 지역 특성을 살린 여가 산업이 도시 재생에 기여하게 된다. 부산 국제영화제가 개최되면, 관광객이 유입되고, 지역 브랜드 가치 상승하게된다.

⑤ 스포츠 및 엔터테인먼트 산업 발전

프로 스포츠, e스포츠, 영화·드라마 산업이 경제적 부가가치를 창출하게 한다. FIFA 월드컵, 올림픽이 개최되는 개최국은 경제 활성화가 된다.

〈표 27〉 여가 경제 활동의 유형과 효과

| 여가 경제 활동 유형 | 예시 | 경제적 효과 |
|---|---|---|
| 관광 산업 | 국내외 여행, 호텔 및 리조트 | 지역 경제 활성화, 고용창출 |
| 스포츠 산업 | 프로 스포츠, 헬스장, 레저 스포츠 | 장비/용품 판매 증가, 건강 관련 산업 성장 |
| 문화/예술 산업 | 영화, 공연, 박물관, 전시회 | 티켓 판매, 문화 콘텐츠 수출 |
| 디지털 콘텐츠 산업 | 게임, OTT(넷플릭시, 유튜브) e스포츠 | 글로벌 시장 확장, 청년 일자리 창출 |

(2) 여가의 경제적 기능 강화를 위한 제안

① 지역 특화 관광 및 여가 산업 육성:지역별 특색을 살린 관광·레저 산업 개발.

② 스포츠 및 문화산업 투자 확대: 프로 스포츠·문화예술 산업 지원을 통한 부가가치 창출.

③ 디지털 여가 콘텐츠 활성화: 게임, 온라인 스트리밍, e스포츠 산업 육성.

④ 친환경 여가 산업 발전: 지속 가능한 관광 및 친환경 레저 활동 지원.

## 2. 여가의 부정적 기능

### 1) 획일적 기능(uniformity function)

여가는 개인과 사회에 긍정적인 영향을 미치지만, 경우에 따라 부정적인 결과를 초래할 수도 있다. 특히, 획일화된 여가 활동은 창의성과 다양성을 저해하며, 경제적·사회적 문제를 유발할 수 있다. 또한, 여가는 긍정적인 역할을 하지만, 획일화되거나 상업화되면 창의성과 다양성이 사라지고 부정적 영향을 초래할 수 있다

(1) 여가의 부정적 기능

① 여가의 상업화 및 소비주의 조장

여가가 지나치게 상업화되면서 경제적 능력에 따라 여가의 기회가 불평등하게 분배된다. 예를 들어 고가의 레저 활동(골프, 해외여행)은 일부 계층만 이용 가능하기 때문이다.

② 중독 및 비건설적 활동 증가

일부 여가 활동(온라인 게임 중독, 불법도박. SNS 등)은 중독성을 유발하며, 정신적·경제적 문제를 초래하게된다.

도박중독의 경우, 도박을 여가로 활용하며 습관화 하다보면, 도박을 하고싶은 충동으로 반복적인 도박을 하게 되는 정신장애이다(김형준,유상현,2018).

③ 반사회적 행위 및 일탈 증가

여가 시간이 비생산적으로 사용될 경우, 무분별한 음주문화, 폭력적 스포츠 팬덤, 청소년 비행등이 범죄나 반사회적 행동으로 이어질 가능성이 크다.

(2) 여가의 획일적 기능

① 대중문화의 획일화

미디어와 기업이 주도하는 여가 문화가 특정 콘텐츠(한류, 할리우드 영화 등)로 집중되고 있으며, 개인의 창의적인 여가 선택권이 제한될 수 있는 경우는 유행하는 OTT 콘텐츠만 소비, SNS 인기 여행지를 방문하는 경우이다.

② 사회적 규범에 따른 여가 제한

특정 사회에서는 여가가 성별, 연령, 직업 등(전업주부는 가족 중심의 여가, 노년층의 활동 제한) 에 따라 제한될 수 있다(Wearing, B. (1998).

③ 대중 미디어의 영향으로 여가 유형 고착화

SNS와 대중매체의 영향으로 특정 여가 활동이 주류로 자리 잡고, 다양성이 감소할수 있다(Baudrillard, J. (1983). "핫플레이스" 방문이 유행하면서 새로운 여가 개발이 저조할 수 있게된다.

(3) 현대 사회에서는 여가의 중요성이 커지고 있지만, 여전히 획일적이거나 소비 중심의 여가 활동이 주를 이루는 경우가 많다. 이를 개선하기 위해 다음과 같은 실천적 방안이 필요하다.

첫째, 다양한 여가 활동을 장려해야 한다. 특정 대중문화나 트렌드에 편중된 활동보다는 개인의 흥미와 성향에 맞는 다양한 여가 선택지를 제공함으로써 여가의 폭을 넓힐 수 있다.

둘째, 비상업적인 여가 기회를 확대하는 것이 중요하다. 누구나 접근할 수 있는 공공 체육 시설, 도서관, 지역 문화 공간 등을 활성화하여 경제적 부담 없이 즐길 수 있는 여가 환경을 조성해야 한다.

셋째, 디지털 균형을 유지할 필요가 있다. SNS, 게임, 영상 콘텐츠 등 디지털 여가 활동이 일상화되고 있는 만큼, 과도한 의존을 줄이고 현실 세계에서의 체험과 교류가 이루어지는 균형 잡힌 여가를 추구해야 한다.

넷째, 창의적이고 자기개발적인 여가 활동을 활성화해야 한다. 단순히 소비하는 데 그치는 여가가 아니라, 글쓰기, 악기 연주, 공예, 외국어 학습 등 창작과 자기계발을 통해 성취감을 얻을 수 있는 여가 문화를 확산시켜야 한다.

획일화된 여가가 지속되었을때 그 환경에 처해 있는 대중들도 획일화되며, 대중매체를 통한 획일적인 정보와 지식이 대중들에게 전달되어 대중은 사회적인 유대를 상실하고 점차 동질화, 획일화되어 질수 있다. 이러한 여가생활의 획일성은 대중매체의 영향과 여가의 상업화 추구에 따른 파생물이기도 하다. 그러므로, 균형 잡힌 여가 활용과 다양한 문화적 접근을 통해 건강한 여가 문화를 조성해야 한다.

## 2) 모방적 기능(imitation function)

여가의 모방적 기능은 개인이 타인의 여가 활동을 관찰하고 이를 따라 함으로써 새로운 활동을 습득하거나 사회적 유대감을 형성하는 것이다. 이는 사회적 학습이론(Social Learning Theory)과 관련이 있으며, 특히 대중문화, 미디어, SNS 등의 영향을 통해 여가 트렌드가 형성되고 확산되고 있다.

(1) 여가의 모방적 기능 개념
① 사회적 학습과 여가

• 반두라(Bandura)의 사회학습이론에 따르면, 인간은 모델링(Modeling)을 통해 행동을 학습하며,여가 활동 역시 주변 사람들의 영향을 받아 모방되는 경향이 있다고 한다.

• 예시: 친구가 하는 캠핑, 등산, 골프 등을 따라 하면서 새로운 여가 활동을 경험.

② 미디어와 대중문화의 영향

• TV, 유튜브, SNS 등을 통해 유명인이 즐기는 여가 활동이 대중에게 전파되고 있으며, 특정 여가 활동이 유행하면서 사람들이 이를 모방하여 트렌드가 형성되기도 한다.

• 예시: '오징어 게임'의 인기로, 달고나 만들기, 딱지치기 등 놀이문화가 확산되기도 한다.

③ 집단 내 동조 현상

특정집단 (학교, 직장, 동호회)에서 유행하는 여가활동이 개인의 선택에 영향을 줄수 있는데, 직장 내 동료들이 모두 골프를 즐기면 자연스럽게 골프를 시작하는 경우. 즐겨하지 않는 스포츠인데도 억지로 참여하는 불편한 여가활동이 될 수 있다.

**〈표 28〉 여가 모방의 긍정적·부정적 측면**

| 구분 | 긍정적 기능 | 부정적 기능 |
|---|---|---|
| 창의성 | 새로운 여가 활동을 경험하고 다양성을 확대 | 획일화된 여가 문화로 창의적 활동 감소 |
| 사회적 관계 | 공통된 여가 활동을 통해 친밀감 형성 | 유형을 따르지 않으면 소외감을 느낌 |
| 경제적 영향 | 여가 산업 활성화, 새로운 시장 형성 | 과소비 조장, 특정 활동의 과열 경쟁 |

(3) 여가의 모방적 연구

여가의 모방적 기능은 개인이 타인의 여가 활동을 관찰하고 이를 따라함으로써 새로운 활동을 습득하거나 사회적 유대감을 형성하는 것을 의미한다. 이러한 모방은 개인의 여가 선택에 영향을 미치며, 사회적 학습과 문화 전파의 중요한 수단이 된다. 대학생들의 여가 활동 동기와 기능, 그리고 여가 협상 간의 관계를 분석결과, 개인의 여가 활동이 주변 사람들의 영향과 사회적 환경에 의해 어떻게 형성되는지를 보여주며, 이는 여가의 모방적 기능과 관련이 있었다 (김은주, 장창권, 권기진,2015) 또한, 한국인의 여가활동 패턴 분석 연구에서 SNS 및 미디어의 영향을 받아 여가활동을 결정하는 경향이 높게 나타나기도 하였다(한국관광학회,2022).

여가의 모방적 기능은 새로운 여가 문화를 형성하고 사회적 관계를 촉진하는 긍정적인 역할을 하지만, 획일화된 여가 활동과 과소비 문제를 초래할 수도 있다. 이를 극복하기 위해 개인의 취향을 반영한 다양한 여가 선택을 장려하고, 미디어의 영향을 비판적으로 수용하는 태도가 필요하며, SNS와 여가 트렌드 확산으로 인스타그램, 유튜브 등에서 인기 있는 여행지, 액티비티가 빠르게 확산되어 특정 활동이 유행하고 있다(한국문화관광연구원,2021). 여가의 모방적 기능은 새로운 여가 문화를 형성하고 사회적 관계를 촉진하는 긍정적인 역할을 하지만, 획일화된 여가 활동과 과소비 문제를 초래할 수도 있다. 이를 극복하기 위해 개인의 취향을 반영한 다양한 여가 선택을 장려하고, 미디어의 영향을 비판적으로 수용하는 태도가 필요하다.

## 3) 위장화 기능(maskness function)

여가는 일반적으로 긍정적인 기능을 갖지만, 경우에 따라 부정적인 방식으로 활용될 수도 있다. 특히 여가의 위장화 기능(Camouflaging Function of Leisure)이란 여가 활동이 본래의 순기능을 잃고, 사회적 문제나 개인적 책임을 회피하는 수단으로 이용되는 현상을 말한다. 이는 개인뿐만 아니라 사회 전반에 걸쳐 부정적인 영향을 미칠 수 있다.

### (1) 여가의 위장화 기능 개념

위장화 기능이란 개인이 본래의 의무나 책임(가정, 직장, 학업 등)에서 벗어나기 위해 여가 활동을 과도하게 활용하는 현상이며, 사회적으로 용인되는 활동으로 포장되어 있지만, 실질적으로는 현실 회피, 무책임한 태도, 중독 등의 문제를 야기하기도 한다.[70]예를 들어 과도한 스포츠 활동으로 가족과의 시간을 희생하면서도 "건강을 위해서"라는 명분으로 지나치게 스포츠에 몰입하는것과 무분별한 여행으로 현실의 문제(직장 스트레스, 대인관계 문제)를 해결하지 않고 지속적인 여행으로 회피하는 경우이다. 또는 온라인 게임 및 SNS에 "취미"라는 이유로 게임이나 SNS에 과몰입하여 현실에서의 문제를 외면하는 것처럼, 사회

---

70) 한국콘텐츠진흥원, "온라인 게임 중독과 여가 활용 패턴" (2021).

적으로 유행심리가 팽배할 경우 대중에 대하여 역작용을 일으키는 경우가 있다. 여가를 통하여 자기의 행위를 위장화 시킬 수 있기 때문이다. 여가를 통한 과시화로 여가를 왜곡되는 경우는, 자기를 실제 이상으로 포장하여, 타인들에게 위장화 하며 과시하려는 심리입니다. 골프장이나, 기타 사교모임, 기타 대중문화 속에서 대중여가는 개인의 과시욕구를 충족시켜 주는 대상으로 전락될 가능성이 많으며, 여가가 자기실현의 수단이기보다, 사회구성원에게 잘보이기 위한 수단으로 이중 소외현상을 일으키게 된다. [71]여가 소비가 자칫, 사회적 지위를 과시하거나 현실적인 경제 문제를 숨기기 위한 수단으로 사용될 수 있으며, 그런척, 있는 척 하며 허례허식 여가로 왜곡 변질될수 있다.

**〈표 29〉 부정적 위장화 기능의 유형 및 문제점**

| 유형 | 설명 | 예시 |
|---|---|---|
| 현실 회피형 | 여가 활동을 이용하여 개인의 책임이나 문제를 회피하는 형태 | 지나친 여행, 게임, 도박 |
| 사회적 위장형 | 사회적으로 긍정적으로 보이는 여가 활동이지만, 실제로는 부정적 영향을 미치는 경우 | 필요 이상의 헬스 운동 몰입으로 가정 소홀 |
| 중독 및 과소비형 | 여가 활동이 중독으로 이어지면서 경제적, 정신적 문제를 유발 | 과도한 쇼핑, SNS 몰입, 도박 |
| 정당화된 방임형 | 여가 활동을 핑계로 중요한 사회적 책임을 소홀히 함 | 가족과의 시간보다 여가 활동(골프, 등산 등)을 우선시 |

(3) 부정적 위장화 기능을 극복하기 위한 방안

① 균형 잡힌 여가 활동 계획

　　여가 활동과 일상생활(가정, 직장) 간의 균형 유지.

② 현실 문제 해결 노력

　　여가를 회피 수단이 아닌, 건전한 스트레스 해소 및 자기개발 도구로 활용.

③ 과소비 및 중독 예방

---

71) 한국문화관광연구원, "한국인의 여가 소비와 경제적 부담" (2022).

SNS, 게임, 쇼핑 등 과도한 소비형 여가 활동을 자제하고 자각적인 조절 필요.

④ 사회적 인식 개선

단순한 즐거움이 아닌, 책임 있는 여가 활용 문화 정착.


여가는 삶의 질을 향상시키는 중요한 요소이지만, 위장화 기능이 작용할 경우 현실 회피, 중독, 책임 방기로 이어질 수 있다. 따라서 건전하고 균형 잡힌 여가 활용이 필요하며, 개인과 사회가 이에 대한 경각심을 가져야 한다.


## 4) 무감각화 기능(insensibility function)

여가의 무감각 기능(Desensitization Function of Leisure)이란, 반복적이고 습관적인 여가 활동으로 인해 감각이 둔화되거나, 기존의 자극에 익숙해져 더 큰 자극을 추구하게 되는 현상을 의미하며, 이는 여가의 긍정적인 역할을 상실하게 만들며, 때로는 사회적·개인적 문제를 초래할 수 있다.

부정적 요인의 대중오락(e스포츠)이나, 여가의 그릇된 이용은 개인이나 사회의 의식을 불건전하게 하고 삶의 의욕을 상실시키는 결과를 가져오게 된다. 여가활동이 창조적, 능동적으로 이용되지 못할 때 생기는 나태함과 무력감도 개인적, 사회적으로 큰 문제가 되기도 한다. 따라서 늘어난 시간적 공백을 어떻게 메우느냐 하는 것도 미래에 있어 심각한 사회문제로 대두될 수 있다.


(1) 여가의 무감각 기능 개념

여가 활동이 익숙해지면서 만족도가 감소하는 현상으로 더 큰 자극을 추구하게 되어 과도한 소비나 중독으로 이어질 가능성이 크며, 사회적·문화적 감수성이 저하되어 현실과 괴리되는 경우도 생기게 된다.

예를 들어 게임·SNS 중독을 살펴보면, 처음에는 재미있던 게임이나 SNS 활동이 점점 자극이 부족하게 느껴져 더 강한 콘텐츠(폭력적 게임, 과도한 쇼핑 등)를 찾게 된다. 또한, 반복된 여행이 특별한 경험이 아닌 일상처럼 느껴지면서 감흥이 둔해지며 여행의 피로감을 느끼게 된다.

영화, 음악, 공연 등을 자주 접하면서 감동이 줄어들고 더 강한 자극을 요구하게 되면서 문화 소비가 둔화되는 현상이 나타나기도 한다. 지속적으로 미디어를 소비하는 사람들은 기존 콘텐츠에 대한 반응이 둔화되며, 더 강한 자극을 찾는 경향이 나타나고 있다(한국문화연구학회2021).[72] 유사한 형태의 여가를 지속하면 만족도가 점점 감소하며, 새로운 형태의 여가 활동을 필요로 하다.

**〈표 30〉 무감각 기능의 부정적 영향**

| 영역 | 영향 | 예시 |
|---|---|---|
| **심리적 영향** | 즐거움 감소, 권태감 증가 | 계속되는 놀이에도 쉽게 질림 |
| **사회적 영향** | 타인과의 공감 능력 저하 | 감정적 둔감화, 강섬 공유 감소 |
| **경제적 영향** | 더 강한 자극을 위해 과소비 | 명품 소비 증가, 고급 레저 활동 중독 |
| **문화적 영향** | 여가 콘텐츠의 자극 강도 증가 | 폭력적 게임, 선정적 콘텐츠 소비증가 |

(3) 무감각 기능을 극복하기 위한 방안

① 다양한 여가 활동 시도

　새로운 취미나 활동을 정기적으로 탐색.

② 의미 중심의 여가 활용

　단순 소비형 여가가 아닌, 창조적·자기계발형 여가 확대.

③ 미디어·자극 과다 노출 방지

　SNS, 게임, TV 소비 시간 조절.

④ 사회적 연계 강화

　개인주의적 여가에서 벗어나 가족, 친구와 함께하는 활동 증가.


　여가는 삶의 질을 높이는 중요한 요소이지만, 반복적이고 강한 자극을 추구하다 보면 감각이 둔화되는 무감각 기능이 나타날 수 있다. 이를 방지하기 위해서는 다양성과 균형을 고

---

72) 한국관광학회, "여가 패턴과 행복감 연구" (2022).

려한 여가 생활을 유지하는 것이 중요하다.

## 5) 향락화 기능(hedonism function)

여가의 향락화 기능(Hedonization of Leisure)은 여가가 본래의 목적(휴식, 자기 계발, 사회적 관계 강화 등)에서 벗어나 단순한 쾌락과 오락을 추구하는 형태로 변질되는 현상을 의미한다. 특히 부정적 향락화 기능은 개인의 삶과 사회에 부정적인 영향을 미치며, 중독·과소비·비도덕적 행위 등으로 이어질 수 있고, 여가가 건전하게 행사되지 못하고 향락적, 순간적, 쾌락적인 방향으로 향하다 보면 개인간의 가치관이 무너지고 사회적 혼돈이 야기될수 있다.

### (1) 여가의 부정적향락화 개념

단기적인 즐거움을 추구하며 여가 본연의 의미가 약화되고, 자극적인 활동에 몰입하면서 과소비, 중독, 도덕적 해이를 초래할 가능성이 크다.

여가 활동이 개인의 성찰이나 발전이 아닌, 무절제한 오락 중심으로 변질되게 되는 사례로, 도박, 음주, 마약 등의 중독성 여가 활동은 여가를 핑계로 불건전한 활동에 빠지게 되면서 경제적 궁핍, 부채 증가, 가족해체등 사회문제로 부각되기 시작한다. 또한, 명품 소비, 고급 레저(카지노, 해외 원정 여행) 등 과소비 및 사치형 여가로 과도한 경제적 부담 초래가 되어 신용불량자가 되는 경우가 많고, SNS, 게임, 유튜브, OTT 콘텐츠에 과몰입하여 현실과 단절되는 온라인·미디어 중독이 늘어나고 있는 추세이다.[73] 20~30대의 여가 활동이 SNS·온라인 게임·고급 소비 위주로 변하며, 자기개발형 여가는 감소하는 경향을 보이기도 하였다. 또한,[74] 카지노, 스포츠 도박, 온라인 도박의 증가가 개인 및 사회에 미치는 부정적 영향을 분석한 결과 사행성 여가 활동이 사회적으로 영향을 미치는 것으로 나타났다.

---

73) 한국여가학회, "여가 소비 패턴과 향락화 문제" (2021).
74) 한국도박문제관리센터, "도박 중독과 여가 생활 연구" (2022).

### 〈표 31〉 부정적 향락화 기능의 문제점

| 영역 | 부정적 영향 | 예시 |
|---|---|---|
| 개인적 측면 | 신체/정신 건강 악화 | 과음, 도박 중독, 스크레스 증가 |
| 경제적 측면 | 과소비 및 재정 문제 발생 | 명품/사치 소비, 사행성 게임 참여 |
| 사회적 측면 | 인간관계 단절,<br>사회적 도덕성 악화 | 가족/친구와의 관계 소홀,<br>법적 문제 발생 |
| 문화적 측면 | 여가 문화의 왜곡 | 퇴폐업소, 불법 사이트 이용 증가 |

(3) 부정적 향락화 기능을 방지하기 위한 방안

① 건강한 여가 습관 형성 → 자기개발형·창조적 여가 활동 확대(독서, 운동, 취미 활동).

② 경제적 소비 조절 → 불필요한 과소비를 줄이고, 합리적인 여가 예산 관리.

③ 사회적 관계 강화 → 가족·친구와의 건강한 여가 활동 장려.

④ 법적·도덕적 기준 확립 → 불법 사행성 여가 활동 규제 강화.


여가는 삶의 질을 높이는 중요한 요소지만, 향락화 될 경우 개인과 사회에 부정적인 영향을 미칠 수 있다. 단순한 오락이 아닌, 자기 성장과 균형 잡힌 삶을 위한 여가 활용이 필요하다. 향락적인 것만을 추구하다보면 도덕관, 윤리관, 세계관과 역사관을 포기하게 될수 있으며 이는 청소년이나 국민의 가치관 형성에 역기능으로 사회환경적 부정적 요인을 초래할수 있다.


(4) 기타 부정적 여가기능

① 경제적 문제

   소비 중독과 여가 소비의 관계를 분석한 연구를 살펴보면, 여가 활동이 과도한 소비로 이어질 경우, 개인의 재정적 부담을 증가시킬 수 있다. 해외여행, 사치품 소비, 도박 등은 경제적 문제를 야기할 수 있다.

② 사회적 고립 및 인간관계 악화

   여가 활동이 지나치게 개인주의적 성향을 띠면, 사회적 고립이나 가족 관계의 단절을 초래할 수 있다(Putnam, R. D. (2000). 여가 활동은 일반적으로 긍정적인 영향을 미치지만, 특정한 상황에서는 부정적인 결과를 초래할 수 있다. 여가 활동에 전문화와 깊이 관여할수록 대인적 및 구조적 제약이 높아질 수 있다(김지수,2023).

<표 32> 부정적 여가의 영향

| 영향 분야 | 부정적 결과 |
|---|---|
| 심리적 영향 | 불안, 우울, 자아존중감 저하(예: 게임 및 SNS 중독) |
| 사회적 영향 | 인간관계 단절, 반사회적 행동 증가(예: 도박 중독) |
| 경제적 영향 | 과소비, 재정적 문제(예: 명품 소비, 도박) |
| 신체적 영향 | 건강 악화(예 : 과음, 운동 부족) |

## (5) 온라인 혐오표현(가짜뉴스) 양산

디지털 여가(온라인 활동, SNS, 게임 등) 와 관련하여 확인되지 않는 내용으로 유튜브 영상을 제작하여 유포하거나, 악플(악성 댓글)과 같은 부정적인 현상이 발생하여 상처받고 스스로 세상을 등지는 사람들도 늘어나고 있다.

악플과 혐오 표현(Online Hate Speech)은, 온라인 활동이 주요 여가 유형이 되면서 악플 문제도 함께 증가되어 사이버 폭력이, 주요한 사회적 문제로 대두되고 있다.

① 익명성이 보장된 환경에서 타인에게 공격적인 표현을 사용하고, 온라인 커뮤니티나 SNS에서 갈등을 조장하는 행위와 악성 댓글을 통한 집단성으로 인격을 짓밟고 괴롭히고 있다.

② 악플의 심리적 원인으로 분노 및 스트레스를 해소하기 위해 현실에서의 불만을 익명성으로 공개 부담이 없어 공격적인 행동을 온라인에서 표출하는 것이다. 또한, 많은 사람들이 악플을 달면 동조하는 군중심리도 발생되어 끝까지 짓밟아 상대가 무너지길 원한다.

③ 악플이 개인에 미치는 영향으로 심각한 사이버 폭력 피해자는 개인적으로 정신 건강 문제(우울증, 불안, 자살 충동 등)가 발생되고, 자기검열 증가 및 표현의 자유가 위축된다. 가해자는 인터넷 중독 및 공격적인 성향이 더욱 강화되기도 한다.

④ 악플이 사회적 영향으로 온라인 커뮤니티의 건전성이 악화되고, 여론 왜곡 및 가짜 뉴스 확산이 되면서 집단 따돌림 및 사이버 폭력이 증가된다.

⑤ 부정적 여가(악플) 해결 방안으로, 온라인 윤리 교육 강화, 감정 조절 및 비판적 사고 습관화, 건전한 여가 활동(운동, 독서 등)으로 전환유도가 중요하며, 사회적·법적 대응으로

악플 처벌 강화 및 규제 법안 마련이 되고, 플랫폼의 악플 필터링 시스템이 강화되어야 한다. 그리고 사이버 폭력 피해자 지원 및 상담 서비스가 제공되어야 한다.

## (6) 부정적 여가의 예방 및 해결 방안

부정적 여가는 스스로의 선택과 관리에 따라 충분히 개선할 수 있다.

① 균형 잡힌 여가 계획: 건강한 여가 활동과 조화를 이룰 것.

② 자기 통제력 강화: 중독성이 강한 여가 활동을 절제할 것.

③ 사회적 활동 장려: 가족·친구와 함께하는 여가를 늘릴 것.

④ 전문가 상담: 중독적 여가의 경우 전문 상담을 받을 것.

# 제2절

# 현대여가의 문제

현대 여가활동 유형 변화와 트랜드로 스마트(유비쿼터스) 여가활동 (VR)과, 친환경 여가활동인 사회적 (에코, 소셜) 여가활동, 교육봉사, 재능기부등이 발달되어 가고 있으며, 건강지향적 여가활동 증대와 창조적 여가활동등이 늘어나고 있는 추세다. 그러나, 현대 한국 사회에서 여가는 삶의 중요한 요소지만, 여러 문제점이 존재한다. 경제적·사회적·문화적 요인들이 복합적으로 작용하면서 여가의 불평등, 상업화, 노동시간 문제, 과소비, 여가 획일화 등의 문제가 발생하고 있다. 그러나 오래전, 여가를 하나의 문제로 인식하기 시작한 것은 1908년 베블렌(Thorstein Veblen)이 '유한계급론,(The Theory of Leisure Class)'을 발간하면서 시작되었다.

여가활동이 발달되면서 대중화 현상으로 확산되었고 일탈적 여가현상이 여가권의 평등의 기회조차 얻지못한 대중에게까지 여가의 문제가 나타나게 되었다.

베블런의 유한계급론은 현대사회에서도 유효하며, 과시적 여가 문화와 계층 간 여가 격차 문제를 설명하는 데 유용하다. 소수 계층만이 여가를 향유하는 것이 아니라, 모든 사회구성원이 평등하게 여가를 누릴 수 있는 방향으로 개선이 필요한 것이다.

## 1. 유한계급론

유한계급론(Leisure Class Theory)은 사회학자 소스타인 베블런(Thorstein Veblen)이 『유한계급론(The Theory of the Leisure Class)』(1899)에서 제시한 개념으로, 상류층이 여가를 과시적 소비(Conspicuous Consumption)와 과시적 여가(Conspicuous Leisure)의 수단으로 활용한다는 이론이다. 즉, 경제적 부유층이 노동을 하지 않으며, 비생산적인 여가 활동을 통해 사회적 지위를 나타내는 방식을 설명한 것으로, 현대사회에서는 베블런이 지적한 유한계급의 여가 방식이 다양한 형태로 나타나며, 몇 가지 주요 문제가 발생하면서 유한계급론과 현대 여가의 문제를 제시하게 된 것이다.

## 1) 과시적 여가와 소비 중심의 문제

명품 소비, 고급 리조트 이용, 해외여행 등 과시적 여가 문화가 확산되면서, 사회적 불평등을 심화시키고, 중산층과 저소득층의 상대적 박탈감이 증가되면서, "나도 즐겨야 한다"는 심리적 압박으로 인해 무리한 소비 발생하게 된 것이다. VIP 전용 골프장·요트·카지노 이용은 부의 상징이자 계층 구분의 도구로 구분될수 있으며, SNS에서 명품 소비, 고급 호텔 숙박, 해외여행 등을 과시하는 문화는 계층 간 위화감을 조성할수 있다.

## 2) 노동계급과 중산층의 여가 불평등

경제력이 낮은 계층일수록 여가를 제대로 향유하지 못하는 문제이며, "일과 삶의 균형(Work-Life Balance)"이 어려운 계층은 시간 부족으로 여가를 제대로 누리지 못하게 될수 있는 비정규직, 플랫폼 노동자의 경우 여가를 가질 기회가 부족하다. 주 4일 근무제 도입이 일부 고소득 직군 중심으로 시행되지만, 저소득 노동자는 적용받지 못한 경우도 있는데, 배달·운송·공장 노동자는 긴 노동시간으로 인해 여가 활동이 제한되고 있다.

## 3) 대중 여가의 상업화 및 획일화

여가 산업이 상업화되면서 기업이 여가 문화를 주도하며, 자연 속 힐링보다 테마파크, 쇼핑몰, OTT(넷플릭스·유튜브) 중심의 소비적 여가가 증가되고 있어 다양한 여가 활동보다는 미디어 중심의 여가 문화 획일화되고 있다. 예를 들어, 주말마다 쇼핑몰, 영화관, 카페를 방문 하는 비슷한 패턴의 여가가 반복되게 된다. 자연과 전통문화를 체험하는 여가는 줄어들고, 기업이 주도하는 여가 문화 소비가 증가되고 있다.

## 4) 유한계급론을 극복하기 위한 대안

모든 계층이 접근 가능한 공공 여가 시설 확대로, 무료 문화공연, 공원 조성, 체육 시설을 개방하여, 비용이 적게 드는 창조적·자기개발형 여가를 활성화하여, 독서, DIY 취미, 지역 문화 프로그램에 참여하게 한다.

노동시간 단축 및 여가권 보장 정책 강화로 저소득층도 여가를 누릴 수 있도록 제도적 개선이 필요하다. 과시적 소비 문화에서 벗어나 실질적 행복을 추구하는 여가 문화가 정착되어야 한다.

## 2. 한국 현대인의 여가 문제점

### 1) 과도한 노동시간과 여가 부족

장시간 노동으로 인해 여가 시간이 부족하며, '쉬는 것'에 대한 죄책감과 휴식보다 생산성을 중시하는 문화로 주 52시간 근무제가 시행되었으나, 여전히 야근과 주말근무가 빈번하다.

### 2) 계층 간 여가 불평등

경제적 여유에 따라 여가의 질이 달라지고 있다. 고소득층은 해외여행·골프·프리미엄 문화생활을 누리고, 저소득층은 TV·스마트폰 중심으로 여가을 누리고, 플랫폼 노동자·비정규직은 여가 활용 기회가 부족한 것으로 나타났다.

### 3) 여가의 상업화 및 소비주의 확산

기업이 주도하는 상업적 여가 활동 증가되어 "힐링"을 내세운 고급 스파, 프리미엄 호텔, 고가 캠핑 등이 인기있고, SNS로 인해 여가가 과시적 소비의 수단이 되기도 한다. 또한, "인스타 감성" 카페, 호텔, 여행지에서 인증샷을 위한 소비 중심 여가로 OTT(넷플릭스·디즈니+)와 유료 게임등 미디어 콘텐츠 중심의 여가가 대부분이다.

### 4) 여가 활동의 획일화

여가 패턴이 쇼핑·미디어 소비·맛집 방문으로 제한되어 있으며, 다양한 취미보다는 트렌드 중심의 여가 소비가 증가되고 있다. 전통문화·예술·공공 여가시설 이용률 저조하며, 여가시간의 70%가 TV·스마트폰·유튜브 시청(여가활동실태조사, 2022)을 하고, 독서, 전통예술, 스포츠 활동 참여율은 감소되었다.

# 3. 여가 의식의 문제

[75]여가의식(Leisure Consciousness)이란 개인이나 사회가 여가를 인식하고 활용하는 태도와 가치관을 뜻하며, 현대 사회에서는 노동 중심의 문화, 소비주의, 여가 불평등 등의 요인으로 인해 여가의식이 제대로 형성되지 못하는 문제가 발생하고 있다. 여가는 재충전의 시간이며 사람의 활력소가 된다.

## 1) 여가 의식의 주요 문제점

(1) 노동 중심의 문화로 인한 여가 인식 부족으로 일이 곧 삶이라는 인식이 여가를 사치나 비생산적인 활동으로 간주되었으며, 휴식에 대한 죄책감 '놀면 불안하다'는 심리적 압박이 크고, 노동시간이 길수록 성실하다고 여기는 전통적 가치관이 문제이기도 하다.

(2) 여가의 소비화 및 상업화

여가가 자기 계발보다 '돈을 쓰는 활동'으로 변질되어, 여가를 위해 과도한 소비를 유도하는 마케팅이 증가되고 있다.

(3) 여가 불평등 및 접근성 문제

경제적·사회적 격차로 인해 계층별 여가 기회가 다르다. 저소득층은 여가 시간 부족 및 공공 여가시설 부족으로 활용의 어려움있다.

(4) 여가의 획일화 및 수동적 여가 증가

다양한 여가활동 부족과 미디어 소비(유튜브, 넷플릭스) 중심으로 새로운 여가 활동을 시도하기보다 익숙한 활동만 반복하고 있다.

## 2) 여가 의식 문제해결 방안

여가의 낮은 참여율은 개인의 삶의 질 저하로 이어질 수 있다. 이를 개선하기 위해서는 사회 전반의 인식 전환과 제도적 지원이 병행되어야 한다.

첫째, 여가에 대한 긍정적인 가치관을 확립해야 한다. 여가는 단순한 시간 낭비가 아니라,

---

75) 한국콘텐츠진흥원,2004, 여가의식 및 여가활동 실태조사 결과

신체적·정신적 회복을 돕고 삶의 만족도를 높이는 필수적인 요소로 인식되어야 한다. 이를 위해 교육과 캠페인을 통해 여가의 중요성을 널리 알릴 필요가 있다.

둘째, 다양한 여가 문화를 조성해야 한다. 악기 연주, 미술, 공예와 같은 창조적 여가 활동은 개인의 표현력과 창의성을 길러주며, 등산이나 스포츠와 같은 건강한 여가는 체력 증진과 스트레스 해소에 기여한다. 이러한 여가 유형을 적극적으로 장려해야 한다.

셋째, 공공 여가시설과 프로그램을 확대해야 한다. 모든 계층이 손쉽게 여가 활동에 참여할 수 있도록 저비용 또는 무료로 이용 가능한 공공 체육시설, 문화센터, 지역 프로그램 등을 확충하고, 접근성을 높이는 정책이 필요하다.

넷째, 기업 및 정부 차원의 제도 개선이 필수적이다. 일과 삶의 균형(워라밸)을 보장할 수 있도록 근로시간 단축, 유연근무제 도입, 여가 활용 교육 등이 제도적으로 강화되어야 하며, 이를 통해 국민 전체의 여가 의식 수준이 함께 높아질 수 있다.

결국 여가는 개인의 행복뿐 아니라 건강한 사회를 위한 기반으로, 사회 전반의 노력과 제도적 뒷받침이 함께 이루어져야 한다. 현대 사회에서는 노동 중심 문화, 소비 중심 여가, 불평등한 여가 기회, 획일적인 여가 활동 등의 문제가 여가의식을 왜곡시키고 있다. 건강한 여가의식을 형성하기 위해서는 여가를 단순한 소비가 아닌 삶의 필수 요소로 인식하고, 다양한 여가 문화를 만들어 가는 노력이 필요하다.

## 4. 여가 수용력의 문제

현대인들은 과거의 노동력과 다르게 효율적인 현대적 시스템으로 업무처리를 하다보니 여가를 즐길 수 있는 자유로운 시간이 늘어났으나, 자유시간을 효과적으로 보낼수 있는 방안이 마련되지 않을 경우가 많다.

한편, 긴 연휴를 보내기에 무엇을 할것인가 고민하며 여가시간을 맞이할 마음의 준비조차 되어 있지 않을 경우, 긴 휴식 시간을 두려워 하게되는데, 이를 여가공포증(leisure phobia)이라고 한다. 여가 공포증은 여가 활동을 즐기거나 여가 시간을 갖는 것에 대해 불안하거나 두려움을 느끼는 심리적 상태를 말하며, 여가를 갖는 것이 불안의 원인이 되거나, 여가 시간이 오히려 스트레스와 불편함을 초래하는 경우가 있게된다. 이는 주로 개인의 심리적 상태, 사회적 환경, 혹은 여가를 활용하는 방법에 대한 불안감에서 기인하기도 한다. 또한, 여가공포증은 휴가중이나 휴무 중에도 여가를 즐길 수 없는 무감각상태로서, 시간소비에 대한 적응이나 불안감이 여가 자체를 노동적 부담처럼 느끼는 심리적 거부반응이기도 하다. 이와 반대로, 여가수용력(Leisure Capacity)은 개인이 여가를 효과적으로 활용할 수 있는 능력과 자원의 정도를 의미하는데, 이 개념은 개인의 여가활동에 대한 태도, 시간, 경제적 여유, 정보, 사회적 자원 등이 포함되지만, 현대 사회에서는 여러 요인으로 인해 많은 사람들이 여가를 충분히 활용하지 못하거나 여가활동에서 만족을 얻지 못하는 문제를 겪고 있다. 여가수용력의 문제는 주로 시간, 경제적 여유, 사회적 조건, 개인적 인식 등과 밀접하게 연결되어 있다.

## 1) 여가 수용력의 주요 문제점

### (1) 시간 부족

현대 사회에서 많은 사람들이 경제적 생계를 위해 장시간 노동시간을 보내고 있으며, 그로 인해 여가시간이 부족하다. 특히, OECD 기준 한국의 연간 노동시간(2023년 기준)은 OECD 평균보다 여전히 높은 수준을 유지하고 있으며, 이는 여가활동에 할애할 수 있는 시간이 부족하게 한다.

### (2) 경제적 여유 부족

소득 불균형과 여가의 경제적 접근성 부족으로 소득이 낮은 사람들은 고급 여가활동이나 여행, 취미활동에 필요한 비용을 부담하기 어려워 여가활동을 제대로 즐기기 힘들다. 이는 경제적 불평등을 심화시키고, 여가활동의 격차를 만들 수 있다. 예를 들어, 고소득층은 해외여행, 스포츠, 문화생활을 여유롭게 즐길 수 있지만, 저소득층은 대부분 무료 또는 저비용의 여가활동(예: TV 시청, 인터넷 서핑)에 의존하게 되기 때문이다. 직장인 60% 이상이 여가보다 휴식(수면, TV 시청)을 선택 하고 있다 (여가활동실태조사, 2022).

### (3) 여가에 대한 인식 부족

많은 사람들이 여가를 단순히 휴식이나 소비적 활동으로 인식하고 있으며, 자기계발이나 창조적 활동으로 여가를 활용하려는 의지가 부족하다. 여가는 단지 "쉬는 시간"으로 여겨지는 경향이 크므로, 여가의 의미와 중요성에 대한 낮은 인식이 문제다.

### (4) 사회적 자원 및 접근성 문제

여가활동을 위한 공공시설, 정보, 사회적 지지가 부족한 경우 여가수용력이 제한되고 있다. 일부 지역에서는 공공체육시설이나 문화공간이 부족하거나, 정보 부족으로 여가 선택권이 제한되듯이, 지역 사회에서 문화활동이나 스포츠 프로그램에 대한 정보가 부족하거나, 저렴한 가격의 여가시설이 부족한 경우 여가를 충분히 활용하기 어렵다.

## 2) 여가 공포증의 주요 원인

### (1) 죄책감과 불안

일과 관련된 압박이나 책임감이 강한 사람은 여가를 가지는 것에 대해 죄책감을 느낄 수 있다. 여가를 즐기는 것이 직장인이 주말에 여가를 보내는 대신 계속 일에 몰두하거나, 여가를 즐기기 위해 계획을 세우는 것에 대해 불안함을 느끼는 경우처럼 , 여가를 "할 일이 많을 때 쉬는 것은 사치"라는 사회적 가치관에 반한다고 느끼거나, "효율적이지 않다"는 생각이 드는 경우 여가 시간을 갖는 것 자체가 불안 요소로 작용할 수 있다.

### (2) 타인과의 비교

주변사람들이 매주 여행이나 다양한 활동을 하는 모습을 SNS나 미디어에서 보고, 자신이 그러지 못하는 것에 대해 자괴감을 느끼는 경우. "완벽한 여가 생활"에 대한 과도한 기대와 비교도 여가에 대한 두려움을 일으킬 수 있다.

### (3) 외로움과 사회적 불안

사회적 불안이나 외로움을 느끼는 사람들이 여가 시간을 보내는 데 어려움을 겪을 수 있다. 혼자 있는 시간이 길어질 때 외로움이나 소외감을 느끼거나, 자신이 다른 사람들보다 사회적으로 떨어져 있다고 느끼는 경우 여가 활동에 대해 회피하게 될 수 있다.

### (4) 시간 관리의 어려움

여가 시간을 "어떻게 시간을 보내야 할지 몰라서" 등, 효율적이지 않은 여가 사용이 불안감을 초래할 수 있다. 시간이 제한된 상황에서 여가 시간을 어떻게 활용할지 모른다면, 여가 시간에 대해 불안감을 느끼게 되고, 이를 회피하려 할 수 있다.

### (5) 여가 공포증의 증상

여가 시간을 갖는 것이 스트레스와 불안감을 유발하고, 여가 활동을 계획할 때 걱정이 앞서는 경우, 먹고살 돈도 없는데 라며 경제적 불안감을 느낀다든가, 여가 시간을 보내고 나서 "더 잘 활용했어야 했다"는 자기 비판적인 감정이 들수도 있다. 또한, 여가 시간을 피하거나 여가 활동을 하기 위해 계획을 세우기보다는 계속 일에 몰두하거나 다른 일을 찾아하며 여가 시간을 회피하는 경우도 있으며, 여가가 효율적이 못할 경우, 불안감을 유발하고, 우울감이나 무력감을 느끼는 경우가 있다.

## 3) 여가 수용력의 문제 해결 방안

### (1) 노동시간 단축과 유연한 근로 제도

주 4일 근무제, 유연 근무제 등의 도입을 통해 여가시간을 확대하고, 초과근무를 줄이는 것이 필요하며, 이에 사람들은 더 많은 시간을 여가 활동에 투자할 수 있다.

### (2) 여가 관련 정보와 자원의 확대

공공 여가시설 및 문화활동을 지역사회에서 확대하고, 무료 혹은 저비용의 여가 프로그램을 제공함으로써 다양한 계층이 여가를 향유할 수 있도록 해야 한다.

### (3) 여가에 대한 인식 개선

여가의 중요성을 재조명하고, 여가를 단순히 쉼과 소비의 시간으로 보지 않고 자기 계발과 사회적 교류의 시간으로 활용하도록 장려하는 캠페인이나 여가인식 교육이 필요하다.

### (4) 경제적 접근성 확대

저소득층을 대상으로 한 여가 활동 지원 프로그램을 마련하고, 문화예술 접근성을 높여 경제적 여유가 없는 사람들도 다양한 여가 활동을 즐길 수 있도록 해야 한다.

여가 수용력의 문제는 단순히 시간이나 경제적 여유뿐만 아니라 개인의 태도, 사회적 자원, 경제적 조건 등 다양한 요인에 영향을 받는다. 여가 수용력을 높이기 위해서는 시간 관리, 경제적 지원, 사회적 자원 강화, 여가에 대한 인식 개선 등 다각적인 접근이 필요하다. 여가는 단순히 쉬는 시간이 아니라, 삶의 질을 높이고, 정신적·신체적 건강을 증진시키는 중요한 활동이기 때문이다.

# 5. 여가 일탈화 문제

[76]여가는 개인의 삶의 질을 향상시키고 사회적 안정에 기여하는 긍정적인 역할을 하지만, 일부 경우에는 비행, 범죄, 중독 등과 같은 부정적인 일탈적 형태로 나타날 수도 있다. 이러한 현상을 여가의 일탈화라고 하며, 이는 사회적 문제로 연결될 가능성이 높다.

## 1) 여가 일탈화의 개념

여가 일탈화란 개인이 여가 시간을 활용하는 과정에서 사회적으로 용인되지 않는 행동을 하거나, 법적·윤리적 기준을 벗어난 행위를 하는 것이다. 이러한 일탈적 여가 행위는 개인의 가치관, 사회적 환경, 경제적 상황, 또래 문화 등의 영향을 받으며, 특히 청소년과 젊은 층에서 더 빈번하게 발생하는 경향이 있다.

## 2) 여가 일탈화의 유형

(1) 비행적 여가(청소년 비행)

① 청소년들이 무분별한 유흥, 폭력적 놀이, 집단 괴롭힘 등에 빠지는 경우이다.

② 도박 및 사행성 게임: 불법 도박, 스포츠 베팅, 카지노 중독 등이 포함 된다.

(2) 중독적 여가

① 게임 중독: 온라인 게임 과몰입으로 인해 학업 및 사회생활에 지장을 초래하게 된다.

② SNS 및 인터넷 중독: 현실과 단절된 채 온라인 세계에 몰입하는 문제가 발생되어 일상생활에 어려움을 겪게 된다.

③ 알코올 및 마약 중독: 음주 문화가 과도해지면서 중독으로 이어질 수 있다.

(3) 반사회적 여가

① 폭력적 스포츠 및 활동: 폭주족 문화, 불법 경주 등 반사회적 성향을 띠는 여가 활동을 말한다.

② 불법 촬영 및 사이버 범죄: 온라인 여가활동 중 불법 콘텐츠 유포, 사생활 침해 등의 문제

---

76) 이윤영,2019. 다문화 청소년의 여가활동과 일탈 친구의 관계에 대한 연구

가 발생될 수 있다.

(4) 소비 중심적 여가

① 과소비 및 사치형 여가: 명품 소비, 고급 클럽 문화, 무리한 여행 등 경제적 부담을 초래하는 소비 형태다.

② 유흥문화의 상업화: 클럽, 나이트, 성매매와 같은 일탈적 소비의 문화가 확산된다.

### 3) 여가 일탈화의 원인

(1) 사회·경제적 요인

① 소득 불평등

경제적 여유가 부족한 계층에서 값싼 자극적인 여가(도박, 음주 등)에 빠질 가능성이 크다.

② 일자리 불안정

실업 상태나 불안정한 직업을 가진 사람들이 일탈적 여가활동에 노출될 위험이 높다.

(2) 개인 심리적 요인

① 스트레스 해소 욕구

학업, 직장 스트레스에서 벗어나기 위한 탈출구로 자극적인 여가를 선택할 수 있다.

② 자아 정체성의 혼란

특히 청소년들이 또래 집단에서 인정받기 위해 일탈적 여가를 즐기는 경우가 많다.

(3) 문화적 요인

① 미디어 및 인터넷의 영향

폭력적 콘텐츠, 사행성 게임 광고 등이 일탈적 여가문화를 조장할 가능성이 있다.

② 상업적 유흥 문화 확산

유흥 중심의 소비 문화가 사회적으로 허용되면서 일탈적 여가로 이어질 수 있다.

### 4) 여가 일탈화의 문제점

개인적인 문제는 건강 악화 (중독, 신체적 위험 증가), 학업 및 직장 생활 부적응, 재정적 문제 (과소비, 도박 중독) 가 발생될 수 있으며, 사회적 문제로 범죄율 증가 (청소년 비행, 폭력, 마약 관련 범죄), 가족 해체 (가정 폭력, 관계 단절), 경제적 손실 (사행산업 확대, 의료비 부담 증가)등 이 증가될 수 있다.

### 5) 여가 일탈화 방지를 위한 해결 방안

현대 사회에서는 여가 활동의 다양성과 접근성이 높아졌지만, 그만큼 비건전하거나 유해한 여가 활동에 노출될 가능성도 커졌다. 이를 예방하고 바람직한 여가 문화를 정착시키기 위해 다음과 같은 방안이 필요하다.

첫째, 건전한 여가 문화 조성이 중요하다. 지역사회 중심으로 무료 또는 저렴한 여가 프로그램을 운영하고, 공원, 체육관, 문화센터 등 공공 여가시설을 확대함으로써 모든 계층이 쉽게 접근할 수 있는 환경을 마련해야 한다.

둘째, 교육과 인식 개선이 병행되어야 한다. 특히 청소년을 대상으로 여가의 긍정적 가치와 건전한 활용 방법을 교육하고, 미디어 리터러시 교육을 통해 유해 콘텐츠에 대한 분별력과 경각심을 키워야 한다.

셋째, 법적 규제 강화도 필수적이다. 불법 도박, 마약, 유흥업소 등 유해 여가 활동에 대한 단속을 강화하고, 청소년 보호법을 엄격히 적용하여 유해 환경으로부터 청소년을 적극 보호해야 한다.

넷째, 대체 여가 활동 활성화가 필요하다. 스포츠, 예술, 여행 등 긍정적이고 창의적인 여가 활동의 기회를 확대하고, 직장인과 학생들에게는 일과 삶의 균형을 위한 제도적 기반(WLB: Work-Life Balance)을 마련해야 한다. 여가의 일탈화 문제는 개인적 차원을 넘어 사회 전체의 문제로 연결될 수 있기 때문에, 이를 방지하기 위한 노력이 필요하다. 경제적, 문화적, 심리적 요인을 고려하여 건전한 여가 문화 정착을 위한 정책적 지원과 교육이 함께 이루어져야 한다.

## 6. 여가기회 불평등의 문제

[77]여가기회 불평등은 개인이나 집단 간에 여가 활동을 향유할 수 있는 기회가 차별적으로 주어지는 현상을 뜻하며, 이는 경제적, 사회적, 문화적 요인에 의해 발생하며, 현대 사회에서 중요한 사회적 문제로 부각되고 있다.

---

77) 문체부 발표, 제1차 국민여가 활성화 기본계획 수립 , 나라살림연구소,2023

## 1) 여가 기회 불평등의 원인

### (1) 경제적 요인

소득 수준이 높을수록 다양한 여가 활동에 참여할 수 있지만, 저소득층은 경제적 제약으로 인해 여가 활동의 선택이 제한되며,고가의 스포츠, 여행, 문화 활동 등은 일부 계층만이 누릴 수 있는 특권이 될 가능성이 크다.

### (2) 사회·계층적 요인

직업에 따라 여가 시간과 활동의 형태가 달라진다. 화이트칼라 직업군은 비교적 유연한 근무시간을 활용하여 다양한 여가 활동을 즐길 수 있으나,블루칼라 노동자는 긴 노동시간과 높은 피로도로 인해 여가 시간이 부족할 가능성이 크다. 또한, 성별, 연령, 지역에 따른 여가 접근성 차이도 존재한다.

### (3) 시간적 요인

노동시간이 길거나 근무 일정이 불규칙한 경우, 여가를 가질 시간이 부족할 수 있다.특히, 맞벌이 부부, 저소득층 노동자, 비정규직 근로자들은 여가 시간이 절대적으로 부족한 경우가 많다.

### (4) 문화적 요인

여가를 어떻게 보내는지가 사회적 환경과 교육 수준에 따라 달라질 수 있다. 여가에 대한 인식이 부족하거나, 교육을 통한 여가 활동 정보 접근성이 낮으면 여가를 제대로 활용하지 못하는 경우가 발생한다.

### (5) 지역적 요인

도시와 농촌 간 여가 기회의 차이도 크다. 도시는 다양한 문화시설, 스포츠 시설, 공원 등이 마련되어 있어 여가 활동이 용이하나, 농촌이나 도서 지역은 여가 시설이 부족하여 선택지가 제한될 수 있다.


## 2) 여가 기회 불평등의 문제점

### (1) 사회적 불평등 심화

경제적·사회적 차이에 따른 여가 기회 불평등은 궁극적으로 삶의 질 격차를 확대시키는 요인이 되며,특정 계층만이 문화·예술·레저를 향유하며, 나머지 계층은 여가를 제대로 누리지 못하는 구조가 고착화될 수 있다.

### (2) 신체적·정신적 건강 문제

여가는 스트레스 해소와 신체적 건강 유지에 중요하지만, 여가 기회가 제한되면 정신적 피로와 스트레스가 누적될 가능성이 높아질수 있다. 이는 노동 생산성 저하, 만성 질환 증가 등 사회적 비용으로도 연결될 수 있다.

### (3) 사회적 관계 단절

여가는 가족, 친구, 지역사회와의 관계를 형성하는 데 중요한하다. 그러나 여가 기회가 부족한 계층은 이러한 사회적 관계 형성이 어려워지고, 사회적 고립을 경험할 가능성이 높아진다.

### (4) 문화 향유의 격차 확대

문화예술, 스포츠 등의 여가는 단순한 오락을 넘어 개인의 교양과 창의성을 키우는 중요한 요인이며, 여가 기회의 불평등은 문화 향유의 격차를 심화시키며, 이는 지적 자본의 차이로까지 이어질 수 있다.

## 3) 여가 기회 불평등 문제의 해결 방안

### (1) 공공 여가 시설 확대 및 지원

저소득층과 취약계층을 위한 무료 또는 저비용 여가 프로그램을 개발해야 하고, 공공 문화시설(박물관, 도서관, 체육관 등)의 접근성을 높이고, 지역 간 여가 시설 격차를 줄이는 노력이 필요하다.

### (2) 노동시간 단축 및 유연한 근무제도 도입

주 4일 근무제, 유연 근무제 등을 도입하여 여가 시간을 확보할 수 있도록 해야 하며, 장시간 노동에 시달리는 근로자들에게 충분한 휴식을 보장할 수 있는 제도적 장치가 필요하다.

### (3) 여가 교육 강화

학교 및 지역사회에서 다양한 여가 활동을 체험할 수 있도록 교육 프로그램을 운영해야 하여,여가에 대한 올바른 인식을 심어주고, 경제적 여건과 무관하게 다양한 활동을 접할 기회를 부여해야 한다.

### (4) 교통 및 인프라 개선

농어촌 지역에도 문화·여가 시설을 확충하고, 접근성을 높이기 위한 교통 인프라 개선이 필요하고, 지역 간 문화 격차를 줄이기 위해 공공기관 및 민간 기업의 협력이 중요하다.

(5) 사회적 지원 강화

저소득층, 장애인, 노인 등 취약계층을 위한 여가 활동 지원 정책을 마련되어야 하며, 기업 차원에서도 직원들의 여가를 장려하는 복지 프로그램을 확대할 필요가 있다.

## 7. 여가의 상품화 문제

[78]여가의 상품화는 자본주의 사회에서 여가 활동이 상업적 상품으로 변모하는 현상을 의미하며, 이러한 현상은 여러 가지 문제점을 야기할 수 있으며, 여가 산업의 이윤 추구 동기가 대중의 고상한 취미를 살리지 못하고 저속화될 가능성이 있다. 이는 현대 자본주의 사회에서 필연적으로 발생하는 현상으로, 여가 활동이 경제적 이익을 창출하는 수단이 되면서 다양한 문제점을 초래할 수 있다.

### 1) 여가 상품화의 주요 문제점

(1) 경제적 불평등 심화

여가 활동이 상품화되면서 비용이 증가하여 경제적 여유가 없는 계층은 질 높은 여가를 누리기 어렵다. 부유층은 고급 레저시설과 프리미엄 서비스를 즐길 수 있지만, 저소득층은 상대적으로 제한적인 여가 활동만 가능하기 때문이다. 결과적으로 여가 활동의 계층 간 격차가 커지고, 사회적 불평등이 심화될 수 있다.

(2) 여가 활동의 획일화

상업적 가치가 높은 여가 활동이 주로 개발되면서 다양성이 줄어들고, 특정한 유형의 여가 활동만 소비하게된다. 대중 매체와 기업의 마케팅 전략에 의해 사람들이 특정한 여가 활동(예: 테마파크, 고급 리조트, 스포츠 관람 등)만을 선택하게 되는 경향이 강해지며,개개인의 취향을 반영한 창의적이고 자발적인 여가 활동이 감소할 수 있다.

(3) 상업적 목적에 의한 여가의 왜곡

기업은 수익을 극대화하기 위해 여가를 지나치게 상업화하여 본래의 즐거움보다 소비를

---

78) 김용수, 이훈, 2020. 여가 개인화 현상에 대한 여가 이론적 고찰 – '통합된 여가제약모형'의 비판적 적용 –

유도하는 방향으로 발전시키게 된다.예를 들어, 스포츠, 음악, 여행과 같은 여가 활동이 본래의 목적(휴식, 자기 개발 등)보다 상업적 이윤 창출에 초점이 맞춰질 수 있다. 결과적으로 여가의 본질적 가치를 해치고, 소비 중심의 문화가 확산될 가능성이 있다.

### (4) 자발성과 창의성 감소

전통적으로 여가는 자발적이고 자유로운 활동이지만, 상품화된 여가는 일정한 형식과 규칙을 따르도록 요구된다. 예를 들어, 여행 패키지 상품이나 테마파크와 같은 여가 상품은 일정한 틀 안에서 운영되기 때문에 개별적인 창의적 경험이 줄어들 수 있다. 개인이 자유롭게 기획하고 즐기는 여가보다는, 정해진 방식대로 소비하는 구조가 형성되게 된다.

### (5) 자연환경 훼손

상품화된 여가 활동(예: 리조트 개발, 대규모 관광산업 등)이 자연환경을 훼손하는 문제를 야기할 수 있다. 대형 레저시설 건설, 관광지 개발 등의 과정에서 환경 파괴가 이루어지고, 지속 가능성이 낮아질 수 있다. 특히, 인기 관광지의 경우 방문객이 몰리면서 환경오염과 생태계 파괴가 심화될 수 있다.

## 2) 여가 상품화 문제의 해결 방안

### (1) 공공 여가 시설 확대 및 지원

정부와 지자체가 다양한 공공 여가 시설(공원, 체육시설, 문화 공간 등)을 확충하여 모든 계층이 쉽게 접근할 수 있도록 해야 한다. 여가 활동의 상업화에 대응하여 공공성을 강화하는 것이 중요하다.

### (2) 대안적 여가 활동 활성화

자발적이고 창의적인 여가 활동(예: 동호회 활동, 지역사회 참여 프로그램, 공공 예술 활동 등)을 장려해야 하며,기업 중심의 소비형 여가 대신, 지역사회와 연계된 공동체 여가 활동을 활성화하는 것이 필요하다.

### (3) 지속 가능한 관광 및 레저 산업 발전

환경을 고려한 지속 가능한 관광 정책을 도입하고, 자연 친화적인 여가 활동을 장려해야 한다. 예를 들어, 생태 관광(ecotourism)이나 로컬 체험 여행과 같은 방식이 대안이 될 수 있다.

### (4) 여가 교육 강화

소비 중심의 여가 활동에서 벗어나, 여가의 본래적 가치(휴식, 자기 개발, 사회적 교류 등)

를 이해하도록 교육하는 것이 중요하다. 학교나 지역사회에서 다양한 여가 교육 프로그램을 운영하여, 개인이 여가를 보다 의미 있게 활용할 수 있도록 도와야 한다.

현대사회 여가 문제 해결 방안으로 사회적 약자를 위한 문화·여가 지원 정책 확대등으로 공정한 여가 기회 보장과, 건강한 디지털 여가 문화 조성으로 디지털 디톡스 캠페인 (스마트폰 사용 시간 줄이기)과 온라인 윤리 교육 및 악플 방지 정책 강화에 앞장서야 한다. 또한, 일과 여가의 균형 (Work-Life Balance) 개선으로, 적극적·건강한 여가 문화가 정착되어야 한다.

친환경 여행 및 에코투어리즘 장려하고, 대중교통·자전거 이용 활성화로 탄소 배출 줄이기에 앞장서며, 지속 가능한 여가활동 장려해야한다.

이를 해결하기 위해서는 정부, 기업, 개인이 협력하여 균형 잡힌 여가 문화를 조성하는 것이 매우 중요하다.

# chapter 12

# 여가의 다양성

# 제1절

# 여가 활동으로 해소하는 감정관리의 이해

현대 사회에서는 스트레스, 불안, 우울 등의 감정을 효과적으로 관리하는 것이 중요하다. 여가는 단순한 즐거움을 넘어, 감정을 조절하고 심리적 균형을 찾는 중요한 수단이 될 수 있다. 감정 관리를 위한 여가 실천법으로 자신에게 맞는 활동 찾아서 무리하지 않고 즐거움을 느낄 수 있는 여가를 선택해야 한다. 또한, 새로운 활동을 도전하여 반복된 루틴에서 벗어나 새로운 자극으로 경험하는 것이 감정관리에 도움이 될 수있다.

감정이란 자아와 (외부 또는 내부에서) 주어진 자극내용사이에 일어나는 정신과정으로서 "그 내용을 수용할 것인가 거부할 것인가"를 결정하는 가치부여과정이다('기분'도 가치부여과정의 하나로 볼 수 있다). 또한 사고와 유사하게 이성의 법칙에 따라 진행되는 판단의 한 양식으로 정신의 기능 중 합리적 기능에 속 한다.

'감정'이란 단어의 의미와 개념은 철학, 심리학, 사회학 등 다양한 분야에서 연구되어 왔으며, 출처에 따라 정의가 조금씩 다를 수 있다. 감정은 정말로 타고난 것인가. 감정은 행동을 수반하게 된다. 특정한 감정이 특정한 행동을 유발하게 되는 경우가 대부분이다. 물론 감정이 약할 때는 아직 행동까지는 나오지 않게 된다. 그러나 감정이 어느 한도를 넘어서게 되면 행동이 따르게 된다.

## 1. 감정의 개념

### 1) 심리학적 관점

감정(emotion)은 인간이 어떤 자극에 대해 느끼는 주관적인 경험과 신체적 반응을 포함하는 개념이다. [79]폴 에크만(Paul Ekman,1976)은 기본 감정이 존재한다고 주장하며, 기쁨, 슬픔, 분노, 놀람, 혐오, 두려움을 주요 감정으로 제시했다. 행복이란 인간이 자신이 원하는 욕구가 충족되었을 때 즐거움과 여유로움을 느끼는 상태인데, 즉 불안감, 근심 걱정 등을 느끼지 않은 상태에서 안심하며 좋은 감정으로 갖는 심리적인 상태라고 한다. 따라서 심리적 행복감(PWB: Psychological Well-Being)은 인간이 추구하는 최상의 욕구가 삶의 행복임을 고려하여 많은 학자들이 다양한 연구를 통하여 개념을 정립하려고 활동하고 있다 (이창효,2021).

## 2) 철학적 관점

[80]아리스토텔레스는 감정을 인간의 윤리적 삶과 연결 지었으며, 적절한 감정 조절이 중요하다고 보았다. [81]바뤼흐 스피노자(Baruch de Spinoza, 1632-1677)는 감정을 '정념(affect)'으로 정의하며, 인간이 환경에 의해 영향을 받을 때 나타나는 변화라고 설명했다.

## 3) 사회학적 관점

사회학에서는 감정을 사회적 맥락에서 형성되는 요소로 보며, 문화와 사회 구조에 따라 감정의 표현과 해석이 달라질 수 있다고 설명하였다.

[82]앨리러셀 혹실드(Arlie Hochschild)는 '감정 노동(emotional labor)' 개념을 통해 감정이 사회적 규범에 따라 조절된다고 주장했다.

## 4) 사회학적 감정 유형 (앨리러셀 혹실드의 감정 노동)

혹실드는 감정이 단순히 개인적인 것이 아니라, 사회적 역할과 규범에 의해 조절되고 관리되는 현상이라고 주장했다.

---

79) 미국의 심리학자이자 샌프란시스코 캘리포니아 대학교 명예교수. 감정과 표정과의 관계에 대한 연구의 선구자.
80) 고대 그리스에서 활동했던 마케도니아 왕국 출신의 철학자.
81) 네덜란드의 합리주의 철학자.
82) 1983년 사회학자로서 처음 소개.

(1) 사회적 감정 유형

① 1차 감정 (Primary Emotions): 인간이 본능적으로 느끼는 감정

   (예: 기쁨, 슬픔, 분노, 두려움 등)

| 사랑 (Love) = 기쁨 + 신뢰 | 수치심 (Shame) = 슬픔 + 두려움 |
|---|---|
| 죄책감 (Guilt) = 슬픔 + 불안 | 자부심 (Pride) = 기쁨 + 기대 |
| 질투 (Jealousy) = 분노 + 불안 | 후회 (Regret) = 슬픔 + 기대 |
| 실망 (Disappointment) = 슬픔 + 놀람 | 경멸 (Contempt) = 혐오 + 분노 |

② 2차 감정 (Secondary Emotions): 사회적 환경에 의해 형성된 감정

   (예: 부끄러움, 죄책감, 자부심 등)

(2) 직업 환경에서 감정을 억누르거나 연기하는 감정 노동(Emotional Labor) 개념을 제시
   하여, 감정이 단순한 개인의 것이 아니라 사회적, 문화적 영향을 받는다고 보았다.

## 2. 감정의 표현

### 1) 화가 날 때

   심장이 빨리 뛰면서 손에 땀이 난다. 무기를 잡기 좋게 되면서 전투자세로 되는 것이다.
그러다가 화가 풀어지면, 이런 생리작용이 풀어지면서 평소로 돌아가게 된다.

### 2) 공포의 감정이 생길 때

   근육과 관절로 많은 혈액이 흐르게 된다. 빠르게 도망가기 쉬운 상태로 된다. 또한 몸이
굳어지게 되는데, 이는 상황을 재빨리 파악한 후에 행동으로 옮기기 직전의 시점이라고 보
면 될 것이다. 이때 뇌로 흐르는 혈액순환도 올라가게 되면서 판단과 반사의 속도가 빨라지
게 된다.

### 3) 놀라면서 공포에 쌓이게 될 때

   눈을 크게 뜨면서 동시에 눈동자가 커지게 됨으로 더 많은 광선을 받아들임으로 주변의
상황판단을 하는데 도움을 주는 정보 수집을 용이하게 한다.

## 4) 슬퍼질 때

눈물이 나게 된다. 그러나 눈물은 기쁠 때도 나는 것을 보면 눈물의 생리학에 대한 더 깊숙한 연구가 있어야 할 것으로 보인다. 그러나 슬플 때 나오는 눈물과 양파를 자를 때 나오는 눈물 사이에는 눈물의 구성성분에 차이가 있다.  슬픔은 아주 중요한 것을 잃었을 때 생기는 감정이다. 슬픈 감정과 함께 눈물은 아주 중요한 것을 잃은 상황을 이기는데 도움이 된다. 많은 사람들이 경험하는 바이지만, 울고 난 후에는 후련해진다.

## 5) 싫어하거나 혐오감이 날 때

윗입술 이 위로 올라가면서 코 구멍이 좁아지게 되는 얼굴표정을 짓게 된다. 나쁜 냄새를 맡지 않으려는 무의식적인 자세가 되는 것이다. 즉, 싫어하는 상태에 들어간다는 것은 나쁜 냄새를 피하려는 자세와 같은 감정이 생기게 된다. 나쁜 냄새란 좋지 않은 상태를 예고해주기 때문이다.

## 6) 행복을 맛 볼 때

화가 날 때, 공포의 감정이 생길 때 및 놀라게 될 때와는 반대의 생리작용이 생기게 된다. 즉 여러 가지 기관이 이완되면서 반대로 피부와 위 및 장의 혈액순환은 올라가서 얼굴에 색깔이 돌며 소화가 쉬어지는 상태로 들어가게 된다. 즉, 행복한 모습이 된다.  위액의 분비가 잘되면서 장운동이 활발해짐으로 소화가 잘된다. 고급식당에서 들려주는 좋은 음악은 행복감을 맛 봄 으로서 지금 먹고 있는 음식의 소화에 도움을 주면서 조금이라도 더 고급스러운 음식을 장려하려는 환경을 만들고 또한 좋은 기억을 남겨 다음에 다시 오게 하기 위한 의도적인 노력인 것이다. 고급스러운 곳일수록 좋은 음악이 필수로 들어가 있다. 그 이유는 행복감을 맛보게 만들어 주기 위한 것이다.

이상의 여섯 가지 감정은 가장 기본적인 감정들이다. 물론 감정이 여기서 끝나는 것은 아니다. 한 감정의 변형으로 다른 많은 감정들이 나올 수 있다. 예를 든다면, 행복을 맛보는 감정 중의 하나는 사랑의 감정이 생길 때이다.

# 3. 여가 활동으로 해소하는 감정관리

여가 활동은 단순한 취미를 넘어 스트레스 해소, 감정 조절, 심리적 안정에 중요하다. 현대 사회에서 사람들은 다양한 감정을 경험하며, 그 감정을 효과적으로 해소하기 위해 운동, 예술, 여행, 명상 등 다양한 여가활동을 활용한다. 감정 유형과 해소에 적합한 여가활동은 다음과 같다.

## 1) 스트레스 & 피로 해소

감정(긴장, 불안, 압박감, 피로)의 해소방법은 신체 활동 및 자연과의 교감으로 여가활동이 유익하다.

① 운동(조깅, 헬스, 요가, 수영)

　신체활동을 통해 스트레스 호르몬(코르티솔) 감소

② 자연 속 힐링 (등산, 산책, 캠핑)

　초록색 자연 환경이 심리적 안정감 제공

③ 반려동물과의 시간

　애완동물과의 교류는 옥시토신(행복 호르몬) 분비 증가

## 2) 우울 & 무기력감 해소

① 감정(슬픔, 외로움, 의욕 상실)의 해소 방법

　창의적 활동 & 사회적 교류를 해야한다. 미술 & 공예 (그림 그리기, 도예, DIY) 는 자기 표현을 통해 감정 해소되며, 음악 감상 & 연주는 감정을 음악으로 표현하며 기분 전환이 된다. 그 외 봉사활동 & 모임 참여는 타인과 교류하며 소속감 회복이 되며, 여행 (새로운 환경 경험)은 새로운 자극을 통해 삶의 의미를 찾게된다.

## 3) 분노 & 짜증 해소

감정(화, 짜증, 좌절감) 에대한 해소법으로 강한 에너지 소모 & 감정 표현이 있어야 한다. 격렬한 운동 (복싱, 태권도, 킥복싱)으로 몸을 움직이며 부정적 감정 해소하고, 댄스 & 음악 활동 (K-pop 댄스, 드럼 연주) 등으로 몸과 소리를 통해 감정 배출한다. 그리고, 일기 쓰기

& 글쓰기로 자신의 감정을 정리하며 정서적 안정 도모에 접할 수 있어야 하며, 게임 & 가상 현실 체험으로 스트레스를 가상 환경에서 해소하는게 중요하다.

### 4) 불안 & 초조함 해소

감정(긴장, 두려움, 걱정)에 대하여 심리적 안정 & 마음 비우기가 필요하다. 명상이나 호흡법으로 마인드풀니스, 명상, 호흡 조절을 통한 심리적 안정화와, 반려 식물을 키우며 안정감과 치유 효과를 경험하는게 좋다. 힐링 음악 감상하며, 클래식, 자연의 소리, ASMR로 음악은 감정을 진정하는데 도움이 된다.

### 5) 외로움과 공허함 해소

감정(소외감, 인간관계 부족, 허전함): 사회적 연결과 의미 있는 활동으로 동호회와 소셜 모임 (운동, 독서, 보드게임)을 통하여 사람들과의 교류 증가되고 봉사활동 (노인 돌봄, 유기견 보호) 등으로 타인을 돕는 과정에서 보람 느끼게 된다. 반려동물과 교감을 통해 정서적 안정감 증가될 수 있고, SNS & 블로그 활동으로 자신의 일상을 공유하며 소통하는 것이 좋다.

# 제2절
# 올바른 커뮤니케이션 기술

　복잡 다변한 현대 사회를 살면서, 자의든 타의든 타인 혹은 조직과 부딪히고 살아가며, 하루에도 수차례 커뮤니케이션을 하게 된다. 커뮤니케이션(Communication)은 정보, 생각, 감정 등을 전달하고 공유하는 과정으로, 이는 개인과 개인, 집단, 조직, 사회 전반에서 이루어지며, 언어적 또는 비언어적 방법을 통해 표현될 수 있다. 성공적인 커뮤니케이션의 결과 상대방 서로에게 믿음을 주고, 공동의 목표를 향해 더 큰 힘을 발휘할 수 있도록 할 수 있다. 그러나, 그렇지 못한 커뮤니케이션은 잘못된 정보의 전달/수신 으로 오해, 불신 등을 하게 되어 신뢰를 상실하고, 소정의 목표를 이룰 수 없는 결과를 가져오기까지 한다. 좋은 의사소통이란, 나의 생각을 다른 이에게 얼마나 효율적이고 명확하게 이해시켜 줄 수 있는 것이 포인트다. 내가 하고자 하는 것, 내가 목적으로 하는 것에 대한 정확한 이미지와, 그에 해당되는 설명을 보여주어야 한다. 이 때 주의하여야 할 것은, 상대방이 내가 왜 그러한 생각을 가지게 되었는지에 대한 배경이야기도 잘 알고 있으리라 "가정"하는 함정에 빠지기 쉽다는 것이다.

## 1. 커뮤니케이션(Communication)이란?

### 1) 커뮤니케이션의 정의

　커뮤니케이션(communication)은 혼자가 아닌, 누군가와 나누는 '공통되는(common)', 혹은 '공유한다(share)'라는 뜻의 라틴어 'communis'로 '공동체'를 의미하는 'community'에서 유래하였다. 사회학자인 찰스 호튼 쿨리(Charles Horton Cooley)가 커뮤니케이션을 가리켜 '인간관계가 존재하고 발전하게 되는 메커니즘(mechanism)'이라고 설명한 것은 이러한 맥락에서다. 인간은 커뮤니케이션을 행하는 가운데 관계를 형성시키고 발전시켜 왔으며, 이는 곧 역사와 문화로 이어져 왔다.

　커뮤니케이션은 송신자가 메시지를 전달하고, 수신자가 이를 해석하는 과정이다(

(Shannon & Weaver, 1949). 섀넌과 위버는 주로 정보 전달의 기술적 측면을 강조하였다. 월버 슈람은 커뮤니케이션은 의미를 공유하는 상호작용적 과정이다(Wilbur Schramm, 1954).라고 정의하였다. 송신자와 수신자가 서로 피드백을 주고받으며 의미를 해석하는 과정에 초점을 맞춘 것이다.

제임스 커리어는 커뮤니케이션은 단순한 정보 전달이 아니라, 의미를 생성하고 공유하는 문화적 과정이다라며, 커뮤니케이션이 사회와 문화를 형성하는 역할을 강조하였다(James Carey, 1989).

## 2) 커뮤니케이션의 유형
커뮤니케이션은 다양한 방식으로 이루어질 수 있다.

(1) 언어적 커뮤니케이션

말하기(Speaking), 듣기(Listening), 쓰기(Writing), 읽기(Reading)로써 대화, 강의, 이메일, 문자 메시지등이 있다.

(2) 비언어적 커뮤니케이션

표정, 몸짓, 눈맞춤, 목소리 톤 등으로 미소, 손짓, 자세, 목소리의 높낮이로 구분할 수 있다.

(3) 대인 커뮤니케이션

사람과 사람 사이의 커뮤니케이션으로 친구와의 대화, 상담, 회의등이 있다.

(4) 대중 커뮤니케이션

많은 사람을 대상으로 하는 커뮤니케이션으로 대중미디어인 TV 방송, 신문, 유튜브, SNS 등이 이에 해당된다.

(5) 조직 커뮤니케이션

기업, 정부, 단체 등의 내부 및 외부 커뮤니케이션은 사내 보고서, 회의, 홍보등으로 구분할수 있다.

## 3) 커뮤니케이션의 중요성
커뮤니케이션은 사회적 관계 형성과 유지뿐만 아니라, 정보 전달과 문제 해결을 위해 필수적이다. 다음은 효과적인 커뮤니케이션의 장점이다.

(1) 이해 증진 – 오해를 줄이고 명확한 메시지 전달

(2) 관계 강화 – 원활한 인간관계 형성

(3) 의사결정 향상 – 명확한 정보 공유를 통한 합리적 판단 가능

(4) 조직 효율성 증대 – 업무 협업과 리더십 강화

## 2. 커뮤니케이션 기술

### 1) 커뮤니케이션은 어떻게 이루어지는가?

(1) 커뮤니케이션은 목적을 가지고 있다.

(2) 자신스스로에 대한 확신과 상대방에 대한 생각이 커뮤니케이션에 영향을 미친다.

(3) 커뮤니케이션 스킬에 따라 결과가 달라진다.

(4) 상대방이 말한 것을 듣는 것이 아니라 우리가 보고 느낀 대로 듣는다.

### 2) 커뮤니케이션에 영향을 주는 요소

(1) 말하는 사람의 문제

(2) 듣는 사람의 문제

### 3) 비언어적인 커뮤니케이션 기술

(1) 시선 마주치기

(2) 몸의 움직임과 자세

(3) 신체적 접촉

(4) 거리(공간)의 활용

(5) 어조, 억양, 말하는 속도

### 4) 언어적인 커뮤니케이션 기술

(1) 1단계 : 관심 기울이기

(2) 2단계 : 대화 이끌기

(3) 3단계 : 공감하기

(4) 4단계 : 상대방의 욕구 파악하기

(5) 5단계 : 자신의 생각 전달하기

**5) 대인관계 패러다임**

(1) 대화의 시작은 상대방에 대한 관심과 이해에서부터 출발

(2) 그러기 위해서는 지금까지 된 비언어적 커뮤니케이션 스킬과 언어적 커뮤니케이션 스킬의
   적용이 필요

# 3. 조직 내의 커뮤니케이션 기술

(1) 경청(listening) : 귀 기울여 듣고 이해해야 하는 것이 바로 경청이다.

(2) 공감(empathy) Greenleaf(2006)는 공감이란 감정을 이입하여 '나'라는 자신의 틀을 깨
   고, 다른 사람의 생각을 느끼는 공감의 요소도 서번트 리더십의 한 특성이라고 하였다
   (이창효,2021).

(3) 질문과 비판과 대안을 같이 하기.

(4) 그래프 (그림)를 이용한 이해

(5) 손을 이용한 제스쳐 이용하기.

(6) 상대방의 말에 반응하기.

개인과 개인, 조직과 조직 때로는 개인과 조직간에 의사를 소통하는 방법은 여러 가지가
존재한다. 이 여러 가지의 의사소통 방법을 어떻게 효율적으로 사용하기 위해선 무엇보다,
명확한 의사소통이란 무엇인가라는 기준을 먼저 명확히 이해해야 한다.

# 4. 유형별 커뮤니케이션 전략

**1) 유형별 커뮤니케이션 전략**

(1) 주도형

핵심사항에 대해 간결하고 직접적으로 대화 하며, "무엇을(What)"을 강조하는 것이 효과

적. 주도형 상대의 선택권을 최대한 존중한다.

(2) 사교형

편안하고 친근하게 대화를 시작하고, 열정적 이야기 할 수 있는 분위기의 조성과 상대가 이야기를 할 때는 적극적으로 반응하고 지지하며 인정하면서 듣는 자세가 효과적이다.

(3) 안정형

안정형 상대의 느낌을 수용하고 지원해주며, 상대가 편안하게 이야기 할 수 있도록 개인적인 배려를 해주는 것이 필요하다.

(4) 신중형

상대에게 신뢰감을 줄 수 있는 논리적인 근거나 자료, 데이터를 제시하고 구체적으로 설명하는 것이 필요하다.

## 2) 유형별 갈등 상황시 행동 전략

각 유형은 갈등이나 스트레스 상황 시 유형별 특성 중 부정적인 부분이 두드러지게 나타남에 따라 상대가 부정적인 모습을 보이면 갈등 상황임을 인식하고 상대가 선호하는 방식으로 맞춰주는 노력이 필요하다.

## 3) 경청에 도움이 되는 질문법

효과적인 경청은 단순히 상대의 말을 듣는 것을 넘어, 상대의 성향을 이해하고 그에 맞는 방식으로 질문하며 진심 어린 관심을 표현하는 데서 출발한다. 특히 사람의 성격 유형에 따라 반응하는 동기 요인이 다르기 때문에, 성향에 맞는 질문을 던지는 것은 소통의 질을 높이는 데 큰 도움이 된다.

첫째, 주도형 성향을 가진 사람은 도전과 성취, 지위, 권위, 목표 달성 등에서 동기를 얻는다. 이들에게는 명확하고 간결한 질문이 효과적이다. 예를 들어, "이 문제를 해결하기 위해 어떤 전략을 생각하셨나요?"와 같이 성과나 방향을 중심으로 묻는 질문이 좋다. 핵심을 짚는 질문을 통해 이들의 동기와 관심을 자극할 수 있다.

둘째, 사교형 성향의 사람은 사회적 인정과 창의적인 분위기, 자유로운 표현에서 동기를 느낀다. 이들에게는 감정과 아이디어를 자유롭게 이야기할 수 있도록 유도하는 질문이 효과적이다. "이 아이디어를 더 발전시킨다면 어떤 모습이 될까요?"와 같은 열린 질문을 통해 활발한 대화를 이끌어낼 수 있다.

셋째, 안정형 성향의 사람은 신뢰감과 일체감, 예측 가능한 상황, 변화에 적응할 수 있는 시간 등을 중요하게 여긴다. 따라서 이들에게는 차분하고 배려 깊은 질문이 필요하다. "이 변화가 불편하게 느껴지지는 않으셨나요?" 혹은 "지금 상황에 대해 어떻게 생각하세요?"와 같은 질문이 안정감을 줄 수 있다.

넷째, 신중형 성향의 사람은 명확한 기준과 논리, 정확한 정보, 통제된 환경을 중시한다. 따라서 분석적이고 구체적인 질문이 효과적이다. "이 판단에 대한 근거는 무엇인가요?" 혹은 "추가로 고려해야 할 요소가 있을까요?"와 같은 질문을 통해 이들의 사고 과정에 접근할 수 있다.

이처럼 성향에 따라 질문의 방식이 달라져야 한다. 경청은 단순히 듣는 것이 아니라, 상대의 마음을 이해하고 존중하는 적극적인 소통 행위다.

# 제3절

# 즐거운 외식 여가

1절과 2절에서 처럼 현대인들에게 타인, 혹은 조직내에서 감정과 커뮤니케이션을 조화롭게 하기 위해서 즐거운 외식문화를 통한 소통이 매우 중요하다고 볼 수 있다. "즐거운 외식 여가"는 사람들이 음식과 함께 즐기는 여가 활동으로써, 단순히 식사를 하는 것을 넘어, 가족, 친구, 직장동료, 지인, 연인과 함께 특별한 시간속에 대화나누며 맛있는 음식을 경험하는 과정으로 인간관계에 있어 매우 중요한 과정이다.

## 1. 커뮤니케이션을 위한 외식 문화

외식 문화는 단순한 식사를 넘어, 사람들 간의 소통과 관계 형성을 돕는 중요한 사회적 활동으로, 음식과 함께하는 대화는 가족, 친구, 동료 간의 유대감을 강화하고, 새로운 관계를 형성하는데 큰 도움이 된다.

### 1) 외식 여가의 의미

외식(外食, Dining Out)이란 집이 아닌 외부에서 식사하는 행위로써,레스토랑, 카페, 푸드트럭, 호텔 다이닝, 야외 등 다양한 장소가 포함된다. 외식 여가는 '음식을 중심으로 한 여가 활동'으로, 단순한 식사가 아닌 경험과 분위기를 중요시 하는 개념이다.

### 2) 즐거운 외식 여가의 요소

외식 여가를 더욱 즐겁게 만들기 위해서는 몇 가지 요소가 필요하다.

(1) 음식 (Food)

맛과 품질이 만족스러울 때 즐거움이 극대화되고 새로운 음식 문화 체험을 하게 된다.
(예: 이국적인 요리, 미슐랭 레스토랑 방문)

(2) 분위기 (Ambiance)

레스토랑의 인테리어, 조명, 음악, 서비스 등이 경험을 풍부하게 만듦.야외 테라스, 루프톱, 한옥 레스토랑 등 특별한 공간이 인기를 끌고 있다.

(3) 동반자 (Companion)

가족, 친구, 연인과 함께하는 시간이 즐거움이 증대되고, 특별한 기념일이나 이벤트(생일, 프로포즈, 가족 모임)와 결합되면 더욱 의미 있는 경험이 된다.

(4) 체험 (Experience)

단순한 식사에서 벗어나 쿠킹 클래스, 와인 테이스팅, 셰프 테이블 등의 체험 활동 추가와 푸드 페스티벌, 팝업 레스토랑 방문 등 새로운 경험의 시도다.

(5) 접근성 및 서비스 (Accessibility & Service)

위치가 편리하고 서비스가 좋으면 만족도가 높아지고 맞춤형 서비스(채식, 음식 알레르기 고려, 프라이빗 다이닝 등) 가 있다.

## 3) 커뮤니케이션과 외식 문화의 관계

(1) 식사는 자연스러운 대화의 장

식사 시간은 형식적인 만남보다 편안한 분위기를 조성하여 대화를 원활하게 하고 음식 자체가 공통의 관심사가 되어, 대화의 주제로 활용될 수 있다.

(2) 문화적 차이에 따른 소통 방식

각국의 외식 문화는 커뮤니케이션 방식과 밀접한 관련이 있다.

예) 한국은 함께 나눠 먹는 문화, 서양은 개인 접시를 이용한 식사 문화.

이로 인해 커뮤니케이션 스타일도 달라진다. (공유형 vs. 개별형)

(3) 외식 공간의 역할

분위기 있는 레스토랑이나 카페는 소통의 기회가 되며 비즈니스 일 경우 협상과 네트워킹을 돕는 장소가 될 수 있다.

① 가족 외식: 세대 간 소통의 기회

② 비즈니스 외식: 협상과 네트워킹을 돕는 장

(4) 감정적 교류의 촉진

맛있는 음식을 함께 먹으며 긍정적인 감정을 공유할 수 있다. 중요한 순간(기념일, 축하 자리)에는 특별한 음식을 통해 감정을 표현하기도 한다.

## 2. 외식 문화와 커뮤니케이션 유형

### 1) 가족 외식 (Family Dining) – 세대 간 소통의 장이될수 있다.

현대 사회에서 가족이 함께 식사할 기회가 줄어들면서, 외식은 소중한 커뮤니케이션 기회가 되며, 식사 시간 동안 가족 간의 대화를 활성화하고, 유대감을 강화한다. 생일이나 기념일에 가족 외식을 통해 추억 만들기를 할수 있다.

### 2) 비즈니스 외식 (Business Dining) – 관계 형성과 협상

공식적인 회의보다 편안한 외식 자리에서 더 원활한 의사소통 가능하고 식사를 함께하며 신뢰를 쌓고, 협상을 유리하게 이끌 기회가 생기게 된다. 기업 임원들이 호텔 레스토랑에서 중요한 계약을 논의하거나, 점심 미팅을 통해 프로젝트 방향을 정하고 친밀도를 높일 수 있다.

### 3) 친구 & 사회적 네트워킹 외식 (Social Dining) – 친밀감 형성

친구들과 외식하며 일상 이야기를 나누고 스트레스를 해소하고,처음 만난 사람과 음식을 나누며 자연스럽게 친해질 수 있다.

### 4) 커플 & 데이트 외식 (Romantic Dining) – 감정 교류

연인 간의 외식은 단순한 식사가 아니라, 감정을 나누는 중요한 시간으로 분위기 있는 레스토랑은 더 깊은 대화를 유도할수 있다. 기념일에 특별한 코스 요리를 즐기며 추억 만들거나, 와인 바에서 서로의 취향을 공유하며 소통할 수 있다.

### 5) 글로벌 & 다문화 외식 (Cultural Dining) – 문화적 소통

세계 각국의 음식을 경험하며, 그 나라의 문화와 소통 방식 이해하고 외국인 친구 또는 해외 출장 시 외식 문화 차이를 배울 수 있다.

## 3. 효과적인 커뮤니케이션을 위한 외식 팁

### 1) 외식 장소 선정
대화가 중요한 자리라면 조용한 분위기의 장소를 선택하고 가벼운 모임이라면 브런치 카페나 푸드 코트도 좋은 선택이 될 수 있다.

### 2) 메뉴 선택 & 공유
함께 음식을 나누며 공감대를 형성할 수 있도록 공유할 수 있는 메뉴를 선택하여야 한다. 문화적 차이가 있는 경우, 상대방의 식사 습관을 존중해야 한다.

### 3) 디지털 디톡스 (Digital Detox)
식사 중 스마트폰 사용을 자제하고, 대화에 집중하여야 한다.

### 4) 배려하는 식사 태도
경청하며 상대방의 이야기에 관심을 가지며, 문화적 차이를 존중하고, 음식 관련 예절 지켜야 한다.

### 5) 음식 & 대화 주제 연결
음식의 역사나 유래등 음식과 관련된 이야기로 대화를 시작하면서, 음식 경험을 공유하며 자연스럽게 이야기를 확장해 나가는게 좋다.

## 4. 외식 여가의 트렌드

최근 외식여가는 단순한 '외식'에서 벗어나, 색다른 경험을 제공하는 형태로 변화하고 있다.

### 1) 미식 여행 (Food Tourism,美食) & 로컬 푸드 탐방
특정 지역의 맛있는 음식을 경험하기 위한 여행 증가되고 있다.

## 2) SNS 인증 맛집 탐방

인스타그램, 유튜브, 블로그 등을 활용해 인기 맛집 방문, 감성적인 플레이팅, 이색적인 컨셉 레스토랑이 주목받고 있다.

## 3) 지속가능한 외식 (Sustainable Dining)

친환경 식재료 사용, 로컬푸드 소비 증가, 제로웨이스트 레스토랑, 비건 및 플렉시테리언(가끔 채식) 트렌드로 확산되고 있다.

## 4) 테마형 레스토랑 증가

애니메이션·영화 콘셉트, VR 체험이 결합된 다이닝, 미스터리 디너, 다크 레스토랑(어둠 속 식사) 같은 독특한 경험을 할 수 있다.

## 5) 1인 외식 & 배달 문화 발달

혼밥(혼자 밥 먹기) 트렌드에 맞춘 1인 다이닝 레스토랑 증가, 배달 음식의 고급화와 셰프가 직접 만든 밀키트가 인기있다.

## 6) MZ세대 맞춤 '펀(Fun) 다이닝'

이색 테마 레스토랑 & 이국적인 분위기가 인기있으며, 포토존 & SNS 인증샷 명소로 활용되고 있다. 해리포터 컨셉 카페, 우주 테마 바, 90년대 감성 레트로 술집과 신비로운 분위기의 밀키웨이(우주 콘셉트) 칵테일 바, 서핑 바 & 비치 클럽에서 음식+음악+레저 함께 즐기기기등이 포함된다.

(1) MZ세대의 경험 중심 소비 → 단순한 식사가 아니라 '경험'이 중요한 요소
(2) 코로나 이후 건강 & 위생 강조 → 면역력, 웰빙, 로컬푸드 관심 증가
(3) IT 기술 발전 & 푸드테크 성장 → AI 추천, 로봇 서빙, 무인 레스토랑 확산
(4) 환경 보호 & 지속 가능성 고려 → 친환경 외식 & 비건 메뉴 확대

## 7) 배달 & 푸드테크 외식

로봇 배달 & 무인 매장 확산이 되고 있으며, AI 추천 맞춤형 메뉴 시스템이 도입되어 가정

간편식과 밀키트 시장이 확대되었다.

(1) 더 빠르고 편리한 배달 → 퀵커머스, 드론 & 로봇 배달 확대

(2) 친환경 배달 시스템 → 다회용기 사용 & 전기 오토바이 도입

(3) 맞춤형 배달 서비스 → AI 기반 추천 & 구독 서비스 증가

배달 문화는 과거 단순한 음식 배달에서 시작해, 현재는 다양한 상품과 서비스를 비대면으로 제공하는 형태로 발전하고 있다. 특히 배달앱의 성장, 비대면 소비 증가, 퀵커머스(초고속 배달) 등장 등이 배달 문화를 변화시키고 있다.

## 5. 세계가 찾는 K-외식

우리나라의 한식은 건강한 재료, 깊은 발효의 맛, 다채로운 식문화로 인해 전 세계적으로 인기가 높아지고 있다. 최근 K-POP, K-드라마, 유튜브 등의 한류 문화와 함께 한국 음식도 세계적으로 주목받고 있다. 이에 우리나라 정부가 [83]외식산업 혁신을 위해 2026년까지 1조 원을 투입하기로 했다. 외식 푸드테크 유니콘 기업 10개, 매출 1조 원 이상 외식기업 5개, 외식기업 해외 매장 수 5000곳 달성을 목표로 잡았다. 이번 계획은 외식산업 진흥법에 따라 5년마다 외식산업 진흥 정책의 기본방향 설정을 위해 수립하는 법정계획이다.

국내 외식산업은 2020년 기준으로 사업체수 80만 개(전 산업의 13.3%), 매출액 140조 원(전 산업의 2.1%), 종사자수 192만 명(전체 고용의 7.7%)이다. 그동안 낮은 진입 장벽과 1인·맞벌이 가구 등 지속적인 수요 증가로 양적 성장을 했다.

하지만 소상공인이 대다수(84.6%)이며, 준비가 부족한 창업과 빠른 폐업의 반복으로 생존율이 낮은 영세한 구조와 푸드테크 연구개발 및 상용화 등의 혁신 미흡은 해결이 필요한 과제이다. 유망 해외진출 국가에 '해외진출 상담데스크'를 설치·운영하고 해외진출 단계별 수요에 맞게 지원 항목을 다양화한다. 글로벌 외식 브랜드 육성을 위해 한류 콘텐츠와 해외 유명 인플루언서를 활용해 국내 외식브랜드의 해외 인지도를 높이고, 외식 기업의 해외진출

---

83) 외식산업 혁신 플러스 대책(제3차 외식산업 진흥 기본계획)

역량 강화를 위해 외식기업 임직원 대상 해외진출 실무 교육과정을 운영하고, 내·외국인들이 수준 높고 다양한 외식 서비스를 경험할 수 있도록 음식점 서비스 품질기준 및 평가운영 방안을 마련해 2024년부터 서비스 등급제를 시범 운영한다. 또한, 저탄소 인증 농축산물의 식재료 이용을 활성화하는 한편, 저탄소 농축산물 이용 음식에 대해 인증제 도입을 검토한다.

### 1) 한식이 세계적으로 인기 있는 이유

(1) K-POP & K-드라마 한류 영향 (한식에 대한 관심 증가)

(2) 건강식 트렌드와 부합 (발효음식, 저칼로리, 영양 균형)

(3) 퓨전 요리로 변화 가능 (서양식 & 채식 메뉴로 확장)

(4) SNS & 유튜브 콘텐츠 영향 (틱톡, 인스타그램에서 한식 챌린지 인기)

### 2) 한식의 글로벌 성장 가능성

한식은 이제 단순한 한국의 음식이 아니라, 전 세계적으로 사랑받는 글로벌 푸드로 자리 잡고 있다.

또한, 한국의 전통 발효 음식은 면역력 강화, 소화 기능 향상 등에서 세계적으로 주목받고 있다. 발효는 식품의 맛뿐 아니라 기능성 성분을 증가시키기 때문에, 건강식으로 매우 우수하다.

(1) 퓨전 요리로 확장 가능한 한국 건강식으로

김치, 산채 비빔밥, 잡채, 불고기, 김밥, 삼계탕등이 있다.

(2) SNS & 한류 트렌드로 인해 확산되는 길거리 음식이(떡볶이, 치킨, 라면) 국제적 음식으로 떠오르고 있다.

### 3) 환경과 음식

지속가능한 식생활을 위한 실천 방법으로, 환경을 보호하면서 건강한 식습관을 유지하는 것이 중요하다. 친환경적인 음식선택과 조리는 지구의 자원을 아끼고 탄소 발자국을 줄이는 데 기여할수 있다.

## (1) 지역 및 제철 식재료 활용

가까운 지역에서 생산된 식재료를 사용하면 운송 과정에서 발생하는 탄소 배출을 줄일 수 있다.제철 식품은 자연스럽게 성장하여 에너지를 적게 소비하며, 영양가도 높다.

## (2) 채식 위주의 식단 실천

육류 생산은 많은 물과 곡물을 소비하며, 온실가스를 배출하고 주 1~2회라도 채식 식단을 실천하면 환경 부담을 줄일 수 있다.

## (3) 음식물 쓰레기 줄이기

식재료를 필요한 만큼만 구매하고, 남은 음식은 재활용하거나 보관해 낭비를 줄이기 위해 채소 껍질이나 남은 음식물은 퇴비로 활용할 수도 있다.

## (4) 지속 가능한 해산물 소비

남획된 어종을 피하고, 지속 가능한 방식으로 생산된 해산물을 선택하는 것이 중요하다.

## (5) 친환경 포장재 사용

플라스틱 대신 유리병, 종이 포장, 벌집 밀랍 랩 등을 활용하여 환경오염을 줄일 수 있도록, 장을 볼 때 다회용 장바구니를 사용하면 일회용 비닐 사용을 줄일 수 있다.

## (6) 친환경 요리법 활용

에너지를 적게 사용하는 조리법(예: 냄비 뚜껑 덮기, 저온 요리)을 실천하면 전기와 가스를 절약할 수 있다. 한가지 식재료로 여러가지 요리를 만들어 낭비를 줄인다.

## (7) 친환경 커피박(커피 찌꺼기) 활용법

커피문화는 다양한 연령층에게 사랑받는 문화로 자리 잡았다. 그리고 외식산업에서 커피문화는 중요한 위치를 차지하고 있다. 커피를 추출하고 남은 커피박(커피 찌꺼기)은 단순히 버려지는 것이 아니라, 다양한 친환경적인 방법으로 재활용할 수 있다.

① 퇴비 및 식물 비료, 해충 퇴치제(개미, 달팽이, 모기등은 커피박의 향을 싫어함), 탈취제 및 방향제, 천연 세정제등으로 활용된다. 커피박을 버리지 않고 재활용하면 환경을 보호하면서도 실용적으로 사용할 수 있다.

② 바이오 연료 및 친환경 제품 제작: 커피박을 압축해 연료로 사용하거나, 친환경 벽돌, 컵, 가구 등으로 가공되어 시판되고 있다. 일부기업에서는 커피박을 재활용한 컵, 화장품, 비

누 등을 생산하고 있다.

## 4) 친환경 농업과 여가: 지속 가능한 삶을 위한 조화

친환경 농업은 환경을 보호하면서 농작물을 생산하는 방식으로, 기존의 화학비료나 살충제를 최소화 하거나 전혀 사용하지 않는 방식으로, 이러한 친환경 농업은 자연과 환경을 보호하면서 건강한 농산물을 생산해 소비자의 관심을 받고 있다.

친환경 농업은 농업의 지속 가능성을 높이고, 농업이 지속 가능해질수록, 우리는 더 많은 식량을 생산할 수 있고, 환경을 보호하며, 지구환경을 지키는데 기여할 수 있다.

여가활동과 관련해서는 친환경 농업 체험을 통해 자연과 더 가까워지고, 건강한 농산물을 직접 수확하고 즐길 수 있다. 농업체험을 통해 얻는 즐거움은 그 자체로 여가활동이 될 수 있으며, 친환경 농업을 지지하고 홍보하는 활동도 여가 활동으로서 의미가 있다.

(1) 도시농업 및 주말농장 체험

(2) 친환경 농장 체험 및 농촌 관광(팜스테이)

(3) 커뮤니티 가드닝(공동체 텃밭)

(4) 자연 친화적 캠핑 및 로컬푸드 체험

(5) 양봉 및 곤충 농장 체험

(6) 환경 보호와 연결된 여가 활동

친환경 농업과 연계된 생태 탐방, 숲 체험, 전통 농경 체험 등도 자연과 함께하는 의미 있는 여가활동이다.

이처럼 친환경 농업과 여가는 단순한 취미를 넘어 지속 가능한 삶을 실천하는 방법이 될 수 있다. 자연과 함께하는 여가 시간을 통해 환경을 보호하면서도 몸과 마음의 건강을 챙길 수 있다.

# 제4절

# 여가와 대중문화

대중문화는 대중적으로 퍼져 있는 문화적 요소들의 집합체이며, 일상 생활에서 보편적으로 인식되고 소비되는 것들로 구성된다. 대중문화는 다양한 형태로 나타날 수 있으며, 음악, 영화, 텔레비전 프로그램, 소설, 만화, 비디오 게임, 패션 등 다양한 매체와 형식을 포함한다. 대중문화는 대부분의 사람들이 공유하고 이해할 수 있는 형태로 표현되며, 대중문화는 특정 시대나 지역의 특정 사회 그룹의 가치관, 관습, 취향 등을 반영한다. 대중문화는 대중매체를 통해 전파되며, 이러한 매체들이 대중들에게 영향을 미치고 그들의 생활 방식, 생각, 행동에 영향을 미치는 역할을 한다. 그러나, 대중문화가 상업적 요소와 결합되어 있어서 대중적으로 인기를 끌고 상업적으로 성공하는 산업적인 측면도 갖고 있다. 그러나 이는 대중문화가 단순히 상업화된 것으로만 볼 수는 없으며, 사회적, 문화적인 의미를 지니는 경우도 많다.

## 1. 여가와 대중문화: 현대인의 삶과 문화적 경험

여가는 사람들이 자유로운 시간에 즐기는 활동을 의미하며, 대중문화는 이러한 여가 시간을 채우는 중요한 요인이다. 영화, 음악, 스포츠, 게임, SNS 등 다양한 형태의 대중문화가 현대인의 여가 생활을 풍부하게 만들어 준다.

### 1) 대중문화 속 여가 트렌드

[84]현대인의 여가 생활은 대중문화와 밀접하게 연결되어 있으며, 기술 발전과 사회적 변화에 따라 트렌드도 빠르게 변하고 있다. 2024년 가장 주목받는 여가 트렌드를 살펴보겠다.

---

84) 'K컬처 트렌드 2024': 경희대학교 K-컬처·스토리콘텐츠연구소와 컬처코드연구소가 공동 편저로 엮어낸 책으로, 영화, 드라마, 예능, 웹툰 등 국내 주요 문화 산업 분야의 현황과 판세 및 문제점을 다루고 있다.

## (1) OTT & 숏폼 콘텐츠의 성장

넷플릭스, 디즈니+, 웨이브 같은 OTT(Over-the-Top) 플랫폼을 통한 비대면 콘텐츠 소비가 지속적으로 증가하고 있다. 유튜브 쇼츠, 틱톡, 인스타그램 릴스 같은 숏폼 콘텐츠가 인기를 끌며, 짧고 강렬한 영상이 주요 트렌드로 자리 잡았다.

## (2) AI & 메타버스 기반의 가상 여가

AI 기술을 활용한 콘텐츠 추천이 개인 맞춤형 엔터테인먼트를 제공하며, 보다 개인화된 여가 생활이 가능해졌다. 로블록스, 제페토 같은 메타버스 플랫폼을 활용한 가상공간 체험과 게임이 Z세대와 알파세대에서 큰 인기를 얻고 있으며, VR·AR 기술을 이용한 가상 콘서트, 온라인 전시회도 새로운 문화 소비 방식으로 자리 잡고 있다.

## (3) 혼자서 즐기는 '혼자놀기' 트렌드

'혼자서도 충분히 재미있게!'라는 인식이 확산되며, 혼자 여행(혼행), 혼밥, 혼술, 혼영(혼자 영화 보기) 같은 1인 여가 활동이 증가하고 있다. AI 챗봇, 가상 캐릭터와의 소통을 즐기는 디지털 친구 문화도 새로운 형태의 여가로 자리 잡고 있다.

## (4) [85]레트로 감성 & 뉴트로 열풍

1980~1990년대 음악, 패션, 게임 등을 현대적으로 재해석한 뉴트로(Newtro) 문화가 여전히 인기를 끌고 있으며, LP(바이닐), 필름 카메라, 복고풍 패션, 클래식 게임(패미컴, 테트리스 등) 등이 MZ세대의 새로운 여가 트렌드로 자리 잡았다.

## (5) 오프라인 경험 소비 트렌드

코로나 이후 억눌렸던 경험 소비 욕구가 폭발하면서, 페스티벌, 전시회, 팝업스토어, 콘서트 같은 오프라인 문화 활동이 다시 인기를 끌고 있다. 특히, '인증샷 문화'와 맞물려, 감성적인 공간이나 독특한 컨셉의 체험형 전시가 유행하고 있다.

## (6) 팬덤 문화 & 밈(Meme) 소비 확대

BTS, 뉴진스, 솔로가수 등 K-POP 아티스트뿐만 아니라, 영화·드라마·웹툰까지도 강력한 팬덤 문화를 형성하며 대중문화의 중요한 요소가 되고 있다. SNS를 통해 특정 밈(Meme)이

---

85) 'Z세대 트렌드 2024': 대학내일20대연구소가 예측한 2024년 트렌드를 담은 책으로, Z세대의 관심사와 라이프스타일을 중심으로 커뮤니티 형성 및 관계 맺는 능력인 '트라이브십'을 주요 키워드로 다루고 있다

나 유행어가 빠르게 확산되며, 이를 활용한 패러디 콘텐츠도 여가 문화의 한 부분으로 자리 잡고 있다.

(7) 건강한 라이프스타일과 웰니스(Wellness) 트렌드

단순한 재미를 넘어 건강과 웰빙을 추구하는 여가 활동이 증가하고 있다. 러닝, 요가, 필라테스 같은 헬스 트렌드뿐만 아니라, 명상, 숲속 캠핑, 웰니스 여행 등 정신적인 힐링을 위한 활동도 주목받고 있다.

(8) [86]지속 가능한 여가 (친환경 & 미니멀리즘)

환경 보호에 대한 관심이 높아지면서, 친환경 여행, 채식 카페 방문, 제로웨이스트 챌린지 같은 에코 라이프 스타일이 여가 활동으로 자리 잡고 있다. 불필요한 소비를 줄이고 소소한 행복을 추구하는 미니멀리즘 문화도 여가 트렌드로 떠오르고 있다.

## 2) 대중문화에서의 여가

현대 사회에서 대중문화는 개인의 여가생활에서 큰 비중을 차지하고 있다. 다양한 콘텐츠와 기술의 발전은 여가의 형태를 변화시켰으며, 특히 디지털 기술과 결합된 대중문화는 더욱 빠르고 폭넓게 확산되고 있다.

먼저, 영화 감상은 여전히 대표적인 대중문화 여가 활동으로 자리 잡고 있다. 영화관 관람뿐만 아니라 OTT 플랫폼을 통한 개인 감상도 일반화되며, 시간과 공간의 제약 없이 문화 콘텐츠를 즐길 수 있게 되었다.

음악과 콘서트 관람 역시 많은 사람들에게 감정적 해방과 즐거움을 주는 여가 방식이다. 실시간 스트리밍 서비스로 원하는 음악을 언제 어디서나 들을 수 있으며, 대형 콘서트나 팬미팅 등의 현장 공연은 문화 향유와 사회적 소통이 된다. 또한, 스포츠 및 e스포츠 관람은 팬덤 중심의 참여형 여가 문화로 자리 잡고 있다. 전통 스포츠뿐 아니라 리그 오브 레전드나 스타크래프트와 같은 e스포츠 경기는 전 세계적인 팬층을 형성하며 여가 활동의 새로운 영

---

86) 1. '2024년 문화예술계 전문가들의 시각과 전망':
   2. 2024년 문화 트렌드를 읽다: 경기일보
   3. 2024년 대중 문화의 글로벌 트렌드 분석: Health & Beauty 웹사이트에 게재된 기사
   4. 'K-컬처, 2024년 대중음악 혁신으로 글로벌 무대 장악': K-Trendy News에 게재된 기사
   *이러한 자료들을 통해 2024년 대중문화와 여가 트렌드에 대한 다양한 관점을 확인할 수 있었다.

역으로 부상했다.

SNS 및 유튜브 콘텐츠 소비는 가장 대중적이며 일상적인 여가 형태다. 짧은 영상 콘텐츠부터 개인 브이로그, 정보 제공 콘텐츠까지 폭넓은 선택지가 존재하며, 이는 소통과 자기표현의 창구 역할도 한다.

독서와 웹툰·웹소설 감상은 비교적 조용하고 개인적인 여가 활동이지만, 디지털 플랫폼을 통해 언제든지 접근 가능해지면서 세대를 아우르는 문화로 자리잡았다. 특히 웹툰과 웹소설은 모바일 환경에 적합한 콘텐츠로 인기를 끌고 있다. 최근에는 게임 및 메타버스 활동이 여가의 새로운 트렌드로 떠오르고 있다. 온라인 게임, 모바일 게임, 보드게임 등은 연령과 성별을 불문하고 다양한 사용자층을 확보하고 있으며, VR과 메타버스는 가상공간에서의 체험과 사회적 교류를 가능하게 하며 여가의 경계를 확장하고 있다. 이처럼 대중문화는 여가의 중요한 축을 담당하고 있으며, 개인의 취향에 따라 다양하게 선택되고 소비되고 있다. 기술과 콘텐츠의 융합은 여가의 형태를 더욱 풍부하게 만들며, 앞으로도 지속적으로 진화할 것으로 기대된다.

## 3) 여가와 대중문화의 변화

과거에는 TV, 라디오, 영화관 등 특정 공간에서만 대중문화를 소비했다면, 현재는 모바일 기기와 인터넷을 통해 언제 어디서나 즐길 수 있게되었다. 또한, 소비자에서 창작자로 변화하며 직접 콘텐츠를 제작하는 문화(예: 유튜버, 틱톡 크리에이터)도 확대되고 있다. 대중문화는 단순한 오락을 넘어 개인의 취향을 반영하고, 사회적 트렌드를 주도하는 중요한 요소로 자리 잡고 있다. 대중문화는 또한 다양한 측면에서 사회적인 영향을 미치고 있다. 예를 들어, 대중문화 산물들은 인종, 성별, 종교, 경제적 계층 등의 차이를 초월하여 대중들에게 공통된 문화적 경험을 제공하므로, 사회적인 융합과 다양성을 촉진시키는 역할을 한다. 또한, 대중문화 산물들은 대중들의 가치관과 태도, 행동양식 등에 영향을 미치는데, 이는 대중문화가 유행하는 시대에는 더욱 큰 영향력을 가지고 있다. 하지만 대중문화는 때로는 소외되거나 비하되는 경우도 있다. 예를 들어, 대중문화가 상업적인 취지로 소비되는 경우에는 문화의 질이 떨어질 수 있다는 비판을 받기도 한다.

## 2. 팬덤문화와 여가

대중음악은 많은 사람들이 즐겨 듣는 음악으로서, 여가활동과도 밀접한 관련이 있다. 대중음악은 일상생활에서 손쉽게 즐길 수 있는 취미생활 중 하나로서, 여가시간에 많은 사람들이 음악을 듣고 즐기기도 한다. 특히, 대중음악 콘서트나 음반 발매 행사 등의 이벤트는 대중문화의 일환으로서 매년 많은 이들이 참여하며 즐기고 있다. 또한, 대중음악은 다양한 장르와 스타일을 가지고 있어서 각자의 취향에 맞게 즐길 수 있는 점도 큰 장점이다.

이처럼 대중음악은 많은 사람들이 손쉽게 즐길 수 있는 취미생활 중 하나로서, 여가활동과도 밀접하다. 대중음악을 통해 새로운 문화를 체험하고, 자신의 감성과 취향을 표현하며, 소셜 네트워크를 형성하는 등 다양한 혜택을 누릴 수 있다.

### 1) 팬덤 문화

팬덤(fandom)은 특정한 연예인, 작품, 그룹 등에 대한 관여도가 높은 지지층들의 모임을 의미한다. 이러한 팬덤 문화는 최근에는 인터넷과 모바일 기술의 발전으로 더욱 확산되었다. 팬덤 문화는 유명 정치인들도 이에 해당되며, 아티스트들의 작품 홍보와 광고 효과를 가져올 뿐만 아니라, 팬들 스스로가 여가 시간을 채우며 즐길 수 있는 색다른 경험과 감동을 얻게된다. 팬덤은 온라인을 중심으로 다양한 활동을 하며 커뮤니케이션을 취하는데, 이는 곧 여가 생활과 밀접한 관련이 있다. 팬덤문화는 단순한 '팬(fan)'의 개념이 아닌, 문화, 경제, 사회적 영향력과 사회공헌적 영향을 가진 집단으로 발전되고 있다.

(1) 팬덤 문화의 특징

① 적극적인 참여와 소통

과거의 팬덤은 주로 공연 관람, 굿즈 구매 등에 그쳤다면, 오늘날의 팬들은 직접 콘텐츠를 만들고 공유하며, 팬아트, 팬픽(팬이 창작한 소설), 팬메이드 영상, 팬뮤직(리믹스, 커버곡) 등 다양한 방식으로 자신만의 방식으로 애정을 표현한다. 또한, SNS, 팬 커뮤니티(디스코드, 트위터, 카페 등)를 통해 실시간으로 소통하며 결속력을 다진다.

② 문화·경제적 영향력 확대

팬덤은 단순한 소비자를 넘어 적극적인 '문화 생산자'이다. 특정 아티스트나 브랜드를 홍보하는 역할을 자발적으로 수행하며, 기업들은 이러한 팬덤을 전략적으로 활용하여 마케팅을 한다. 팬덤의 크라우드 펀딩, 서포트 광고(지하철 광고, 전광판 광고 등)는 브랜드 마케팅보다도 더 강한 홍보 효과를 발휘하기 때문이다.

③ 사회적 영향력과 집단 행동

K-POP 팬덤을 중심으로 기부, 환경보호, 인권운동 등 사회적 활동을 펼치는 사례가 증가하고 있으며, 특정 이슈에 대해 팬덤이 단결하여 목소리를 내는 경우도 많아, 정치적·사회적 영향력이 커지고 있다.

(2) 팬덤 문화의 대표 사례

① K-POP 팬덤의 글로벌 영향력으로 동방신기의 카시오페아(cassiopeia) , BTS의 아미(ARMY), 블랙핑크의 블링크(BLINK), 뉴진스의 버니즈(Bunnies) 등 K-POP 팬덤은 단순한 응원을 넘어 음원 스트리밍, 투표, 트렌드 조작 등 조직적인 활동을 펼치며, 해외에서 빌보드 차트, 유튜브 조회 수 상승을 위한 '총공(총공격, 단체 행동)'문화가 형성되었다.

② 영화·드라마 팬덤 (MCU, 해리포터, 왕좌의 게임 등)

마블 시네마틱 유니버스(MCU), 해리포터, 왕좌의 게임 등 대형 프랜차이즈 작품은 독자적인 세계관을 구축하며 팬덤을 형성되었고, 팬 이론, 패러디 콘텐츠, 코스프레 행사 등으로 지속적인 커뮤니티 활동이 이루어지고 있다.

③ 게임 팬덤 (리그 오브 레전드, 포켓몬, 젤다의 전설 등)

게임 팬덤은 대형 게임 대회를 관람하거나, 게임 내 세계관을 연구하고 공유하는 등 깊이 있는 참여가 특징으로,스트리머, 프로게이머에 대한 팬덤도 강력하며, e스포츠와 연계되기도 한다.

④ OTT 드라마와 웹툰 팬덤 (더 글로리, 오징어 게임, 나 혼자만 레벨업 등)

넷플릭스 같은 OTT 작품의 팬덤은 글로벌 확산이 빠르고, 2차 창작(패러디, 짤방, 리액션 영상)이 활발하며, 웹툰과 웹소설도 특정 작품의 팬덤이 형성되어 드라마·영화화 과정에서도 팬들의 요구가 반영되는 경우가 많다.

⑤ 팬덤을 활용한 브랜드 마케팅

나이키, 샤넬, 스타벅스 같은 브랜드도 충성 고객층을 '팬덤'으로 관리하는데,아이폰 사용자들의 '애플 팬덤'처럼, 특정 브랜드에 대한 강한 애착과 소비 패턴을 보이는 현상도 팬덤 문화의 일부이다.

(3) 팬덤 문화의 긍정적 & 부정적 영향

① 긍정적인 영향

문화 콘텐츠의 성장과 창작 활성화 (팬덤이 새로운 콘텐츠를 창출)와 아티스트·브랜드와 팬들 간의 소통 강화되며, 사회적 연대와 기부문화가 확산되었으며, 팬덤에서는 아티스트나 작품에 대한 정보 수집, 이야기 나누기, 팬 아트 제작, 팬 송 작곡 등의 활동을 하며, 온라인 팬 커뮤니티에서 오프라인 모임과 콘서트 등 다양한 이벤트에 참여하게 된다. 따라서 팬덤은 일종의 여가 활동으로서 자신이 좋아하는 아티스트나 작품에 대한 관심과 열정을 충족시키는 동시에, 그들과 다른 팬들과의 교류와 소통을 통해 새로운 경험과 친구를 만들어 가는 과정이다.

② 부정적인 영향

과도한 경쟁과 극단적 팬덤 분쟁 (팬덤 간 갈등, 악플 문화)이 발생되며, 무분별한 소비 유도 (앨범 대량 구매, '총공' 스트리밍 문화)와 팬덤내 집단주의와 배타성 (비판 허용 X, 과격한 옹호)이 생성되는 경우도 있다.

(4) K-POP과 대중여가

K-POP은 대한민국에서 발생한 음악 장르로, 주로 현대적이고 다양한 음악적 요소와 함께 다양한 춤과 무대 퍼포먼스를 강조하는 특징을 가지고 있다. K-POP은 1990년대 초반부터 현재까지 꾸준한 성장을 이루며, 현재는 대한민국의 대표적인 문화 산업으로 자리 잡고 있으며, 대중문화의 일환으로, 대한민국의 문화를 세계에 알리고 전 세계적인 인기를 누리고 있다. K-POP은 음악 뿐만 아니라 음반, 콘서트, 뮤직비디오, 팬덤 활동, 모바일 게임, 드라마 등 다양한 산업들을 이끌어내며, 국내외 문화 교류에 큰 역할을 하고 있다. 또한 K-POP의 인기는 대한민국 관광 산업의 성장에도 큰 기여를 하고 있다.

K-POP아이돌의 산물의 시작은 SM엔터테인먼트에서 선보인 H.O.T.가 있으며, 잇따라 젝스키스, 핑클, 신화 등이 데뷔하며 한국의 기획형 아이돌의 시대를 열었다. 이들을 '1세대 아이돌'이라 일컫는다. 이후, 해외에까지 시장을 확장한 동방신기, 소녀시대, 원더걸스, 빅뱅 등 2세대 아이돌을 지나 싸이의 '강남스타일'로 변곡점을 찾은 뒤, 3세대 아이돌이라고 할 수 있는 EXO, 트와이스, 블랙핑크, 방탄소년단까지 K-Pop의 시대가 이어지고 있다 (최서원, 임성준,2019). 2000년대 초에 시작된 동방신기, 소녀시대, 카라, 빅뱅 등의 아이돌 돌풍에 따라 본격적인 K-Pop한류가 시작된 것이다. SNS가 확산되기 전에는 하나의 그룹

을 정식 데뷔 시키려면 막대한 예산을 들여 전통 미디어를 통하는 방법밖에 없었지만, 이제
는 유튜브와 같은 SNS를 통해 전세계 팬들과 손쉽게 만날 수 있는 시대가 되었다(중앙일보,
2019).

① K-POP 1세대 '동방신기(TVXQ)'

동방신기(TVXQ)는 K-POP 1세대 한류의 개척자이며, 5인조 남성 보컬 그룹으로, 2003
년에 Hug로 데뷔하여 대한민국을 대표하는 K-POP 아이돌 그룹 중 하나로, K-POP의
글로벌 시장 확장을 이끈 대표적인 그룹이다. 2013년 대한민국 아이돌 그룹으로는 처음
으로 앨범 판매량 총 1000만장이라는 기록을 달성했으며, 강력한 보컬, 퍼포먼스, 일본
시장에서의 성공으로 한류(K-POP) 역사에 큰 영향을 미쳤다.

멤버는 영웅재중, 유노윤호, 최강창민, 믹키유천, 시아준수로 구성되어 있으며, 동방신
기는 한국뿐만 아니라 일본, 중국 등 아시아 지역에서 인기를 누리며, 전 세계적으로 수
많은 팬을 보유하고 있었다. 동방신기의 팬덤인 카시오페아(Cassiopeia)는 전 세계적으
로 가장 큰 팬덤 중 하나로 꼽혔으며, 그들의 음악과 활동을 지지하는 팬들은 그룹 탈퇴
등 팀 개편 이후에도 여전히 각각의 아티스트들을 응원하며, 활발하게 활동하고 있다. 특
히 일본에서는 대중음악 역사상 최초로 국내 가수의 음반 판매량 기록을 깨고, K-POP
의 일본 진출을 이끌어냈으며, 강력한 보컬, 퍼포먼스, 일본 시장에서의 성공으로 한류
(K-POP) 역사에 큰 영향을 미쳤다. 동방신기는 한류의 선구자 역할을 하였으며, 후배
K-POP 그룹들이 해외 진출하는 데 커다란 영향을 준 한류 1세대 아이돌의 롤모델이다.

② K-POP 3세대 아이돌 [87]방탄소년단(BTS): 글로벌 K-POP 아이콘 방탄소년단(BTS)
은 2013년 데뷔한 대한민국의 7인조 보이 그룹으로(정국·슈가·진·뷔·RM·지민·제이홉),
K-POP의 세계적 확산을 주도한 대표적인 아티스트다. 음악, 퍼포먼스, 팬덤 문화, 사회
적 영향력 등 다양한 측면에서 글로벌 음악 산업에 혁신적인 변화를 가져왔다. BTS의 주
요 성과와 영향력으로 빌보드 차트 석권등 한국가수로서 최초로 연속적인 1위를 기록했

---

87) 최서원,임성준,2019 3세대 K-Pop 아이돌의 전략 분석: EXO, 트와이스, 방탄소년단을 중심으로

다. 또한, 그래미 어워드 후보로서, 미국 시장 진출에 성공하였고, 2023년까지 3년 연속 그래미 후보에 오르며 K-POP의 위상을 높이는 커다란 기여를 했다. BTS 관련 산업(음반, 공연, 굿즈, 관광 등)이 한국 경제에 수조 원 규모의 기여하며, 경제적 파급 효과를 불러왔다.

BTS는 단순한 아이돌 그룹이 아니라 하나의 문화적 현상이고, 단순한 K-POP 그룹을 넘어 세계적인 문화 아이콘으로 자리 잡았으며, 음악, 팬덤, 사회적 영향력 등 다양한 영역에서 지속적인 혁신을 이루고 있다.

기타 정보통신기술의 발전으로 미디어를 활용한 대중문화는 다양하게 폭이 넓어졌다. 이렇듯 다양한 대중문화의 여가는 사람들이 다양한 형태의 대중문화를 소비하고 참여함으로써 새로운 경험을 얻고 소통하며, 사회와 문화에 대한 이해를 풍부하게 한다. 이는 사회적 상호작용과 문화적 교류를 촉진하며, 다양성과 열린 문화를 형성하는 데 기여하기도 한다.

여가
복지론

Leisure
Welfare
Theory

chapter 13

# 여가와 상담

13강에서는 현대인들이 겪고 있는 다양한 감정과 상호간에 소통되지 않는 문제를 파악하고 여가 활동과 정신 건강 상담의 관계, 여가 시간을 활용한 심리적 회복,상담(심리 상담, 진로 상담 등)과 여가 활동의 접목으로 스트레스 해소와 문제행동의 방안에 대하여, 상담원리를 통해 문제행동을 해결하는 방안에 대해서 알아보고자 한다. 또한 현대인들의 스트레스 문제가 주는 사회적 문제점 등을 커뮤니케이션 등의 방안으로 풀어가는 방향에 대하여 학습한다. 특히, 우리사회는 다문화가정이 증가가 되었으며, 부적응 다문화 청소년은 한국에서 태어나고 성장하여 일반적으로 학교에 잘 적응하고 한국인이라는 정서를 갖고 있으나, 부적응 다문화 청소년이 겪는 경험은 부모세대와 다르며 타의에 의한 문화적응스트레스가 부모에 비해 더 많은 것으로 알려져 있다(관다영, 전혜성, 2019).

# 제1절
# 상담의 개념 및 여가 환경에서의 상담

## 1. 상담의 개념

상담(counseling)이란 라틴어의 'consulere'로 표현하며 이 말은 '심사', '숙고', '문의', '조언', '대화' 등의 뜻이 포함되어 있다. 그러나 전문기능으로서의 상담은 단순히 문의나 조언을 주는 일 뿐만 아니라 상담자와 내담자 간의 친밀하고 신뢰적인 인간관계에서 긍정적인 결과를 얻도록 도와주는 구체적인 행동을 말한다.

전통적인 시각의 상담은 정신건강학적 접근으로 내담자를 문제를 가진 부적응자 또는 환자로 보고 이들의 비정상적인 문제행동을 정상적으로 회복시키거나 적응시키려는 치료적 모형에 중점을 두었다. 오늘날의 상담은 내담자의 문제해결이나 치료뿐만 아니라 개인의 정상적인 성장발달을 위한 실제적인 도움을 주거나, 혹은 예상되는 문제에 대해 계몽적인 차원에서의 여가상담 등으로 확대되고 있다.

현대사회의 상담대상은 내담자뿐만 아니라 내담자의 생활에 영향을 주는 가정과 가족원,

형식적 또는 비형식적 집단과 조직체, 지역사회 환경까지도 포함하고 있어 다양한 상담기법 (예: 가족상담, 집단상담 등)을 요구하는 다학문적(interdisplinary)인 특성을 가지고 있다 (현외성 외, 1998).

상담이란 내담자로 하여금 생활해 나가면서 겪게 되는 문제에 보다 효율적으로 대처하게 하는 것이고, 장차 이와 비슷한 문제를 대처할 수 있도록 일반적인 능력을 발달시키는 것이다. 또한 전문 상담가와 내담자가 1:1의 개인적이고 전문적인 인간관계를 형성함으로써 내담자로 하여금 자신의 문제를 스스로 해결 한다든지 환경에 보다 유능하게 대처할 수 있는 새로운 행동을 익히는 체계적인 활동이라고 할 수 있다. 특히, 여가상담이란 도움을 필요로 하는 내담자가 여가장소, 혹은 여가공간등 심리적 안정감이 드는 힐링되는 장소에서 전문적 훈련을 받은 상담자와의 대면관계를 통하여 개인적, 사회적, 경제적 및 신체적 문제를 해결하고 감정, 사고, 행동측면의 인간적 성장을 가져와 의미 있는 노후 생활을 영위할 수 있도록 원조하는 과정이라고 할 수 있다. 여가 상담은 내담자가 관계하는 모든 사회관계와의 적절한 연계를 모색하는 것으로 가족과 사회의 변화에 따라 그 필요성이 대두되고 있다.

여가상담이 부각되고 있는 이유는 산업화·도시화·핵가족화와 같은 사회적 변화는 모든 접촉하는 인간관계에 영향을 주고 있으며, 내담자의 경우 급변하는 사회적 변화 속에서 소외와 가치갈등을 경험하고 있고, 세대차이, 욕구좌절감 등을 느끼고 있다. 힐링하거나 여가를 즐기며 자아를 편안한 자아를 생성하는데 있어 자연에서 혹은 쾌적한 공간에서의 상담이 중요하다.

상담은 다음과 같은 역할을 한다.

첫째, 상담을 통하여 표출되지 못한 욕구를 표현하게 하여 문제의 근원을 파악할 수 있고, 이러한 상담과정은 고립되고 소외된 내담자에게 제1차적 사회관계망 역할을 해준다.

둘째, 내담자의 욕구를 사실에 근거하여 정확하게 파악함으로써 내담자를 이해할 수 있고, 내담자 욕구 충족을 위한 가족적, 사회적 노력을 기울이게 되는데, 이는 상담과정을 통하여 실천될 수 있다.

셋째, 상담을 통하여 문화적 정체감을 느끼는 내담자에게 변화하는 사회에 적극적으로 대처할 수 있도록 정보를 제공할 수 있다.

넷째, 문제를 가지고 있는 가족과 내담자를 상담함으로써 욕구를 파악할 수 있고, 적절한 대처를 해 줌으로써 정서적 지지를 해 줄 수 있다.

## 2. 여가 상담의 기본원리

여가에서의 상담은 주로 여가 공간(예: 공원, 문화센터, 체육시설, 여행지 등)에서 이루어지는 상담을 의미하며, 이는 사람들이 보다 편안한 환경에서 상담을 받을 수 있도록 하며, 기존의 전통적인 상담 방식과 차별화된 접근법으로 진행한다.

### 1) 여가 환경에서의 상담
여가 환경에서의 상담은 상담이 임상적·전문적 환경에서만 이루어지는 것이 아니라, 사람들이 여가를 즐기며 자연스럽게 상담을 받을 수 있는 방식을 뜻한다.
① 자연 속 상담: 숲이나 공원에서 산책하며 진행하는 "자연치유 상담"
② 스포츠 및 레크리에이션 상담: 요가,명상, 스포츠 활동과 결합한 상담
③ 여행 및 휴식형 상담: 힐링 여행 중 심리상담을 제공하는 프로그램
④ 문화 및 예술 상담: 미술, 음악, 독서 등의 여가 활동과 결합된 상담

(1) 여가 환경에서의 상담의 효과
① 심리적 안정감 제공

편안한 환경이 상담 참여자의 불안을 낮추고 개방적인 대화를 유도할 수 있다.
② 스트레스 완화

여가 활동 자체가 스트레스 해소에 도움을 주며, 상담과 결합하면 효과가 극대화 된다.
③ 자연스러운 자기 탐색

여가를 즐기면서 무의식적으로 자기 이해를 돕는 기회가 된다.
④ 일상에서의 실천 가능성 증가

여가 활동과 결합된 상담은 생활 속에서 적용하기 쉽다.
(2) 적용 사례 및 프로그램
① 숲치유 상담 (Forest Therapy Counseling)

숲속에서 진행하는 산림치유 프로그램과 심리상담을 결합하고 자연과 교감하며 스트레스 해소 및 정신 건강 회복에 도움이 된다.

② 스포츠 심리상담(Sports Counseling)

운동을 통한 감정 해소와 자기 조절 능력 향상하며, 스포츠 코칭과 상담을 병행하여자신감이 회복될 수 있다

③ 힐링 여행 상담(Retreat Therapy)

명상, 요가, 아로마 테라피 등이 포함된 상담 여행 프로그램으로 자연 속에서 자신을 돌아보고 심리적 치유를 하게된다.

④ 문화예술치료(Cultural & Art Therapy)

미술, 음악, 글쓰기 등을 통해 심리적 표현과 내면 탐색과 창의적인 활동을 통해 정서적 안정이 된다.

(3) 여가 상담의 미래 전망

여가환경에서의 상담은 현대 사회의 스트레스 증가와 함께 더욱 중요해지고 있으며, 보다 다양한 방식으로 발전할 가능성이 크다. 특히, 디지털 기술과 결합한 상담(예: VR 명상 상담, 온라인 여행 상담 등)도 새로운 트렌드로 떠오르고 있다. 이에 [88]여가복지상담사 및 여가복지사가 커다란 효과성이 있는 유망 자격증이 될수 있다.

# 3. 상담이론

상담이란, "다른 사람을 돕는 특별한 종류의 인간관계" "한 사람이 특별한 기법들을 사용하여 다른 사람의 개인적 혹은 상호관계적인 문제의 해결을 돕기 위한 관계를 맺는 상방간의 합의(Miller, 3)." "도움을 필요로 하는 내담자가 전문적으로 훈련을 받은 상담자와의 대면관계를 통해 개인적, 가족적, 경제적, 신체적 문제를 해결하고 감정, 사고, 행동 측면의 인간적 성장을 가져와서 성공적인 노후생활을 영위 하기 위해 노력하는 과정이다."[89] "상담이란 사회적 약자인 내담자가 심리적, 육체적, 정신적, 사회경제적 어려움에 관하여 다양한 통

---

88) 국제성인교육센터의 '여가복지상담사' 민간자격증, 한국여가복지경영학회의 '여가복지사' 민간자격증
89) 김태현, "내담자기 부부의 상호 간 지지와 역할공유 및 결혼적응에 관한 연구" 한국내담자학 17집 2호: 167-182.

로를 통해 훈련된 상담자와 감정적, 내용적, 이해적 상호작용을 거쳐 기대했던 특정한 관심사에 대한 바람직한 결과를 얻는 모든 과정을 말한다."[90] 일반상담정의와 Miller의 정의를 종합하여 상담을 정의해 보면 다음과 같다: "상담자가 특별한 기법들을 사용하여 내담자를 전인적으로 돕기 위한 관계를 맺는 쌍방 간의 합의"이다.

## 1) 상담의 목표

상담의 목표에 대해서 Krumboltz는 첫째, 내담자가 요구하는 목표를 파악한다. 둘째, 상담자는 내담자가 목표를 달성할 수 있도록 조력한다. 셋째 내담자가 목표의 성취정도를 평가할 수 있어야 한다. 즉 여가 상담에서는 내담자에게 영향을 주어 행동을 변화시킴으로서 내담자가 좀 더 생산적이고 만족스러운 삶을 살아갈 수 있도록 하려는 것이다.

(1) 내담자의 삶에 행동의 변화를 가져 올 수 있어야 한다.

상담을 통하여 내담자의 행동을 변화시킨다 하더라도 그 행동은 타인과의 관계, 가족 상황, 사회 환경의 적응, 일상생활 습관 등과 같이 어떠한 영역에 관련된 행동변화가 필요한가를 중심으로 상담의 목표를 진술할 수 있다. 즉, 여기에서 말하는 행동이란 건전한 성장과 발달에 방해나 지장을 주고 있는 일체의 행동을 말한다.

(2) 내담자의 정신건강을 증진시킬 수 있어야 한다.

내담자가 문제를 가지고 있다면 이는 정신적 부담이 되며, 또한 부정적 정서 경험들은 건전한 성장과 발달에 해롭기 때문에 적절하고 합리적인 지도를 통하여 해결되어야 정신건강을 유지하고 증진하게 된다. 정신적으로 건강한 내담자는 책임감이 있고 독립적이며 인격적으로 성숙하다. 그러므로 정신건강을 촉진한다는 것은 적극적이고 현실적이며 합리적인 성격을 형성하는 것과 일맥상통한다.

(3) 내담자 문제를 해결할 수 있어야 한다.

상담의 목표는 내담자가 가지고 오는 문제가 무엇인지 이를 해결하는 것에 있다고 할 수 있다. 내담자는 자신을 문제해결에 상담자가 어떤 도움을 줄 수 있다고 믿기 때문에 상담이

---

90) 이호선, 여가상담 (학지사, 2005), 59.

란 내담자의 문제해결을 돕는 것을 목표로 한다. 흔히 내담자가 문제라고 말하는 것은 현실적으로 느끼는 심리적 고통을 가르키는 것이다. 그러므로 상담의 목표를 문제해결이라 할 때, 문제의 수준을 명백히 해야 한다.

(4) 내담자 개인의 효율성을 향상시킬 수 있어야 한다.

상담의 목표로 효율성을 강조하는 것은 어떤 행동의 능률성을 말하는 것이 아니다. 이는 내담자가 상담을 통하여 생산적 사고를 할 수 있고 적극적인 인간관계를 형성하며, 다양한 문제 상황에 효과적으로 대처하는 능력을 습득할 수 있을 뿐만 아니라 문제를 정확히 인지하고 주어진 역할을 일관성 있게 수행하며, 자기 자신을 적절히 통제할 수 있도록 하는 것을 말한다.

(5) 내담자의 의사결정에 도움을 줄 수 있어야 한다.

상담에서는 상담자가 어떤 결정을 내리는 것이 아니라 내담자가 결정을 내려야 한다는 것을 전제하고 있다. 이 경우 내담자는 왜 그러한 결정을 하는 것이며, 그러한 결정을 어떻게 수행할 수 있는지를 알아야 한다. 따라서 내담자는 이에 요구되는 정보를 수집·평가하고 선택하는 능력을 증진시켜야 하며, 관련된 정서적 태도를 함양해야 한다.

## 2) 상담의 기본원리

상담(Counseling)은 내담자의 심리적 문제를 해결하고 정서적 안정을 돕기 위한 전문적인 대화 과정이며, 상담이 효과적으로 이루어지기 위해서는 몇 가지 기본 원리가 적용된다. 우선, 상담하는 장소와 환경, 등의 주변 여건이 내담자와 상담자의 라포 형성하는데 매우 중요하다. 상담은 상담관계의 형성에서부터 출발하기 때문이다. 상담자는 상담에서 내담자와 잘 상담할 수 있도록 상담 기본원리에 충실하여 상담에 임하여야 한다(George & Cristian, 1995). 개별화의 원리, 수용의 원리, 자기결정의 원리, 비판단적 태도의 금지원리, 비밀보장의 원리, 의도적 감정표현의 원리 그리고 통제된 정서관여의 원리이다.

(1) 개별화의 원리

상담자는 내담자의 특성과 개인차를 인정하는 범위 내에서 상담을 전개해야 한다. 특히 상담자의 고정관념이나 주관적 가치판단 기준에 의해 내담자의 이야기를 판단해서는 안 된다.

개별화하기 위한 수단으로는

① 내담자 문제유형이나 나이에 다라 면접시간을 조정하여야 한다.

② 내담자를 위한 개별환경등 비밀이 존중된다는 안도감과 신뢰감을 주어야 한다.

③ 상담시 약속시간을 준수하여야 한다.

④ 상담을 위한 사전준비를 철저히 하여야 한다.

(2) 의도적 감정표현의 원리

상담자는 내담자에게 자유롭게 의도적인 표현을 할 수 있는 온화한 분위기를 조성해야 한다. 또한 내담자에게는 최대한 편안한 자세를 유지시켜 우호적인 분위기를 만들어야 한다. 이러한 의도적인 감정표현의 장애요인으로는

① 상담에서 비현실적인 기대감를 갖게 하여서는 안된다.

② 상담과정에서 너무 성급하게 해석을 해서는 안된다.

③ 상담과정에서 해결하지 못할 너무 많은 해석을 해서는 안된다.

④ 상담과정에서 내담자의 감정표현에 대한 비난을 해서는 안된다.

(3) 통제된 정서관여의 원리

상담자는 내담자의 정서변화에 민감하게 반응하고, 적절한 대응책을 마련할 대세를 갖추고 적극적으로 관여하는 자세를 갖는다. 즉, 내담자의 정서변화, 감정의 고저에 동승해야 하며, 통제된 정서관여 요인으로

① 상담과정에서 상담자가 너무 민감하게 반응하지 말아야 한다.

② 상담과정에서 일어나는 문제들에 대해 상담자가 빨리 이해하도록 하여야 한다.

③ 상담과정에서 일어나는 내담자의 정서변화에 민감하게 반응하여야한다.

(4) 수용의 원리

상담자는 내담자를 따뜻하게 대하고 수용적이어야 하며, 내담자의 인격을 존중한다는 의사를 분명히 해야 한다. 어떤 대화에서도 상대방을 무시하거나 얕잡아 보는듯한 태도는 좋은 결과를 얻지 못하므로

이러한 수용에서 상담자가 판단하여야 할 것은

① 선한 것(the good)이 아니라 있는 그대로의 것(the real)을 받아들여야 한다.

② 내담자의 일탈태도나 행동을 허용한다는 것을 의미하지 않으며, 그것에 대해 좋다

③ 나쁘다 등을 비판하지 않고, 일단 아무런 판단도 하지 않는것이 필요하다.

④ 상담자는 윤리와 법, 전문적 가치에 의거하여 바람직한 것과 수용할 수 있는 것에 대한

기준을 가져야 한다.

## (5) 비판단적 태도의 원리

상담자가 내담자의 행동과 태고, 가치관 등을 평가할 때는 객관적이고 중립적인자세를 유지해야 한다. 특히 '나쁘다', '잘못이다'와 같은 감정적인 판단은 좋지 않으므로, 상담에서 비판단적 태도의 장애요인 다음과 같은 것이 있다.

① 내담자에게 가지는 편견이나 선입견이다.

② 상담과정에서 내담자에 대한 성급한 확신이다.

③ 상담과정에서 내담자를 다른 내담자와 비교 또는 유형화하려는 태도이다.

④ 상담자에 대한 적개심을 가지는 내담자에게 부정적인 감정을 표현하는 것이다.

## (6) 자기결정의 원리

상담자는 내담자 개인의 가치와 존엄성을 존중하고 내담자 스스로 문제를 해결할 수 있다는 자신감을 심어 주어야 한다. 상담자는 내담자 스스로 의사결정을 할 수 있도록 돕는 조력자로, 다음과 같은 한계를 가진다.

① 상담자의 신체적·정신적 능력을 넘어서는 자기결정 능력을 기대할 수 없다.

② 도덕적인 제한이 있다.

③ 법률적 제한이 있다.

④ 사회기관의 규정에 따라야 한다.

## (7) 비밀보장의 원리

상담자는 내담자와의 대화내용을 타인에게 발설해서는 안되며 철저히 비밀을 유지해야 한다. 이 원리는 내담자와 상담자의 신뢰를 형성하는 중요한 요인이 되며, 다음과 같은 갈등이 존재한다.

① 내담자의 비밀보장의 권리와 다른 권리 및 의무와의 모순·충돌이다.

② 내담자의 비밀을 보호하려면 상담자 자신이 권리가 박탈될 경우가 생길 수 있다. 이 경우에도 양쪽 권리를 비교하여 중대한 쪽을 선택해야 한다.

③ 내담자의 비밀을 지키기 위해 기관의 사회적 사명과 권한을 넘는 조치를 강요하는 경우가 있다.

④ 사익과 공익, 개인의 권리와 공공복지 간에 충돌이 있을 수 있다. 개인은 사회적인 존재이므로, 자기에게는 불리하더라도 사회공공의 복지를 위해 협력 할 의무가 있다.

## 3) 상담의 원리 요약

① 수용과 공감: 내담자의 감정을 존중하고 이해하는 태도

② 진실성과 신뢰: 솔직한 소통과 상담자의 신뢰감 형성

③ 비밀 보장: 상담 내용은 철저히 보호됨

④ 자율성 존중: 내담자가 스스로 해결할 수 있도록 돕는 역할

⑤ 맞춤형 접근: 개별 특성에 따른 맞춤 상담 적용

⑥ 구체적 목표설정 : 상담이 효과적으로 진행될 수 있도록 목표 설정

# 제2절

# 상담과정

앞에서 살펴본 바대로, 상담을 위해 상담자는 개인적으로 내담자에 대한 다면적 측면을 이해해야 하며 그에 필요한 정보와 사전 지식을 준비해야 한다. 동시에 상담자로서의 자신의 태도를 점검하여야 한다. 이를 바탕으로 상담자는 상담에서의 상담과정을 차례로 밟아 나가게 된다.

## 1. 내담자 이해 단계

### 1) 여가 상담에서 상담자가 기억해야 할 사항은 다음과 같다.

(1) 모든 사람은 감정을 가지고 표현할 권리가 있다.

(2) 내담자의 감정은 다른 발달시기에 있는 사람들보다 억눌려 있다.

(3) 내담자는 감정적인 지지를 원한다.

(4) 내담자의 감정은 그들의 세계 속에서 항상 의미가 있다.

(5) 내담자의 분노 감정은 자연스러운 것으로 나쁜 것이 아니다.

(6) 내담자의 반복적인 표현 속에는 강한 감정적 역동이 있다.

### 2) 상담자가 주의해야 할 사항들

(1) 내담자의 감정이 타당하다는 것을 부정해서는 안 된다.

(2) 내담자의 감정과 내담자 자체의 중요성을 잊어서는 안 된다.

(3) 내담자의 감정이 내담자의 고집일 뿐이라고 여겨서는 안 된다.

### 3) 내담자 이해에 필요한 것들

(1) 상담자는 내담자 이해를 위해 감정 낱말을 정확히 파악해야 한다.

내담자가 사용하는 말들은 내담자의 감정 상태를 파악하는데 중요하다. 특히 형용사들이 대체로 감정을 표현하고 있기 때문에 감정에 관한 낱말을 파악하게 되면 내담자의 감정파악이 용이해진다.

**(2) 감정 경험**

내담자의 감정을 이해하기 위해 상담자는 보다 깊은 수준에서 자신의 감정을 경험할 수 있어야 한다. 또한 내담자가 상담자에게 진술한 내용을 통해 내담자가 어떻게 느끼고 있는지를 살펴야 한다. 이러한 감정경험은 상담자가 자신의 느낌과 생각의 흐름을 점검하고 기꺼이 내담자의 문제를 받아들이며 내담자와 내담자의 문제에 대한 상담자의 감정을 인식하는 훈련이다. 이런 훈련을 통해 상담자는 내담자의 감정을 이해할 수 있다. 또 내담자의 감정을 지지하고 내담자 스스로 자신의 감정에 초점을 맞출 수 있도록 도울 수 있다. 이 과정을 통해 상담자와 내담자는 감정적 일치감을 경험하면서 라포를 형성하게 된다.

**(3) 감정경험 시에 필요한 점검사항들은 다음과 같다.**

① 내담자의 감정을 경험할 때 저항이 오는 부분이 무엇이었는가?

② 내담자의 감정을 경험할 때 상담자가 부정하고 있는 감정에는 어떤 것이 있는가?

③ 내담자의 감정을 경험하면서 상담자 스스로 놀란 자신의 감정에는 어떤 것이 있는가?

④ 내담자의 감정을 경험할 때 부절적하거나 혼란스러운 감정을 느낀때는 언제였는가?

⑤ 내담자의 감정을 경험하면서 상담자는 감정표현을 어느 정도 하였는가?

**4) 라포 형성단계**

라포는 내담자와 상담자 간의 구체적인 상담적 교환이 이루어지는 감정적 영역이자 치료적 공간이다. 여가 상담에서 라포 형성은 적극적 경청, 존중, 내용 요약, 상호 공감이 요구된다.

## 2. 여가환경에서 경청의 필요성

### 1) 여가활동 중 이루어지는 상담

내담자가 심리적으로 안정감을 느낄 수 있도록 상담자의 경청 태도가 더욱 중요하다. 자연스러운 대화 유도하여 편안한 환경이지만, 내담자가 자신의 감정을 충분히 표현할 수 있도록 적극적으로 듣는 태도가 필요하다.

(1) 몰입을 방해하는 요소의 관리: 주변 소음(사람들의 이야기, 음악, 자연 소리 등)이 많을 수 있어 집중력을 유지하는 것이 중요하다.

(2) 비언어적 표현: 상담도중 여가장소에서는 몸의 움직임이 많아질 수 있어, 내담자의 표정, 제스처, 행동 변화를 주의 깊게 살피며, 경청하여야 한다.

## 2) 여가 환경에서 효과적인 경청 방법

(1) 적극적 경청 (Active Listening)

① 눈 맞춤 유지: 사람이 많은 장소에서는 내담자가 자신이 집중받고 있다는 느낌을 받을 수 있도록 주의 깊은 시선 유지하면서 맞장구와 반응 주기("그렇군요", "그런 감정을 느끼셨군요" 등 공감을 표현하는 말 사용)가 필요하다.

② 비언어적 반응 활용: 고개 끄덕이기, 미소, 손짓 등의 비언어적 요소로 관심 표현을 해준다.

(2) 반영적 경청 (Reflective Listening)

① 내담자의 말을 되돌려 주기

예를 들어 "그러니까 최근에 일하면서 스트레스를 많이 받으셨다는 말씀이군요?"라고 응답해준다.

② 감정 확인하기

내담장의 감정을 확인하며 "그 상황에서 굉장히 힘드시고 답답하셨겠어요."라고 한다.

## 3) 상황 맞춤형 경청

여가 환경에서는 일반 상담실과 달리 주변 환경의 영향을 많이 받으므로, 다음과 같은 장소들을 고려해본다.

- 자연 속 상담 (예: 공원, 산책 상담)
- 속도를 맞추며 자연스럽게 대화 이어가기
- 침묵이 발생해도 부담을 주지 않기 (자연 속에서는 침묵도 치유적 요소)
- 스포츠·레크리에이션 상담 (예: 등산, 요가, 스포츠 활동 중 상담)
- 운동 중에는 내담자가 감정 표현이 활발해질 수 있음 → 상담자는 짧고 명확한 피드백 제공
- 과격한 운동보다는 천천히 움직이며 대화하기 적합한 활동 선택
- 문화·예술 상담 (예: 미술, 음악, 독서 공간에서 상담)
- 작품을 감상하며 감정을 자연스럽게 이야기하도록 유도

- 내담자의 창작물을 통해 감정 변화를 읽어내고 공감적 반응 보이기
- 여행 상담 (예: 힐링 캠프, 리트릿 상담)
- 상담이 너무 공식적으로 보이지 않도록 대화 형태로 자연스럽게 진행
- 내담자가 자신만의 시간을 가질 수 있도록 유도하며 압박감을 주지 않기

### 4) 여가 환경에서 경청 시 주의할 점

(1) 상담자가 주의를 분산시키지 않기

　주변 환경이 자유로운 만큼 상담자가 내담자에게 집중하는 것이 중요

(2) 지나친 조언이나 해결책 제시 피하기

　여가 상담은 편안한 분위기를 유지해야 하므로, 정답을 강요하는 듯한 말투는 피해야 함

(3) 개인적인 이야기 너무 많이 하지 않기

　내담자가 충분히 말할 수 있도록 경청 중심의 상담 유지

　여가 환경에서의 상담은 자유로운 분위기 속에서 이루어지는 만큼, 상담자의 경청 태도가 내담자의 심리적 안정과 상담 효과가 크다. 자연스럽게 대화를 이어가되, 적극적 경청과 반영적 경청을 활용하여 내담자가 충분히 자신의 감정을 표현할 수 있도록 도와야 한다.

## 3. 상담 목표 및 문제 명료화

　상담 목표는 내담자의 문제를 구체화하고 바람직한 상담 결과들을 얻기 위한 과정으로 구체적이고 실질적인 변화 목표를 담고 있다. 이를 위해 상담자는 다음의 사항을 살펴야 한다.

### 1) 상담목표

(1) 상담목표 설정 시에 고려해야 사항들:

① 내담자는 무엇이 언제 바뀌기를 원하는가?

② 상담이 끝난 후 내담자는 어떻게 달라지기를 원하는가?

③ 변화하기 위하여 내담자가 현재 어떤 일을 하고 있는가?

④ 내담자의 문제를 어떻게 정의할 것인가?

⑤ 내담자의 문제와 어떤 이슈가 관련되어 있는가?

⑥ 어떤 상담 목표를 제안할 것인가?

(2) 상담목표 설정 시에 주의할 점들:

① 한 번에 한 가지 목표에 초점을 맞춘다.

② 상담 목표는 구체적이고 측정 가능한 것이어야 한다.

③ 상담 목표는 실행 가능하고 도달 가능한 것이어야 한다.

④ 상담 목표는 내담자가 동의·승인하여야 한다.

## 2) 문제 명료화

상담 목표를 정한 후에는 내담자가 가지고 있는 문제들을 명확하게 해야 한다. 문제를 명확히 하는 단계에서는 구체적으로 상담에 가져온 내담자의 문제를 재확인 하고, 내담자의 문제해결을 방해하는 요인들을 분명하게 해야 한다. 또한 내담자의 감정 역시 고려하는 것이 문제 명료화 단계에서 중요하다.

## 3) 대안 살피기

대안은 바람직한 변화를 위한 내담자의 선택을 의미하며, 내담자가 자신의 목표를 성취하기 위해서 밟는 단계이다. 이 단계에서는 대안 목록을 작성하고 이를 평가하고 분석한다. 이때 대안목록을 작성하기 위해서는 다음 사항들을 고려하여야 한다.

(1) 상담 목표를 재확인 한다.

상담자 내담자 모두가 설정한 상담 목표를 이해하고, 그 목표가 지금 상황에 적합하다는 것에 함께 동의하는지 확인한다.

(2) 내담자가 현재 설정한 목표를 달성하기 위해 그가 생각하고 있는 모든 종류의 대안을 살핀다. 여기에는 실행 가능한 대안, 가능하지 않은 대안 모두가 포함된다.

(3) 내담자가 생각하는 모든 대안을 적은 후에는 상담자가 생각하고 있는 대안을 제시하고 부족한 부분을 상호 보충한다.

이 시점에서 내담자와 감정이나 신념 차이로 인해 그 결과가 다르게 나타난다고 해도 상담자는 내담자의 대안들을 존중하고 끝까지 들어야 한다. 그리고 부정적인 결과에 대해서는 신중하게 검토해야 한다.

## 4) 결정 지지하기

이 단계는 내담자가 변화를 위한 결정을 내리는 단계이다. 결정을 내리는 일은 내담자에게는 부담스럽고 어려운 일이다. 그러나 일단 내담자가 결정을 내리면 그 선택이 내담자 입장에서는 가장 현명한 선택일 수 있기 때문에 상담자는 그 결정에 만족스럽지 않더라도 내담자의 결정을 존중하여야 한다.

간혹 내담자가 결정을 내리지 않는 경우도 있다. 이 때 내담자들은 대개 변화하려 하기보다는 그대로 유지하려 한다. 이러한 경우라도 그대로 존중해 줄 필요가 있다. 특히 내담자의 경우 변화에 신중하고 그만큼 변화에 대한 두려움을 가지고 있다는 점을 고려해야 한다.

## 5) 상담의 종결

상담의 종결은 상담 목표가 달성되었을 때 이루어진다. 이러한 종결과정을 위한 제안들은 다음과 같다.

(1) 끝매듭을 잘하라

상담자와 내담자 사이에 끝내지 못한 문제가 있다면 관계가 종결되기 전에 처리해야 한다. 끝내지 못한 문제는 상담자와 내담자 사이에 해결되지 못한 감정으로 연결된다. 즉 내담자는 상담자가 자신을 밀어 낸다고 생각하고 심한 좌절감에 빠질 수도 있다.

(2) 적절한 때를 맞추라

상담관계는 종종 아주 친밀하기 때문에 상담관계를 종결하는 것은 내담자에게 어려운 일이다. 상담자가 상담관계를 끝낼 때에는 내담자의 감정에 대해 민감하게 대처해야 한다. 종결이 다가올 때 상담시 내담자에게 이야기를 해서 내담자가 겪을지도 모르는 어려움에 대비하여야 한다. 상담자와 내담자가 종결할 것을 서로 결정하게 되면, 한 번 더 상담하자고 내담자를 초대하는 것이 좋다.

(3) 작별의 슬픔

상담자와 내담자 모두 상실에 수반하는 분노·슬픔·죄책감· 버려진다는 두려움·새롭게 시작하는 흥분 등과 같은 감정에 대해 살펴야 한다. 그리고 상담자는 내담자가 이러한 감정을 솔직하게 이야기하도록 도와야 한다. 상담자는 내담자가 친구들과 같은 지지 체계를 개발하고 한 사람이라도 비밀을 지켜줄 수 있는 친구를 갖는 것을 목표로 몇 번 더 상담하는 것이 좋다.

### (4) 필요한 경우의 의뢰

상담자가 내담자와 필요한 만큼 상담 목표를 성취하였지만 내담자가 그 이상의 상담 서비스를 원하는 경우 상담자는 내담자에게 더 도움이 될 만한 곳이나 사람에게 의뢰하여야 한다. 또는 상담자가 다루기에 부적절하다고 느끼는 내담자의 경우, 더 적절한 치료를 받을 수 있도록 다른 상담자나 감독자에게 의뢰하는 것이 좋다.

### (5) 미완성된 종결

때로 내담자들이 마지막 상담을 하러 오지 않는 경우가 있다. 상담자 혼자서 상실감을 겪게 된다.

### (6) 초대

상담이 성공적으로 끝나게 되면 내담자는 앞으로 발생할지도 모르는 새로운 문제들에 대처할 수 있는 자신감과 확신을 갖게 된다. 때로는 내담자가 상담자나 상담기관과 지지관계를 계속 유지하고자 하는 경우가 있는데 이럴 경우 상담자나 상담기관에 전화해도 된다고 허용하는 것도 좋은 방법이 된다.

### (7) 사후 관리

상담자가 내담자와 상담종결 후 얼마 지나고 나서 내담자가 어떻게 지내고 있는지 연락하는 것은 사려 깊은 행동이다.

## 6) 도움을 받아야 할 때

상담자가 내담자에게 줄 수 있는 도움을 넘어서는 경우가 있다. 따라서 다음의 경우 감독이나 전문의에게 의뢰하는 것이 좋다.

(1) 정신과적 질환으로 입원했던 경력이 있는 사람.

(2) 망상장애가 있는 사람

(3) 환각증상을 보이는 사람

(4) 중독증상을 보이는 사람

(5) 자살 가능성이 높은 사람.

(6) 먹지 않고 자지 않을 정도로 우울감이나 위축감을 느끼는 사람.

(7) 육체적·정신적으로 폭력에 노출되어 있는 사람.

(8) 성적으로 학대당하는 사람

(9) 살인 의도를 표시하는 사람.


상담과정을 통한 가족치료 프로그램의 효과로, 첫째, 가족치료 프로그램은 최근 가족에서 문제시 되는 정서불안, 스트레스, 우울 등을 해결할 수 있는 것으로 파악되었다. 둘째, 가족치료 프로그램으로 심신치료는 음악치료, 향기요법, 목욕요법, 운동요법, 음치료 등은 정서불안, 스트레스, 우울을 회복탄력성을 높이는 것으로 파악되었다. 셋째, 가족치료 프로그램으로 식이치료는 생식, 주스, 채식 등은 정서불안, 스트레스, 우울을 회복탄력성을 높이는 것으로 파악되었다. 넷째, 가족치료 프로그램으로 수기치료는 지압, 안마, 마사지 등은 정서불안, 스트레스, 우울의 회복탄력성을 높이는 것으로 파악되었다(이상열, 오서진, 2020).

# 제3절

# 스트레스 해소

## 1. 스트레스의 개념

스트레스(stress)는 외부 환경이나 내적 요인으로 인해 신체적, 정신적 긴장을 유발하는 반응을으로, 개인의 신체적, 심리적 안정상태를 위태롭게 하는 자극 조건인 동시에 개인의 정서체계, 행동체계, 생리적 체계에 변화를 가져오게 하는 것으로서, 개인으로 하여금 특유 반응을 야기하는 원인적 행동의 모든 것을 총칭한 개념이라고 할 수 있다. 즉 스트레스는 생활사건에서 생겨나는 심리적, 정서적 압박감을 의미하며 적정 수준까지는 생활을 하는데 원동력이 되지만 이 수준을 넘어설 때는 생리적, 심리적으로 건강에 해를 끼치게 되며, 스트레스의 상당 부분은 개인의 기대와 요구 때문에 생겨난다고 말할 수 있다. 즉, 사람이 변화나 위협을 경험할 때 이를 극복하려는 과정에서 발생하는 자연스러운 반응이다.

스트레스는 크게 긍정적 스트레스(eustress)(동기 부여를 하거나 성장과 발전을 유도하는 건강한 스트레스)와 부정적 스트레스(distress)(불안, 긴장, 신체적·정신적 건강 문제를 유발하는 스트레스)나눌수가 있으며, 스트레스라는 용어가 일상에서 널리 사용되고 많은 연구자들이 다양한 연구를 수행하고 있지만, 스트레스에 대한 정의는 통일되지 않고 다양하게 사용된다.

### 1) 스트레스의 분류

(1) 반응으로서의 스트레스

자극형태가 나타날 때 대응되어지는 신체반응의 틀. "나는 스트레스를 받으면 심장이 뛰고 혈압이 올라가고 골치가 아프기 시작하지"라고 말할 때처럼, 스트레스는 생리적 반응으로 정의된다.

(2) 자극으로서의 스트레스

외적인 환경조건에서부터 내적인 생리적 현상까지 다양한 자극들. 목전에 두고 있는 중요한 시험이나 갚아야 할 기일이 도래한 은행채무, 전쟁이나 자연재해 등의 외적 자극을 스트레스로 본다.

(3) 관계론적 개념

스트레스를 개인과 환경과의 부적합한 관계라는 관점에서 정의하는 것이다. '자신의 복지나 안녕을 위협하는 것으로 평가되고 자신이 가진 자원에 부담이 되거나 자원을 초과하는 것으로 평가되는 상황과 나 사이의 부적합한 관계'를 스트레스로 보는 관점이다.

스트레스를 반응으로 보면 무엇이 스트레스이고 무엇이 스트레스가 아닌가를 그 반응으로부터 결정할 수 밖에 없다. 즉, 사후적으로 스트레스를 정의하게 된다. 반면 스트레스를 자극으로 보면 동일한 자극이라도 개인마다 다르게 지각하고 반응하는 차이를 감안할 수 없다. 즉, 목전에 앞둔 중요한 시험에 대해서도 어떤 사람은 해볼만한 도전으로 생각하는 반면 다른 사람은 심각한 위협으로 생각하는 개인차를 감안하기 어렵다. 관계적(혹은 상호교섭적이라고도 함) 관점에서 스트레스를 정의할 때는 객관적 자극의 성질로서의 스트레스와 개인의 주관적 평가 및 스트레스 반응을 함께 고려할 수 있다는 장점이 있다. 자극으로서 스트레스를 정의하는 관점이 사회학에서 더 지배적이라면 반응으로서 정의하는 관점은 의학에서 많이 사용되며, 심리학에서는 관계적 관점으로서의 스트레스 정의가 상대적으로 많이 사용되고 있다고 할 수 있다.

## 2) 스트레스의 원인

스트레스는 신체적, 심리적 압박을 유발하는 다양한 요인에 의해 발생한다.

(1) 개인적 요인
① 심리적 요인 - 불안, 우울, 낮은 자존감, 완벽주의 성향
② 신체적 요인 - 피로, 수면 부족, 질병
③ 생활 변화 - 결혼, 이사, 직장 변화 등
(2) 환경적 요인
① 사회적 압력 - 대인관계 갈등, 직장·학교 스트레스
② 경제적 문제 - 재정적 어려움, 실업

③ 물리적 환경 - 소음, 기후 변화, 혼잡한 공간

(3) 직업 및 학업 요인

① 과도한 업무 - 업무량 증가, 마감 기한 압박

② 역할 갈등 - 직장 내 역할 충돌, 기대치 부담

③ 성적 및 진로 압박 - 학업 성취, 시험 스트레스

(4) 사회·문화적 요인

① 경쟁 심화 - 취업, 승진, 성과 중심 사회

② 사회 변화 - 기술 발전, 정보 과부하

③ 차별과 편견 - 성별, 인종, 사회적 위치로 인한 불평등

(5) 스트레스의 원인 (스트레스 요인)을 요약하면 다음과 같다.

① 신체적 요인: 피로, 수면 부족, 질병, 과로

② 심리적 요인: 불안, 걱정, 우울, 압박감, 낮은 자존감

③ 사회적 요인: 직장 내 갈등, 학업 부담, 대인관계 문제, 재정적 어려움

④ 환경적 요인: 소음, 기후 변화, 교통 체증, 급격한 변화

## 2. 스트레스에 대한 반응

### 1) 정서적 반응

　정서 반응은 스트레스 경험 시에 우리가 가장 예민하게 자각할 수 있는 부분이다. 화가 치솟고 두려움에 떨며 슬픔에 잠기는 등의 정서적 동요 상태는 우리로 하여금 일상과 다른 적응 행동을 요구한다. 강한 정서적 반응과 이로 인한 부적절한 대처는 스트레스와 건강 사이를 연결하는 핵심 고리일 수도 있다. 스트레스 상황에서 다양한 정서 경험을 하겠지만 다음과 같은 3가지 방향이 더 흔하다.

(1) 짜증, 분노, 격노

　좌절을 경험할 때 빈번하게 경험하는 정서다. 자신의 목표나 기대가 좌절되거나 좌절당할 가능성이 높게 예측되고, 그 이유가 다른 사람이나 제도의 의도적이고 부당한 간섭이나 행동 때문에 그렇다고 평가하며, 상황에 대해 어느 정도의 통제력을 지각할 때 가장 전형적으

로 경험하게 되며, 흔히 공격 행동이 유발된다.

(2) 걱정, 불안, 공포

위협 평가와 관련성이 가장 높은 정서 경험이다. 자신의 신체적 안녕이나 심리적 복지가 손상당할 위험이 높게 평가되고, 그에 대한 대처 자원은 충분하지 못하다고 평가될 때 전형적으로 경험하게 되며, 도피나 회피 행동 혹은 보다 철저한 대비 행동이 유발된다. 현대인들의 스트레스와 가장 밀접히 관련되는 정서다.

(3) 낙담, 슬픔, 비탄

되돌이킬 수 없는 상해나 상실 평가와 밀접하게 관련되는 정서다. 자신에게 중요한 목표나 자원이 이미 좌절되거나 상실되었으며, 이를 회복할 기회나 가능성이 매우 낮다고 평가할 때 전형적으로 경험하게 되며, 관련 대상에 대해 더 이상의 개입이나 투자를 멈추거나 철수하는 행동이 유발된다.

정서 경험은 대개 생리적 각성을 동반한다. 예를 들어 두려움이나 분노 경험에는 심장 박동률, 혈압, 호흡 속도의 증가 등이 수반된다. 이런 각성이 그 자체로 좋거나 나쁜 것은 아니지만 인지적 수행의 효율성을 떨어뜨리는 역할을 할 수 있다.

## 2) 생리적 반응

스트레스는 정서적 반응과 함께 극적인 생리적 변화를 유발하며, 신체의 자율신경계(교감신경 & 부교감신경), 내분비계(호르몬), 면역계 등에 영향을 미쳐 다양한 생리적 반응을 일으킨다.

## 3) 인지.행동적 반응

(1) 스트레스의 인지적 반응 (Cognitive Responses)

① 주의 집중 어려움 - 집중력이 저하되고 실수 증가

② 기억력 저하 - 학습 능력 감소, 건망증 증가

③ 부정적 사고 증가 - 자기 비난, 실패에 대한 과도한 걱정

④ 의사 결정 장애 - 우유부단 해지고, 문제 해결 능력이 저하

⑤ 과잉사고(Rumination) - 같은 문제를 반복적으로 고민하며 불안 증가

(2) 스트레스의 행동적 반응 (Behavioral Responses)

스트레스는 행동 패턴에도 변화를 일으켜 일상생활에 영향을 준다.

① 회피 행동 –스트레스 상황을 피하려고 도망치거나 미룸

   (수업때 스마트폰 사용 증가)

② 과잉 행동 – 초조함으로 인해 의미 없는 행동 반복

   (손톱 깨물기, 다리 떨기)

③ 과식 또는 식욕 감소 – 스트레스로 인해 폭식하거나 식사를 거름

④ 수면 문제 – 불면증 또는 과도한 수면 증가

⑤ 공격적 행동 – 짜증이 늘어나고 쉽게 화를 냄

⑥ 의존 행동 증가 – 흡연, 음주, 카페인 섭취 증가

   (직장 스트레스로 인해 폭식하거나, 반대로 식사를 거르는 경우)

스트레스의 정서적 반응과 생리적 반응이 자동적으로 진행되는 성격이 강한데 반해 스트레스의 행동적 반응은 이들 반응의 자동성을 조절하고 의식적인 선택을 통해 결정하며 문화나 학습에 의해 영향을 받는 성격이 강하다. 스트레스에 대한 행동적 반응은 흔히 대처(coping)라는 이름으로 불린다. 대처는 '스트레스 상황에서 발생한 요구를 줄이거나 극복하거나 혹은 견디려는 인지·행동적인 노력'으로 정의할 수 있다. 인간의 타고난 대처 반응으로는 울음, 웃음, 자기노출, 반추, 수면, 유머 등을 들 수 있다.

## 3. 스트레스에 대한 반응의 결과

스트레스는 일반적으로 부정적이고 해로운 것으로 인식되지만, 모든 스트레스가 장기적인 영향을 미치거나 반드시 부정적인 결과로 귀결되는 것은 아니다. 사실 우리는 일상 속에서 다양한 스트레스를 경험하며 살아가고, 그중 대부분은 일시적인 파문에 그치며 큰 흔적을 남기지 않는다. 그러나 스트레스는 때때로 삶에 긍정적인 변화를 불러오는 자극이 되기도 한다.

### 1) 긍정적 결과

스트레스는 인간의 기본 욕구를 충족시키는 기능을 하기도 한다. 스트레스가 전혀 없는

삶은 자극 없는 정체된 상태로 이어질 수 있으며, 이는 오히려 무기력함과 권태로움을 유발할 수 있다. '최적 각성이론'에 따르면, 인간은 어느 정도의 자극과 도전을 필요로 하며, 이러한 요소들이 삶에 활력을 불어넣는다. 따라서 적정 수준의 스트레스는 삶의 활력을 유지시키고 우리의 내적 욕구를 충족 시키는 데 기여할 수 있다.

또한, 스트레스는 개인의 성장과 발전을 촉진하는 계기가 되기도 한다. 스트레스를 유발하는 어려운 상황에 직면하고 이를 극복하는 과정에서 우리는 새로운 기술을 배우고, 자신에 대해 더 깊이 이해하게 되며, 심지어 실패의 경험조차도 삶의 의미를 되돌아보는 기회가 될 수 있다. "비 온 뒤에 땅이 굳는다"는 속담처럼, 스트레스는 삶의 폭과 깊이를 확장시키며, 성공적인 극복 후에 느끼는 자긍심은 스트레스가 남긴 소중한 성과일 수 있다.

나아가, 스트레스는 미래의 스트레스 상황에 대한 면역력을 높이는 역할도 한다. 오늘 경험한 스트레스가 내일 닥칠 유사한 상황에 대한 준비가 될 수 있으며, 이를 통해 점차적으로 스트레스 대처 능력이 향상된다. 실제로 다양한 문화권에서 이루어지는 엘리트 교육이나 훈련에는 일정한 수준의 스트레스를 견디고 이겨내는 훈련이 포함되어 있으며, 이는 미래 사회에서 직면할 도전과 위기에 대한 일종의 '정신적 백신' 역할을 한다.

결국, 스트레스는 그 자체로 반드시 부정적이라고 단정지을 수 없다. 어떻게 반응하고 해석하느냐에 따라, 스트레스는 삶의 자양분이 될 수도 있고, 더 단단한 자아와 풍요로운 삶을 구축하는 디딤돌이 될 수도 있다. 중요한 것은 스트레스를 무조건 피하려 하기보다는, 그것을 이해하고 의미 있는 방향으로 전환하는 태도라 할 수 있다.

## 2) 부정적 결과

### (1) 인지적 기능의 손상

스트레스의 일반적인 영향은 인지적 기능의 손상이다. 생리적으로나 정서적으로 각성이 되었을 때, 흔히 주의의 폭이 좁아지고 사고의 융통성이 감소하며 집중과 기억의 효율성이 떨어진다. 이런 인지 과정의 손상은 전반적인 문제해결 능력의 감소를 초래하기가 쉽다. 특히 자신이 깊이 개입되어 있는 어려운 문제를 해결해야 하는 상황에서 스트레스의 인지 기능 손상이 심각하다.

### (2) 충격과 방향성 상실

극심한 강도의 스트레스는 사람을 망연자실케 하고 방향성(orientation)을 상실케 한다.

인생의 기본적 방향성은 시간, 장소 및 자신에 대한 현실적 인식이다. 극심한 스트레스 상황에서 사람들은 무감각해지는 경향이 있으며, 스트레스 경험 후에도 자주 멍해지고 조리 있는 사고를 하기가 어렵다. 행동은 경직되고 판에 박힌 듯하다. 화재나 홍수, 지진 혹은 폭력적 강간 등과 같은 재앙을 겪는 사람들에게서 이런 반응들이 흔하다.

### (3) 탈진

탈진(burnout) 증후군은 신체적, 정서적 및 심리적 소진 상태를 말한다. 신체적 소진은 만성적 피로, 기운 없음, 허약함 등의 특징으로, 정서적 소진은 무기력감, 절망감 및 우울감 등의 특징으로, 심리적 소진은 자신이나 일에 대한 부정적인 태도 등의 특징으로 드러난다고 한다(Pines, Aronson, & Kafry, 1981). 논란이 있기는 하지만 만성적 스트레스가 탈진 증후군의 일차적 원인으로 지목 받고 있다.

### (4) 사회적 관계의 붕괴

스트레스가 정상적인 사회적 관계들을 손상시킬 수 있다. 이런 관계의 손상은 소외감, 배우자나 친구들과 관계를 유지하기의 어려움 및 타인을 신뢰하고 사랑하는 능력의 상실 등으로 나타난다. 베트남 참전군인들이나 외상적인 성적 폭행 경험을 당한 사람 등에서 흔하게 나타나는 외상후 스트레스장애(PTSD)에서 사회적 관계의 손상이 발견된다.

### (5) 심리적 문제와 장애

심리학자들은 임상적 관찰에 근거해서 스트레스가 심리적 문제와 정신 장애의 주요 원인이라고 오랫동안 생각해 왔다. 그러나 지난 40여 년에 걸친 스트레스 연구들은 이런 생각이 반드시 옳은 것이 아님을 밝히고 있다. 저조한 학업수행, 불면증, 성적 기능의 손상, 과도한 불안, 약물 남용, 및 우울 등에 스트레스가 영향을 준다는 점은 분명하지만, 스트레스가 심리적 문제나 정신 장애에 기여하는 여러 요인들 중의 하나이고 유전적 요인을 비롯한 사전 경향성에 의해서도 함께 영향을 받고 있음을 인식해야 한다.

### (6) 신체적 문제와 질병

심리적 문제와 마찬가지로, 스트레스와 신체 질병들 사이의 관계에 대한 인식은 매우 오래된 것이다. 이 장의 서두에서도 밝혔듯이 현대인의 질병에 스트레스가 관계하는 정도는 크고 폭 넓다. 초기에는 고혈압, 편두통, 위와 십이지장 궤양 및 천식 등이 스트레스와 관련되는 것으로 언급되었다. 그러나 최근에는 질병의 발생원인이 순전히 신체기관이나 병원균에만 있다고 생각해왔던 감기, 설사, 결핵, 관절염, 당뇨병, 백혈병, 암 그리고 심장질환 등에서도 스트레스가 크게 기여하고 있음이 드러났다. 물론 스트레스만으로 이런 질병이 발생하고 진행된다기보다는 복잡한 질병 발달과정에서 작용하는 요인 중의 하나로 스트레스가 작용한다고 볼 수 있다. 그러나 스트레스가 질병의 발생이나 진전 및 회복에 기여하는 정도는 상당하다고 알려져 있다. 건강심리학에서 스트레스를 중요하게 다루고 있는 까닭도 여기에 있다.

## 4. 여가 활동으로 스트레스 해소

여가는 스트레스를 완화하고 심리적 균형을 유지하는 데 중요하다. 특히, 상담과 결합된 여가 활동은 개인이 스스로 감정을 조절하고 회복할 수 있다. 현대인의 삶은 다양한 스트레스 요인에 노출되어 있으며, 이를 효과적으로 관리하고 해소하는 방법으로 여가 활동의 중요성이 크게 부각되고 있다. 여가는 단순한 휴식을 넘어 신체적·정신적 건강을 회복하고 정서적 안정을 도모하는 데 중요한 수단이 된다. 스트레스를 완화하는 데 도움이 되는 여가 활동은 다음과 같이 여러 유형으로 나누어볼 수 있다.

첫째, 신체 활동 기반의 여가 활동은 스트레스 해소에 매우 효과적인 방법이다. 걷기, 등산, 수영, 요가, 필라테스, 춤, 각종 스포츠 활동 등은 신체를 움직이는 과정을 통해 스트레스 호르몬인 코르티솔의 수치를 낮추고, 기분을 개선시키는 엔도르핀 분비를 촉진한다. 규칙적인 운동은 신체 건강뿐 아니라 심리적 회복력도 향상시켜 일상 속 스트레스에 대한 저항력을 키우게 된다.

둘째, 자연과 함께하는 활동은 마음의 안정과 정서적 회복에 큰 영향을 준다. 캠핑, 산책, 바다 감상, 정원 가꾸기, 숲치유(산림욕)와 같은 활동은 자연 속에 머물며 그 자체로 힐링의 시간을 제공한다. 자연은 인간의 감각을 자극하고 긴장을 완화시키는 치유의 공간으로, 스트레스를 줄이고 심리적으로 평온해진다.

셋째, 창의적 활동은 스트레스 해소뿐 아니라 자기 표현과 몰입을 통한 심리적 만족을 제공한다. 그림 그리기, 악기 연주, 독서, 글쓰기, 공예 등과 같은 활동은 감정을 표현하고 정서적 에너지를 건강한 방식으로 분출할 수 있는 통로가 된다. 이러한 창의적 몰입은 일상의 걱정과 불안을 잠시 잊고 현재의 순간에 집중하게 해 주며 심리적 회복에 도움이 된다.

넷째, 사회적 활동은 타인과의 교류를 통해 정서적 지지를 얻고 소속감을 회복하는 데 도움이 된다. 가족이나 친구와의 여행, 동호회 활동, 자원봉사 등은 사회적 관계망을 확장시켜

주고, 사람 간의 따뜻한 교감을 통해 스트레스를 줄이는 긍정적인 정서적 자극을 준다.

끝으로, 마음 챙김(Mindfulness) 활동은 정신적 안정과 자기 조절 능력을 향상시키는 데 효과적이다. 명상, 심호흡, 차 마시기, 조용한 공간에서 혼자만의 시간을 갖는 등의 활동은 현재 순간에 집중하게 하여 불안과 걱정을 줄이는 데 도움을 준다. 이와 같은 활동은 마음의 소음을 잠재우고 내면의 평온을 회복하게 하는 좋은 방법이다.

## 1) 여가와 상담을 결합한 스트레스 해소 방법

현대 사회에서 스트레스는 피할 수 없는 일상이 되었으며, 이를 해소하기 위한 다양한 접근이 필요하다. 특히 여가 활동과 상담을 결합한 방식은 몸과 마음을 동시에 회복시키는 통합적인 치유 전략으로 주목받고 있다. 이 방법은 일상 속에서 부담 없이 실천할 수 있으면서도 깊은 내면의 정서적 안정과 자기 이해를 돕는다는 점에서 효과적이다.

첫째, 자연 속 상담이나 산책 상담은 최근 많은 이들이 선호하는 상담 형태 중 하나이다. 공원, 숲길, 강변 등 자연 환경에서 가벼운 산책을 하며 상담을 진행하는 방식으로, 자연의 편안한 분위기 속에서 감정이 보다 쉽게 열리고, 대화도 자연스럽게 이어진다. 걷는 동안 신체적 긴장이 풀리고 마음이 안정되며, 상담자의 경청 또한 더 효과적으로 전달된다.

둘째, 운동 상담은 스포츠, 요가, 명상 등의 신체 활동을 통해 스트레스를 해소하고 동시에 상담적 접근을 병행하는 방식이다. 운동은 스트레스 호르몬을 낮추고 기분을 좋게 만드는 생리적 효과가 있어 감정 조절 능력을 향상시킨다. 신체가 이완된 상태에서는 감정 표현이 더 자유로워지고, 상담 효과 또한 높아지는 경향이 있다.

셋째, 미술과 음악을 접목한 상담은 예술적 표현을 통해 내면의 감정을 드러내고 정리하는 데 도움을 준다. 색칠하기, 만들기, 그림 그리기 등의 활동은 말로 표현하기 어려운 감정을 간접적으로 표출하게 해주며, 음악 감상이나 악기 연주 역시 정서적 긴장을 완화하고 마음의 평화를 가져다준다. 이러한 예술 기반 상담은 특히 감성적 접근이 필요한 사람들에게 적합하다.

넷째, 여행 및 힐링 상담은 일상의 공간을 벗어나 새로운 장소에서 상담을 받거나 여행 자체를 치유의 도구로 활용하는 방식이다. 익숙한 환경을 떠나 새로운 공간에 머무는 것만으로도 심리적 해방감을 느낄 수 있으며, 이러한 상황에서 상담이 이뤄지면 자기 성찰과 인식의 전환이 더욱 자연스럽게 일어난다. 여행 중 만나는 자연과 문화는 내면의 감정과 생각을 재정립하는 데 큰 자극이 된다.

이 외에도, 스트레스 해소를 위한 구체적인 실천 방법으로는 다음과 같은 점들을 들 수 있다. 소소한 여가부터 시작하는 것이다. 거창한 계획보다는 하루 10분이라도 자신을 위한 여유로운 활동을 시작함으로써 일상에 무리가 가지 않는 회복 루틴을 만들며 자신이 진정으로 즐길 수 있는 활동을 선택하는 것이다. 남들이 좋다고 권하는 활동보다는 본인이 마음 편하게 몰입할 수 있는 여가가 진정한 치유로 이어진다.

그리고 여가와 상담을 병행할 수 있는 프로그램을 적극 활용하는 것이다. 최근에는 상담과 체험을 결합한 다양한 프로그램이 운영되고 있으며, 스트레스가 심할 경우 전문가의 도움을 받으며 여가 활동을 병행하는 것이 더욱 효과적이다.

마지막으로, 디지털 디톡스를 실천하는 것도 중요한 방법이다. 스마트폰, SNS, 뉴스 등에서 잠시 벗어나 자연 속에서 혼자만의 시간을 보내는 것은 내면을 정돈하고 스트레스를 줄이는 데 매우 유익하다.

## 우울증 탈출 생활수칙 10계명

1. 유산소 운동을 하자
2. 주변 사람들에 대한 좋은 기억을 떠올려 보자
3. 자세를 바로하고, 고개를 들어 마음도 당당하게 만들어 보자
4. 햇볕을 즐기자.
5. 과일이나 야채, 해조류 등을 많이 먹고 물을 많이 마시자
6. 유머 있는 생활을 하자. 안되면 얼굴 표정이라도 밝게 해 보자
7. 스트레스는 나중에 따로 시간 내서 풀려고 하지 말고 바로바로 풀자
8. 남 탓을 할지언정 자신에게는 관대하다.
9. 문화생활을 즐겨보자
10. 몸을 바쁘게 움직일 수 있는 일을 만들어 보자

## 2) 자연을 기반으로한 여가의 심리적 효과

자연은 인류의 오랜 벗이자 가장 본질적인 치유의 공간이다. 현대인들이 바쁜 일상과 복잡한 사회 구조 속에서 겪는 스트레스를 완화하고 심리적 안정을 되찾기 위해 자연을 기반으로 한 여가 활동이 주목받고 있다. 자연 속에서 보내는 시간은 단순한 휴식을 넘어, 심리적·정서적 건강 회복의 핵심적인 수단으로 작용 한다.

첫째, 자연은 스트레스 감소에 효과적이다. 숲이나 바다, 공원 등 자연환경에서의 여가 활동은 스트레스 호르몬인 코르티솔의 수치를 낮추고, 자율신경계의 균형을 회복시켜 전반적인 긴장을 완화시킨다. 이러한 생리적 반응은 신체와 마음의 이완을 돕고, 삶에 활력을 부여한다.

둘째, 자연은 감정 안정에 긍정적인 영향을 미친다. 우울감이나 불안감이 줄어들고, 정서적 안정감이 증대되며, 뇌의 감정 조절 기능이 강화된다. 특히 자연의 소리(바람, 새소리, 물소리 등)와 색감(초록색, 푸른 하늘, 따뜻한 햇살 등)은 청각적, 시각적 자극을 통해 신경계에 긍정적인 반응을 유도한다. 이는 심리적으로 위로받는 느낌을 주며, 감정이 차분해지고 마음이 정돈되는 효과를 낳는다.

셋째, 자연은 자존감 회복 및 자기 성찰의 시간을 부여한다. 자연 속에서 혼자만의 시간을 가지면, 복잡한 감정과 생각에서 벗어나 자기 자신을 있는 그대로 마주하게 된다. 이 과정에서 불편한 감정들과 적절한 거리를 두고, 나 자신을 객관적으로 바라보며 심리적 공간을 확보할 수 있다. 이는 자아 성찰과 자존감 회복으로 이어지며, 내면의 성장과 회복을 돕는 것이다.

현대 사회에서 여가는 사치가 아니라 권리이며 치유이다. 여가복지의 실현은 우리 사회가 얼마나 따뜻하고 성숙한지를 보여주는 지표가 될 것이다. 모두가 차별 없이 누릴 수 있는 여가, 그것이 진정한 복지국가의 모습이므로, 여가복지론을 통해 여가의 본질과 사회적 가치를 함께 고민하고 여러분의 삶에도 의미 있는 여가가 깃들길 바라며, 이 배움이 타인의 여가를 돕는 실천으로 이어지길 응원한다.

# 참고문헌

강순화 외. (2004). 상담전문가 11인의 만남과 치유: 집단상담 사례 및 해설, 학지사.

강신욱. (2025). 웰니스관광 참여자의 여가 만족이 삶의 질과 주관적인 웰빙에 미치는 영향. 차세대융합기술학회논문지, 9(1).

강준수, 송영민.(2019). 여가문화콘텐츠로 본 골프역사 및 한국골프문화 고찰.관광연구논총.

강현주,장성숙. (2006).상담에서 도움된 경험에 관한 질적 분석, 경희대학교 내담자생활연구

강희엽, 김형훈. (2022). 국가정원 여가공간의 지속가능한 활용 방안에 관한 연구: 순천만국가정원을 중심으로. 한국여가레크리에이션학회지.

관다영, 전혜성 (2019). 다문화청소년이 지각한 외국인 어머니의 지지가 성취목표지향성과 대안관계 지향성에 미치는 영향에서 자기효능감의 매개효과. 가족과 가족치료, 27(3), 529-548.

고육정책 네트워크 정보센터 : http://edpolicy.kedi.re.kr

공마리아. (1995). 난화상호이야기법을 통한 미술치료가 내담자의 부적응 행동에 미치는 효과..

곽효정. (2000). 미술치료 프로그램이 정신지체 내담자의 사회성 향상에 미치는 효과. 임상미술연구 세미나 자료. 제35회, 한국미술치료학회.

김경희. (2006). 「대인서비스노동의 특징에 관한 연구: 감정노동과 서비스노동의 물질성 (materiality)을 중심으로」『경제와 사회』, 72, 한국산업사회학회.

김계현. (2002). 카운슬링의 실제, 개정 3판, 학지사.

김기석. (1991). 상담과 심리치료.(C. R. Rogers), 8판, 중앙적성출판사.

김기석. (2010). 정신치료의 이론과 실제.(P. A. Dewald, 1974), 고려대출판부.

김길문. (2003). 초보 상담자가 상담 회기 내에 경험하는 어려움과 대처과정: 질적 분석, 석

김길옥, 오서진. (2020). 노인대학 참여동기와 평생교육 만족도 관계에서 공동체의식 매개효과 연구. 여가복지경영연구.

김동연. (1996). 장애내담자의 미술치료. 미술치료 연수회 워크북, 제11회. 한국미술치료학회.

김동연. (2000). 김동연 교수의 미술치료 비디오 활용 지침서. 서울: 마이코 미디어.

김동연 · 공마리아 · 권복순. (1994). TMR내담자의 부적응 행동에 미치는 미술치료 프로그램의 효과. 미술치료연구 제1권 제 1호. 한국미술치료학회.

김동연 · 권기덕. (1995). 미술치료의 이론과 실제- 제2장 미술치료의 의의와 적용. 한국미술치료학회 편.

김동연 · 김시욱. (1995). 난화 상호 이야기법을 통한 미술치료가 자폐성 내담자에게 미치는 효과. 임 상미술연구 세미나 자료. 제15회, 한국미술치료학회.

김미리혜. (2002). 대내담자들의 상담에 대한 인식, 덕성여자대학교 내담자생활연구소: 내담자생활

김민종, 송경재, 이종형. (2016). 군대 내의 여가활동 종류에 따른 자기결정성 및 집단응집력의 차이. 한국군사회복지학, 9(1).

김반재 (2018), 국가수준의 교육과정이 충실한 반응적 교사를 읽고

김백윤. (2020). 생활스포츠 참여 노인의 참여동기가 스포츠 가치인식에 미치는 영향

김상윤. (2021). 한국과 일본의 웰니스관광정책 동향 분석 및 정책적 함의. 한국융합학회논문지, 12(6).

김성혁. (1994). 관광서비스 이론과 실제, 백산출판사.

김소영(1998). 미술활동이 자폐성 내담자의 사회성 발달에 미치는 영향. 공주대학교 석사학위논문.

김영미, 김일광, 박수선, 이종길, 양재식. (2015). 결혼이주여성의 사회통합을 위한 여가 활성화 정책 방안. 한국체육학회지, 54(5).

김유선. (2009),「한국 노동시장의 임금결정 요인: OLS 회귀분석과 분위회귀분석」,『산업관계연구』 19(2).

김윤정, 박선주. (2018). "청소년의 자원봉사 활동과 여가의 관계." 청소년 학연구.

김은주, 장창권, 권기진. (2015). 대학생들의 여가활동의 동기, 기능 및 여가협상 간의 관계 연구. 관광 연구.

김정규. (1996), 게슈탈트 심리치료, 학지사.

김정섭, 윤영석. (2016). "청소년 여가 활동의 유형과 여가 경험이 정서적 안정에 미치는 영향." 청소 년학연구.

김정희. (2001), 스트레스와 평가 그리고 대처, 대광문화사.

김정훈,(2022). 사회복지시설종사자의 감정노동이 심리적 안녕감과 역할수행에 미치는 영향

김지수, 2023. 문화예술참여 여가활동의 여가전문화가 심리적 행복감에 미치는 영향 : 20-30대 청년 층의 사진여가 활동을 중심으로

김지수, 오치옥. (2024). 문화예술 여가활동이 청년층의 삶의 질에 미치는 영향. 한국여가레크리에이 션학회지.

김지현.한나리.이동귀. (2009). 초심상담자와 상담전문가가 겪는 어려움과 극복방안에 대한 개념도 연구, 상담학연구.

김찬룡. (2005). 미국골프 시스템 벤치마킹을 통한 여가로서의 한국 골프 활성화 방안 개발. 한국 스 포츠 리서치.

김천중, 정진철. (2003). 한국 스포츠관광 활성화에 관한 연구.

김태영, 박영선. (2019). "여가 활동으로서 자원봉사의 의미와 역할." 여가문화연구.

김형준,유상현,(2018).청소년상담사2급이론서

남은영, 최유정. (2008). 사회계층 변수에 따른 여가 격차: 여가 유형과 여가 및 삶의 만족도를 중심으 로: 여가 유형과 여가 및 삶의 만족도를 중심으로. 한국인구학.

노안영. (2013). 게슈탈트 치료의 이해와 적용—접촉과 자각을 통한 경험적 치료, 학지사.

대선광역시 교육 연구원. (1997). 미술지료의 이해와 실제. 대전: 동교육원.

류다솜. (2023). 성인발달장애인의 여가문화 프로그램 참여 경험

류정자. (1996). 미술활동이 내담자의 주의집중결함 행동과 조음오류에 미치는 효과. 임상미술연구 세미나 자료. 제17회, 한국미술치료학회.

마효정, 오서진. (2022). 노인의 여가, 건강, 삶의 만족도 간의 관계에 관한 연구

문기주, (2021). 여가 스포츠로서 이(e) 스포츠의 필요성과 활성화 방안에 대한 연구.

민경선. (2016). 한국인의 여가생활패턴과 삶의 만족도. 여가학연구.

민경화, 최윤정. (2007). 상담학 연구에서 개념도(Concept Mapping)방법의 적용, 상담학연구.

박애선, 황미구. (2008). 한국 상담의 정체성 확립을 위한 발전과제, 한국심리학회지: 상담 및 심리치료.

박은주, 박도영. (2018). 웨어러블 신체 생체 활동 모니터링 시스템 개발. 한국정보전자통신기술학회 논문지, 11(1), 34-39.

박종구. (2017). 교도소 여가활동이 폭력성향의 감소, 사회적 기술함양, 자기통제력에 미치는 효과. 관광학연구.

박태수,고기홍. (2007). 개인상담의 실제, 학지사.

배소혜, 김인신. (2024). 소셜 미디어에 걷기여행경험 공유 행동에 대한 동기, 혜택 및 가치 구조 고찰. 호텔관광연구.

배일현. (2019). 일본 골프산업의 현황과 생존전략에 관한 연구: 한국골프산업으로의 시사점을 중심 으로. 유통경영학회지, 22(3).

설기문. (1988). 자아실현검사의 이해와 활용.(R. R. Knapp), 중앙적성출판사.

설수황, 최종운, 안병욱. (2020). 액티브 시니어 여가활동 참여자의 여가지지, 여가몰입 및 웰니스 간 의 관계 연구. 한국산학기술학회 논문지.

송영혜. (1995). 정서장애 진단 사례집. 서울 : 특수교육.

스포츠 백과 (2008). 골프 [golf]

신광영 외. (2008).『서비스 사회의 구조변동』, 한울.

신미영, 나주몽. (2020). 한국 웰니스관광 경제적 파급효과의 탐색적 연구: 외생화 산업연관모형을 중 심으로. 아태연구, 27(1).

신진범, 김지선. (2021). 웰니스관광 이해와 정책 과제

신진호, 홍서윤. (2022). 장애인의 여가활동 유형화와 유형별 특성 연구: 여가제약을 중심으로. 한국 사회정책.

아시아경제 2018

안성기, 윤기선. (2021). 여가활동을 이용한 자연치유 활성화 방안에 관한 연구. 여가복지경영연구 (여가복지).

여가백서. (2022).

오서진, (2019). 베이비부머의 여가동기, 여가만족도, 행동의도에 관한 영향관계 : 사회적 배제의 조절효과를 중심으로.

오서진, (2020). 노인의 사회적 지지가 우울에 미치는 영향

– 여가활동만족의 조절효과를 중심으로 –

오서진, (2022). 가족상담의 요구와 자연치유적 가족치료 프로그램에 관한 연구

오서진, (2024). 베이비부머세대의 성공적 노화가 자아존중감에 미치는 영향 연구

오우섭. (2010). 청소년의 여가활동 유형이 자아존중감과 행복감에 미치는 영향. 서울산업대학교 산업대학원 석사학위논문.

원영래. (2023). 웰니스인식이 정서적, 자아실현적 웰빙 및 여가몰입에 미치는 영향 : 여가관여도의 조절효과. 가톨릭관동대학교 박사학위논문.

원호택 외. (2000). 심리장애의 인지 행동적 접근, 교육과학사.

유성경. (2005). 한국 대내담자의 상담, 심리치료, 정신치료에 대한 태도, 한국심리학회지: 상담 및 심리치료.

윤기선. (2020). 여가 웰니스관광 프로그램이 건강만족도에 미치는 영향.

윤상문. (2023). 여가공간으로서 동해안 해수욕장 이용자의 지각된 가치와 지속가능성 및 뉴 환경 패러다임과의 관계. 한국스포츠학회.

윤은경. (2007). 성인 장애인 여가활동 참여가 생활만족에 미치는 영향: 지체 및 뇌병변 장애인을 대상으로. 석사학위 논문, 가톨릭대학교 대학원.

윤한식. (2007). 국외 골프관광 세분화 연구, 윤한식, 경기대학교 관광전문대학원.

윤호균. (1982). 정신분석, 인간중심의 상담 및 불교의 비교(I, II), 임상심리학보.

이갑숙, 임왕규. (2012). 노인의 여가활동과 사회적 지지가 심리적 복지감에 미치는 영향. 한국콘텐츠학회논문지.

이경희, 박미영 (2020). "청소년 여가 활동의 사회적 기능과 긍정적 효과." 사회복지학.

이근매. (2000). 자유화를 통한 미술치료가 학습장애내담자의 학교 부적응 행동에 미치는 영향. 재활심리연구. 제7집 제1호, 한국재활심리학회.

이근후. (1992). 정신치료 어떻게 하는 것인가.(K. M. Colby, 1951), 하나의학사.

이동귀. (1992). 초기상담면접에서 상담자의 반응의도/ 내담자 주관적 반응 간의 연계단위와 상담회기 효율성 지각간의 관계, 서울대학교.

이민경. (2015).장애인의 사회및 문화·여가 활동 실태와 정책과제.보건복지포럼.

이웅배. (2021). 삶의 질 향상을 위한 웰빙관광과 웰니스의 매개효과: 숲치유프로그램 이용자를 중심으로. 한국콘텐츠학회논문지, 21(12), 264-274.

이인정, (2010).연소노인, 고령노인, 초고령노인의 건강과 삶의 만족 수준 및 결정요인의 차이에 관한 연구

이장호. (1976). 상담기능의 체제적 분석, 내담자연구(서울대 내담자생활연구소).

이상호. (1990). Rogers에 있어서 Empathy, 정신치료.

이장호. (2003). 집단상담의 원리와 실제, 법문사.

이장호. (2005). 상담면접의 기초, 중앙적성출판사.

이장호, 오수성. (1977). 카운셀링 및 심리치료 접근방법에 관한 비교연구—첫 면접에서

이장호, 정남운, 조성호. (2005). 상담심리학의 기초, 개정증보판, 학지사.

이정옥, 윤기선, (2020). 아로마 피부마사지의 통증감소 효과에 관한 연구

이정옥, (2021). 아로마테라피에 관한 학위 논문 동향분석 연구 : -2015년부터 2020년까지

이정옥, (2024). 한국형아유르베다 심리유형에 따른 뷰티지향행동과 만족도 관계에서 심리적 안녕감
　　과 신체적 자기효능감의 매개효과 연구.

이진의, 김남조. (2016). 치유프로그램의 웰니스적 가치가 치유프로그램 만족, 충성도, 주관적 삶의
　　만족에 미치는 영향-숲 치유프로그램 경험자를 대상으로. 관광학연구.

이창효, (2021). 군 지휘관의 서번트 리더십이 군 장병의 조직몰입 및 직무만족, 사기에 미치는 영향
　　에 관한 연구 : 심리적 행복감의 매개효과를 중심으로

이춘양, 김기화. (2018). 다문화가족의 난타 여가 활동 경험에 관한 연구.

이형득 외 공저(2005), 상담의 이론적 접근(개정판), 형설출판사.

이형득. (1998). 집단상담의 실제, 중앙적성출판사.

이형득. (2006). 상담이론, 교육과학사.

이혜성. (1981). 학교에서의 집단상담, 내담자지도(서울시 교육연구원).

임성문 외. (2004), 심리상담의 과정과 기법, H. L. Hackney & S. Cormier(원저), Σ시그마프레스.

임태성, 최성락. (2012). 골프관광 연구내용분석: 국외연구를 중심으로: 국외연구를 중심으로. 한국체
　　육과학회지.

임희섭. (1986), 사회과학용어집-사회학.심리학, 법문사.

장동윤,오서진 (2021). 노인의 평생교육 및 취미오락 프로그램 참여가 삶의 만족에 미치는 영향 -봉
　　사활동의 조절효과를 중심으로-

장연집. (1994). 내담자가 그린 가족화 분석-동작성 가족화에 나타난 활동내용, 스타일 상징의 해석.
　　서울: 교문사.

장윤정, 김상헌. (2016). 국회의원의 세법개정안 발의에 관한 정당간 차이 분석. 의정논총,

전국민간서비스산업노동조합연맹·노동환경건강연구소. (2009), "서비스노동자의 감정노동문제와 대
　　책 토론회", 2009년 9월 9일.

전국여성노동조합서울지부·노동건강연대. (2006). "호텔서비스 여성노동자의 건강 및 작업환경 개선
　　토론회", 2006년 2월 22일.

정독동, 윤명길 (2018). 다문화사회의 사회복지실천의 영향연구.

정방자. (1998). 정신역동적 상담, 학지사.

정수진, 이정희. (2017). "자원봉사 활동이 여가 시간에 미치는 영향." 한국여가학회지,

정 용, (2020). 생활체육교실 프로그램 참여자의 참여특성이 여가만족도에 미치는 영향

정인석. (1991). 상담심리학의 기초이론, 대왕사.

정재은. (2018). 국가수준의 교육과정이 충실한 반응적 교사

조대경. (1993). 프로이드 : 꿈의 해석, 서울대출판부.

조병호. (2020). 사물인터넷 기반 피트니스 헬스케어 시스템의 분석 및 설계. 한국인터넷방송통신학회 논문지.

조성민. (2017). "디지털 미디어와 청소년 여가: 온라인 게임과 SNS의 역할." 정보사회연구.

조성연. (2018). 교육현장 전문가를 위한 연구윤리. 한국보육학회 학술대회자료집.

조진희. (2018). 교사의 복지·권리와 함께하는 책임감 있는 교사에 대한 토론. 한국보육학회 학술대회자료집, 59-61.

집단상담 활동프로그램집 간행위원회. (1998). 집단상담 활동프로그램집, 상담출판사.

최선주, 박명선. (2023). 지속가능성을 위한 그린뮤지엄 (Green Museum) 의 환경예술 프로그램 분석 및 활성화 방안 연구. 조형미디어학.

최윤미. (2003). 한국 상담전문가의 역할과 직무 분석, 한국심리학회지: 상담 및 심리치료,1

최윤정, 김계현.(2007). 고학력 기혼여성의 진로단절위기 경험에 대한 개념도(Concept Map)

최정훈. (1992). 인본주의 심리학, 법문사.

최종남. (2020). 걷기여행동기, 선택속성, 만족도, 행동의도간의 영향관계연구-포스트코로나 시대의 국내 걷기여행자를 중심으로.

최한나, 김창대. (2008). 좋은 수퍼비전 관계에 대한 수퍼바이지의 인식 차원. 한국심리학회지: 상담 및 심리치료.

한국경제신문 2019.12.20.

한국관광학회, (2022). "여가 패턴과 행복감 연구".

한국관광학회. (2022). "한국인의 여가생활 유형과 미디어의 영향".

한국문화관광연구원. (2021). "SNS가 여가 소비 패턴에 미치는 영향"

한국문화관광정책연구원. (2005). 여가정책 기본방향 연구.

한국문화연구학회, (2021). "미디어 여가 활동과 감각 둔화의 관계".

한국민족문화대백과: 여가 [Free time, 餘暇]

한국심리상담연구소(2013), 현실치료의 적용2.(Robert E. Wubbolding 지음).

한국자원봉사센터 (2020). "자원봉사와 여가: 참여자의 경험과 효과." 자원봉사연구 보고서.

한국청소년정책연구원 (2018). "청소년 여가 문화 연구." 청소년 정책 리포트.

한승호. (1991). 카운슬링의 이론과 실제.(C. R. Rogers), 집문당.

홍경자. (1991). 이성을 통한 자기성장.(A. Ellis), 제4판, 탐구당.

홍경자. (2001). 상담의 과정, 학지사.

홍성표. (2020). 비접촉 생체신호 측정 기반 헬스케어 시스템 설계 및 구현. 한국전자통신학회 논문지, 15(1), 185-190.

황응연.윤희준(1998), 현대 생활지도론, 교육출판사.

홍윤희.(2021).신노년의 성공적 노화를 위한 평생교육(SALLE) 모델 개발

황현석. (2018).여가인식과 활용에 미치는 영향 요인에 관한 연구. 한국산학기술학회 논문지.

Adorno, T, & Horkheimer, M. (1944). The Culture Industry: Enlightenment as Mass Deception.

Anderson, B. (1983). Imagined Communities: Reflections on the Origin and Spread of Nationalism.

Baudrillard, J. (1983). Simulacra and Simulation.

Biddle, S.J., & Asare, M. (2011). Physical activity and mental health in children and adolescents: A review of reviews.

Csikszentmihalyi, M. (1990). Flow: The Psychology of Optimal Experience.

Csikszentmihalyi, M. (1996). Creativity: Flow and the Psychology of Discovery and Invention.

Côté, J, & Hancock, D. J. (2016). Evidence-based policies for youth sport programs.

D. M. Clary & M. Snyder (1999). "The motivations to volunteer: Theoretical and practical considerations." Current Directions in Psychological Science, 8(5), 156-159.

Deci, E. L. & Ryan, R. M. (2000). Self-Determination Theory and the Facilitation of Intrinsic Motivation.

Florida, R. (2002). The Rise of the Creative Class.

Geertz, C. (1973). The Interpretation of Cultures.

Griffiths,M.(2005). A'components'model of addiction within a biopsychosocial framework.

Griffiths,M.D.(2005).A'components'model of addiction within a biopsychosocial framework.

Hall, C.M. & Page, S. J. (2014). The Geography of Tourism and Recreation: Environment, Place and Space.

Hochschild, Arlie Russell(1983), The Managed Heart: Commercialization of Human Feeling, Berkeley: University of California Press.

Jenkins, H. (2006). Convergence Culture: Where Old and New Media Collide.

Kim, S. S. & Agrusa, J. (2005). The positioning of Korean cultural tourism: International tourists' perceptions.

Maslow, A. H. (1971). The Farther Reaches of Human Nature.

Parker, S. (1983). Leisure and Work. London: Allen & Unwin.

Pine, B. J., & Gilmore, J. H. (1999). The Experience Economy.

Preuss, H. (2004). The Economics of Staging the Olympics.

Richards, G., & Wilson, J. (2006). Developing Creativity in Tourist Experiences: A Solution to the Serial Reproduction of Culture

Ritchie, B. W., & Adair, D. (2004). Sport Tourism: Interrelationships, Impacts and Issues.

Rojek, C. (2000). Leisure and Culture.

Ryan, R. M., & Deci, E. L. (2017). Self-determination theory: Basic psychological needs in motivation, development, and wellness.

Stebbins, R. A. (1997). Casual Leisure: A Conceptual Statement.

Wearing, B. (1998). Leisure and Feminist Theory.

Whitehead, M. (2010). Physical Literacy Throughout the Life Course. Routledge.

World Tourism Organization (UNWTO). (2020). Tourism and Local Economic Development Report. World Travel & Tourism Council (WTTC). 2023.

Whitehead, M. (2010). Physical Literacy Throughout the Life Course.

Warburton, D. E, & Bredin, S. S. (2006). Health benefits of physical activity: a systematic review.

# 여가
## 복지론

Leisure
Welfare
Theory

초판    1쇄 발행        2025년 6월 16일

저자 오서진
편집 · 디자인 홍성주
펴낸곳 도서출판 위
주소 경기도 파주시 광인사길 115
전화 031-955-5117~8

ISBN 979-11-86861-41-7 03090

이 책은 저작권법에 따라 보호받는 저작물이므로 무단 전재와 복제를 금하며,
이 책 내용의 일부 또는 전부를 재사용하시려면 반드시 저작권자와
도서출판 위 양측의 서면 동의를 얻어야 합니다.

• 책값은 뒤표지에 있습니다.
• 파본은 구입하신 서점에서 교환해 드립니다.